高等职业教育会计专业系列教材
"互联网+" 教材

基础会计项目化教程

（第二版）

主　编　秦志林　陈军周
副主编　孙玉庆　雷小天
　　　　毕素红　陈小云

南京大学出版社

前　言

基础会计是一门会计入门课程，对于初学者，在广度和深度上应该怎样把握，是一个需要斟酌的问题，它关系到学生的入门难易和学习后续会计课程的兴趣。在编写本教材过程中，编者广泛吸取高职高专原有的基础会计教学和教材建设经验，联系基础会计学科的新发展与企业会计实务，系统地阐述了基础会计的基本理论、基本方法和基本操作技能。

《基础会计项目化教程》自出版发行以来，承蒙读者的厚爱，取得了较好的教学效果和社会效益。随着2017年修订的《中华人民共和国会计法》、财政部下发最新的《企业会计准则》和营改增等法律法规文件，政策和税费都发生了新的变化，同时也考虑到近几年会计专业教学改革实践，并结合部分读者的反馈意见，我们对本教材进行了内容更新。本教材共分十个项目，主要包括总论、会计要素和会计等式、会计科目和账户、复式记账、会计凭证、会计账簿、主要经济业务核算、财产清查、会计报表和账务处理程序。

本教材具有以下突出特点：

1. 在结构安排上，本书的项目顺序是按照会计核算环节逐步展开的，使学生明确会计核算的过程，循序渐进地掌握会计的基本知识和基本技能；以会计工作流程为导向来融通教学内容，突出学生职业核心能力训练。

2. 在内容安排上，本教材按照新的《中华人民共和国会计法》《会计基础工作规范》、2017年修订后的《企业会计准则》及其应用指南的内容进行编写，会计科目、会计报表格式及会计账务处理方法均与修订后的会计准则同步。同时将会计专业技术初级资格的考试内容纳入其中，指导学生进行应试能力与方法训练，进而较好地解决了学历证书教育与会计专业技术资格证书教育相脱节的问题，以充分体现高职高专“双证就业”的办学要求。

3. 在编写体例上，本书设有学习目标、引言、本项目小结、知识链接、能力拓展训练等环节，以丰富教学形式，促进教学效果，拓宽学生视野，启发学生思考和巩固所学知识，为后续专业会计学习和实践会计工作打下扎实的基础。

4. 在内容难易程度上，本教材本着理论够用、突出操作、学历教育与专业技术资格培训融通的原则，通过大量的业务实例来融汇和理解相关会计理论，层次清楚，先易后难，由浅入深，力求做到复杂问题简单化、简单问题容易化、容易问题趣味化。

本教材由焦作大学秦志林、河南质量工程职业学院陈军周任主编，焦作大学孙玉庆、雷小天、毕素红，新余学院陈小云任副主编。具体章节分工如下：项目一、八由秦志林编写，项目五、九由陈军周编写，项目二、三由陈小云编写，项目四、六由雷小天编写，项目七由毕素红编写，项目十由孙玉庆编写。秦志林负责教材编写大纲的拟定及全书的统稿、修改和定稿工作。

在本教材编写过程中，焦作大学财务处长秦海金教授在百忙中审阅了书稿，并提出很多宝贵意见与建议，在此表示感谢。同时也感谢南京大学出版社对本教材出版所做的工作。另外，本教材借鉴了相关参考文献资料，在此向有关单位及作者表示感谢。

由于编者的业务水平、能力有限，加之财经法规变化很快，教材中难免有不妥或疏漏之处。敬请同仁和读者在教学过程中指出，以便不断完善。

编者

2018 年 12 月

目　录

扫一扫

1. 各章小结
2. 知识链接
3. 案例分析

项目一　总　论

学习目标

【知识目标】

1. 了解会计的产生与发展及各个阶段的主要特点；
2. 熟悉企业、会计机构、会计人员、会计法规和会计信息等基本概念；
3. 理解会计对象、会计职能、会计目标和会计的概念；
4. 掌握企业会计核算的基本要求；
5. 了解会计核算的专门方法。

【能力目标】

1. 能够充分理解和应用会计核算的基本前提；
2. 能够按照权责发生制的要求分清收入与费用的归属期；
3. 能够初步掌握会计信息质量的要求。

【引　言】　在人们的传统思想意识里，会计就是记账、算账。也有人称会计工作的人为“账房先生”或张会计、李会计等。也就是说，会计已是人们现代经济生活中十分熟悉的字眼。无论是营利单位、非营利单位，还是投资者、债权人甚至个人，其经济决策都会涉及会计信息的获取与分析。因此，经济越发展，会计越重要。那么，到底什么是会计？会计的对象是什么？会计的核算方法有哪些？

任务一　了解会计的产生与发展

任务要求

会计是应生产实践活动和对经济管理的客观需要而产生、发展并不断完善的，它是为有效地组织和管理生产而为人们提供信息的。所以，要了解会计产生的原因以及会计发展的历史。

一、会计的产生

物质财富的生产是人类社会得以存在和发展的基础。人们在进行生产活动时，一方面要创造物质财富，有所得；另一方面要投入和耗费一定的财产物资及劳动，有所费；所得扣除所费以后有剩余，社会才能不断发展前进。因此，人们进行生产活动必然追求以较少的劳动耗费，取得尽可能多的劳动成果。为了达到这一目的，人们要不断改进生产技术和加强对生产过程的管理。而人们要知道生产过程的消耗和结果，就有必要采用一定的方法对劳动耗费以及所取得的劳动成果进行观察、计量、记录和计算，把生产过程和结果的数量方面作成记录，以此来描述经济过程，评价经济上的得失。由此，会计应运而生。

早在原始社会，随着社会生产力水平的提高，人们捕获的猎物及生产的谷物等便有了剩余，人们就要计算着食用或进行交换。这样就需要进行简单地记录和计算。但由于文字没有出现，所以只好"绘图记事"，后来又产生发展了"结绳记事""刻石记事"等方法。这些原始的简单记录方法，就是会计的萌芽。这时的会计只是生产职能的附带部分，在生产时间之外附带的把收、支记载下来，并没有专职人员来从事会计工作。随着生产的进一步发展、科技的进步，生产过程日趋复杂，劳动消耗和劳动成果的种类不断增多，出现了大量的剩余产品，人们需要进一步控制和总结生产活动时，会计的重要性越来越大，正如马克思所说，"单个商品生产者仅仅用头脑记账……或者仅仅在他的生产时间之外附带地把收入、支出等记载下来"，随着生产的发展，"这种职能不再是生产职能的附带部分，而从生产职能中分离出来，成为特殊的、专门委托的当事人的独立的职能"。但会计这一职能本身的性质，并没有因为它从生产职能中分离出来，成为独立的职能而有所变化。

二、会计的发展

早期的会计是比较简单的，只是对财务收支进行计算和记录。随着社会生产的日益发展和科学技术的不断进步和发展，会计经历了一个会计方法和技术手段由简到繁、会计功能由弱到强、会计理论从无到有并不断完善的漫长发展过程。一般认为，会计的发展经历了古代会计、近代会计和现代会计三个阶段。

(一) 古代会计

古代会计一般是指从奴隶社会至封建社会这一时期的会计。其主要标志有：会计专职人员的出现、会计机构的建立以及"会计"名词的出现。

据史料记载，我国的西周王朝就已经建立起了至今仍为世人所称道的严密的财计组织。在这个组织体系中所设立的大宰、司会、小宰、宰夫等官职，其主要职责就是掌管国家和地方的"百物财用"。此外，还设有司书、职币、职岁等负责账簿记录的会计人员。将"会"与"计"二字组合为"会计"一词也是始于那个时期。除此以外，在一些庄园中，奴隶主为管理其个人的钱粮收支等，也任用了一些专门的保管和记账人员。据称，孔子就曾受任管理庄园的钱粮等收支，因而留下了"会计，当而已矣"的传世名言。宋朝初期出现了"四柱清册"，科学地体现了经济活动的内在联系。明清时期，我国会计已开始以货币作为统一的计量单位，一些民间商业组织还使用过一种较严密也较复杂的"龙门账"，使会计技术达到了新的水平。在西方，公元前200年，在罗马的国家档案中已经有将财政收入、支出分设项目的记载，并在政府中设有会计官员。

古代会计既是会计的开创阶段，也是会计取得长足进步的阶段。例如，在记账方法上主要采用文字叙述的方式记录有关交易或事项,这种做法被称为单式记账。在计量单位上主要采用实物计量单位,而不是货币计量单位等。不过,在古代会计阶段,尽管人们已经有了会计实践,并产生了一定的会计思想,但因社会生产力水平极为低下,社会经济发展缓慢,会计仅被应用于官厅和庄园等财务收支管理的狭小范围,故还没有形成比较系统的会计理论。

(二) 近代会计

近代会计一般是指15世纪以后的会计,从单式记账法过渡到复式记账法,是近代会计的形成标志。在这一时期,资本主义登上历史舞台,会计在民间得到了广泛的应用,拥有了更为广阔的发展平台。面对复杂多变、竞争激烈的经济发展环境,经营管理对会计的要求进一步提高。

(1) 15世纪航海技术的发明使人类发现了地球,从此掀开了人类文明的序幕。意大利的佛罗伦萨、热那亚、威尼斯等地的手工业、商业和金融业兴旺发达、经济繁荣,从事商业经营的精明的商人们在实践中创建了流传至今的复式记账法。1494年意大利数学家和会计学家卢卡·帕乔利的数学专著《算术、几何、比及比例概要》(又译为《数学大全》)一书在威尼斯出版发行。该书系统地介绍了复式记账法,以商业会计核算为例,就复式记账法的核算目的、核算程序、财产盘存制度、计价标准、序时记录和分类记录等,作了比较系统的介绍;并结合数学原理从理论上加以阐述,使复式记账法在欧洲乃至全世界得到了迅速传播。卢卡·帕乔利也因其对复式记账法传播上的重大贡献而被后人誉为"近代会计之父"。1581年,威尼斯"会计学院"的建立,表明会计已作为一门学科在学校里传授。

(2) 15世纪到18世纪,会计的理论与方法的发展仍然是比较缓慢的。直到蒸汽技术的发明实现了社会的工业革命,才使得会计有了较大的发展。在英国,生产力迅速提高,科技迅速发展。1720年英国的"南海公司"事件,催生了特许或注册会计师(CPA)的产生,使得查尔斯·斯耐尔(Charles Snell)走到了历史的前台,成为"注册会计师之父"。英国首先出现了以审查会计报表真实性为目标的独立审计。1853年在苏格兰的爱丁堡创立了世界上第一个注册会计师的专业团体——爱丁堡会计师协会,标志着会计开始作为一种专门职业而存在。

(3) 第一次世界大战以后,美国取代了英国的地位,无论是生产力还是科学技术的发展,都处于遥遥领先的地位。会计学的发展中心,也从英国转移到美国。在20世纪20年代和30年代,美国对标准成本会计的研究有了突飞猛进的发展。这一时期,各国税法、商法、公司法等法律的陆续颁布和不断完善,也促进了会计的发展,使会计报表分析、审计等新的内容相继出现,从而使得会计方法已经比较完善,会计科学也已经比较成熟。

(三) 现代会计

现代会计一般是指20世纪30年代以后的会计,这一阶段是会计的跨越式发展时期。现代会计的主要标志是会计目标的重大变化,管理会计形成并与财务会计分离,电子计算机在会计上的应用,以及财务会计理论的形成和会计准则的国际趋同等。

(1) 会计目标的重大变化。20世纪30年代,现代经济的发展加速了企业组织形式的变革,股份公司这一新的企业组织形式如雨后春笋般地在世界各地涌现。股份公司的会计目标发生了较大变化,转变为主要服务于企业外部的投资者等会计信息使用者。这是由于股份公司的经营资金主要来源于为数众多的股东,公司管理层既应承担有效地使用资金并保证其保值增值的责任,也应承担向投资者报告相关会计信息,并切实保证这些会计信息质量的义务。

(2) 管理会计与财务会计分离。20世纪50年代,随着管理科学的发展,企业生产经营规模的扩大和市场竞争的加剧，为了加强对经济活动的控制和提高经济效益，企业管理当局对会计提出了更高的要求，不仅要求会计对经济业务事项进行核算和监督，更重要的是要求对经济活动进行事前预测、决策、成本控制和分析，从而实现对企业经营过程的全面控制。这样，在成本会计的出现和不断完善的基础上，从传统财务会计中逐步分离出一个与财务会计相对独立的新的学科——管理会计，在企业会计中形成了管理会计与财务会计并驾齐驱的格局。管理会计主要承担向企业管理层提供有助于他们进行经营预测和决策的相关信息的职责，进而有助于加强企业内部的经营管理；财务会计则主要承担向投资者等企业外部相关利益人提供企业相关信息的职责，进而有助于他们进行投资等决策。

(3) 电子计算机等技术在会计上的应用。20 世纪 50 年代以来，随着科学技术的飞速发展，现代数学、电子计算机和互联网等现代科学技术在会计工作中得到广泛应用，为会计发展提供了新的动力，从而引发了会计技术手段的巨大变革：使会计由传统的手工操作逐渐发展为电子数据处理，不仅极大提高了会计工作的效率和质量，而且把会计人员从繁重的手工簿记工作中解放出来，为充分发挥会计的作用创造了有利条件。

(4) 财务会计理论的形成与会计准则的国际趋同。现代会计阶段也是会计理论，特别是现代财务会计理论发展的繁荣时期。在近代会计理论框架的基础上，逐步形成了以会计目标为核心，包括会计定义、会计对象、会计假设、会计要素、会计基础、会计确认、会计计量、会计报告和会计信息质量要求等概念在内的完整而系统的财务会计理论体系。

从 20 世纪后半叶开始，特别是进入 21 世纪以来，跨国公司蓬勃兴起，世界市场经济一体化进程加快，直接导致国际会计的产生。会计的发展也不再局限于一个国家或地区，建立全球高质量的会计准则体系的呼声越来越高，1973 年，国际会计准则委员会成立，随即发布了一系列国际会计准则，会计准则在越来越多的国家和地区实现了与国际准则的实质性趋同。这些变化也给会计理论的进一步发展和完善提供了新的契机，作为“世界商业语言”的会计也必将会有日新月异的新发展。

从上面的描述可以看出，经济环境的变化对会计的发展具有极大的推动作用，是会计发展的根本动因。正如马克思在 100 多年前所指出的那样：生产“过程越是按社会的规模进行，越是失去纯粹个人的性质，作为对过程的控制和观念总结的簿记就越是必要。因此，簿记对资本主义生产，比对手工业和农民的分散生产更为必要，对公有生产，比对资本主义生产更为必要”。马克思的精辟论述高瞻远瞩地洞察了簿记(即现在的会计)对经营管理活动的主要功能，可以通俗地理解为“经济越发展，会计越重要”。

任务二　了解会计常识

任务要求

会计作为企业经营管理的重要组成部分，有助于企业各相关利益人做出正确的各项经济决策。所以，要了解企业及其相关利益人、会计机构与会计岗位、会计人员、会计法规和会计信息等常识，明确对会计人员的任职条件，职业道德的基本要求。

一、企业的概念

(一) 企业的含义

企业是指集合了一定的生产资料和劳动力，从事商品的生产、流通或者服务的活动，向社会提供商品或劳务，自主经营、独立核算、自负盈亏的经济组织。企业是现代社会中普遍存在的最具活力、最为复杂的组织。作为区别于其他社会组织的企业，具有以下特征：

(1) 企业是经济组织；

(2) 企业在经营上是独立的；

(3) 企业是以盈利为目的的；

(4) 依法设立。

(二) 企业的类型

企业按不同的标准可分为不同的类型。

1. 企业按照国民经济行业分类标准可划分为制造企业、商品流通企业和服务企业等

(1) 制造企业也称为工业企业，是指生产物资产品的企业，即原材料经过物理变化或化学变化后成为了新的产品，不论是动力机械制造，还是手工制作；也不论产品是批发销售，还是零售，均视为制造。

(2) 商品流通企业是指独立于生产领域之外，处于流通领域中的企业，商场和超市是最典型的商品流通企业。它们从事物资产品等的传递业务，将物资产品由生产者转移到消费者手中。

(3) 服务企业是指为企业、政府、事业单位和居民提供各种服务的企业。它们不生产物资产品，但为制造企业和商品流通企业提供资金、保险和技术服务，为行政事业单位和居民提供生活、餐饮、娱乐和旅游等服务。

2. 企业按照财产的组织形式和所承担的法律责任可划分为独资企业、合伙企业和公司制企业

(1) 独资企业是指由业主个人出资兴办，由业主直接所有和经营的企业，包括私营企业和个体工商户。业主享有企业的全部经营所得，同时对企业的债务负有无限责任。这种企业在法律上称为自然人企业，不具有法律资格，是最古老和简单的企业。

(2) 合伙企业是指由两个或两个以上的个人或法人共同出资、合伙经营的企业。合伙人分享企业所得、共担风险，并对合伙企业债务承担无限连带责任。一般来说，合伙企业规模较小，合伙人数较少；而合伙人个人信誉有明显重要性的企业，如会计师事务所、律师事务所等，通常采取这种组织形式。

(3) 公司制企业是指以资本联合为基础设立的所有权与经营权分离的企业组织形式。公司制企业的股东以其出资额或股份享有参与企业管理的权利和享受股利的权利，并以其出资额或股份对企业债务承担有限责任。一旦企业破产或解散进行清算，企业债权人只能对企业的资产提出偿债要求，而无权直接向股东讨债。公司制企业根据是否发行股票来募集资本又细分为有限责任公司（或称“有限公司”）和股份有限公司（或称“股份公司”）。股份有限公司根据是否向社会公众公开发行股票来募集资本又细分为上市公司和非上市公司。

（三）企业的相关利益人

1. 股东

股东是企业的投资者，其投入的资金形成企业的资本金，是企业的主要资金来源。一个企业往往是由一个或多个投资者投资设立的。

2. 债权人、债务人

债权人、债务人包括为企业提供贷款的银行、向企业赊购商品的客户等。企业从金融机构借入资金，以扩大生产，这种借入的资金也是企业的主要资金来源。企业为扩大销售，经常需要向消费者或下游企业提供赊销，从而形成企业自身的债权。

3. 雇员

雇员就是企业的职工，是企业的主要劳动者，既包括管理人员，也包括一般的工作人员。

4. 顾客

顾客是企业的“上帝”，是企业的服务对象，也是企业产品的销售对象。

5. 供应商

供应商是企业原材料、设备等生产资料的提供者。企业可以从供应商那里通过赊购方式融得一部分短期资金。

6. 国家

企业应向国家缴纳各种税费，国家宏观政策的调整也会影响企业的生产经营。

二、会计机构与会计岗位

（一）会计机构

各企业、各单位应按照《中华人民共和国会计法》的规定设置会计机构。会计机构是指单位内部所设置的、专门贯彻执行财经法规、制定和执行会计制度、组织领导和办理会计事项的机构。它是企业单位整个组织机构的组成部分，与企业的供应部门、生产部门、销售部门一样，都是企业的一个职能部门。

会计机构通常叫作财务处、财务科、财务部、财务组等。在现代企业中，会计核算与财务管理职能分离，会计机构可以直接叫作会计处、会计科、会计股和会计组等。

会计机构的设置取决于企业规模的大小和会计工作的繁简程度。规模较大的企业，在会计机构内会计岗位设置较细，岗位较多；也可以根据需要，再设置二级会计核算单位或三级会计核算单位。规模较小的企业，可以设置一个简单的会计机构，比如在会计机构内只有一个会计和一个出纳。不具备条件设置会计机构的企业，应当在有关机构中配备专职的会计人员从事会计工作。没有设置会计机构和配备会计人员的单位，应当根据《代理记账管理暂行办法》委托会计事务所或者持有代理记账许可证书的其他代理记账机构进行代理记账。

（二）会计岗位责任制

会计岗位责任制是指在会计机构内部按照会计工作的内容和会计人员的配备情况，将会计机构的工作划分为若干个岗位，按岗位规定职责与权限，并进行考核的责任制度。建立会计岗位责任制，使每一项会计工作都有专人负责，每一位会计人员都有明确的职责，做到以责定权，权责明确，严格考核，有奖有惩。这对于加强会计管理，提高会计工作质量与工作效率，保证会计工作的有序进行，具有重要的现实意义。

各单位建立会计人员岗位责任制应从本单位的实际情况出发，充分考虑会计业务量和会计人员的配备，依照效益和精简的原则划分工作岗位。会计工作岗位一般可分为：会计机构负责人或者会计主管、稽核、总账报表、资金核算、财产物资核算、往来结算、工资核算、财务成果核算、成本费用核算、出纳、会计档案保管等。开展会计电算化和管理会计的单位，可以根据需要增设相应的会计岗位。这些岗位可以一人一岗、一人多岗或一岗多人，各单位可以根据各岗位业务量的情况来确定。但在会计机构内各个岗位之间应建立内部稽核制度，会计人员管“账”，出纳人员管“钱”，出纳人员不得兼任稽核、会计档案保管以及收入、支出、费用、债权债务账目的登记工作。会计人员的工作岗位应当有计划地进行轮换。

三、会计人员

会计人员是指在国家机关、社会团体、公司、企事业单位和其他组织中从事会计工作的人员，包括单位财务会计负责人、会计机构负责人和具体从事会计业务的工作人员。合理地配备会计人员、提高会计人员的综合素质是每个企业单位做好会计工作的决定性因素，对会计核算管理系统的运行起着关键的作用。

（一）会计人员的职权

为了充分发挥会计人员的工作积极性，更好地完成会计工作任务，会计人员具有以下职责：进行会计核算，实行会计监督；参与制定业务计划，编制财务预算和财务计划；考核、分析财务预算和财务计划的执行情况；办理其他会计事项。

为了保证会计人员顺利地履行自己的职责，国家有关法律法规在明确会计人员职责的同时，也赋予了他们必要的权限：有权参与本单位编制计划，制订定额，签订经济合同，参加有关的生产、经营管理会议，提出问题和建议；有权要求本单位有关部门、人员认真执行批准的计划、预算，遵守国家财经纪律和各项财务会计制度，并实行会计监督；有权监督、检查本单位有关部门的财务收支、资金使用和财产保管、收发、计量、检验等情况；有权拒绝办理不符合法律法规的会计事项，抵制违法乱纪行为，并向本单位领导人或上级机关、财政部门报告。

（二）会计人员的任职条件

从事会计工作的会计人员应当符合下列基本条件：

(1) 坚持原则，具备良好的道德品质；

(2) 遵守国家法律、法规；

(3) 具备一定的会计专业知识和技能；

(4) 热爱会计工作，秉公办事。

因有提供虚假财务会计报告，做假账，隐匿或者故意销毁会计凭证、会计账簿、财务会计报告，贪污、挪用公款，职务侵占等与会计职务有关的违法行为，被依法追究刑事责任的人员，不得再从事会计工作。

（三）会计人员的专业技术资格

会计的专业职称是指会计人员专业知识和能力、业务经验及水平的标志。根据《会计专业职务试行条例》的规定，会计专业职称分为：高级会计师、会计师、助理会计师和会计员四个等级。会计专业技术资格分为初级资格、中级资格和高级资格三个等级。现阶段对初级、中级会计资格实行全国统一考试制度，即实行全国统一组织、统一考试时间、统一考试大纲、统一考试命题、统一合格标准的考试制度。初级会计资格考试科目为初级会计实务、经济法基础两个科目，参加初级资格考试的人员必须在一个考试年度内通过全部科目的考试；中级会计资格考试科目为中级会计实务、经济法、财务管理三个科目，参加中级资格考试的人员必须在两个考试年度内通过全部科目的考试。高级会计师资格实行考试与评审相结合制度。考试合格者发给相应的会计专业技术资格证书，在全国范围内有效。

(四) 会计人员的职业道德

会计职业道德是指在会计职业活动中应当遵循的、体现会计职业特征的、调整会计职业关系的职业行为准则和规范。会计人员的职业道德的具体规定为：

1. 爱岗敬业

爱岗就是会计人员热爱自己的本职工作，即会计人员应当充分认识本职工作在整个经济和社会事业发展过程中的地位和作用，珍惜自己的工作岗位，做到干一行爱一行、一丝不苟、兢兢业业，争当会计工作的行家里手。敬业就是会计人员以强烈的事业心、责任感从事会计工作，即会计人员在工作中自觉、主动地履行岗位职责，以积极、健康、求实、高效的态度对待会计工作，做到认真负责、恪尽职守。“爱岗”是“敬业”的基石，“敬业”是“爱岗”的升华。

2. 诚实守信

诚实就是会计人员言行跟内心思想一致，不弄虚作假、不欺上瞒下，做老实人、说老实话、办老实事。守信就是会计人员遵守自己所作出的承诺，讲信用、重信用，信守诺言，保守秘密。有诚无信，道德品质得不到推广和延伸；有信无诚，“信”就失去了根基，“德”就失去了依托。

3. 廉洁自律

廉洁就是会计人员不贪污钱财，不收受贿赂，保持清白。自律就是会计人员按照一定的标准，自己约束自己、自己控制自己的言行和思想的过程。廉洁是自律的基础，自律是廉洁的保证。自律性不强就很难做到廉洁，不廉洁就谈不上自律。俗话说，“吃了人家的嘴软，拿了人家的手短”。会计人员必须既廉洁又自律，二者不可偏废。

4. 客观公正

客观就是会计人员在办理会计事务时必须以实际发生的交易或事项为依据，如实反映企业单位的财务状况、经营成果和现金流量情况，不掺杂个人主观意愿，不为单位领导的意见所左右。公正就是会计人员应该具备正直、公平和诚实的品质，不偏不倚地对待有关利益各方。客观是公正的基础，公正是客观的反映。

5. 坚持准则

这里所说的“准则”不仅指会计准则，还包括会计法律、法规、国家统一的会计制度，以及与会计工作相关的法律制度。会计工作时时、事事、处处涉及到执法守规方面的问题。会计人员应当熟悉财经法律、法规和国家统一的会计制度，按照会计法律法规和国家统一会计制度规定的程序和要求进行会计工作，保证所提供的会计信息合法、真实、准确、及时和完整；知法依法、知章循章，树立自己的职业形象和人格的尊严，敢于抵制歪风邪气，同一切违法乱纪的行为作斗争；会计工作性质决定了会计人员有机会了解本单位的财务状况和生产经营情况，有可能了解或者掌握重要机密，会计人员应当严守自己知悉本单位的商业秘密，除法律规定和单位负责人同意外，不能私自向外界提供或泄漏本单位的商业机密。只有坚持准则，才能以准则作为自己的行动指南，从而维护企业单位利益、国家利益、社会公众利益和正常的经济秩序。

6. 提高技能

会计工作是一项专业性和技术性很强的工作，会计人员必须具备一定的会计专业知识和技能,才能胜任会计工作。会计职业技能主要包括会计理论水平、会计实务操作能力、职业判断能力、自动更新知识能力、沟通交流能力等。会计人员必须不断地提高职业技能,这既是会计人员的义务,也是在会计工作中做到客观公正、坚持准则的基础,是参与管理的前提。

7. 参与管理

参与管理就是会计人员积极主动地熟悉本单位的生产经营和业务管理情况,运用掌握的会计信息和会计方法,向企业单位领导反映本单位的财务、经营状况及存在的问题,主动提出合理化建议,积极地参与市场调研和预测,参与决策方案的制定和选择,参与决策的执行、检查和监督,为领导的经营管理和决策活动,当好参谋和助手。如果没有会计人员的积极参与,企业的经营管理如同“盲人摸象”,决策就可能出现失误。会计人员,特别是会计部门的负责人,必须强化自己参与管理,当好参谋的角色意识和责任意识。

8. 强化服务

强化服务就是会计人员不仅要有热情、耐心、诚恳的工作态度,待人平等礼貌,而且遇到问题要以商量的口吻,充分尊重服务对象和其他部门的意见。会计人员应做到大事讲原则、小事讲风格、沟通讲策略、用语讲准确、建议看场合。这是因为会计人员工作涉及面广,往往需要服务对象和其他部门的协作及配合;而且会计工作的政策性又很强,在工作交往和处理业务过程中,容易同其他部门及服务对象发生利益冲突或意见分歧。

会计人员在会计工作中应当遵守职业道德,具有良好的职业素养和严谨的工作作风,严守工作纪律,努力提高工作效率和工作质量。

四、会计法规

会计法规是会计工作的依据和标准,是国家和地方立法机关以及各级政府和行政部门制定颁布的有关会计方面的法律、法规、准则和制度的总称。建立健全会计法规,可以保证会计工作贯彻执行党和国家的有关财经方针、政策,保证会计工作沿着市场经济方向正确运行;可以使各企业单位会计机构提供的会计信息真实、及时、有用,更好地满足各个方面的需要,更圆满地完成会计工作的任务。目前我国会计法规按照各法规之间的相互关系分为三个层次,即会计法、会计准则和会计制度,并形成了一个比较完善的法规体系。

(一) 会计法

会计法在会计法规体系中属于最高层次地位,是会计工作的基本法,是制定其他各层次会计法规的依据。它是各行各业、各种组织必须遵守的法律规范。我国现行的会计法是 2017 年 11 月 4 日第三次修订并于 2017 年 11 月 5 日开始实施的《中华人民共和国会计法》,内容包括总则、会计核算、公司(企业)会计核算的特别规定、会计监督、会计机构和会计人员、法律责任、附则等共七章 52 条。

制定《会计法》的目的是为了规范和加强会计工作,保障会计人员依法行使职权,发挥会计工作在维护社会主义市场经济秩序、加强经济管理、提高经济效益中的作用。国家机关、社会团体、公司、企事业单位和其他组织都必须依照《会计法》办理会计事务。

(二) 会计准则

会计准则是根据《会计法》的要求制定的关于会计核算的规范,主要就会计核算的原则和会计处理方法及程序作出规定,是企业进行价值确认、计量、记录和报告必须遵循的标准。会计准则以《会计法》为指导,同时又指导会计制度,是会计制度的制定依据。我国财政部于

2006年2月15日先后颁布了修订后的《企业会计准则——基本准则》以及41项具体会计准则及其应用指南和解释公告构成的新会计准则体系。其中，基本准则是进行会计核算工作必须共同遵守的基本要求，体现了会计核算的基本规律，由总则、会计信息质量要求、对会计要素准则的规定、对会计计量的规定和对财务会计报告的规定组成，是对会计核算要求所作的原则性的规定，具有覆盖面广、概括性强等特点，在整个准则体系中起统驭作用。具体准则是根据基本准则的要求，对企业经济业务的会计处理作出具体规定的准则，具有可操作性强等特点，可根据其具体要求组织实施该项业务的核算，主要分为三类：各行业共同经济业务的准则、关于特殊经济业务的准则和有关会计报表的准则。具体准则应用指南主要对具体准则的疑点、难点、会计科目的设置、会计分录的编制和报表的填报等操作层面的内容予以示范性指导。解释公告主要对企业会计准则的贯彻实施过程中会计实务遇到的问题做出具体解释。

（三）会计制度

会计制度是指企业在会计核算时所遵循的具体原则和具体会计方法，是企业管理当局在会计法规既定范围内进行的选择。会计制度主要包括：会计工作的基本规则，会计凭证的填制与审核，会计科目的设置及核算的内容，账簿组织和记账方法，账务处理程序，成本计算方法，财产清查方法，会计报表的格式、内容及其编报和审批程序，会计资料的分析和利用，会计检查的方法和程序，会计监督的形式和方法，会计档案的管理，会计工作的组织和管理，会计人员的职责与权限等。

五、会计信息

会计信息是由会计工作提供的、为会计信息使用者服务的、主要以货币综合地反映经济单位经济活动情况的信息，包括经济单位的财务状况、经营业绩和现金流量等综合价值信息。会计信息是会计信息使用者共同利用的一种特殊“语言”。会计的主要作用就在于向会计信息使用者提供对其做出各种经济决策有所帮助的会计信息。

（一）会计信息使用者

会计信息使用者包括政府及其有关部门、投资者及潜在的投资者、债权人、经济单位的内部管理者和职工等。他们均从不同的角度要求得到会计信息。

(1) 政府及其有关部门作为社会管理者需要掌握反映各经济单位执行国家政策、法规情况以及有关税收征缴情况的会计信息，以便制定正确的宏观经济政策、加强宏观经济管理。

(2) 投资者需要掌握反映经济单位的经营状况、盈利能力及发展趋势的会计信息，以便作出增加投资、维持投资或减少投资的决策。

(3) 债权人关心的是其提供给企业的负债资金是否安全，本息能否按期如数收回。因此，需要掌握反映经济单位的偿债能力及利息支付情况的会计信息，以便做出是否继续提供负债资金的决策。

(4) 企业单位内部管理者需要全面掌握反映单位经济活动、经营成果、财务状况及其变化的会计信息，以便改善经营管理、提高经济效益。

(5) 职工需要利用会计信息评估自己职业的稳定性、发展性和风险性，并决定是否继续在企业任职。因此，职工主要关注企业单位的稳定性、劳动报酬和职工福利的好坏等情况，以及企业单位的发展前途等方面的会计信息。

(二) 会计信息的具体表达形式

会计报表是会计信息的具体表达形式。会计报表可分为对外提供的会计报表和对内提供的会计报表。

对外提供的会计报表是以《会计法》《企业会计准则》为依据,按照一定的标准和账务处理程序编制和披露的书面文件,主要包括:资产负债表、利润表、现金流量表、所有者权益变动表及附注等。

除了对外提供的会计报表也可以对内提供外,企业单位还要根据内部的管理会计规定及相关管理的需要编制内部会计报表,主要包括:各类成本报表、责任中心责任报告、其他管理报表等。

对外提供的会计报表是外部信息使用者和内部信息使用者都要了解的会计信息。所以,在会计实务中,往往以对外提供会计报表作为会计工作的重点。

任务三　熟悉会计基础概念

任务要求

会计是以货币为主要计量单位,对企业单位的经济活动进行核算和监督的经济管理工作。所以,要了解会计的对象、职能和目标,掌握会计的定义。

一、会计对象

会计对象就是会计核算和监督的具体内容和范围,即会计工作的客体。会计是以企业单位发生的各项交易或事项为对象,记录和反映企业单位本身的各项生产经营活动,一般是指经济活动中能以货币表现的方面,即社会再生产过程中的资金运动。随着企业生产经营活动的进行,企业的资金相应地会发生价值以及形态上的变化:有时会发生资金的消耗,引起企业资金的减少,如企业用银行存款支付员工薪酬;有时企业资金在消耗之后会形成新的资产,如企业用资金购买材料和设备;有时资金形态变化之后会引起企业资金的增加,如企业将生产的产品对外销售或对外提供劳务收回货款。在会计上,一般把交易或事项发生以后所引起的资金增减变动称为资金运动。

在不同的行业,资金运动的具体形态有所不同。本书以工业企业的经济活动为例来介绍会计对象的具体内容。工业企业是从事工业产品生产和销售的营利性经济组织,其经济活动一般分为筹资、供应、生产、销售和分配五个阶段,并形成相应的资金运动。其表现形式是:

(1) 企业在筹资阶段取得生产经营所需资金,其来源主要是投资者投入的资本和向债权人借入的资金,这些资金最初是以货币资金进入企业的,具体表现为库存现金或银行存款等。

(2) 企业在供应阶段进行产品生产的各项准备,将筹集到的货币资金用于雇佣员工、购买材料和固定资产,形成储备资金。

(3) 企业在生产阶段组织产品的生产加工,通过生产过程中物化劳动和活劳动的耗费,使材料物资转化为在产品或半成品,形成生产资金。生产完工后,在产品变成产成品进入仓库,形成产成品资金。

(4) 企业在销售阶段将产成品销售出去,产成品资金转化为结算资金并最终收回货币资金。

(5) 在销售收回的货币资金中,一方面,企业以成本为标准补偿生产耗费,使企业再生产得以顺利进行;另一方面,要按税法规定交纳各种税费,按照有关合同或协议偿还各项债务,按照企业章程或董事会决议向投资者分配现金股利或利润,从而使部分资金退出企业。

工业企业的资金运动就是在这种反复的资金循环和周转中完成的。资金循环是指资金沿着供应、生产、销售三个阶段从货币资金开始依次转化为储备资金、生产资金、产成品资金,最后又回到货币资金。随着企业生产经营过程的不断进行,资金周而复始、不断地循环叫作资金周转。资金循环与周转就是各种资金形态在生产过程中相继进行和并列存在的对立统一。工业企业资金运动流程见图 1-1:

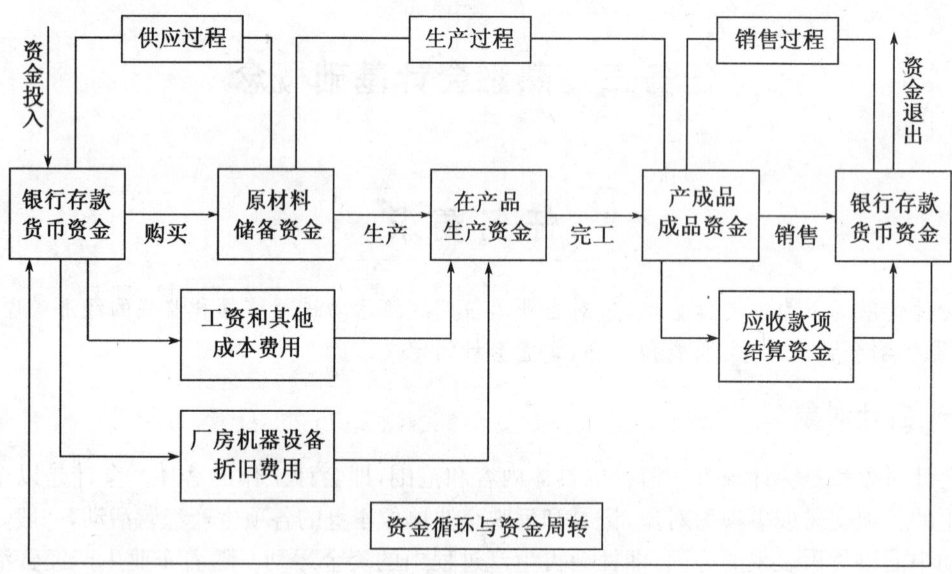

图 1-1 工业企业资金运动流程图

二、会计职能

会计职能是指会计本身所具有的功能或能够在经济管理工作中所发挥的作用。我国《会计法》规定,会计核算和会计监督是会计的两大基本职能。

(一) 会计核算职能

会计核算也称为会计反映,是指会计以货币为主要计量单位,运用一系列专门方法,对企业单位已经发生或完成的各项经济活动进行连续、系统、全面、综合地确认、计量和报告的过程,即对企业单位的经济活动进行记账、算账、报账,把个别的、大量的经济业务事项进行记录、分类、计算、汇总,从而为会计信息使用者提供会计信息的功能。其中,记账就是把企业单位在一定时期内所发生的经济业务事项,运用一定的程序和方法,在会计凭证、会计账簿上进行记录和反映的过程;算账就是运用一定的程序和专门方法,对会计核算对象进行归类和计算的过程;报账就是在记账和算账的基础上,通过会计报表的形式,为会计信息使用者提供相关会计信息的过程。会计核算是会计的最基本职能,也是全部会计管理工作的基础。企业单位发生的下列经济活动,应当办理会计手续,进行会计核算:款项和有价证券的收付;财物的收发、增减和使用;债权、债务的发生和结算;资本、基金的增减;收入、支出、费用、成本的计算;财务成果的计算和处理。

(二)会计监督职能

会计监督是指会计以国家的经济政策、制度和财经纪律及企业内部会计管理制度为准绳,对企业单位即将进行或已经进行的经济活动的合理性和合法性进行审查、评价,并据以施加限制和影响,保证会计信息资料真实性、完整性的过程。会计监督是会计工作的灵魂和核心。会计监督职能包括以下三层含义。

(1) 会计监督是以国家的经济政策、制度和财经纪律为准绳的,依据有合法性和合理性两种。合法性的依据是国家的各项法令及法规,合理性的依据是经济活动的客观规律及企业自身在经营管理方面的要求。

(2) 会计监督是对即将发生或已经发生的经济活动进行评价、限制和影响的。这说明会计监督不仅有事后监督,还包括事中监督和事前监督。事前监督是在经济活动开始之前进行的监督和审查,主要是在参与编制各项计划和费用预算时,依据国家的法律、法规和制度,对未来经济活动的可行性、合法性、合规性的审查;事中监督是对正在进行中的经济活动进行监督,以纠正经济活动过程中的失误和偏差,使经济活动按预定的目标进行;事后监督是对已经发生和完成的经济活动进行监督、审核和分析,以总结经济活动的规律,发现并改正存在的问题。

(3) 会计主要利用货币计价进行监督,但也要进行实物监督。会计通过成本、费用、收入及利润等核算指标监督经济活动,控制成本、费用及支出,从而达到控制和监督其经济活动的目的。另外,会计通过对某些具有实物形态的财产物资的收、发、存,以凭证为依据,在账簿中登记其收、发、存的数量,并定期进行清查盘点,检查账实是否相符,以监督财产物资的安全完整。

总之,会计核算是提供会计信息的过程,会计监督是保证会计信息真实性的过程,两者是缺一不可、相辅相成的。会计核算是会计监督的基础,只有正确地进行会计核算,会计监督才能有真实可靠的依据;会计监督是会计核算的继续,如果只有会计核算而不进行会计监督,会计核算所提供的会计信息质量就难以保证,甚至会变得毫无意义。因此,会计核算和会计监督两个职能贯穿于会计工作的始终,只有二者有机地结合起来,才能充分发挥会计在经济管理中的作用。

(三)会计的其他职能

随着会计的发展,会计的职能也在不断强化,除了核算和监督两个基本职能外,还有预测经济前景、参与经济决策、控制经济运行、分析评价经济业绩等职能。会计预测是指根据现有的会计信息和其他信息资料,对客观经济过程及其发展趋势作出的估计、判断和测算。会计参与经济决策是指在会计预测的基础上,从未来一定时期经济活动可能采取的各种备选方案中,选择最优方案,以供管理者进行决策。会计控制是指按照企业管理要求和预定目标,通过组织、指挥、协调企业的经济活动,对经济活动进行必要的干预,使其按照预定的轨道有序地运行。会计分析评价是指以会计核算提供的信息资料为主要依据,结合计划、统计和其他资料,对经济活动的过程和财务成果进行比较、分析与评价,总结经验、发现问题、找出原因、挖掘潜力和改进工作的过程。上述这些职能是会计基本职能的延伸和发展。

三、会计目标

会计目标是指在一定的社会经济环境下，人们通过会计实践活动所期望达到的目的。确定会计目标需要考虑两个基本因素：一是资源配置的需要，社会经济的发展要求社会经济资源必须配置到最有效的地方，故会计目标应首先明确向谁提供会计信息以及提供什么样的会计信息，以利于会计信息使用者通过决策而使资源实现有效配置；二是在现代经济社会中，委托代理关系普遍存在，故会计目标又要能反映代理人履行经管责任（受托责任）的情况，以利于委托人进行评价并做出决策。

基于以上分析，会计目标主要包括以下两个方面的内容：

（一）向会计信息使用者提供决策有用的信息

会计作为一项管理活动，其目标在于向会计信息使用者提供有助于其做出正确决策的相关信息，包括企业财务状况变动的信息和经营业绩及现金流量的信息。如投资者进行投资决策是投资者权衡利弊，并最终决定将手中持有的资金具体投向哪一个企业的过程。在这一过程中，企业提供给投资者的企业财务状况和经营成果等信息是投资者作出投资决策的重要参考依据。这时，会计工作就必须以提供会计信息以服务于决策为目标。

（二）反映企业管理层受托责任的履行情况

随着企业所有权与经营权的分离，企业管理层接受委托人委托经营管理企业及其各项资产，因而负有受托责任。由于委托人十分关注资本的保值和增值，需要定期了解企业管理层保管、使用资产的情况，决定是否需要调整投资政策，是否需要更换管理层等。这时，会计目标应能充分反映企业管理层受托责任的履行情况，以利于委托人正确评价企业管理层的经管责任和资源使用的有效性。

因此，《企业会计准则——基本准则》规定了会计的目标是：向财务会计报告使用者提供与企业财务状况、经营成果和现金流量等有关的会计信息，反映企业管理层受托责任履行情况，有助于财务会计报告使用者做出经济决策。

四、会计的定义

会计是以货币为主要计量单位，采用一系列专门方法，对企业单位本身实际发生的交易或者事项进行连续、系统、全面、综合地确认、计量和报告，以此提供真实、有用的会计信息的一项管理活动。它有三个特征：

（一）以货币为主要计量单位，同时辅之以劳动量度和实物量度

会计核算之所以选择货币作为主要计量单位，是因为货币是商品的一般等价物，是衡量一般商品价值的共同尺度。企业的生产经营活动具体表现为商品的购销、各种原材料和劳务的耗费等实物运动。商品、各种原材料和劳务的耗费在实物上存在多种计量单位，包括实物计量单位（如千克、米、台、件等）和劳动计量单位（如工作日、工时等）；而这些计量单位只能从一个侧面反映企业的生产经营活动，不同计量单位之间无法进行换算，也无法在量上进行汇总和比较。为了全面完整地反映企业的生产经营活动，会计核算就必然选择货币作为计量单位，从而便于将活化劳动量和不同质的物化劳动量进行比较，才能按统一的表现形式来综合地计量各种不同的经济活动，取得经济管理上所需的各种综合核算资料，

反映经济活动的过程和结果。但会计核算选择货币作为主要计量单位并不排除会计有时采用实物计量单位和劳动计量单位，实物计量单位和劳动计量单位只是对货币计量单位所反映会计信息的补充。

(二) 对企业实际发生的经济活动进行核算

"实际发生"的具体表现是企业在经济业务事项发生或完成时要有真实合法的会计凭证。在记录经济活动过程中，必须先对取得或填制的会计凭证的合法性、合理性进行严格审核，不能凭口头语言或其他传播媒介做记录。只有审核无误的会计凭证，才能作为会计核算和监督的依据。

(三) 会计在核算时具有连续性、系统性、全面性、综合性

连续性是指会计核算在时间、程序和步骤上保持前后一贯；系统性是指会计对企业发生的经济活动既要相互联系的记录，又要进行科学的分类记录；全面性是指会计对核算的内容要充分完整，不能任意取舍、遗漏；综合性是指会计要总括地反映经济活动的价值指标。

(四) 有一整套完整的方法体系

会计在长期的发展过程中，形成了设置会计科目和账户、复式记账、填制和审核会计凭证、登记账簿、成本计算、财产清查编制会计报表等一个完整的方法体系，并通过这些方法的相互联系和配合，来核算和监督经济活动的过程及结果，为会计信息使用者提供必要的信息。

任务四　理解企业会计核算的基本要求

任务要求

为了保证会计信息的质量，企业进行会计核算时，需要事先确定其所遵循的基本前提、会计信息质量要求、会计确认基础、会计计量属性和会计核算方法。所以，要充分理解这些基本要求。

一、会计核算的基本前提

会计管理活动中存在着许多不可确知的或变化不定的因素，会计要对企业发生的各种经济活动能够有效地进行核算，就必须对会计领域中的一些未知因素作出合理的假设。会计核算的基本前提又称会计假设，是企业对交易或事项进行会计确认、计量和报告的必备前提，即对会计核算所处的时间、空间环境及计量尺度等所做的合理设定。它是人们在长期的会计实践中对那些未经确切认识或无法正面论证的经济事物和会计现象，根据客观的正常情况或趋势，通过不断摸索和验证形成的合乎逻辑的推断，并在会计实践中长期奉行，普遍为人们所接受的公理。会计对象的确定、会计方法的选择和会计数据的收集等都以会计核算的基本前提为依据。根据《企业会计准则——基本准则》的规定，企业会计核算的基本前提包括：会计主体、持续经营、会计分期和货币计量。

(一) 会计主体

会计主体是指会计为其服务的特定单位或组织，它规定了会计确认、计量和报告的空间范围，明确了会计人员为谁核算、核算谁的交易或事项。在会计主体基本前提下，企业应当对其本身发生的交易或事项进行会计确认、计量和报告，反映企业本身所从事的各项生产经营活动。会计主体这一基本前提，为会计人员在日常会计核算中对各项交易或事项作出正确判断、对会计政策和方法作出正确选择提供了依据。只有明确规定会计核算的对象，将企业的经济活动与包括所有者在内的其他经济单位的经济活动区别开来，才能保证会计核算工作的正常开展，实现会计目标。

(1) 明确会计主体，才能划定会计所要处理的各项交易或事项的范围。在会计核算工作中，只有那些影响企业本身经济利益的各项交易或事项才能加以确认、计量和报告，那些不影响企业本身经济利益的各项交易或事项则不能加以确认、计量和报告。会计核算工作中通常所讲的资产负债的确认、收入的取得、费用的发生，都是针对特定会计主体而言的。

(2) 明确会计主体，才能对该会计主体所发生的交易或事项进行正确地判断与会计处理。资产、负债、所有者权益、收入、费用和利润(这些都是会计要素)，都是与特定主体相联系的。例如，A公司生产出的产品销售给B公司，收到销货款10万元。作为销售和购买企业必须站在各自的角度进行会计确认、计量和报告。站在A公司这个会计主体的角度，一方面，公司增加了10万元的货币资金；另一方面，该项资产是公司通过销售商品取得的，公司的收入也增加了10万元。而如果站在B公司这个会计主体的角度，则一方面，公司增加了10万元的存货；另一方面，公司减少了10万元的货币资金。这样，就清楚地反映了各公司生产经营活动所产生的资金的来龙去脉。可见，同一笔业务如果站在不同会计主体的角度，反映的内容也是不一样的。

(3) 明确会计主体，才能将会计主体的经济活动与会计主体所有者的经济活动区分开来。例如，企业所有者购买个人生活用品发生的支出就不能作为企业的支出进行会计处理。

会计主体不同于法律主体。判断一个主体是否为会计主体的标准有三个方面：其一是该主体是否独立核算、自负盈亏，其二是该主体是否有一定的经济资源，其三是该主体是否有独立的经营权和决策权；而判断法律主体则要视其是否具有法人资格，即其是否可用本身名义掌握财产、享受利益和履行各种法律上的有效行为。一般来说，法律主体往往是会计主体。如一个企业作为一个法律主体，应当建立会计核算体系，独立地反映其财务状况、经营成果和现金流量。但会计主体不一定是法律主体。如在企业规模较大的情况下，为了便于掌握其分支机构的生产经营情况和收支情况，也可以将不具有法人资格的某些特定的内部分支机构(如分公司、分厂等)作为会计主体，要求其编制会计报表，单独反映其财务状况和经营成果。再如在控股经营的企业集团中，母公司及其所控制的子公司均为法律主体。同时，各自也是会计主体。但企业集团是在母公司的控制下开展生产经营活动，为了全面反映企业集团的财务状况、经营成果和现金流量，就有必要将这个企业集团作为一个会计主体，编制合并会计报表。这时，企业集团尽管不是法律主体，但却是会计主体。

(二) 持续经营

持续经营是指在可以预见的将来，企业生产经营活动将按照正常的经济方针和既定的经营目标持续不断地进行下去，企业不会面临破产、清算和解散等而不复存在。持续经营基本前提为会计核算限定了时间范围。

在市场经济条件下，由于竞争、风险和不确定因素的存在，没有一个企业能够无限期地存续下去，但企业在何时停业清算又难以预料。在这种情况下，是基于企业随时可能停业清算还是假设企业持续经营来进行会计核算，两者在会计政策、会计方法的选择上有很大差别。因此，持续经营基本前提，就是针对市场经济条件下企业经营的持续期间具有不确定性而提出的。

在持续经营基本前提下，企业会计确认、计量和报告应当以持续、正常的生产经营活动为前提。企业所持有的资产将按照既定用途在正常经营过程中被耗用、出售或转让，所承担的债务将按照既定的合约条件清偿，会计人员在此基础上选择会计政策和会计方法。如在持续经营基本前提下，企业的固定资产会在持续经营的生产经营过程中长期发挥作用，并服务于生产经营过程；固定资产就可以根据历史成本进行计量，并采用折旧的方法，将历史成本分摊到各会计期间或相关产品的成本费用中。再如，企业的应付账款等各种负债可按原来规定的条件偿还。如果企业不会持续经营，就应当改变会计核算的方法，如固定资产价值应按实际变现价值计算，而不能分期摊入成本费用。应付账款等各种负债只能按变现后的实际负担能力来清偿。由此可见，只有在持续经营基本前提下，会计政策和会计方法才能保持稳定和一致，企业提供的会计信息才能真实可靠。

(三) 会计分期

会计分期是指人为地将一个企业持续不断的生产经营活动划分为若干个首尾相连、等间距的期间，分期结算账目和编制会计报表，以便对企业的财务状况、经营成果和现金流量的情况进行及时、连续地反映。会计分期基本前提是对会计工作时间范围的具体划分，也是对企业提供会计信息的具体期限所作的限定，是对持续经营基本前提的必要补充。

根据持续经营的基本前提，企业生产经营活动是持续不断进行下去的。要最终确定企业的生产经营成果，只能等到其在若干年后歇业的时候一次性核算盈亏。但企业的生产经营活动和投资决策需要及时得到有关会计信息，不能等到停业时一次性核算盈亏。这就需要将企业持续不断的生产经营活动划分为连续的、长短相同的期间，分期核算和反映。由于会计分期，才产生了本期、前期和后期的差别，从而出现权责发生制和收付实现制的区别，才使会计主体有了记账的基准，进而出现了应收、应付、递延、预提和待摊等会计处理方法。

为了会计核算的需要，把持续不断的生产经营活动人为地划分成相等的时间单位称为会计期间。会计期间分为会计年度和会计中期。以一年确定的会计期间称为会计年度。我国是以日历年度为会计年度，即每年的 1 月 1 日起至 12 月 31 日止为一个会计年度。会计中期是指短于一个完整的会计年度的会计期间，包括月度、季度、半年度。

(四) 货币计量

货币计量是指会计主体在会计核算过程中采用货币作为主要计量单位，计量、记录和报告会计主体的生产经营活动。货币计量基本前提是对会计计量手段和方法所做的限定。这一会计核算前提规定了会计核算的内容，即企业要核算生产经营活动中能用货币计量的那一部分，而不是生产经营活动的全部，如企业采购原材料花了 1 万元、支付职工工资 2 万元，出售商品取得收入 3 万元等，都是会计核算的内容。企业召开科技攻关会议、产品销售工作会议、签订购销合同都是很重要的经营活动，但因其不能以货币客观的计量，因而不属于会计核算的范围。

一般情况下，企业的会计核算应采用其经营所处主要经济环境中所使用的货币为记账本位币。在会计核算中，日常登记账簿和编制会计报表用以计量的货币，也就是企业主要会计核算业务所使用的货币，即记账本位币。《企业会计准则——基本准则》规定我国企业一般以人民币作为记账本位币。业务收支以人民币以外的货币为主的企业,可以选定其中一种货币作为记账本位币,但编报的会计报表时应当折算为人民币。在境外设立的中国企业向国内报送的会计报表,应当折算为人民币。

上述会计核算的四项基本前提是相互依存、相互补充的。会计主体确定了会计核算的空间范围,持续经营和会计分期确立了会计核算的时间长度,货币计量为会计核算提供了必要的手段。没有会计主体,就没有持续经营;没有持续经营,就不会有会计分期;没有货币计量,就不会有现代会计。

二、会计信息质量要求

会计工作的基本任务就是为企业的所有者、债权人、政府机构及企业的经营者提供经济决策所需要的会计信息。这些会计信息质量的高低将直接影响企业经济活动的决策、控制和投资者的利益,也是评价会计工作成败的标准。因此会计信息质量要求是企业进行会计核算时必须遵循的基本规则,是会计信息对投资者等各类使用者的经济决策有用应具备的基本特征,故也称为会计信息质量特征。

《企业会计准则——基本准则》对会计信息质量提出的要求,主要包括可靠性、相关性、明晰性、可比性、实质重于形式、重要性、谨慎性和及时性等8项原则。

(一)可靠性原则

可靠性原则也称为真实性原则,是指企业提供的会计信息,应当以实际发生的交易或事项为依据进行确认、计量和报告,如实反映符合确认和计量要求的各项会计要素及其他相关信息,保证会计信息真实可靠、内容完整。

可靠性是对会计核算及会计工作的基本要求。坚持可靠性原则,就是要求在会计核算时客观地反映企业的财务状况、经营成果和现金流量,不得根据虚构的或尚未发生的交易或事项进行确认、计量和报告,保证会计信息的真实性;坚持可靠性原则,就是要求在进行会计核算时正确运用会计的原则和方法,不得弄虚作假、隐瞒谎报,不得存在任何掩饰或夸张,从而准确反映企业的实际情况;坚持可靠性原则,就是要求会计人员依据相同的会计信息并遵循相同的会计准则可以得到相同或基本相似的结论,具有可验证性。如果企业的会计核算不是以实际发生的交易或事项为依据,没有如实地反映企业的财务状况、经营成果和现金流量,会计工作就失去了存在的意义,甚至会误导会计信息使用者,导致决策失误,不仅会给信息使用者造成重大经济损失,而且会影响正常的社会经济发展秩序,甚至会危及社会稳定。近些年来国内外频繁发生的会计信息失真的案例表明,保证会计信息的可靠性,具有极其重要的现实意义。

(二)相关性原则

相关性原则也称为有用性原则,是指企业提供的会计信息应当与会计信息使用者的经济决策需要相关,有助于会计信息使用者对企业过去、现在或者未来的情况做出客观评价或者预测。

企业提供会计信息是为了满足宏观经济管理者、投资者、社会公众、企业内部经营管理者等不同的会计信息使用者的需要。会计信息的价值在于其与经济决策相关,有助于会计信息使用者做出正确的经济决策。相关的会计信息有助于会计信息使用者证实或更正过去决策时的预期结果,把过去决策产生的结果反馈给决策人,使之修正或坚持原来的决策,从而具有反馈价值;有助于会计信息使用者根据会计信息预测企业未来的财务状况、经营成果和现金流量,从而具有预测价值,以便作出是否继续向所投资企业投资等方面的决策。坚持相关性原则,就是要求在收集、加工和提供会计信息的过程中,充分考虑会计信息使用者的不同要求,要能够满足各方面共有的信息需求。如果会计信息提供以后,没有满足会计信息使用者的需要,对会计信息使用者的决策没有什么使用价值,则不具有相关性。

会计信息的相关性建立在可靠性的基础之上,若会计信息不具有可靠性,则难以使其达到与信息使用者的决策相关的目的。因此,企业提供的会计信息应在保证可靠性的前提下,尽可能地符合相关性要求,以最大限度地满足会计信息使用者进行经济决策的需要。

(三)明晰性原则

明晰性原则也称为可理解性原则,是指企业提供的会计信息应当清晰明了,便于会计信息使用者理解和使用。

企业提供会计信息的目的是为了会计信息的使用者利用会计信息做出合理的经济决策。要利用会计信息就必须充分了解会计信息的内容,理解会计信息的意义,这就要求企业的会计核算和编制的会计报表必须清晰明了。坚持明晰性原则,就是要求会计记录应当准确、清晰,填制会计凭证、登记会计账簿必须做到依据合法、账户对应关系清楚、文字摘要完整。在编制会计报表时,项目勾稽关系清楚、项目完整、数字准确,对不便于理解的或容易产生误解的会计信息还应特别加以注释和说明。如果企业提供的会计信息不能做到清晰明了、便于理解和使用,就不符合明晰性原则的要求,就不能满足会计信息使用者进行经济决策的需要。

(四)可比性原则

可比性原则是指企业的会计核算应当按国家统一规定的会计处理方法进行,从而使企业提供的会计信息具有可比性。可比性原则具体包括以下两个方面的要求:

(1) 同一企业不同时期发生的相同或者相似的交易或者事项,应当采用一致的会计政策,不得随意变更。这里,可比性主要解决企业自身的纵向比较问题,以保证企业前后各期的会计信息能够相互比较和分析,有利于预测企业的发展趋势,提高会计信息的相关性。同时,还可以制约和防止某些企业利用会计核算方法的变更进行弄虚作假,人为操纵成本、利润等指标,粉饰企业的财务状况和经营成果的行为发生,从而保证会计信息的可靠性。因为对于某些交易或事项常常有多种会计核算方法,如存货的领用和发出,可以采用先进先出法、加权平均法或者个别计价法确定其实际成本;固定资产折旧可以采用年限平均法、工作量法、年数总和法或双倍余额递减法等。坚持可比性原则,就是要求企业对相同或者相似的交易或者事项在各个会计期间应尽可能地采用相同的会计核算方法。特别是在一个会计期间内,会计核算方法一经确定,不能随意变更。确需变更的,应当在会计报表的附注中说明变更的内容和理由、变更的累计影响数,以及累计影响数不能合理确定的理由等。

(2) 不同企业对于同一会计期间发生的相同或者相似的交易或者事项,应当采用统一规定的会计政策,确保会计信息口径一致,相互可比。这里,可比性主要解决企业之间的横向可比性问题。不同企业可能处于不同行业、不同地区,交易或者事项发生于不同时点。为了保证会计信息能够满足决策的需要,便于比较不同企业的财务状况、经营成果和现金流量,企业应当坚持可比性原则,即对于相同或相似的交易或事项,不同企业应当采用一致的会计政策,以使不同企业按照一致的确认、计量和报告基础提供相互可比的会计信息。如企业资产负债表提供的财务状况信息，包括企业的资产总量及其构成情况、负债和所有者权益的总额及其构成情况等基本内容，不同企业都应按照统一的确认、计量和报告要求进行处理，都应采用统一的报告格式，共同遵循企业会计准则统一规定的确认和计量资产、负债和所有者权益的要求。只有这样，各个企业所提供的会计信息才能做到口径一致，具有相互可比性。

如果对于相同或者相似的交易或者事项，不同企业或者同一企业在不同的会计期间采用不同的会计政策，将不利于会计信息使用者对会计信息的理解，不利于会计信息作用的发挥。

（五）实质重于形式原则

实质重于形式原则是指企业应当按照交易或者事项的经济实质进行会计确认、计量和报告，不应仅以交易或者事项的法律形式作为会计核算的依据。

经济实质与法律形式构成了交易或事项相辅相成的两个方面。经济实质是指交易或事项所具有的经济特质，企业发生的交易或实质总会影响企业的资产、负债和所有者权益等会计要素发生某些方面的变动。法律形式是指交易或事项所引发的所有权、使用权和处置权等方面的权利或义务，如资产是企业所拥有或控制的经济资源，表明企业对其资产的所有权、使用权和处置权等方面的权利；负债则是企业对其负债应当承担的义务，需以企业的资产或劳务进行清偿等。在实际工作中，交易或事项的经济实质与法律形式一般是统一的，如企业用资金购入的材料和设备等，其经济性质属于能够预期为企业带来经济利益的资产；从法律形式来看，企业对其具有所有权、使用权和处置权。但交易或者事项的外在法律形式有时候并不能完全反映其经济实质内容。如以融资租赁方式租入的固定资产，虽然从法律形式来讲企业并不拥有其所有权，但由于租赁合同中规定的租赁期相当长，接近于该资产的使用寿命；租赁期满结束时企业有优先购买该资产的选择权；在租赁期内企业有权支配该资产并从中受益。所以，从其经济实质来看，企业能够控制融资租入固定资产创造的未来经济利益。所以，会计核算上将以融资租赁方式租入的固定资产视为企业的资产，反映在企业的资产负债表中。

因此，坚持实质重于形式原则，就是要求企业必须根据交易或事项的实质和经济现实，而不能仅仅根据它们的法律形式进行核算和反映，从而真实地反映客观的经济活动。如果企业的会计核算仅仅按照交易或事项的法律形式进行，而其法律形式又没有反映其经济实质和经济现实，那么其最终结果不仅不会有利于会计信息使用者的决策，反而会误导其决策。

（六）重要性原则

重要性原则是指企业在会计核算中，对发生的交易或事项应当区别其重要程度，采用不同的核算方法。重要性原则要求企业提供的会计信息应当反映与其财务状况、经营成果和现金流量等有关的所有重要交易或者事项。

凡涉及企业的财务状况、经营成果和现金流量发生变动的交易或事项，企业都应如实报告。但在提供相关信息时，应判断项目的重要性。如果会计报表某项目的省略或错报会影响会计信息使用者据此作出合理判断和经济决策的，该项目就具有重要性。在评价某些项目的重要性时，很大程度上取决于会计人员的职业判断。一般来说，应当根据企业所处环境，从项目的性质和金额大小两方面加以判断。从性质方面来说，当某一项目有可能对决策产生一定影响时，就属于重要项目；从金额方面来说，当某一项目的数量达到一定规模，有可能对决策产生影响时，就属于重要项目。

因此，坚持重要性原则，就是要求对影响经济决策的重要的交易或事项应当予以充分、准确地披露，重点核算，并在会计报表中做突出反映。对于与会计信息使用者经济决策关系不大的非重要会计事项，在不影响会计信息真实性和不至于误导会计信息使用者作出正确判断的前提下，可适当简化、合并反映。重要性原则与会计信息成本效益直接相关，坚持重要性原则能够使会计核算在全面的基础上突出重点，有助于简化核算，提高会计工作效率，使提供会计信息的收益大于成本。

（七）谨慎性原则

谨慎性原则又称为稳健性原则或审慎性原则，是指在会计核算时，当某一会计事项有多种不同的会计处理程序和方法可供选择时，应在不影响合理反映的前提下，尽可能地选择不会导致企业虚增盈利和夸大所有者权益的会计处理程序和方法。

在市场经济环境下，企业的经营活动充满风险和不确定因素，如企业的应收款项因债务人发生财务困难或破产而可能发生坏账损失，固定资产因技术进步而可能提前报废，售出商品可能发生维护和返修等。因此，企业在面临不确定因素的情况下，需要会计人员根据企业在以往经营过程中实际发生的情况进行合理的判断或估计时，应当保持应有的谨慎，充分估计到各种风险和损失。在会计核算工作中，坚持谨慎性原则，就是要既不高估资产或收益，也不低估负债和费用。一方面，企业有些资产已经失去使用价值，预期不能再为企业带来经济利益，就不能再确认为企业的资产；对企业的收入，特别是那些可能实现的收入不应高估，更不可作为企业实现的收入加以确认，因为高估的结果往往会使企业产生盲目乐观情绪。另一方面，负债的偿还往往会使经济利益流出企业，需要企业准备足够的偿还资金；费用的发生往往以企业资产的消耗为代价，特别是对那些由于不确定因素而给企业造成损失所形成的费用，如不可收回的应收账款形成的损失费用，企业更应宁可高估而不可低估。只有这样，才能对企业的未来保持清醒的认识，相应提高企业承担风险的能力，避免损失或费用发生时企业的正常生产经营活动受到严重影响。

（八）及时性原则

及时性原则是指企业对于已经发生的交易或者事项，应当及时进行会计确认、计量和报告，不得提前或者延后。

会计信息的价值在于帮助会计信息使用者做出相关的经济决策，具有很强的时效性。即使是可靠、相关、可比、明晰的会计信息，如果不能及时提供给会计信息使用者，也会因信息的延误传递而失去其时效性，对会计信息使用者的决策有用性就会大大降低，甚至可能误导会计信息使用者。在会计核算中坚持及时性原则，一是及时收集会计信息，即在交易或事项发生后，及时收集整理各种原始单据或凭证；二是及时处理会计信息，即在国家统一的会计制度规定的时限内，及时对交易或事项进行确认、计量和记录，并及时编制出会计报表；三是及时传递会计信息，即在国家统一的会计制度规定的时限内，及时将编制出的会计报表传递给会计信息使用者。

上述会计信息质量要求是企业在提供会计信息过程中必须遵循的要求。其中，可靠性、相关性、明晰性和可比性是对会计信息质量的首要要求，是企业编制的会计报表中所提供的会计信息应当具备的基本质量要求。实质重于形式、重要性、谨慎性和及时性是会计信息的次级质量要求，是对可靠性、相关性、明晰性和可比性等质量要求的补充。在对某些特殊交易或事项进行会计处理时，需要根据这些质量要求来把握会计处理原则，这些质量要求的贯彻需要会计人员具有较强的职业判断能力。

三、会计核算基础

企业在开展生产经营活动时，经常会遇到货币收支与交易或事项的发生不在同一会计期间的情况：有的款项收付行为先于交易或事项而发生，有的交易或事项则先于款项收付行为发生。如华鼎公司在5月份销售的产品，货款于6月份才能收到；公司5月份使用贷款应付的利息，需要在6月份支付该笔利息等。当因发生这些交易或事项而实现的收入或发生的费用，企业应在交易或事项发生时所在的5月份进行反映，还是应在企业实际收到或付出该款项所在的6月份进行反映。这就需要区分收入和费用的应归属期和款项收付期。其中收入和费用的应归属期是指应获得收入（即创造收入）的会计期间和应负担费用（即费用受益）的会计期间。

由于会计分期假设，产生了不同会计期间，产生了本期与上期、下期的差别。为了使收入与费用配比，准确计算企业不同会计期间的经营成果，客观上就要求明确：具体某项交易或事项所发生的后果究竟应归入哪个会计期间？在与该项交易或事项有关的货币收支的期间记录，还是要归入该项交易或事项所产生实际影响的期间？因而就产生了会计核算基础问题。对这个问题的处理方法不同，会直接影响到企业经营成果在不同会计期间的反映。因此，会计核算基础主要是针对会计人员在进行会计业务处理时，如何界定收入、费用的归属期间所作的基础规定。会计人员要遵循统一的核算基础来合理判断收入和费用的归属期间，以便准确计算企业不同会计期间的经营成果。在会计实务中，对于收入和费用核算的基础一般有权责发生制和收付实现制两种。

（一）权责发生制

权责发生制又称应收应付制，简称应计制，是指收入、费用的确认应当以权利、责任的实际发生作为确认计量的依据。凡是本期已经取得的权利和已经发生或应当负担的义务，不论款项是否收付，都应当作为本期的收入和费用处理；凡是不属于本期的收入和费用，即使款项已经在本期收付，也不应作为本期的收入和费用处理。

按照权责发生制，上例中该公司应当将5月份实现的销售收入计入5月份的收入中，而不能延迟到6月份来反映。同理，也应当将5月份发生的贷款利息计入5月份的费用中，尽管该笔费用是在6月份实际支付的。

由上可知，企业根据权责发生制核算收入和费用的会计期间与款项收付的会计期间是存在差异的。但权责发生制按交易或事项是否真正发生为基础来确认收入和费用，能够更加准确地反映某一会计期间企业真实的财务状况和经营成果。因此，《企业会计准则——基本准则》要求我国企业会计核算采用权责发生制。在权责发生制下，如果权责发生与款项收付在不同会计期间，就应运用应收、应付、预收、预付和待摊、预提等一系列会计处理方法，以便真实地反映不同会计期间的经营成果。

（二）收付实现制

与权责发生制相对应的是收付实现制，又称现收现付制，简称现金制，是指以本期实际收到或付出款项为依据来确认本期收入的实现或费用的发生。凡是本期收到的款项和付出的款项，不论其是否属于本期，均作为本期收入和费用；凡是本期未收到款项的收入和未支付款项的费用，即使应归属本期，也不作为本期的收入和费用。显然，权责发生制和收付实现制是一对截然相反的记账基础，前者以权利或责任的发生与否为标准来记录交易或事项并确认收入和费用,后者则是以款项的收付行为是否发生为依据来记录交易或事项并确认收入或费用。

按照收付实现制,上例中该公司应当将5月份销售的产品计入6月份的收入中,而不能提前到5月份来反映;同理,也应当将5月份贷款利息计入6月份的费用中,尽管该笔费用是在5月份发生的。

在收付实现制下,企业本期的应收、应付款项不影响本期的收入和费用,经营成果能够反映企业的支付能力,即经营成果好,则支付能力强;若经营成果欠佳,则支付能力也差。这样,便于企业较好地将获取利润与维持支付能力两大财务目标统一起来。但收付实现制按照款项的收付确定各期的损益不能公允地反映各期真正的经营成果,因为本期收到的款项可能是上期的经营成果,而本期付出的款项又可能在以后期间才产生经营成果。因此,收付实现制主要适用于不核算经营成果的行政事业单位。

四、会计核算环节

会计核算是一个连续、系统和完整的过程,包括会计确认、会计计量、会计记录和会计报告四个环节。

(一) 会计确认

企业日常经济活动会产生大量的业务数据。有些数据是会计核算的内容,有些则不属于会计核算的内容,如企业支付给职工的工资就是会计核算的内容,但企业的职工人数及其构成就不属于会计核算的内容。因此,会计核算时首先要辨认哪些事项属于会计核算范围,哪些不属于会计核算范围。这就涉及会计确认。

会计确认是指对企业发生的交易或事项是否作为会计要素加以记录和报告所作的认定,是按照一定的标准,辨认哪些经济业务或会计事项应属于会计核算的范围,应列作哪一个会计要素,并于何时进行记录和报告的过程。会计确认主要解决企业发生的交易或事项"是什么,是否应当在会计上反映"的问题。如当企业发生购买汽车的经济行为之后,会计上就应当依据相关证据判断此项经济行为是否对会计要素构成影响,并进一步确定其应当记入什么账户,以及是否在会计报表中加以披露。这一识别、判断过程,就是会计上的确认过程。会计确认几乎涉及会计信息的整个加工处理过程。会计确认是会计计量、记录和报告的前提,也是企业处理交易或事项的起点。

会计确认主要分为初始确认和再次确认。初始确认是指编制会计凭证及登记账簿时的确认,即对某项交易或事项以原始凭证为依据,确认为某一会计要素和账户后,才能编制会计凭证和登记账簿。再次确认是指编制会计报表时的确认,即确认哪些数据可以列入会计报表以及如何列入会计报表。

(二) 会计计量

会计计量是指根据一定的计量标准和计量方法,在会计凭证、会计账簿及会计报表中确认和列示会计要素并确定其金额的过程。会计计量主要解决企业发生的交易或事项在会计上"反映多少"的问题。企业在将符合确认条件的会计要素填制会计凭证、登记入账并列报于会计报表时,应当按照规定的会计计量属性进行计量,确定其金额。会计计量属性是指用货币对会计要素进行计量时的标准。根据《企业会计准则——基本准则》规定,会计计量属性主要有历史成本、重置成本、可变现净值、现值和公允价值。

1. 历史成本

历史成本又称原始成本或实际成本，是指由购入、制造或建设而取得资产时所实际支付的现金或现金等价物的金额。历史成本计价较为合理，因为历史成本反映经济交易事项的实际金额，具有客观性，也具有可验证性。

在历史成本计量下，资产按照购置时支付的现金或者现金等价物的金额，或者按照购置资产时付出的代价的公允价值进行计量；负债按照因承担现时义务而实际收到的款项或者资产的金额，或者承担现时义务的合同金额，或者按照日常活动中为偿还负债预期需要支付的现金或者现金等价物的金额计量。

2. 重置成本

重置成本又称现行成本，是指在当前市场条件下，企业重新取得与其所拥有的某项资产相同或与其功能相当的资产需要支付的现金或现金等价物的金额。

在重置成本计量下，资产按照现在购买相同或者相似资产所需支付的现金或者现金等价物的金额计量；负债按照现在偿付该项债务所需支付的现金或者现金等价物的金额计量。如华欣公司财产清查发现，车间盘盈设备一台。经专业技术人员评估，设备重置成本为 100 000 元，估计有八成新。该公司对盘盈设备采用重置成本法，但不是按重置成本入账，而是按照重置成本扣除盘盈设备价值损耗后的余额入账。因此，该盘盈设备入账价值为 80 000 (=100 000×80%)元。

3. 可变现净值

可变现净值又称预期出售价值，是指通过正常处置出售资产现在所能收到的现金或现金等价物的金额，是资产在正常经营过程中可带来的预期现金流入或将要支付的现金支出。

在可变现净值计量下，资产按照其正常对外销售所能收到现金或者现金等价物的金额扣除该资产至完工时估计将要发生的成本、销售费用以及相关税费后的金额计量。如华宏公司将一闲置机床出售，售价为 150 万元，拆卸需要花费 2 万元，销售运输保险费 1 万元，则该机床的可变现净值为 147 万元。再如，2017 年 10 月 31 日，华飞公司库存甲材料历史成本为 300 000 元，该材料用来生产的 A 产品销售价格为 400 000 元，甲材料进一步加工需要发生加工费 226 000 元，估计销售费用及税金为 10 000 元，则甲材料的可变现净值为 164 000 (=400 000−226 000−10 000)元。

4. 现值

现值是指企业持有资产通过生产经营或持有负债在正常的经营状态下产生的未来预期现金流量以恰当的折现率进行折现后的价值，是考虑资金时间价值后的计量属性。

在现值计量下，资产按照预计从其持续使用和最终处置中产生的未来净现金流入量的折现金额计量；负债按照预计期限内需要偿还的未来净现金流出量的折现金额计量。如华宇公司的一台铲车预计可使用 5 年，每年可获得 20 万元收益，处置无价值，假定折现率为 10%，则这台铲车的现值为 75.82 万元(20 万元×年金现值系数 3.791)。

5. 公允价值

公允价值是指在公平交易中，熟悉情况的交易双方自愿进行资产交换或债务清偿的金额。

在公允价值计量下，资产和负债按照在公平交易中，熟悉情况的交易双方自愿进行资产交换或者债务清偿的金额计量。例如，华飞公司将账面净值为 100 万元闲置车床与华宏公司当前市价为 120 万元的组合机床进行互换。这里华飞公司换出的车床不计 100 万元，而计 120

万元，属于以公允价值计量；而120万元对换入的组合机床来说，是首次成交价格，就是历史成本。

企业在对会计要素进行计量时，一般应当采用历史成本，如企业建造厂房、购买存货，应当以所购入资产发生的实际成本作为资产计量的金额。但在某些情况下，如果仅以历史成本计量，可能难以达到会计信息质量要求，如企业持有的交易性金融资产，假设其历史成本与公允价值相差甚远，就有必要采用公允价值进行计量，以弥补历史成本计量属性的缺陷。但采用重置成本、可变现净值、现值、公允价值计量的，应当保证所确定的会计要素金额能够取得并可靠计量。

（三）会计记录

会计记录是指将经过会计确认与计量的交易或事项，按照复式记账的要求，登记在预先设置的会计账簿的过程，它是对交易或事项进行分类、汇总和加工的过程，主要解决企业发生的交易或事项在会计上"如何登记"的问题。只有经过会计记录，交易或事项才能被进一步加工处理成会计信息。会计记录是会计确认和计量的接续环节，也是进行会计报告的基础。

（四）会计报告

会计报告是指以账簿记录为依据，采用表格和文字形式，将会计核算形成的会计信息传递给会计信息使用者。通过会计确认、计量和记录，已经将经济活动登记在会计账簿上。但是，这些信息还比较分散，还必须对其进一步加工处理，进行浓缩，提高其质量，使之形成一系列反映企业财务状况和经营成果的财务指标体系，才有利于会计信息使用者的使用。会计报表的编制就是对会计账簿所记录数据的再加工过程，这一过程实际上就是会计的再次确认，即确认哪些数据可以列入会计报表以及如何列入会计报表。会计报告是实现会计目标的最后环节。

五、会计核算方法

会计方法是指会计人员从事会计工作所使用的各种科学技术方法，是反映和控制会计对象、履行会计职责、实现会计目标的手段和措施。会计方法是人们在长期的会计工作实践中总结、创立的，并随着生产发展和管理活动的复杂化而逐渐地完善起来的。会计方法一般包括会计核算方法、会计监督方法、会计分析方法、会计控制方法、会计预测方法和会计决策方法等。其中会计核算方法又称为会计核算流程，是会计方法中最基本的方法，贯穿于会计工作的始终。

会计核算方法是指以货币为主要计量单位，针对企业已发生的交易或事项进行加工整理，通过确认、计量、记录和报告的方式，提供客观会计信息的一系列专门方法。只有通过会计核算，才可以对经济活动所引起的资金运动进行详细、具体的描述，才可以对数据进行初步的加工、分类与汇总，才能最终生成有助于各项经济决策的会计信息。从会计核算的过程来看，会计核算方法一般包括七个方面。

1. 设置会计科目和账户

设置会计科目和账户是对会计对象具体内容进行分类核算的一种专门方法。设置会计科目和账户是进行会计核算的前提，是用会计语言反映交易或事项的基础性工作。它对于正确填制凭证、登记账簿和编制会计报表都具有重要意义。

2. 复式记账

复式记账是对每一笔交易或事项，都要以相等的金额同时在两个或两个以上的相关账户中进行记录的方法。复式记账为科学地完成会计核算提供了理论依据。通过复式记账，可以全面、系统地反映各项交易或事项之间的联系以及交易或事项的全貌，可以检查账户记录的正确性。

3. 填制和审核凭证

填制和审核凭证是为会计记录提供完整的、真实的原始资料，保证账簿记录正确、完整的方法。对于已经发生或完成的经济交易或事项，必须取得由经办人员或有关单位填制并签名盖章的原始凭证，然后根据审核无误的原始凭证填制记账凭证。经过审核后的凭证则作为登记账簿的依据。填制和审核会计凭证可以保证所提供会计信息的真实可靠。

4. 登记账簿

登记账簿是以审核无误的会计凭证为依据，在账簿上连续地、完整地、系统地记录和反映经济活动和财务收支的一种方法。将所有的经济交易或事项按其发生的时间顺序，分门别类地登记到账簿中去，并定期进行对账和结账，为成本计算、编制会计报表提供准确的数据资料。登记账簿是会计核算工作的中心环节。

5. 成本计算

成本计算是按照特定的对象归集和分配生产经营过程中所发生的各项费用，从而计算各个对象的总成本和单位成本的一种专门方法。例如，供应过程要计算各种材料物资的采购成本，生产过程要计算各种产品的生产成本等。通过成本计算，可以正确地对会计核算对象进行计价，可以考核经济活动过程中物化劳动和活劳动的耗费程度，为正确计算生产经营成果提供数据资料，用以考核企业的生产经营管理水平。

6. 财产清查

财产清查是通过实物盘点、往来款项的核对来检查财产和资金实有数额的方法。财产清查的目的是为了使账实相符，确保会计核算资料的真实、准确。通过财产清查，可以查明各项财产物资和货币资金的保管和使用情况，以及往来款项的结算情况，监督各类财产物资的安全与合理使用，从而完善企业财产物资的内部控制制度，保证财产物资的安全完整。

7. 编制会计报表

编制会计报表是根据账簿记录的数据资料，采用一定的表格形式，概括地、综合地反映企业在一定会计期间经济活动过程和结果的一种方法，它是会计核算工作的最后环节。企业编制会计报表的目的是为了真实、完整地反映企业的财务状况、经营成果和现金流量，为会计信息使用者提供经济决策所需要的相关信息。

上述各种会计核算方法不是孤立存在的，而是相互联系、密切配合的，从而构成一个完整的会计核算方法体系，如图 1-2 所示。实际工作中，这些具体的会计核算方法是按一定的程序逐步完成的。即在一个会计期间，经济交易或事项发生后，经办人员填制或取得原始凭证；经会计人员审核整理后，按照设置的会计科目和账户，运用复式记账法，编制记账凭证，并据以登记账簿；依据凭证和账簿记录对生产经营过程中发生的各项费用进行成本计算，并依据财产清查对账簿记录加以核实，在保证账实相符的基础上，定期编制会计报表。这些环节既是各自独立，也是环环相扣、紧密配合的。在持续经营的企业，这些环节应在相互连续的会计期间周而复始地进行，故称为会计循环。一般来说，由于企业要按月结账、编制会计报表，所以一个会计循环通常要历时一个月。

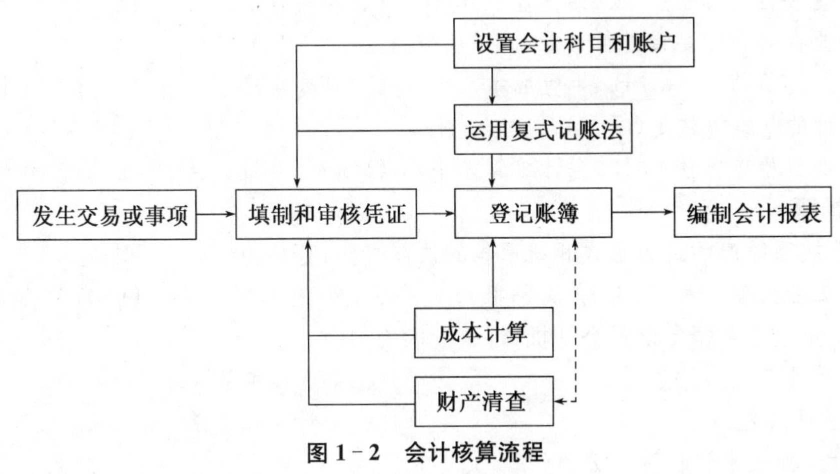

图 1-2　会计核算流程

能力拓展训练

一、单项选择题

1. 会计以(　　)管理为基本内容。

A. 实物　　B. 质量　　C. 价值　　D. 生产

2. "常在河边走,就是不湿鞋"这句话体现的会计职业道德要求是(　　)。

A. 诚实守信　　B. 廉洁自律　　C. 坚持准则　　D. 提高技能

3. 我国会计法规体系中居于第一层次的是(　　)。

A. 会计法　　B. 会计准则

C. 各行业会计制度　　D. 会计基础工作规范

4. 会计的一般对象可以概括为(　　)。

A. 经济活动　　B. 再生产过程中的资金运动

C. 生产活动　　D. 管理活动

5. 会计的基本职能可概括为(　　)。

A. 计算和分配　　B. 核算和监督　　C. 反映与核算　　D. 预测与决策

6. 外部信息使用者了解企业会计信息最主要的途径是(　　)。

A. 会计报表　　B. 账簿　　C. 财产清查　　D. 会计凭证

7. 会计信息应当符合国家宏观经济管理的要求,满足有关各方了解企业财务状况和经营成果的需要,满足企业加强内部经营管理的需要,这主要体现了会计的(　　)原则。

A. 相关性　　B. 实质重于形式　　C. 重要性　　D. 谨慎性

8. 华飞公司在 2012 年 9 月将存货计价方法由移动平均法改为先进先出法,在其后的会计报表中没有说明这一变动的原因及对财务状况和经营成果的影响,这一做法违背了会计的(　　)。

A. 可靠性原则　　B. 可比性原则　　C. 重要性原则　　D. 谨慎性原则

9. 企业将劳动资料划分为固定资产和低值易耗品。这体现了会计信息质量要求的(　　)原则。

A. 重要性　　B. 谨慎性　　C. 相关性　　D. 明晰性

10. 企业在对会计要素进行计量时，一般应当采用(　　)。

A. 公允价值　　B. 重置成本　　C. 可变现净值　　D. 历史成本

11. 会计的基本方法是(　　)。

A. 会计检查方法　　B. 会计核算方法　　C. 会计决策方法　　D. 会计控制方法

二、多项选择题

1. 企业按照财产的组织形式和所承担的法律责任，可分为(　　)。

A. 工业企业　　B. 合伙企业　　C. 独资企业　　D. 公司

2. 一个企业是否需要设置会计机构，一般取决于(　　)。

A. 企业负责人的意愿　　B. 企业规模的大小

C. 企业类型　　D. 会计工作繁简

3. 会计专业技术资格可以分为(　　)。

A. 初级会计师　　B. 中级会计师　　C. 高级会计师　　D. 注册会计师

4. 会计信息使用者包括(　　)。

A. 投资者　　B. 政府部门　　C. 企业管理者　　D. 债权人

5. 在工业企业生产经营过程中，其资金运动的阶段有(　　)。

A. 货币资金转化为储备资金　　B. 储备资金转化为生产资金

C. 生产资金转化为产成品资金　　D. 产成品资金转化为货币资金

6. 会计的特点具体表现在(　　)。

A. 以货币为主要计量单位

B. 以真实、合法的会计凭证为依据

C. 以实物为主要计量单位

D. 对经济活动进行综合、连续、系统、完整地核算和监督

7. 企业进行会计核算必须明确的四个基本前提是(　　)。

A. 会计主体　　B. 持续经营　　C. 会计分期　　D. 货币计量

8. 根据《企业会计准则——基本准则》规定，会计期间可分为(　　)。

A. 月度　　B. 年度　　C. 半年度　　D. 季度

9. 及时性原则包括(　　)。

A. 及时传递会计信息，财务报告应在会计期间结束后按规定的日期报送有关部门

B. 对已收集的会计信息及时进行加工处理

C. 会计记录和会计报表清晰、简明、易懂

D. 对发生的经济业务及时准确地收集

10. 会计核算是一个连续、系统和完整的过程，包括(　　)。

A. 会计确认　　B. 会计计量　　C. 会计记录　　D. 会计报告

11. 下列项目属于会计核算方法的有(　　)。

A. 复式记账　　B. 财产清查　　C. 编制会计报表　　D. 会计分析

三、判断题

1. 会计的产生和发展经历了很长的历史时期，它是伴随着人们的生产实践和管理上的需要而产生、发展并不断完善起来的。(　　)

2. 出纳人员不得兼管稽核、会计档案保管和收入、费用、债权债务账目的登记工作。 （　）

3. 会计核算和会计监督是会计工作的两项基本职能，在实际工作中应该严格区分开来，单独进行。 （　）

4. 一般来说，法律主体都是会计主体，会计主体一定都有法人资格。 （　）

5. 企业计提固定资产折旧费是以企业持续经营为前提的。 （　）

6. 我国所有的企业都只能以人民币作为记账本位币。 （　）

7. 可比性原则就是在任何时候、任何情况下企业都不可以变更会计处理方法。 （　）

8. 某一经济交易或事项是否具有重要性，在很大程度上取决于会计人员的职业判断；对同一经济交易或事项，在某一企业具有重要性，在另一企业则不一定具有重要性。 （　）

9. 谨慎性原则要求对某项经济业务有几种会计处理方法可供选择时，在合理选择的前提下，尽可能选择不虚增利润或夸大权益的会计处理方法。 （　）

10. 企业的会计核算应以权责发生制为基础，按实际发生的收入和支出确认企业的收入和支出，而不管款项是否收付。 （　）

11. 编制会计报表是会计核算工作的最后环节。 （　）

四、会计业务处理题

（一）资料：华宏公司 2017 年 12 月份发生下列经济交易或事项：

1. 销售商品收回货款。
2. 与华信公司签订一份购销合同。
3. 向希望工程捐款。
4. 经董事会商议，决定 2018 年 1 月购买国债。
5. 采购员出差归来报销差旅费。
6. 生产车间到仓库领用材料。
7. 购买一新设备，经安装调试已投入使用。
8. 公司 2018 年费用预算顺利通过董事会决议。
9. 从当地人才市场引进一批研究生和大学生。
10. 董事会向生产和销售部门下达任务书。

要求：请分析并判断上述经济交易或事项哪些属于会计对象？为什么？

（二）资料：华欣公司 2017 年 11 月发生下列经济交易或事项：

1. 10 日销售产品 50 000 元，货款存入银行。
2. 18 日销售产品 10 000 元，货款尚未收到。
3. 23 日预付下年度 1—6 月份的保险费 12 000 元。
4. 30 日应计提短期借款利息 3 200 元。
5. 30 日收回上月销货款 15 000 元。
6. 30 日预收销货款 20 000 元。

要求：根据上述资料，分别按权责发生制和收付实现制计算该企业 11 月收入和费用，并在表 1－1 中有关项目内填列。

表 1-1　收入和费用计算表

交易或事项序号	权责发生制		收付实现制	
	收入	费用	收入	费用
1				
2				
3				
4				
5				
6				
合计				

项目二　会计要素和会计等式

学习目标

【知识目标】

1. 明确会计要素的意义和分类；
2. 理解会计六要素的概念和特征；
3. 掌握会计的基本等式；
4. 理解经济业务事项与会计等式的关系。

【能力目标】

1. 能够从会计的一般对象引申出会计要素；
2. 能够理解会计六要素及其相互间的关系；
3. 能够归纳出经济业务事项对会计等式影响的一般规律。

【引　言】 大学生的财产：现金、手机、电脑等。
财产的来源：父母给的、亲戚给的、向亲戚朋友借的、勤工俭学挣的。
小问题：我们日常生活的开支和财产从哪里来的？
我们得到的钱又花在哪些方面？
我们得到的钱与我们日常生活的开支和财产有什么关系？

任务一　理解并掌握会计要素

任务要求

会计要素主要解决会计向会计信息使用者提供哪些会计信息以及如何提供这些信息的问题。只有对会计要素作出科学严格的定义，才能为会计的确认、计量、记录和报告奠定坚实的基础。所以，要充分理解并掌握会计要素的定义、特征，认知会计要素的确认条件和分类。

一、会计要素的概念

会计对象就是企业的资金运动，即能够用货币表现的交易或事项，而企业中能够用货币表现的交易或事项是大量的、各种各样的。会计如果不对交易或事项进行分类，以流水账的形式进行记录，就难以分类提供会计信息，由此提供的会计信息也不能满足会计信息使用者的需要。因此，为了实现会计目标，满足会计信息使用者的需要，就必须对会计核算和监督的内容做进一步的、具体的分类和界定，将其中经济特征相同的交易或事项加以归类，冠以简要的名称概括，就形成了不同的会计要素。会计要素也称为会计报表要素，是会计对象的具体内容按其经济特征进行的基本分类。只有通过会计要素及其增减变动的确认、计量、记录和报告，才能使会计对象和会计凭证、会计账簿、会计报表有机地联系起来，使会计信息更好地反映企业经营活动的过程和结果。

因此，企业应当按照交易或者事项的经济特征确定会计要素。《企业会计准则——基本准则》规定，企业会计有六大要素：资产、负债、所有者权益、收入、费用和利润。其中，资产、负债和所有者权益这三个要素构成了资产负债表的内容，从静态角度反映企业某一特定日期的财务状况，称为资产负债表要素或静态要素；收入、费用和利润这三个要素构成了利润表的内容，从动态角度反映企业某一时期的经营成果，称为利润表要素或动态要素。

企业为了进行会计核算，提供有用的会计信息，将错综复杂的经济交易或事项划分为六大会计要素，既有利于依据各个会计要素的性质和特点对企业发生的交易或事项分别进行确认、计量、记录和报告，又可以为合理建立会计科目体系、编制会计报表提供依据和基本框架结构。

二、会计要素的内容

会计工作都是围绕着上述会计六要素进行确认、计量、记录和报告来展开的。因此，必须明确各会计要素的内涵和特点。

（一）资产

1. 资产的定义

企业从事生产经营活动必须具备一定的物质条件。在市场经济条件下，这些必要的物质条件表现为货币资金、厂房场地、机器设备、原材料等。这些货币资金、厂房场地、机器设备、原材料等统称为资产，它们是企业从事生产经营活动的物质基础。此外，资产还包括不具有物质形态但有助于生产经营活动进行的专利权、商标权等无形资产和对其他单位的投资等。因此，资产是指企业过去的交易或事项形成的、由企业拥有或控制的、预期会给企业带来经济利益的资源。

2. 资产的特征

根据资产的定义，该要素具有如下特征：

（1）资产能够直接或间接地给企业带来经济利益，这是资产的本质特征。资产必须具有使用价值和交换价值，能够为企业带来经济利益，如货币资金可以用于购买所需的商品、支付各种费用、偿还债务或用于利润分配；厂房场地、机器设备、原材料等可以用于生产经营过程，制造商品或提供劳务，出售后收回货款；对外投资可以获得利息、股利或利润。如果某个项目没有了使用价值和交换价值，不能给企业带来经济利益，那么就不能确认为企业的资产，如企业持有的霉烂变质的原材料、库存商品，没有了使用价值和转让价值，就不再确认为资产。

(2) 资产是为企业所拥有的或控制的。企业拥有资产,就可以按照自己的意愿使用或处置,就能够排他性地从资产中获取经济利益。有些资产虽然不为企业所拥有,但企业能够支配这些资产,同样能够排他性地从资产中获取经济利益。如对于以融资租赁方式租入的机器设备来说,虽然企业并不拥有其所有权,但由于租赁合同规定的租赁期相当长,接近于该资产的使用寿命;租赁期结束时,企业有优先购买该资产的选择权;在租赁期内,企业有权支配该资产并从中受益。所以,以融资租赁方式租入的机器设备应视为企业的资产。如果企业不能拥有或控制资产所带来的经济利益,那么就不能作为企业的资产。如对于以经营租赁方式租入的机器设备来说,企业不能控制它并从中受益,故以经营租赁方式租入的机器设备不应视为企业的资产。

(3) 资产是由过去的交易或事项形成的。过去的交易或事项是指企业已经完成的交易或事项,具体包括购买、生产、建造行为及其他交易或事项。只有企业在过去已经发生的交易或事项中形成的各种资源才是现实的资产,如已经完成的机器设备购买交易会形成企业的资产;而预期在未来发生的交易或事项将会形成的资源,则不是现实的资产,如企业制订计划准备购买一套生产经营所需的设备,但实际购买行为尚未发生,则不会形成企业的资产。

3. 资产的确认条件

符合资产定义的资源,在同时满足以下两个条件时才可以确认为资产。

(1) 与该资源有关的经济利益很可能流入企业。这里讲的"很可能"是指发生的可能性超过50%的概率。在现实生活中,由于经济环境瞬息万变,与资源有关的经济利益能否流入企业或者流入多少带有不确定性。因此,在确认资产时,还应与对经济利益流入的不确定性程度的判断结合起来。只有当其包含的经济利益流入企业的可能性超过50%,并同时满足其他确认条件,企业才能加以确认,否则,不能将其确认为资产。如企业为了推销产品将产品销售给了暂时根本没有付款能力的客户,并且货款收回的可能性很小。在这种情况下,即使已经将产品提供给了客户,也不能确认为企业的资产(对客户的应收款项,即债权)。

(2) 该资源的成本或者价值能够可靠计量。只有该资源的成本或者价值能够可靠计量,并同时满足资产确认的其他条件,企业才能加以确认;否则,企业不应加以确认。在实务中,企业取得的许多资产都发生了相应的支出,即构成这些资产的成本,如企业购买原材料、购置房屋和设备等,只要实际发生的支出能够可靠计量(如已经取得了购物发票),就可认为符合资产确认的可计量条件。如果某资源的成本或价值不能够可靠计量,则不能将其确认为企业的资产,如一些高科技企业的科技人才,如果其与企业签订了服务合同,并且合同规定在一定期间内其不能为其他企业提供服务。在这种情况下,虽然这些技术人才的知识在规定的期限内预期能够给企业带来经济利益,但由于这些技术人才的知识难以辨认,同时企业为形成这些知识所发生的支出难以计量,故不能确认为企业的资产。

符合资产定义和资产确认条件的项目,应当列入资产负债表;符合资产定义,但不符合资产确认条件的项目,不应当列入资产负债表,仅需在报表附注中做相关披露。

4. 资产的分类

资产可以按照不同的标准分类,比较常见的是按照流动性和按有无实物形态进行分类。

(1) 资产按其流动性不同可分为流动资产和非流动资产。流动资产是指预计在一年或超过一年的一个营业周期内变现、出售或耗用,或者主要为交易目的而持有的资产,主要包括货币资金、交易性金融资产、应收及预付款项、存货、其他流动资产等。流动资产以外的资产为非流动资产，如可供出售的金融资产、持有至到期投资、长期股权投资、投资性房地产、固定资产、无形资产等。这里所说的营业周期，通常是指企业从购买用于加工的资产(如材料)，到完工产品销售出去实现货币资金流入所经历的期间。一般企业的营业周期通常短于一年，即这类企业产品的生产周期一般不会超过一年，在一年内可以多批次地组织生产。但也存在营业周期超过一年的情况，如房地产开发企业以出售为目的而兴建的房屋、航空制造企业制造的飞机等，其产品的生产周期往往超过一年，因而这类企业可以将产品的生产周期作为一个营业周期。

(2) 资产按其有无实物形态可分为有形资产和无形资产。如存货、固定资产等属于有形资产，因为它们具有物质实体；货币资金、应收款项、交易性金融资产、长期股权投资、持有至到期投资、专利权、商标权等属于无形资产，因为它们没有物质实体，而是表现为某种法定权利或技术。但在会计核算中，通常将无形资产作狭义理解，仅将专利权、商标权等不具有物质形态，能够为企业带来超额利润的资产称为无形资产。

(二) 负债

1. 负债的定义

负债是指企业过去的交易或事项形成的、预期会导致经济利益流出企业的现时义务。如向银行等金融机构借款、发行企业债券筹资、赊购材料都会形成企业的负债。负债反映的是企业债权人对企业资产的索取权，也称为债权人权益。

2. 负债的特征

根据负债的定义，该要素具有如下特征：

(1) 负债是企业承担的现时义务。现时义务是指企业在现行条件下已承担的义务。现时义务包括法定义务和推定义务。

1) 法定义务通常是指企业在生产经营活动中，依照经济法律、法规的规定必须履行的责任，如企业向其供应商赊购原材料产生的义务，就属于法定义务。因国家法律、法规的要求产生的义务，如企业按照税法要求缴纳各项税费的义务也属于法定义务。

2) 推定义务通常是指企业在特定情况下产生或推断出的责任。如甲公司是一家化工企业，因扩大经营规模，到美国创办了一家分公司。如果美国尚未针对甲公司这类企业的生产经营可能产生的环境污染制定相关法律，则甲公司的分公司对在美国生产经营可能产生的环境污染不承担法定义务。但是，甲公司为在美国树立良好的社会形象，自行向社会公告，宣称将对生产经营可能产生的环境污染进行治理。甲公司为此承担的义务就属于推定义务。

(2) 负债的清偿预期会导致经济利益流出企业，这是负债的本质特征。负债作为一种现时义务，企业不能回避，大多数情况下是在未来某一时日通过交付资产或提供劳务来偿还，也可以通过新的负债或转化为所有者权益来了结，但最终都会导致经济利益流出企业。如企业赊购一批原材料，材料已验收入库，货款尚未支付，此时企业形成一笔负债“应付账款”。该笔负债在未来某一时日需以“银行存款”来偿还，这时会导致经济利益流出企业。如果企业当时没有以“银行存款”偿还，而是从银行取得一笔“短期借款”来偿还应付账款；当时并没有经济利益流出企业，但当“短期借款”到期时，企业必须予以偿还，同样会引起经济利益流出企业。

(3) 负债是由过去的交易或事项形成的。作为现时义务，负债是过去已经发生的交易或事项所产生的义务。未来发生的交易或事项将形成的义务，不属于现时义务，不应确认为企业的负债。如短期借款是因为企业接受了银行贷款而形成的，再如应付账款是因为企业赊购商品或接受劳务而形成的。如果企业计划借款但还没有接受银行贷款，则不会产生短期借款这项负债；再如企业计划赊购产品但在赊购商品或接受劳务之前，相应的应付账款并不存在，所有这些都不会构成企业应当承担的现时义务。

3. 负债的确认条件

符合负债定义的义务，在同时满足以下两个条件时才可以确认为负债。

(1) 与该义务有关的经济利益很可能流出企业。与确认资产一样，负债的确认应当与对经济利益流出企业的不确定性程度的判断结合起来。在确认负债时，只有当其包含的经济利益流出企业的可能性超过50%，并同时满足其他确认条件，企业才能加以确认；否则，不能将其确认为负债。如对于公司因购买业务而形成的应付款项而言，如果公司所购买的商品完全满足合同要求，同时没有其他例外情况发生，公司就需在合同规定的未来某一时日履行所承担的义务，支付这笔款项。这时，公司因购买业务而形成的应付款项所包含的经济利益就很可能流出企业。

(2) 未来流出经济利益的金额能够可靠的计量。只有与义务有关的经济利益能够可靠的计量，并同时满足负债确认的其他条件，企业才能加以确认，否则，不能将其确认为负债。在考虑负债确认条件时，要求与义务有关的经济利益能够可靠的计量，但并不意味着不能进行估计。如某公司涉及的一起诉讼案尚未结案，根据以往的案例审判结果判断公司很可能败诉，相关的赔偿金额也可以估算出一个范围。此时，就可以认为该公司因未决诉讼承担的现时义务的金额能够可靠地估计。但如果该公司不能对相关的赔偿金额做出可靠的估计，即使公司因未决诉讼承担的义务满足负债确认的其他条件，也不能作为企业的负债予以确认。

符合负债定义和负债确认条件的项目，应当列入资产负债表；符合负债定义，但不符合负债确认条件的项目，不应当列入资产负债表，仅需在报表附注中作相关披露。

4. 负债的分类

负债按其流动性(偿还期的长短)不同可分为流动负债和非流动负债。流动负债是指预计在一年或超过一年的一个营业周期内清偿或者主要为交易目的而持有的负债，主要包括短期借款、应付及预收款项、应交税费、应付职工薪酬、预计负债等。流动负债以外的负债为非流动负债，如长期借款、应付债券、长期应付款等。

(三) 所有者权益

1. 所有者权益的定义

所有者权益是指企业资产扣除负债后由所有者享有的剩余权益。公司的所有者权益又称为股东权益。所有者权益是所有者对企业资产的剩余索取权，在会计上也称为净资产。

2. 所有者权益的特征

根据所有者权益的定义，该要素具有如下特征：

(1) 所有者权益是一项永久性投资。除非发生减资、清算或者分派财产股利，企业不需要将所有者权益归还给投资者。如所有者权益中的实收资本是投资者投入企业的本金，是企业注册登记的法定资本的来源，除国家另有规定外，企业的实收资本应当与注册资本相一致。如果擅自减少，改变注册资本或抽逃资本，就要受到工商行政管理部门的处罚。

(2) 企业清算时，只有在清偿所有的负债后，所有者权益才返还给所有者。按照法律规定，在企业清算解散时，为了保证债权人的利益不受损害，债权人具有优先受偿权，即企业先偿还负债，如有剩余财产，才能分配给投资者。因此，所有者享有的权益体现为剩余权益，这是所有者权益的基本特征。

(3) 所有者凭借其拥有的所有者权益能够参与企业利润的分配。投资者不但能够参与企业利润的分配,还有权参与企业的经营决策和享有其他权利;而债权人无权过问企业的生产经营,也无权分配企业的利润,只享有到期收回债权本金和获取利息的权利。

3. 所有者权益的确认条件

因为所有者权益是企业资产减去负债后的余额,所以它不可能像资产、负债那样可以单独确认,其确认主要依赖于其他会计要素,尤其是资产和负债的确认;所有者权益金额的确定也主要取决于资产和负债的计量。如企业接受投资者投入的资产,在该资产符合企业资产确认条件时,也相应地符合了所有者权益的确认条件。

4. 所有者权益的分类

所有者权益主要包括实收资本(或股本)、资本公积、盈余公积、未分配利润,以及直接计入所有者权益的利得和损失。其中,实收资本(或股本)和资本公积统称为投入资本,盈余公积和未分配利润统称为留存收益。

(四) 收入

1. 收入的定义

收入是指企业在日常活动中形成的、会导致所有者权益增加的、与所有者投入资本无关的经济利益的总流入。

2. 收入的特征

根据收入的定义,该要素具有如下特征:

(1) 收入是从企业的日常活动中产生的,而不是从偶然发生的交易或事项中产生的。日常活动是指企业为完成其经营目标而从事的经常性活动,以及与之相关的其他活动。如商业企业购销商品活动、金融企业从事贷款活动、工业企业制造和销售产品等。企业所进行的有些活动并不是经常发生的,如工业企业出售作为原材料的存货,虽然不是经常发生的,但属于企业为完成其经营目标所从事的与经常性活动相关的活动。因此,工业企业销售产品、提供劳务、出售原材料的收入属于日常活动的收入,应该确认为收入。出租固定资产、包装物的租金收入,对外投资获得的投资收益在实质上属于让渡资产使用权,也应确认为收入。明确界定企业的日常活动,目的是为了将收入与企业在非日常活动中产生的利得区分开来。有些交易或事项虽然也能为企业带来经济利益,但由于不属于企业的日常活动,故其流入的经济利益不属于收入,应计入利得,如工业企业出售固定资产、无形资产的净收益。

(2) 收入可能表现为企业资产的增加、负债的减少或者二者兼而有之。收入为企业带来经济利益的形式多种多样,既可能表现为资产的增加,如产品销售收入实现时增加银行存款、形成应收款项;也可能表现为负债的减少,如产品销售收入实现时减少预收的货款;还可能表现为二者的组合,如产品销售收入实现时,部分冲减预收的货款,部分增加银行存款。

(3) 收入会导致企业所有者权益的增加。企业取得收入本身能导致所有者权益增加,但收入与相关的成本费用相配比后,有可能增加所有者权益,也有可能减少所有者权益。不会导致所有者权益增加的经济利益流入不符合收入定义,不应确认为收入。例如,企业从银行借款,尽管也导致了企业经济利益的流入,但该经济利益流入不会导致企业所有者权益增加,而是使企业承担了一项现时义务,这种经济利益的流入就不应确认为收入,而应确认为负债。

(4) 收入与所有者投入资本无关。收入引起的经济利益流入应当会导致所有者权益的增加,但引起所有者权益增加的经济利益流入并非都是收入。如企业所有者向企业投入资本引起的经济利益流入也会导致所有者权益增加,但该经济利益流入来自投资者,并不是在企业的日常活动中产生的。因而,对投资者投入企业的资本不能确认为收入,而应确认为所有者权益中实收资本的增加。

3. 收入的确认条件

符合收入定义的经济利益流入,在同时满足以下两个条件时才可以确认为收入。

(1) 经济利益很可能流入企业。如果经济利益不可能流入企业,或者流入企业的可能性小于不能流入企业的可能性,则收入不能加以确认;而能够导致企业资产增加或者负债减少的情形,基本上可以认定为经济利益能够流入。如在销售商品的交易中,与交易相关的经济利益主要表现为销售商品的价款。而销售商品的价款能否收回,主要根据企业以前和买方交往的直接经验,或从其他方面取得的信息,或从政府的有关政策等方面进行判断。企业在销售商品时,如估计价款收回的可能性不大,即使收入确认的其他条件均已满足,也不应当确认为销售收入。如企业根据以前与买方交往的直接经验判断买方信誉较差;或销售时得知买方在另一项交易中发生了巨额亏损,资金周转十分困难;或在出口商品时,不能肯定进口企业所在国政府是否允许将款项汇出等,在这些情况下,企业应推迟确认收入,直到这些不确定因素消除。

(2) 经济利益流入额能够可靠计量。收入能否可靠计量是确认收入的基本前提。能够可靠计量是指必须具有可以证明收入已经实现的可靠证据,如企业在销售商品时开具的发票等,都可证明经济利益的流入金额能够可靠计量,即可确认为收入。反之,如果收入的金额不能可靠计量,就不应确认为收入,如销售过程中由于某种不确定因素,有可能出现售价变动的情况,在新的售价未确定前不应确认收入。

4. 收入的分类

收入可以按照不同的标准分类,比较常见的是按照企业所从事日常活动的性质和按照收入在企业日常活动所处的地位进行分类。

(1) 收入按照企业所从事日常活动的性质不同,可分为商品销售收入、劳务提供收入和资产使用权让渡收入。

1) 商品销售收入是指企业通过销售商品实现的收入。这里的商品包括企业为销售而生产的产品和为转售而购进的商品。企业销售的其他存货,如原材料、包装物等也视同商品。

2) 劳务提供收入是指企业通过提供劳务实现的收入。比如,企业通过提供旅游、运输、咨询、代理、培训、产品安装等劳务所实现的收入。

3) 资产使用权让渡收入是指企业通过让渡资产使用权实现的收入。比如金融企业对外贷款取得的利息收入、企业转让无形资产(如商标权、专利权)的使用权取得的使用费收入、企业出租固定资产取得的租金收入等。

(2) 收入按照在企业日常活动所处的地位不同,可分为主营业务收入、其他业务收入。

1) 主营业务收入是指企业为完成其经营目标而从事的经常性活动实现的收入。在正常经营条件下,主营业务收入在企业收入总额中占有较大比重,并对企业的经济效益产生较大影响。不同行业企业的主营业务收入所包含的内容各不相同。如工业企业的主营业务收入主要包括销售产品和提供工业性劳务等实现的收入,商品流通企业的主营业务收入主要包括销售商品实现的收入,咨询公司的主营业务收入主要包括提供咨询服务实现的收入,安装公司的主营业务收入主要包括提供安装服务实现的收入。

2）其他业务收入是指企业为完成其经营目标而从事的与经常性活动相关的活动实现的收入。其他业务收入属于企业日常活动中次要交易实现的收入，一般占企业总收入的比重较小。不同行业企业的其他业务收入所包括的内容也不同，如工业企业的其他业务收入主要包括对外销售材料、提供非工业性劳务、出租固定资产和包装物、对外进行权益性投资（取得股利）或债权性投资（取得利息）等所取得的收入。

（五）费用

1. 费用的定义

费用是指企业在日常活动中发生的、会导致所有者权益减少的、与向所有者分配利润无关的经济利益的总流出。

2. 费用的特征

根据费用的定义，该要素具有如下特征：

（1）费用是企业在日常活动中发生的经济利益的流出，而不是从偶发的交易或事项中发生的经济利益的流出。企业在日常活动中为了获取收入，必然要耗费人力、物力和财力，如工业企业生产销售产品、金融企业从事存贷款业务等所发生的经济利益的流出，属于费用。因此，从本质上看，费用是企业在生产经营活动中垫付的资金，费用的发生会导致企业经济利益的流出，但这种流出可以从企业当期收入中得到抵补。明确界定企业的日常活动，目的是为了将费用与企业在非日常活动中形成的损失区分开来。有些交易或事项虽然也能使企业发生经济利益的流出，但不属于企业的日常经营活动，故其经济利益的流出不属于费用，如工业企业出售固定资产净损失。再如企业对外投资或购买固定资产发生了经济利益的流出，甚至是很多金额的流出，但此类流出并不是在企业日常经营活动中产生的，企业进行该类交易或事项的目的是为了在将来获得经济利益，至少在经济利益流出的当期不会产生经济利益的流入，故不作为费用处理，而是作为资本性支出，计入资产的成本。

（2）费用可能表现为资产的减少、负债的增加或者二者兼而有之。费用的发生形式多种多样，既可能表现为资产的减少（如计提机器设备折旧费减少固定资产、用货币资金支付广告费）；也可能表现为负债的增加（如计提银行借款的应付利息、应付给管理人员的职工薪酬）；还可能是二者的组合，如用货币资金缴纳部分税金及附加，同时承担债务。

（3）费用会导致所有者权益减少。费用在本质上是企业资产的一种减少，最终会导致所有者权益减少。如用银行存款支付行政管理部门办公用品费，该笔经济业务引起银行存款减少，管理费用增加，管理费用最终要减少所有者权益，所以应确认为费用。不会导致所有者权益减少的经济利益流出则不应确认为费用。例如，企业偿还银行的借款，尽管也导致了企业经济利益的流出，但该经济利益的流出会使企业的负债减少，并不会导致企业所有者权益减少，就不应确认为企业的费用。

（4）费用与向所有者分配利润无关。费用引起的经济利益流出必然会导致所有者权益的减少，但导致所有者权益减少的经济利益流出却不一定都是费用造成的。如企业向所有者分配股利或利润也会导致经济利益的流出，但该经济利益的流出是企业将实现的经营成果分配给投资者的一种分配活动，导致的是企业利润的减少，而不是企业费用的增加，故不应将其确认为企业的费用。

3. 费用的确认条件

符合费用定义的经济利益流出，在同时满足以下两个条件时才可以确认为费用。

(1) 经济利益很可能流出企业。经济利益是否很可能流出企业是费用确认的基本条件。如果经济利益很可能流出企业，则在满足其他条件时才能确认费用；如果经济利益不是很可能流出企业，或者经济利益流出企业的可能性小于不流出企业的可能性。那么，即使满足其他确认条件，也不能确认为费用。

(2) 经济利益流出额能够可靠计量。企业为生产产品、提供劳务等发生的可归属于产品成本、劳务成本等的费用，应当在确认产品销售收入、劳务收入等时，将已销售产品、已提供劳务的成本等计入当期损益。企业发生的支出不产生经济利益的，或者即使能够产生经济利益但不符合或不再符合资产确认条件的，应当在发生时确认为费用，计入当期损益。企业发生的交易或事项导致企业承担了一项负债而又不确认为一项资产的，应当在发生时确认为费用，计入当期损益。

4. 费用的分类

按照费用与收入的关系，费用可分为营业成本和期间费用。

(1) 营业成本是企业指销售商品或提供劳务的成本。营业成本按照企业销售商品或提供劳务在企业日常活动中所处的地位不同可分为主营业务成本和其他业务成本。

主营业务成本是指企业在其主营业务活动中产生的成本，属于与主营业务收入相匹配的费用。主营业务成本在企业的全部费用中所占比重较大。如工业企业在销售产品后确认的已售产品的成本就属于主营业务成本。

其他业务成本是指企业在开展其他业务活动中产生的成本，属于与其他业务收入相匹配的费用。其他业务成本在企业的全部费用中所占比重较小。例如，工业企业在销售积压材料、出租包装物后确定的材料或包装物本身的成本就属于其他业务成本。

(2) 期间费用是指企业当期发生的不能计入产品成本而直接计入所发生会计期间损益的各种耗费。期间费用需要定期归集并从当期收入中扣减，包括管理费用、销售费用、财务费用等。

管理费用是企业行政管理部门为组织和管理生产经营活动而发生的各种费用(如办公费、差旅费、职工工资薪酬、固定资产折旧费等)。销售费用是企业在销售商品、提供劳务等日常活动中发生的除营业成本以外的各项费用(如运输费、装卸费、包装费、保险费、展览费和广告费等)以及专设销售机构的各项经费(固定资产折旧费、职工工资薪酬、业务费等)。财务费用是企业为筹集生产经营所需资金而发生的各项费用，如银行借款的利息支出(减利息收入)、汇兑损失、金融机构手续费等。

另外，费用还包括企业向国家缴纳的营业税金及附加和所得税费用等。税金及附加是指企业开展营业活动依法应当缴纳的各种税费，包括消费税、城市建设维护税和教育费附加等。所得税费用是指企业根据一定会计期间的经营所得，采用适用的税率计算确定的税金。缴纳企业所得税会引起经济利益流出企业，是企业的一种主要费用。

(六) 利润

1. 利润的定义

利润是指企业在一定会计期间的经营成果，反映的是企业的经营业绩情况。利润体现了投资者收益，是吸引所有者投资的动力和根源。企业实现的利润不仅是反映企业经营成果资金运动的动态形式的一个基本指标，而且是衡量评价企业经营成果与管理效率的最综合的尺度。

2. 利润的特征

根据利润的定义,该要素具有如下特征:

(1) 利润的金额取决于收入、费用、直接计入当期利润的利得或损失的差额;

(2) 利润的本质属于企业的所有者权益;

(3) 利润应当进行分配,如为亏损则应当予以弥补。

3. 利润的组成内容

利润包括收入减去费用后的余额、直接计入当期利润的利得和损失等。其中,收入减去费用后的余额是指企业在一定会计期间的日常活动中实现的收入与产生的费用之间的差额,即营业利润,反映了企业进行日常活动创造的业绩。直接计入当期利润的利得和损失是指企业应当计入当期损益的,最终会引起所有者权益发生增减变动、与所有者投入资本或向投资者分配利润无关的利得(营业外收入)和损失(营业外支出),反映了企业非日常活动的业绩。利得会增加企业的利润总额,而损失会减少企业的利润总额。

企业生产经营的最终目的,就是要努力扩大收入,尽可能地降低成本和费用,努力提高企业盈利水平,增强企业的获利能力。企业只有最大限度地获取利润,才能为投资者提供尽可能高的投资报酬,为社会创造更多的财富。

任务二　理解并掌握会计等式

任务要求

会计等式是设置会计科目与账户、进行复式记账和编制会计报表的理论基础和依据,是会计基本理论的重要内容。所以,要充分理解并掌握会计等式的类型,以及掌握经济业务事项类型及其对会计等式影响的一般规律。

一、会计基本等式

会计要素反映了资金运动的静态和动态两个方面,各项要素之间具有紧密地相关性。各会计要素之间的数量关系可用会计等式来表示。会计等式也称为会计方程式,是运用数学方程的原理对会计要素之间的内在经济联系所做出的科学表达,反映了企业资金运动所引起的会计要素增减变化以及它们之间的内在经济联系和平衡关系。根据会计六要素之间的关系,会计等式可概括为以下三种。

(一) 静态会计等式

静态会计等式是由静态会计要素组合而成的反映企业某一特定日期的财务状况的等式。其组合方式为:

资产=负债+所有者权益

企业为了进行生产经营活动,必须拥有或控制一定数量的、能满足其生产经营需要的经济资源,即资产,如货币资金、厂房、机器设备、原材料等。然而,企业的这些资产不是凭空而来的。它们最初进入企业的来源不外乎两个方面：一是所有者投入的资本；二是债权人借出的资金。由于企业的所有者和债权人为企业提供了全部资金，他们对企业的资产就应该享有要求权（企业所有者要求分享企业的利润，并享有对企业的经营管理权和其他权利；债权人要求到期收回对企业借出的资金，并能获得利息）。这种对企业资产的要求权统称为权益。其中，归属于所有者的部分形成企业所有者权益；归属于债权人的部分形成企业负债。

可见，资产和权益是企业资金在同一时点上的两个不同方面或两种不同的表现形式。资产是权益的存在形态，表明企业拥有或控制什么经济资源，拥有或控制多少经济资源；而权益则是资产的来源，表明谁提供了这些经济资源，谁对这些经济资源拥有要求权。因此，二者之间相互依存，没有资产就没有权益，也不可能只有权益而没有资产。从数量上来说，在所有者权益数额一定的情况下，从债权人的手中取得多少数额的资金，必然使资产按同一数额增加；在负债数额一定的情况下，所有者向企业投入多少数额的资金，必然使资产按同一数额增加。所以，资产的总额必然等于负债与所有者权益之和。

上述公式是最基本的会计等式，反映出在任何时点上企业的资产、负债和所有者权益三个会计要素之间的恒等关系，表明了企业在某一特定日期的财务状况，实际上反映了企业资金运动的相对静止状态。这个会计基本等式是设置账户、复式记账、试算平衡和编制资产负债表的理论基础。

（二）动态会计等式

动态会计等式是由动态会计要素组合而成的反映企业一定会计期间经营成果的等式。其基本组合方式为：

收入－费用＝利润

企业生产经营的目标是为了获取收入，实现盈利。企业在取得收入的同时，必然要发生相应的费用。企业将一定会计期间内获得的全部收入与发生的全部相关费用相抵减，其差额就是企业在这一期间从事生产经营活动的成果。如果收入大于费用，其差额就是利润；反之，就是亏损。

上述公式表明利润会随着收入的增减而发生同向变化，会随着费用的增减而发生反向变化。在费用一定的情况下，企业实现的收入越多，利润也越多；反之，实现的收入减少，利润也会随之减少。在收入一定的情况下，企业发生的费用越多，利润则越少；发生的费用减少，利润却随之增加。

上述公式也是会计的基本等式，反映出企业在一定会计期间的经营成果与相应的收入和费用之间的恒等关系，说明了企业在一定会计期间利润的实现过程。这个会计基本等式是编制利润表的理论基础。

（三）综合会计等式

综合会计等式也称为扩展会计等式，是由静态会计等式和动态会计等式综合而成的等式。其组合方式为：

资产＋费用＝负债＋所有者权益＋收入

从理论上讲，综合会计等式是将静态会计等式和动态会计等式进行综合而形成的。但采用不同的综合方法，又可形成以下两个综合会计等式：

资产＝负债＋[所有者权益＋(收入－费用)]

资产＝负债＋(所有者权益＋利润)

综合会计等式是企业会计六要素在会计期间任一时点上的等量关系，是对企业不断开展生产经营活动，产生了收入和费用后形成的财务状况与经营成果的综合反映。

第一个综合会计等式两边的内容是企业资金两个不同侧面的扩展，即该等式双方反映的仍然是企业的资金存在形态与资金来源渠道，但内容比静态会计等式"资产＝负债＋所有者权益"更为丰富。一方面，在等式左边既反映了企业现时存在的资产，又反映了企业在生产经营过程中对资产的消耗，将费用视为企业资产的一种特殊存在形态；另一方面，在等式右边既反映了企业主要资金来源渠道中的负债和所有者权益，又反映了企业通过生产经营活动带来的收入这种新的资金来源。

第二个综合会计等式动态地反映了企业财务状况与经营成果之间的关系。财务状况反映了企业一定日期资产的存量情况，而经营成果则反映了企业一定会计期间资产的增量或减量。企业经营成果最终会影响到企业财务状况。企业实现利润将使企业资产存量增加或负债减少，企业发生亏损将使企业资产存量减少或负债增加。

第三个综合会计等式则反映了在生产经营过程中，企业实现的利润归投资者所有，企业发生的亏损最终也要由投资者承担。但在会计期末结账后，会计要素的基本关系又复归如下形式：资产＝负债＋所有者权益，只是数量已经发生变化。

二、经济业务事项及其对会计等式的影响

企业在生产经营过程中，会发生各种各样的经济业务事项。经济业务事项是指企业在生产经营过程中发生的能以货币计量的，并能引起会计要素发生增减变化的经济活动，包括经济业务和经济事项。经济业务又称经济交易，是指企业与外部其他单位和个人之间发生的各种利益交换行为，如投资者投入资本、向银行借款、向供货单位购货、向客户销货等。经济事项是指在企业内部发生的具有经济影响的各类事件，如固定资产计提折旧、生产领用材料、产成品完工入库等。此外，还包括一些对企业产生直接经济影响的外部环境因素，如给企业造成损失的火灾、地震等。企业发生的错综复杂的经济业务事项，必然会引起各会计要素的增减变动。但无论怎样变动，前面三个基本会计等式始终保持恒等。

(一) 引起资产、权益变动的经济业务事项对会计等式的影响

华宇公司 2017 年 1 月资产、负债和所有者权益的期初余额如表 2－1 所示。

表 2－1　期初余额表

单位：元

资产项目	期初余额	负债和所有者权益	期初余额
库存现金	100 000	短期借款	1 000 000
银行存款	2 000 000	应付票据	700 000
应收账款	1 600 000	应付账款	900 000
原材料	3 000 000	实收资本	6 000 000
固定资产	7 000 000	盈余公积	3 500 000
无形资产	1 000 000	未分配利润	2 600 000
合　计	14 700 000	合　计	14 700 000

2017 年 1 月份华宇公司发生以下经济业务事项，可以概括为四种类型九种情况。

1. 资产和权益同时等额增加的经济业务事项

该类经济业务事项的发生，使得相应的资产要素与负债或所有者权益要素同时发生增加变动，且其金额相等。该类经济业务事项又可细分为以下两种情况。

(1) 资产和负债同时等额增加的经济业务事项。

[**业务实例 2-1**]　6 日，购买原材料一批，货款 200 000 元，货款尚未支付。

分析：该笔经济业务引起原材料增加 200 000 元，应付账款也增加 200 000 元。原材料属于资产类，应付账款属于负债类；资产和负债同时增加，增加金额相等。会计等式"资产＝负债＋所有者权益"两边同时加上一个相等的金额，并不影响平衡。

(2) 资产和所有者权益同时等额增加的经济业务事项。

[**业务实例 2-2**]　9 日，华为公司以银行存款 2 000 000 元向华宇公司进行投资。

分析：该笔经济业务引起银行存款增加 2 000 000 元，实收资本也增加 2 000 000 元。银行存款属于资产类，实收资本属于所有者权益类；资产和所有者权益同时增加，增加金额相等。会计等式"资产＝负债＋所有者权益"两边同时加上一个相等的金额，并不影响平衡。

2. 资产和权益同时等额减少的经济业务事项

该类经济业务事项的发生，使得相应的资产要素与负债或所有者权益要素同时发生减少变动，且其金额相等。该类经济业务事项又可细分为以下两种情况。

(1) 资产和负债同时等额减少的经济业务事项。

[**业务实例 2-3**]　15 日，用银行存款 500 000 元偿还企业所欠的短期借款。

分析：该笔经济业务引起银行存款减少 500 000 元，短期借款也减少 500 000 元。银行存款属于资产类，短期借款属于负债类；资产和负债同时减少，减少金额相等。会计等式"资产＝负债＋所有者权益"两边同时减去一个相等的金额，并不影响平衡。

(2) 资产和所有者权益同时等额减少的经济业务事项。

[**业务实例 2-4**]　24 日，公司依法进行减资 1 000 000 元，用银行存款支付给股东。

分析：该笔经济业务引起银行存款减少 1 000 000 元，实收资本也减少 1 000 000 元。银行存款属于资产类，实收资本属于所有者权益类；资产和所有者权益同时减少，减少金额相等。会计等式"资产＝负债＋所有者权益"两边同时减去一个相等的金额，并不影响平衡。

3. 资产要素内部不同项目之间变化，一增一减，增减金额相等的经济业务事项

该类经济业务事项的发生，使得资产要素内部不同项目发生此增彼减的变动，且增加与减少的金额相等。该类经济业务事项实际上是指企业不同形态资产之间的相互转换。

[**业务实例 2-5**]　26 日，用银行存款购买一台机器设备，价值 256 000 元。

分析：该笔经济业务引起银行存款减少 256 000 元，固定资产增加 256 000 元。银行存款、固定资产均属于资产类；资产要素内部一增一减，增减金额相等，并不影响会计等式"资产＝负债＋所有者权益"的平衡。

4. 权益内部不同项目之间变化，一增一减，增减金额相等的经济业务事项

该类经济业务事项的发生，使得负债与所有者权益之间、负债要素内部或所有者权益要素内部不同项目发生此增彼减的变动，且增加与减少的金额相等。该类经济业务事项实际上是指权益内部结构的调整。该类经济业务事项又可细分为四种情况。

(1) 负债要素内部不同项目之间变化，一增一减，增减金额相等的经济业务事项。

[业务实例 2-6] 27 日,该公司开出一张价值 23 400 元的商业汇票,抵偿前欠的材料款。

分析:前欠的材料款形成一笔负债应付账款,此时该公司用商业汇票抵偿,应付账款这项负债减少 23 400 元,但又形成一笔新的负债,即应付票据增加 23 400 元。一项负债应付账款减少,另一项负债应付票据增加,增减金额相等,并不影响会计等式"资产=负债+所有者权益"的平衡。

(2) 所有者权益要素内部不同项目之间变化,一增一减,增减金额相等的经济业务事项。

[业务实例 2-7] 28 日,该公司用盈余公积 150 000 元转增资本。

分析:该笔经济事项引起盈余公积减少 150 000 元,实收资本增加 150 000 元。盈余公积和实收资本都属于所有者权益类,一增一减,增减金额相等,并不影响会计等式"资产=负债+所有者权益"的平衡。

(3) 负债增加,所有者权益减少,增减金额相等的经济业务事项。

[业务实例 2-8] 29 日,该公司宣告分配现金股利 100 000 元。

分析:该笔经济业务引起应付股利增加 100 000 元,该公司只是宣告分配现金股利,并没有发放,因此形成一笔负债;同时引起未分配利润减少 100 000 元,未分配利润属于所有者权益类。负债增加,所有者权益减少;增减金额相等,并不影响会计等式"资产=负债+所有者权益"的平衡。

(4) 负债减少,所有者权益增加,增减金额相等的经济业务事项。

[业务实例 2-9] 31 日,经协商,该公司将前欠供货单位华为公司的材料款 117 000 元转为实收资本。

分析:该笔经济业务引起该公司的实收资本增加 117 000 元,应付账款减少 117 000 元。实收资本属所有者权益类,应付账款属负债类。负债减少,所有者权益增加,增减金额相等,并不影响会计等式"资产=负债+所有者权益"的平衡。

根据以上经济业务事项,分析华宇公司 2017 年 1 月末资产、负债和所有者权益之间的变动如表 2-2 所示。

表 2-2 资产、负债和所有者权益变动表

单位:元

资产类	期初余额	本期增加	本期减少	期末余额	负债和所有者权益类	期初余额	本期增加	本期减少	期末余额
库存现金	100 000			100 000	短期借款	1 000 000		(3) 500 000	500 000
银行存款	2 000 000	(2) 2 000 000	(3) 500 000 (4) 1 000 000 (5) 256 000	2 244 000	应付票据	700 000	(6) 23 400		723 400
应收账款	1 600 000			1 600 000	应付账款	900 000	(1) 200 000	(6) 23 400 (9) 117 000	959 600

（续表）

资产类	期初余额	本期增加	本期减少	期末余额	负债和所有者权益类	期初余额	本期增加	本期减少	期末余额
原材料	3 000 000	(1) 200 000		3 200 000	应付股利		(8) 100 000		100 000
固定资产	7 000 000	(5) 256 000		7 256 000	实收资本	6 000 000	(2) 2 000 000 (7) 150 000 (9) 117 000	(4) 1 000 000	7 267 000
无形资产	1 000 000			1 000 000	盈余公积	3 500 000		(7) 150 000	3 350 000
					未分配利润	2 600 000		(8) 100 000	2 500 000
合计	14 700 000	2 456 000	1 756 000	15 400 000	合计	14 700 000	2 590 400	1 890 400	15 400 000

从以上业务实例可以看出，凡是涉及资产与权益两方项目同增同减的经济业务事项，会使原来会计等式的两边发生相等金额的增加或减少，变化的结果是两边总额仍然相等。凡是只涉及资产或权益内部项目之间的变动，会使资产或权益内部有关项目等额的此增彼减，原来会计等式的两边总额不变，自然不会影响两边平衡。因此，任何一项经济业务事项的发生，无论资产、权益发生怎样的增减变化，都不会破坏会计等式的平衡。

（二）取得收入、发生费用的经济业务事项对会计等式的影响

从会计等式"资产＋费用＝负债＋所有者权益＋收入"可以看出，收入是所有者权益的增加因素，费用是所有者权益的抵减因素。企业发生的与收入和费用有关的经济业务事项，也同样不会影响会计等式的平衡。该类经济业务事项可以概括为以下四种类型。

1. 收入、资产同时等额增加的经济业务事项

该类经济业务事项的发生，使得企业的收入与资产同时发生增加变动，且金额相等。

［业务实例 2－10］　21 日，销售甲产品一批，货款 58 500 元，收到并存入银行。

分析：该笔经济业务引起银行存款增加 58 500 元，主营业务收入也增加 58 500 元。银行存款属于资产类，主营业务收入属于收入类。资产和收入同时增加，增加金额相等。会计等式两边同时增加一个相等的金额，并不影响平衡。

2. 费用增加、资产等额减少的经济业务事项

该类经济业务事项的发生，使得企业的费用增加而资产同时减少，且金额相等。

［业务实例 2－11］　25 日，用银行存款支付广告费 60 000 元。

分析：该笔经济业务引起银行存款减少 60 000 元，销售费用增加 60 000 元。银行存款属于资产类，销售费用属于费用类。此项经济业务发生后，使资产和费用一增一减，增减金额相等，并不影响会计等式的平衡。

3. 收入增加、负债等额减少的经济业务事项

该类经济业务事项的发生，使得企业的收入增加而负债同时减少，且金额相等。

[业务实例 2-12] 27 日,向供应材料的华云公司出售乙产品,货款 70 200 元用于抵还应付的材料价款。

分析:该笔经济业务发生引起应付账款减少 70 200 元,主营业务收入增加 70 200 元。应付账款属于负债类,主营业务收入属于收入类。此项经济业务发生后,使企业负债总额减少,收入总额增加,增减金额相等,并不影响会计等式的平衡。

4. 费用、负债同时等额增加的经济业务事项

该类经济业务事项的发生,使得企业的费用与负债同时发生增加变动,且金额相等。

[业务实例 2-13] 31 日,计算出本月应付行政管理部门的水电费 4 800 元,款项尚未支付。

分析:该笔经济业务发生引起管理费用增加 4 800 元,应付账款也增加 4 800 元。管理费用属于费用类,应付账款属于负债类。此项经济业务发生后,费用和负债同时增加,增加金额相等,并不影响会计等式的平衡。

从以上分析可以看出,企业通过负债和所有者权益两个渠道取得资产,资产用于生产经营过程而逐渐转化为费用并实现收入。在会计期末结算时,将收入与费用配比,计算出利润,并进行利润分配,转入所有者权益中。资产、负债、所有者权益、收入、费用和利润这六个会计要素,无论如何转化,最终都要回到资产、负债与所有者权益之间的平衡关系上来。可见,"资产=负债+所有者权益"是会计恒等式,企业无论发生什么样的经济业务事项,也无论这些经济业务事项会导致会计要素发生怎样的增减变化,都不会破坏这一平衡关系。

能力拓展训练

一、单项选择题

1. (　　)是对会计对象的最基本的分类,是会计核算对象具体化。

A. 会计科目　　B. 会计要素　　C. 会计账户　　D. 会计等式

2. 资产、负债和所有者权益是企业资金运动的(　　)。

A. 静态表现　　B. 动态表现　　C. 综合表现　　D. 以上都不对

3. 下列项目中,符合资产定义的是(　　)。

A. 购入的某项专利权　　B. 经营租入的设备

C. 腐烂变质的材料　　D. 计划购买的某项设备

4. 下列各项中,符合收入定义的是(　　)。

A. 出售商品的收入　　B. 出售无形资产净收益

C. 转让固定资产净收益　　D. 接受捐赠的固定资产

5. 下列不属于收入的有(　　)。

A. 企业销售商品实现的收入　　B. 企业处置固定资产产生的收益

C. 企业销售库存材料取得的收入　　D. 企业销售包装物取得的收入

6. 既是复式记账的理论基础,又是资产负债表的编制依据的是(　　)。

A. 会计准则　　B. 收入-费用=利润

C. 会计科目　　D. 资产=负债+所有者权益

7. 下列属于经济事项的是(　　)。

A. 从供应商购买商品　　B. 接受投资者投入的资金

C. 销售生产的商品　　D. 计提折旧、摊销无形资产

8. 企业发生的经济业务事项如涉及负债和所有者权益两个会计要素，则会引起这两个要素(　　)。

A. 同时减少　　B. 同时增加　　C. 不变动　　D. 一增一减

9. 华欣公司签发转账支票，缴纳所得税 20 万元，使得(　　)。

A. 资产增加 20 万元，所有者权益减少 20 万元

B. 资产减少 20 万元，负债减少 20 万元

C. 资产增加 20 万元，负债增加 20 万元

D. 资产减少 20 万元，负债增加 20 万元

10. 华奋公司 5 月初资产总额是 120 万元，本月发生 4 笔经济业务：① 向银行借入 100 000 元，存入银行存款户；② 购进原材料 10 000 元，以银行存款支付；③ 收回应收账款 30 000元，存入银行；④ 用银行存款偿还应付账款 40 000 元。则其资产月末总额为(　　)万元。

A. 128　　B. 100　　C. 126　　D. 132

二、多项选择题

1. (　　)属于企业流动资产的内容。

A. 存放在银行的存款　　B. 存放在仓库的材料

C. 厂房和机器　　D. 企业的办公楼

2. 下列属于企业非流动资产的有(　　)。

A. 企业购入的商标权　　B. 企业购入的设备

C. 企业购入的土地使用权　　D. 企业购入的原材料

3. 下列属于企业流动负债的有(　　)。

A. 企业因销售货物预先收取的货款　　B. 企业因购货而预先支付的货款

C. 企业向银行借入的 3 年期借款　　D. 企业向银行借入的 3 个月期借款

4. 下列项目中，属于所有者权益的有(　　)。

A. 所有者投入的资本　　B. 资本公积

C. 留存收益　　D. 应付职工薪酬

5. 下列各项中，属于期间费用的有(　　)。

A. 广告费用　　B. 短期借款利息费用

C. 车间管理人员的工资费用　　D. 行政管理部门人员的工资费用

6. 下列属于经济业务而非经济事项内容的是(　　)。

A. 交纳增值税　　B. 产品完工入库　　C. 偿还银行借款　　D. 生产领料

7. (　　)属于资产与所有者权益同时增加的经济业务。

A. 购买材料 6 000 元，货款尚未支付　　B. 接受某单位投入货币资金 100 万元

C. 将资本公积转增实收资本　　D. 接受捐赠价值 60 万元的设备一台

8. 下列经济业务中，引起资产和负债同时减少的有(　　)。

A. 以银行存款归还前欠货款　　B. 用库存现金支付办公用品费

C. 以银行存款支付职工薪酬　　D. 收到客户前欠货款

9. 下列经济业务中，引起资产总额发生变化的有(　　)。

A. 购进材料尚未付款　B. 以银行存款偿还短期借款
C. 取得借款存入银行　D. 从银行提取现金备用

10. 华凌公司用银行存款26万元购买原材料,引起(　　)。
A. 资产总额增加26万元　B. 资产总额不变
C. 会计等式仍成立　D. 资产形式变化

三、判断题

1. 资产是指由于过去、现在和将来的事项或交易形成并由企业拥有的经济资源。该资源预期会给企业带来经济利益。(　　)
2. 商标权、专利权、土地使用权等都是企业的无形资产。(　　)
3. 企业负债的清偿,在大多数情况下,往往需用资产或提供劳务方式偿还。(　　)
4. 应付票据、应付账款、短期借款和预付账款都是企业的流动负债。(　　)
5. 负债需要偿还,而所有者权益却不需要偿还。(　　)
6. 所有者权益也称为净资产,其金额等于资产总额减去负债总额。(　　)
7. 费用的发生导致所有者权益减少,有时引起负债的增加。(　　)
8. 企业在生产经营过程中所发生的一切支出,均属于费用要素。(　　)
9. 企业无论发生哪一种类型的经济业务事项,都不会破坏"资产=负债+所有者权益"这一会计等式。(　　)
10. 由于"资产=负债+所有者权益",故资产总额必然大于负债总额。(　　)

四、会计业务处理题

(一) 资料:华帝公司2017年8月发生的经济业务事项如下:

1. 企业存放在金融机构的存款;
2. 企业生产车间的机器设备;
3. 企业购入的专利权;
4. 企业因购买材料而尚未支付的货款;
5. 出纳人员保管的库存现金;
6. 因销售商品而尚未收回的货款;
7. 企业接受国家投资;
8. 企业应支付给职工的工资;
9. 企业应缴纳的所得税;
10. 从银行取得的2年期的借款;
11. 库存准备销售的产成品;
12. 企业提取的盈余公积;
13. 企业利润分配后留存的未分配利润;
14. 企业购入的正在运输途中的原材料;
15. 出售固定资产发生的净损失;
16. 对外投资获得的净收益;
17. 企业支付的产品广告费;
18. 厂部行政部门发生的办公费;
19. 销售多余材料一批所取得的收入;

20. 销售产品发生的应由本企业负担的运输费；
21. 企业支付的银行结算手续费；
22. 企业支付的短期借款的利息；
23. 出售无形资产发生的净收益。

要求：根据上述资料，指出各项内容属于哪一个会计要素？

(二) 资料：假设华云公司 2017 年 5 月初资产总额为 1 560 万元，其中负债为 630 万元。5 月发生下列经济业务事项：

1. 用银行存款偿还前欠货款 10 000 元；
2. 经批准将资本公积 30 000 元转增实收资本；
3. 用银行存款购买原材料一批，货款 15 600 元；
4. 预收其他单位购货款 20 000 元，款项存入银行；
5. 收回应收账款 20 000 元，存入银行；
6. 开出商业汇票 10 000 元，用以抵付应付账款；
7. 接受外商投入机器设备一套，价值 5 000 000 元；
8. 用银行存款归还长期借款 2 000 000 元；
9. 为购买原材料预付货款 20 000 元，以银行存款支付；
10. 企业销售库存商品 20 000 元，尚未收到货款；
11. 企业用库存现金 500 元购买办公用品；
12. 企业收到出租固定资产的租金收入 1 000 元，存入银行；
13. 企业用银行存款 2 000 元支付销售产品的展览费；
14. 企业用银行存款支付短期借款的利息 800 元。

要求：(1) 分析上述经济业务事项会引起哪些会计要素的变化，会计要素的变化是否会影响会计等式的平衡？

(2) 计算该公司 5 月末的资产、负债及所有者权益余额。

项目三　会计科目和账户

学习目标

【知识目标】

1. 了解会计记录方法体系；
2. 了解设置会计科目的原则、会计科目的分类及其编码；
3. 理解会计科目和账户的概念；
4. 理解会计科目和账户的关系；
5. 熟悉各类账户在提供核算指标方面的规律性。

【能力目标】

1. 能够说出常用的会计科目名称；
2. 能够解释会计账户的基本结构；
3. 能够正确运用账户记录企业发生的经济业务事项并提供会计核算的数据资料。

【引　言】　前面我们学习了会计要素，知道会计要素是对会计对象具体内容按经济特征所作的最基本分类，而这六项会计要素只能概括说明会计对象的基本内容，仅仅将会计对象划分到这个层次仍然难以满足有关各方对会计信息的需要。为了将复杂的经济信息变成有规律的、易识别的经济信息，并为将其转换为会计信息准备条件，有必要对会计要素的具体内容做进一步的科学分类。其分类的标志就是会计科目，并以会计科目为名称开设账户，通过登记各个账户来全面、连续、系统地记录各项经济业务事项，并为企业内部信息使用者提供所需的会计信息。

任务一　了解会计记录方法体系

任务要求

会计记录是会计确认和会计计量的接续环节，又是进行会计报告的基础。所以，要了解会计记录的含义和会计记录方法。

一、会计记录的概念

会计记录是将经济业务事项确认和计量的结果采用专门的会计方法和载体进行记录的过程。当经济业务事项发生以后，在会计核算时首先进行会计确认和计量。在实务中，对于确认和计量的结果还应采用专门的会计方法和一定的载体记录下来，这一过程即为会计记录。

二、会计记录方法

会计记录方法是指在对企业发生的经济业务事项进行记录的过程中采用的方法，具体包括会计科目与账户设置、复式记账、会计凭证填制与审核、账簿登记、成本计算和财产清查等六种方法。这六种方法按其会计记录环节所发挥作用的不同，可分为如下两类。

1. 存储会计信息的基本方法

存储会计信息的基本方法是处理企业日常发生的各种经济业务事项所采用的专门方法，包括会计科目与账户设置、复式记账、会计凭证填制与审核和账簿登记。其中，会计科目与账户设置和账簿登记可以为经济业务事项的记录提供必要的载体，复式记账可以提供记录经济业务事项的技术方法，会计凭证填制与审核可以为经济业务事项的处理提供可靠凭据。通过以上方法的结合运用，可以将应予记录的经济业务事项的相关信息合理、有序地进行加工和存储。

2. 保证会计记录质量的方法

保证会计记录质量的方法包括成本计算和财产清查。企业发生的有些经济业务事项，不仅应在有关账户中加以记录，而且应根据账户提供的资料进行加工处理，计算其总成本和单位成本，这就是成本计算。此外，为保证经济业务事项的账户记录与其反映的实物资产等情况完全相符，还需要定期或不定期地进行财产清查，以切实保证账实相符，保证会计信息资料的真实性和完整性，这就要求在会计上采用财产清查方法。以上两种方法对会计记录的质量可起到保证作用。

三、会计科目与账户设置的重要地位

会计确认、会计计量、会计记录和会计报告构成了完整的会计处理系统。会计记录是会计确认和计量的接续环节，也是进行会计报告的基础。在会计记录的六种方法中，会计科目与账户设置是首要方法，是其他记录方法的基础，在整个会计记录方法体系中占有重要地位。只有采用会计科目与账户设置方法建立起完整的账户体系，其他方法才能有效地加以利用。

任务二 理解会计科目

任务要求

企业在生产经营过程中发生的各种各样的经济业务事项，必然会引起各会计要素的增减变动。为了连续、全面、系统地反映和监督各会计要素的增减变动情况，分门别类地提供会计核算资料，就需要设置会计科目。所以，要了解会计科目的概念，理解会计科目的内容和编码，掌握会计科目的分类。

一、会计科目概念

（一）会计科目的含义

会计科目就是按照经济业务事项的内容和经济管理的要求，对会计要素进行有序分类所形成的一个个专用名称。对体现企业资金运动的经济业务事项，按其性质不同，划分为各种类别，每一类经济业务事项设置一个会计科目。例如，同属企业资产的各种银行存款和各项机器设备因其性质不同，必须分别设置“银行存款”和“固定资产”两个资产科目。再如，同属企业所有者权益的投资者投入的资本和企业积累的留存收益也因其性质不同，必须分别设置“实收资本”“盈余公积”等所有者权益科目。每一个会计科目都应明确反映一类经济业务事项，如企业的机器设备、房屋和建筑物，都是劳动资料、使用时间较长、价值较大，把它们归为一类，设置“固定资产”科目。企业为生产产品耗用的原料及主要材料、辅助材料、燃料和外购半成品等，都是生产中的劳动对象、在生产中一次消耗、价值一次转入产品生产成本，把它们归为一类，设置“原材料”科目。在企业款项收支过程中，凡是通过现金进行结算的，归为一类，设置“库存现金”科目。凡是通过银行进行转账结算的，归为一类，设置“银行存款”科目等。

（二）会计科目的作用

会计科目是进行各项会计记录和提供各项会计信息的基础。根据经济管理的需要，设置会计科目可以保证企业单位取得经济管理所需要的核算指标，并按规定的核算内容检查会计账目的合法性和正确性，在会计核算与监督中具有重要作用。

1. 会计科目是反映资金运动的方法

会计科目是对企业资金运动按其经济内容所做的具体分类。一个会计科目反映一类经济业务事项，反映企业资金运动的一个环节。通过某个会计科目所提供的信息，可以认识企业资金运动的某个方面。而整个会计科目体系则是反映企业资金运动的链条，通过会计科目体系所提供的信息，就能掌握整个企业资金运动的情况。

2. 会计科目是组织会计核算的依据

从企业发生的具体经济业务事项出发，要经过取得原始凭证、审核原始凭证、编制记账凭证、审核记账凭证、登记账簿，最后才能通过编制会计报表来完成会计核算工作，其全部过程都是基于会计科目来完成的。对经济业务事项进行复式记账就必须使用会计科目。编制会计报表所使用的基本单元还是会计科目，会计报表是对会计科目的组合和重建。

3. 会计科目是进行会计监督的手段

会计科目的有关规定是对企业日常经济活动进行控制的标准，如控制货币资金的收入和支出、物资的增减变化等。这种控制是制度性的事前控制。会计科目的规定具体、全面而又正确，就能充分发挥这种事前控制的作用。同时，会计科目提供的信息还是进行会计监督、分析和考核的依据。

4. 会计科目是加强国民经济核算的工具

会计科目作为统一的会计制度，统一规定会计科目的名称、内容和核算方法，保证了与统计、业务核算指标口径的统一，为国民经济核算提供了相互可比的通用信息。

（三）设置会计科目的原则

在设置会计科目时必须充分考虑各方面会计信息使用者对会计信息的需求和会计核算工作的客观规律。总的来说，设置会计科目必须符合会计准则的要求，内涵明确、界线清楚；每一个会计科目反映一个特定的内容，不重不漏；所有会计科目必须形成一个科学完整的体系。具体要求如下：

1. 全面性原则

会计科目作为对会计对象具体内容进行分类核算的项目，其设置应能全面、系统地反映会计对象的全部内容，不能有任何遗漏。同时，企业会计科目的设置必须考虑所处行业生产经营活动的特点。如工业企业主要是制造工业产品和提供工业性劳务，必须设置“生产成本”等会计科目以反映生产耗费、成本计算；而建筑企业主要从事工程的建造业务，必须设置“工程施工”和“机械作业”等会计科目。

2. 内外兼顾原则

所设置的会计科目应当为提供有关各方所需要的会计信息服务，满足对外报告信息与对内加强管理的需要。因此，企业应根据需要提供会计信息的详细程度，分别设置总分类科目和明细分类科目。总分类科目是对会计对象具体内容进行总括分类核算的会计科目，基本上能够满足投资者、债权人和政府等外部会计信息使用者的需要；明细分类科目是对总分类科目的进一步分类，提供的明细核算资料主要为企业内部经营管理服务。

3. 统一性和灵活性相结合原则

会计科目的设置，首先必须保证会计信息的可用性。只有各个企业的会计语言相通、口径相同、分类一致，才能使会计信息被理解和使用。因此，设置会计科目既要符合《企业会计准则》及企业会计制度的统一规定，又要结合各企业的具体情况、特点以及经营管理要求，对统一的会计科目做必要的增补或删减。一般来说，总分类科目由《企业会计准则》及企业会计制度统一规定，企业可以根据自身业务规模和性质从中选择，但不能改变。明细分类科目除了个别科目外，都由企业自行设计。

4. 简明实用性原则

会计科目设置应根据企业经济业务事项的特点尽可能简洁明了地规定会计科目的名称。会计科目的名称应与其核算内容相一致，且能够望文生义，不致产生误解。每个会计科目都应有其特定的核算内容，科目之间在内容上应具有互斥性。会计科目的数量和详细程度应根据企业规模的大小、业务繁简程度和管理的需要而定。

二、会计科目的内容和编码

(一) 会计科目表

按照《企业会计准则——应用指南》的规定，企业会计科目表的名称和编码如表 3－1 所示。企业在不违反会计准则确认、计量和报告规定的前提下，可以根据本单位的实际情况自行增设、分拆、合并会计科目。企业不存在的经济业务事项，可不设置相关会计科目。

表 3－1　企业会计科目表

顺序号	编码	会计科目名称	顺序号	编码	会计科目名称
一、资产类			26	1311	代理兑付证券
1	1001*	库存现金	27	1321	代理业务资产
2	1002*	银行存款	28	1401*	材料采购
3	1003	存放中央银行款项	29	1402*	在途物资
4	1011	存放同业	30	1403*	原材料
5	1015	其他货币资金	31	1404*	材料成本差异
6	1021	结算备付金	32	1406*	库存商品
7	1031	存出保证金	33	1407	发出商品
8	1051	拆出资金	34	1410	商品进销差价
9	1101	交易性金融资产	35	1411	委托加工物资
10	1111	买入返售金融资产	36	1412	包装物及低值易耗品
11	1121*	应收票据	37	1421	消耗性生物资产
12	1122*	应收账款	38	1431	周转材料
13	1123*	预付账款	39	1441	贵金属
14	1131*	应收股利	40	1442	抵债资产
15	1132*	应收利息	41	1451	损余物资
16	1211	应收保户储金	42	1461	存货跌价准备
17	1221	应收代位追偿款	43	1481	持有待售资产
18	1222	应收分保账款	44	1482	持有待售资产减值准备
19	1223	应收分保未到期责任准备金	45	1501	待摊费用
20	1224	应收分保保险责任准备金	46	1511	独立账户资产
21	1231*	其他应收款	47	1521	持有至到期投资
22	1241*	坏账准备	48	1522	持有至到期投资减值准备
23	1251	贴现资产	49	1523	可供出售金融资产
24	1301	贷款	50	1524	长期股权投资
25	1302	贷款损失准备	51	1525	长期股权投资减值准备

（续表）

顺序号	编码	会计科目名称	顺序号	编码	会计科目名称
52	1526	投资性房地产	83	2101	交易性金融负债
53	1531	长期应收款	84	2111	卖出回购金融资产款
54	1541	未实现融资收益	85	2201*	应付票据
55	1551	存出资本保证金	86	2202*	应付账款
56	1601*	固定资产	87	2205*	预收账款
57	1602*	累计折旧	88	2211*	应付职工薪酬
58	1603	固定资产减值准备	89	2221*	应交税费
59	1604*	在建工程	90	2231*	应付股利
60	1605*	工程物资	91	2232*	应付利息
61	1606*	固定资产清理	92	2241*	其他应付款
62	1611	融资租赁资产	93	2245	持有待售负债
63	1612	未担保余值	94	2251	应付保户红利
64	1621	生产性生物资产	95	2261	应付分保账款
65	1622	生产性生物资产累计折旧	96	2311	代理买卖证券款
66	1623	公益性生物资产	97	2312	代理承销证券款
67	1631	油气资产	98	2313	代理兑付证券款
68	1632	累计折耗	99	2314	代理业务负债
69	1701*	无形资产	100	2401	预提费用
70	1702*	累计摊销	101	2411	预计负债
71	1703	无形资产减值准备	102	2501	递延收益
72	1711	商誉	103	2601	长期借款
73	1801	长期待摊费用	104	2602	长期债券
74	1811	递延所得税资产	105	2701	未到期责任准备金
75	1901*	待处理财产损溢	106	2702	保险责任准备金
二、负债类			107	2711	保户储金
76	2001*	短期借款	108	2721	独立账户负债
77	2002	存入保证金	109	2801	长期应付款
78	2003	拆入资金	110	2802	未确认融资费用
79	2004	向中央银行借款	111	2811	专项应付款
80	2011	同业存放	112	2901	递延所得税负债
81	2012	吸收存款	三、共同类		
82	2021	贴现负债	113	3001	清算资金往来

（续表）

顺序号	编码	会计科目名称	顺序号	编码	会计科目名称
114	3002	外汇买卖	139	6061	汇兑损益
115	3101	衍生工具	140	6101*	公允价值变动损益
116	3201	套期工具	141	6111*	投资收益
117	3202	被套期项目	142	6115	资产处置损益
四、所有者权益类			143	6201	摊回保险责任准备金
118	4001*	实收资本(或股本)	144	6202	摊回赔付支出
119	4002*	资本公积	145	6203	摊回分保费用
120	4101*	盈余公积	146	6301*	营业外收入
121	4102	一般风险准备	147	6401*	主营业务成本
122	4103*	本年利润	148	6402*	其他业务成本
123	4104*	利润分配	149	6403*	税金及附加
124	4201	库存股	150	6411	利息支出
五、成本类			151	6421	手续费支出
125	5001*	生产成本	152	6501	提取未到期责任准备金
126	5101*	制造费用	153	6502	提取保险责任准备金
127	5201	劳务成本	154	6511	赔付支出
128	5301	研发支出	155	6521	保户红利支出
129	5401	工程施工	156	6531	退保金
130	5402	工程结算	157	6541	分出保费
131	5403	机械作业	158	6542	分保费用
六、损益类			159	6601*	销售费用
132	6001*	主营业务收入	160	6602*	管理费用
133	6011	利息收入	161	6603*	财务费用
134	6021	手续费收入	162	6604	勘探费用
135	6031	保费收入	163	6701*	资产减值损失
136	6032	分保费收入	164	6711*	营业外支出
137	6041	租赁收入	165	6801*	所得税
138	6051*	其他业务收入	166	6901	以前年度损益调整

注:标注*号属于本书中要求掌握的会计科目

(二) 会计科目的编码

为了反映会计科目之间的内在联系,明确每一科目在整个会计科目体系中所归属的类别、顺序和位置,促进会计科目体系的科学化,便于编制和汇总会计凭证,提高记账效率和便于查阅会计资料，适应会计电算化的需要，对每个会计科目都要编制固定的编码。

会计科目编码是指以数字表示各个会计科目在整个会计科目体系中所归属的类别、顺序和位置。总分类会计科目的编码由《企业会计准则——应用指南》统一规定，采用的方法是数字编码法下的“四位数制”，其中每一位数字都有特定的用途。从左到右依次排列：第一位代表会计科目的主要大类，“1”为资产类，“2”为负债类，“3”为共同类，“4”为所有者权益类，“5”为成本类，“6”为损益类；第二位代表大类会计科目下的主要小类，如在资产大类会计科目中，用“0”表示货币资金类科目，用“6”表示固定资产类科目；第三、四位数字代表各小类中各个具体会计科目，如在货币资金小类会计科目中，用“01”表示“库存现金”，用“02”表示“银行存款”。四位数字连在一起就表示一个具体的会计科目，如“1601”代表的会计科目为“固定资产”，其中第一位“1”表示它是资产类，第二位“6”表示它是资产中较为长期拥有的资产，第三、四位“01”表示这一类资产的第一个会计科目。企业在实施会计电算化时，计算机就是通过这些会计科目编码来识别科目名称和进行数据处理的，故在会计电算化条件下要使用统一的会计科目编码。

需要注意的是，企业不应随意打乱科目编码，某些会计科目之间留有空码，以供企业根据实际需要增设会计科目之用。会计人员在填制记账凭证、登记账簿时，应填制会计科目的名称，或者同时填制会计科目的名称和编码，但不能只填编码，不填科目名称。

三、会计科目的分类

每一个会计科目都明确反映特定的经济内容，但每个会计科目并非彼此独立，而是相互联系、互相补充地组成一个完整的会计科目体系。为了正确地掌握和运用会计科目，可对会计科目进行适当分类。

（一）资产类、负债类、共同类、所有者权益类、成本类和损益类

会计科目按其所反映的经济内容不同，可划分为六大类：资产类、负债类、共同类、所有者权益类、成本类和损益类。

(1) 资产类科目是反映资产具体内容的会计科目，按资产的流动性分为反映流动资产和非流动资产两类科目。资产类科目归属于资产要素。

(2) 负债类科目是反映负债具体内容的会计科目，按负债的偿还期限分为反映流动负债和非流动负债两类科目。负债类科目归属于负债要素。

(3) 共同类科目是既具有资产性质又具有负债性质的科目，其最终性质取决于科目核算的结果，当核算结果出现借方余额，就作为资产类科目；当核算结果出现贷方余额，则作为负债类科目。此类科目多用于金融、保险、投资、基金等行业。

(4) 所有者权益类科目是反映所有者权益具体内容的会计科目。所有者权益类科目一般归属于所有者权益要素。但“本年利润”科目特殊，它归属于利润要素，由于企业实现利润会增加所有者权益，因而将其作为所有者权益类科目。

(5) 成本类科目是反映企业在生产产品和提供劳务过程中所发生的与成本有关内容的会计科目。成本类科目是工业企业设置的特殊的会计科目，就其性质而言，由于其余额反映的是未完工产品或劳务的成本，属于企业的存货，应归属于资产要素。

(6) 损益类科目是反映企业在生产经营过程中取得的各项收入和发生的各项费用的会计科目，按损益的不同内容又可细分为收入类科目和费用类科目。损益类科目一般分别归属于

收入和费用两类会计要素。

其具体划分见表3-1所示。会计科目按其反映的经济内容不同分类是主要的、基本的分类。

(二) 总分类科目和明细分类科目

会计科目按其提供会计信息的详细程度及其统驭关系不同,可划分为总分类科目和明细分类科目。

1. 总分类科目

总分类科目亦称一级科目或总账科目,是指对会计要素具体内容进行总括反映的会计科目,它是进行总分类核算的依据,如"应收账款""应付账款"和"原材料"等。这些会计科目基本上能够满足企业外部有关方面的需要。

为了满足宏观经济管理的需要,使企业之间的数据具有可比性,总分类科目原则上由财政部统一规定。表3-1中列示的会计科目就是总分类科目。

2. 明细分类科目

明细分类科目亦称明细科目,是指对总分类科目所反映的经济内容进行详细分类的科目,是进行明细分类核算的依据,如"应收账款"总分类科目按债务人名称或姓名设置明细科目,反映应收账款的具体对象;"应付账款"总分类科目按债权人名称或姓名设置明细科目,反映应付账款的具体对象。这些明细会计科目可以满足企业内部管理的需要。

根据对总分类科目内容进行分类的详细程度不同,明细分类科目又可分为二级科目和三级科目。二级科目又称子目,它是介于总分类科目与三级科目之间的科目,它所提供的核算资料比总分类科目详细,但比三级科目提供的资料概括;三级科目又称细目,它是对某些二级科目所做的进一步分类。如原材料(一级)——原料及主要材料(二级)——甲材料(三级)。这样,"原材料"科目按原料及材料的类别、品种和规格等设置明细科目,反映各种原材料的具体构成内容。

总分类科目和明细分类科目在性质上是统驭和从属的关系,总分类科目控制、统驭着明细分类科目;明细分类科目从属于总分类科目,是对总分类科目的补充说明。所有的科目都是按照一级科目、二级科目和三级科目的级次顺序排列。但并不是所有的总分类科目都需要设置明细分类科目,企业可以根据实际需要设置总分类科目和明细分类科目,有的会计科目也许只需要设置二级科目,甚至一级科目即可。

任务三　理解并掌握账户

任务要求

为了分类、连续、系统地记录经济业务事项而引起的会计要素的增减变动,提供各种会计信息,企业还必须根据会计科目在账簿中开设相应账户。所以,要了解账户与会计科目的关系,理解账户的类型和掌握账户的结构。

一、账户概述

(一) 账户的含义

随着经济业务事项的发生，企业的会计要素在不断地发生变化，为了记录和反映这些变化的过程就要有一个载体来完成这一任务。而会计科目只是一个具体分类的名称，不能直接记录经济业务事项的变化过程。所以，还要在账簿中以会计科目为名称开设账户，通过登记各个账户来分类、连续、系统地记录各项经济业务事项，并为企业管理者提供所需的会计信息。

账户也称会计账户，就是指根据会计科目设置的，具有一定格式和结构，用于分类、连续、系统地记载经济业务事项引起的各会计要素增减变动情况及其结果的载体。每一账户记录某类经济业务事项及其资金变化情况，如“应收账款”账户记录企业因销售产品或提供劳务形成的债权、收回的款项以及会计期末尚未收回债权的余额。设置账户是会计核算的重要方法之一。从会计资料的储存、传递过程来看，账户是对会计信息资料进行分类、整理、归集、储存和传递的场所。因此，账户的主要作用在于将会计数据进行科学的归类和记录，为进一步进行算账、编制会计报表等提供基础条件。

企业设置的每一个账户只能记录企业经济活动的某一方面，不可能对企业的全部经济业务事项加以记录；而企业的经济活动作为一个整体，是需要一个相互联系的账户体系加以反映的。因此，由各个彼此相互独立、作用互补的具有内在联系的账户所组成的账户系列，称为账户体系。

(二) 会计科目与账户的区别和联系

会计科目与账户是两个既有区别、又有联系的不同概念。

1. 二者的区别

会计科目只是一个名称，不存在结构，仅表示某类经济业务事项的内容；而账户则具有一定的格式和结构，通过将经济业务事项内容连续、系统地登记在各账户中，以反映经济业务事项引起的各会计要素增减变动情况及其结果。

2. 二者的联系

会计科目与账户都是对会计对象具体内容的科学分类，两者核算内容一致、性质相同。会计科目是设置账户的前提，是账户的名称；账户是根据会计科目开设的，是会计科目的具体运用。会计科目只有通过账户才能体现经济业务事项引起的各会计要素增减变动情况及其结果。没有会计科目，账户便失去了设置的依据；没有账户，会计科目就无法发挥作用。但在实际工作中，通常对会计科目和账户不加严格区分，而是相互通用。

(三) 账户的作用

科学地设置账户，其主要作用表现在以下三个方面。

1. 设置账户能按照经济管理的要求分类地记载和反映经济业务事项

如果企业没有设置账户，会计人员就不能将企业发生的经济业务事项按照科学的方法进行整理分类、记录反映和归纳整合，其结果是只能提供杂乱无章、无头无序的无用信息。通过设置和运用账户，对企业发生的经济业务事项进行整理分类、科学归纳，再分门别类地记录，可以提供各类会计要素的动态和静态指标。

2. 设置账户能为编制会计报表提供重要依据

企业会计报表是定期地对企业日常核算资料进行汇总、综合，全面、系统地反映企业财务状况、经营成果和现金流量的重要信息文件。会计报表的信息是否正确，在很大程度上取决于账户的记录结果是否正确，因为会计报表是以账户的期末余额和发生额进行编制的，账户记录的正确与否，将直接影响会计报表的信息正确性。

3. 设置账户有利于会计检查和会计监督

会计账户不仅反映企业日常发生的经济业务事项，而且对其日常发生的经济业务事项能起到监督作用。一方面，通过账户记录，可以控制各种财产物资及货币资金的实有数；另一方面，通过账户记录，可以进一步审核各项经济业务事项的真实性、合法性和合理性。

二、账户的分类

账户分类就是研究账户体系中各账户之间存在的共性，寻求其规律，探明每一账户在账户体系中的地位和作用，以便加深对账户的认识，更好地运用账户对企业的经济业务事项进行反映。运用不同的标准对账户进行分类，可以进一步了解每个账户的特性，从不同角度认识账户体系的全貌，明确掌握账户之间的联系和区别以及账户的使用方法，以便更好地运用账户去记录经济业务事项。

(一) 账户按其核算和监督会计要素的具体内容分类

企业的经济业务事项是复杂多样的，所反映的经济内容也不同。账户按其核算和监督会计要素的具体内容不同划分为资产类账户、负债类账户、所有者权益类账户、成本类账户和损益类账户。

1. 资产类账户

资产类账户是用来核算和监督企业拥有的各项资产的增减变动和结余情况的账户。

(1) 反映流动资产的账户。根据流动资产的形态和发挥作用的不同进一步划分为：反映货币性资产的账户，如“库存现金”“银行存款”“其他货币资金”账户；反映以交易为目的的债券投资、股票投资、基金投资的账户，如“交易性金融资产”账户；反映债权结算的账户，如“应收票据”“应收账款”等账户；反映存货类的账户，如“原材料”“材料采购”“库存商品”等账户。

(2) 反映非流动资产的账户，如“固定资产”“长期股权投资”“无形资产”等账户。

2. 负债类账户

负债类账户是用来核算和监督企业承担的各项债务的增减变化和结余情况的账户。

(1) 反映流动负债的账户，如“短期借款”“应付票据”“应付账款”“预收账款”“应付职工薪酬”“其他应付款”“应交税费”等账户。

(2) 反映非流动负债的账户，如“长期借款”“应付债券”“长期应付款”等账户。

3. 所有者权益类账户

所有者权益类账户是用来核算和监督所有者在企业中享有的经济利益增减变动和结余情况的账户。

(1) 反映投资者投入资本的账户，如“实收资本(或股本)”账户。

(2) 反映企业在经营过程中积累资本的账户，如“盈余公积”“本年利润”“利润分配”账户。

(3) 反映资本增值的账户，如“资本公积”账户。

4. 成本类账户

成本类账户是用来核算和监督企业在生产经营过程中发生的费用的归集和分配，并计算成本的账户。如“生产成本”“制造费用”“工程施工”等账户。从某种意义上来讲，成本类账户也是资产类账户。

5. 损益类账户

损益类账户是用来核算和监督与企业当期损益计算直接相关的账户。这类账户期末结转后一般没有余额。这类账户按其所反映的内容不同又可划分为收入(利得)类账户和费用(损失)类账户。

(1) 收入(利得)类账户。收入类账户是用来核算和监督企业在日常活动中所形成的经济利益流入情况的账户，如“主营业务收入”“其他业务收入”等账户；利得类账户是用来核算和监督企业取得的与日常活动无直接关系的各项收益情况的账户，如“营业外收入”账户。

(2) 费用(损失)类账户。费用类账户是用来核算和监督企业在日常活动中所发生的经济利益流出情况的账户，如“主营业务成本”“其他业务成本”“管理费用”“财务费用”“销售费用”等账户；损失类账户是用来核算和监督企业发生的与日常活动无直接关系的各项支出和损失情况的账户，如“营业外支出”账户。

账户按其核算和监督会计要素的具体内容分类是账户的最基本分类，它对于正确区分账户的经济性质，合理设置和运用账户，以满足经济管理的需要具有重要的意义。

(二) 账户按其提供经济核算资料的详细程度不同分类

账户按其提供经济核算资料的详细程度不同划分为总分类账户和明细分类账户。

1. 总分类账户

总分类账户简称总账账户或一级账户，是指根据总分类会计科目开设的，对企业经济活动的具体内容进行总括分类核算、提供总括核算资料的账户。总分类账户只提供货币指标，一般不提供数量指标和实物指标。如“原材料”为总分类账户，用来反映企业库存原材料的总额和总体变动情况。总分类账户一般要按照国家统一的会计科目名称设置。

2. 明细分类账户

明细分类账户简称明细账户，是指根据总账会计科目所属明细分类会计科目开设的，对企业某一经济业务事项的具体内容进行详细分类核算提供明细核算资料的账户。明细分类账户除了提供货币指标以外，有些明细分类账户还提供数量指标和实物指标，以便同时反映金额和数量的变动情况。如在“原材料”总分类账户下开设明细分类账户，用来反映企业某种具体材料的购入、发出和结存数量、单价和金额的情况。明细分类账户要依据企业经济业务事项的具体内容而设置，其设置的详细程度往往取决于企业管理的需要。明细分类账户还可细分为二级明细账户和三级明细账户等。

总分类账户与其所属明细分类账户所反映的经济业务事项是相同的，只是采用的数据资料的详细程度不同。总分类账户对其所属的明细分类账户起概括和统驭作用，是对明细分类账户的综合反映；明细分类账户从属于总分类账户，对总分类账户起补充说明作用。总分类账户和明细分类账户相互联系，相互配合，共同为企业管理提供详略有别的会计信息，也为会计监督提供了依据。例如，生产成本总分类账户与各级明细分类账户之间的关系如表 3-2 所示。

表 3-2 生产成本总分类账户与各级明细分类账户之间的关系

<table>
<tr><td>总分类账户（一级账户）</td><td colspan="2">明细分类账户</td></tr>
<tr><td rowspan="5">生产成本</td><td>二级明细账户</td><td>三级明细账户</td></tr>
<tr><td rowspan="2">基本生产成本</td><td>A产品</td></tr>
<tr><td>B产品</td></tr>
<tr><td rowspan="2">辅助生产成本</td><td>供电车间</td></tr>
<tr><td>机修车间</td></tr>
</table>

账户按其提供经济核算资料的详细程度不同分类对进一步了解账户提供数据资料的层次、特点以及账户间的勾稽关系作用很大。

（三）账户按用途和结构分类

账户的用途是指设置和运用账户的目的，即通过账户记录能提供什么核算指标，如设置“在途物资”账户的目的是计算和确定外购材料的实际成本；账户的结构是指在账户中如何登记经济业务事项，才能取得所需要的各种核算指标，如设置“库存商品”账户，其左方登记库存产成品的增加数额，右方登记库存产成品的减少数额，期末余额在左方，表示库存产成品的成本。账户按用途和结构可分为盘存类账户、资本类账户、结算类账户、跨期摊提类账户、待处理类账户、调整类账户、集合分配类账户、成本计算类账户、期间汇转类账户和财务成果类账户等十类。

1. 盘存类账户

盘存类账户是用来核算和监督企业各项财产物资、货币资金的增减变动及其结存情况的账户，如“库存现金”“银行存款”“原材料”“库存商品”“固定资产”等账户。

盘存类账户的特点是，一方面可以通过财产清查的方法，即实际盘点或对账的方法核对货币资金和实物资产的实际结存数与账面结存数是否相符，并检查其经营管理上是否存在问题；另一方面除货币资金账户之外，其他盘存类账户通过设置和运用明细账，可以提供数量和金额两种指标。

2. 资本类账户

资本类账户是用来核算和监督投资者投入资本以及内部积累增减变动和结存情况的账户，如“实收资本”“资本公积”“盈余公积”“利润分配”等账户。

资本类账户的特点是，一方面为了反映各投资者对企业实际投资情况，“实收资本”账户要按投资者分别设置明细账；另一方面所有资本类账户只需使用货币计量，提供金额指标。

3. 结算类账户

结算类账户是用来核算和监督企业同其他单位和个人之间在经济往来中发生结算关系而产生债权、债务情况的账户。这类账户根据债权与债务的性质不同又可分为债权结算类账户、债务结算类账户和债权债务结算类账户。

(1) 债权结算类账户。债权结算类账户又称为资产结算账户，是用来核算和监督企业与债务人单位和个人之间所发生的各项应收款项增减变动和结存情况的账户，如“应收账款”“应收票据”“预付账款”“其他应收款”等账户。

(2) 债务结算类账户。债务结算类账户又称为负债结算账户，是用来核算和监督企业与债权人单位和个人之间所发生的各项应付款项增减变动和结存情况的账户，如“应付账款”“应付票据”“预收账款”“其他应付款”等账户。

(3) 债权债务结算类账户。债权债务结算类账户又称往来结算账户，是用来核算和监督企业与债权人单位和个人之间所发生的往来结算业务的账户。这类账户既反映债权结算业务，又反映债务结算业务，是双重性质的账户。在会计核算中，如果企业预收款项或预付款项不多时，可不单设“预收账款”或“预付账款”账户，而用“应收账款”账户同时核算企业应收款项和预收款项的增减变动及结存情况，或用“应付账款”账户核算企业应付款项和预付款项的增减变动及结存情况。此时，“应收账款”账户或“应付账款”账户就是债权债务结算类账户。

结算类账户的特点是，一方面为了反映各具体债务债权单位和个人的债务债权的清偿情况，这类账户按债务债权单位和个人设置明细账；另一方面，编制资产负债表时，这类账户应按其所属明细账户的余额分别列作资产项目或负债项目。

4. 跨期摊提类账户

跨期摊提类账户是用来核算和监督应由几个会计期间共同负担的费用，并把这些费用在相关的各个会计期间进行摊销的账户，如“长期待摊费用”账户。根据会计分期假设，人们把企业生产经营过程划分为较短的会计期间，以便定期结算账目和编制报表，但企业在生产经营过程中所发生的某些费用(如固定资产大修理费)是跨期的，为了正确计算各会计期间的损益，就必须按照权责发生制的要求严格划分费用归属期，把应由各个会计期间共同负担的费用，合理分摊到各个受益期，为此需要设置跨期摊提类账户来实现这一过程。

5. 待处理类账户

待处理类账户是用来核算和监督以前发生的需要经过有关部门审批后才能核销的各项财产物资盘盈、盘亏或毁损情况的账户，如“待处理财产损溢”账户。这是一个双重性质的账户，既可以表示盘盈，也可以表示盘亏，并具有明显的临时性和过渡性。

6. 调整类账户

调整类账户是一类特殊性质的账户，也称备抵账户。它与对应的被调整账户同时存在，并用来调整被调整账户的余额，以求得在被调整账户没有发生变化时的实际余额。在会计核算中由于经营管理上的需要和其他原因，对于有些经济内容需要提供原始数据和调整后的数据，这样就需要设置两个对应账户，一个为被调整账户，另一个为调整账户，如“固定资产”与“累计折旧”账户。“固定资产”账户提供固定资产的原始价值，“累计折旧”账户反映固定资产由于损耗而不断减少的价值；将“固定资产”账户的余额减去“累计折旧”账户的余额，其差额就是企业现有固定资产的净值。因此，在会计工作中，只有把调整账户和被调整账户联系起来，才能全面地反映某一会计要素的情况，同时又为企业管理提供某些特定的指标。需要注意的是，调整账户对被调整账户的调整，只涉及金额调整，不涉及数量调整。

7. 集合分配类账户

集合分配类账户是用来归集企业生产经营过程中某一会计期间发生的间接费用，并在期末向受益对象分配的账户。企业在生产经营过程中，往往会发生一些不能或不便于直接计入某一受益对象，而应由多个受益对象共同负担的间接费用。为减少计算分配的工作量及加强费用的控制，对这些费用先按其发生的地点进行归类集中，期末再按一定标准分配计入各受益对象。属于这类账户的有“制造费用”账户。集合分配类账户因其期末无余额而是一个过渡账户。

8. 成本计算类账户

成本计算类账户是用来核算和监督企业在生产经营过程中某一阶段发生的应计入成本的全部费用,并确定成本计算对象实际成本的账户,如“生产成本”“在建工程”账户。

成本计算类账户的特点是,这类账户具有盘存类账户的结构,其余额不仅表示尚未结束生产经营过程的成本计算对象的实际成本,而且表示在该阶段上尚未完工的成本计算对象的实际占用,如在产品。因此,在会计核算时除应设置总分类账外,还应按照各个成本计算对象分别设置明细分类账进行明细核算。

9. 期间汇转类账户

期间汇转类账户是用来汇集企业在一定期间所取得的各项收入和利得、发生的各项费用和损失,并在期末一同转入到“本年利润”账户之中,借以计算当期损益的账户。这类账户又可分为“收入与利得期间汇转账户”和“费用与损失期间汇转账户”两类。

(1) 收入与利得类期间汇转账户。收入与利得类期间汇转账户是用来汇集和结转企业在一定会计期间所取得的各项收入和利得的账户,如“主营业务收入”“其他业务收入”“投资收益”“营业外收入”等账户。该类账户在期末结转后应无余额。

(2) 费用与损失类期间汇转账户。费用与损失类期间汇转账户是用来汇集和结转企业在一定会计期间所发生的各项费用和损失的账户,如“主营业务成本”“其他业务成本”“管理费用”“销售费用”“财务费用”“营业外支出”“所得税费用”等账户。该类账户在期末结转后应无余额。

10. 财务成果类账户

财务成果类账户是用来核算和监督企业在一定会计期间内实现的全部生产经营活动的最后成果,即确定企业利润或亏损数额的账户,如“本年利润”账户。到了年终结算,通常要把本年实现的利润或发生的亏损从“本年利润”账户转入“利润分配”账户,结转后该账户无余额。

账户按用途和结构分类,有助于人们认识账户在提供核算指标方面的规律性,正确地运用账户来记录经济业务事项,提供正确、详实、全面的会计信息。

(四) 账户按其与会计报表的关系分类

账户按其与会计报表的关系可分为资产负债表账户和利润表账户。

1. 资产负债表账户

资产负债表是反映报告期末企业资产、负债和所有者权益的会计报表,根据资产类、负债类和所有者权益类账户的期末余额编制。所以,资产类、负债类和所有者权益类账户称为资产负债表账户。实际工作中,由于这些账户反映企业资产、负债和资本的实体,在期末结账后通常都有余额,并随企业经营活动的延续而结转到下一个会计期间。因此,这些账户又称为实账户,也称为永久性账户。

2. 利润表账户

利润表是反映报告期间企业收入(利得)、费用(损失)和利润的会计报表,根据收入(利得)类、费用(损失)类和利润类账户的发生额编制。所以,收入(利得)类、费用(损失)类和利润类账户称为利润表账户。实际工作中,由于这些账户反映生产经营过程的收入(利得)、费用(损失)和利润,反映某一会计期间的经营成果,归属于特定的会计期间。只要某一会计期间结束,这些账户就应该全部结平,在期末结账后通常无余额。到下一个会计期间,再重新开设。因此,这些账户又称为虚账户,也称为临时性账户。

将账户划分为资产负债表账户和利润表账户，对于进一步了解账户核算的内容和结构，正确进行期末的结账工作，正确编制会计报表具有相当重要的作用。

三、账户的结构

为了全面、清晰地记录各项经济业务事项，每个账户既要有明确的经济内容，又必须有一定的结构。每个账户都必须有一定的格式和组成内容，用来记录经济业务事项引起的会计要素的增减变动情况及其结果，这就是账户的结构。

账户记录经济业务事项的内容尽管较多，但任何一项经济业务事项引起的会计要素的变化，从数量上看不外乎增加和减少两种情况以及最终的结果。所以，账户结构中必须具有登记增加额、减少额和余额三个基本部分，这是账户的基本结构。此外，为了反映每项经济业务事项发生的时间、内容及登记的依据，账户还应具有名称、日期栏、摘要栏及凭证号数等。具体结构见表 3－3 所示。

表 3－3　××××账户

年		凭证号数	摘要	本期增加数	本期减少数	方向	余额
月	日						

账户应按经济业务事项发生的先后顺序进行登记，每笔登记的金额都被称为发生额。一定会计期间所登记的增加额之和为本期增加发生额；一定会计期间所登记的减少额之和为本期减少发生额。本期期初余额加上本期增加发生额与本期减少发生额相抵后的差额为本期期末余额；将本期期末余额转入下一会计期间，就是下期期初余额。通常情况下，余额登记的方向与登记本期增加发生额的方向一致。本期增加发生额或本期减少发生额是一个动态指标，反映了在一定时期内（月、季、年）该账户增减额的合计数；期初或期末余额是一个静态指标，反映了该账户在某一时日增减变动的结果。账户记录可以提供期初余额、本期增加发生额、本期减少发生额和期末余额四个方面的核算资料，其数量关系式可表示为：

本期期末余额＝本期期初余额＋本期增加发生额－本期减少发生额

为了便于教学，简单明了地说明账户的结构内容，通常略去日期、凭证字号、摘要等栏次，仅保留账户名称和金额栏。教材中一般将表 3－3 简化为“T”形账户，见图 3－1 所示。

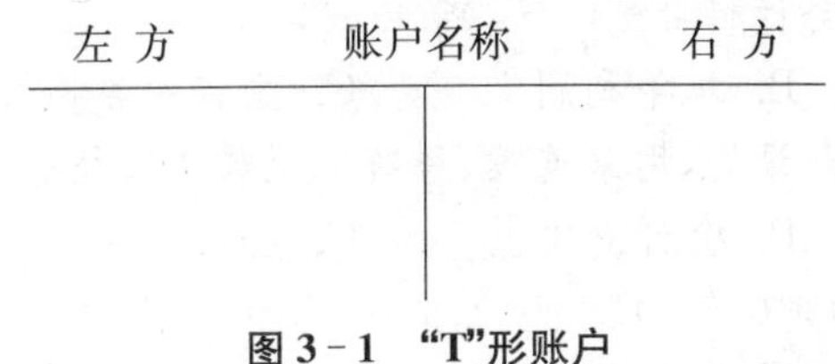

图 3－1　“T”形账户

"T"形账户分为左、右两方，并且是按相反方向来记录经济业务事项引起的会计要素的增加额和减少额变动情况的，即如果左方记录增加额，则就应该在右方记录减少额；反之，右方登记增加额，左方则登记减少额。至于某一账户的左、右两方哪一方登记增加额，哪一方登记减少额，则取决于所采用的记账方法和账户的性质。

四、会计对象、会计要素、会计科目和账户之间的关系

如前所述，企业的会计对象是资金运动；会计对象的具体内容是资产、负债、所有者权益、收入、费用，即会计六要素；根据会计要素开设会计科目；根据会计科目设置账户；运用账户连续记录经济业务事项，反映诸要素的增减变化及其结果，为经济管理提供信息。

综上所述，我们可以清楚地看出，会计对象、会计要素、会计科目和账户之间具有十分密切的关系，如图 3-2 所示。

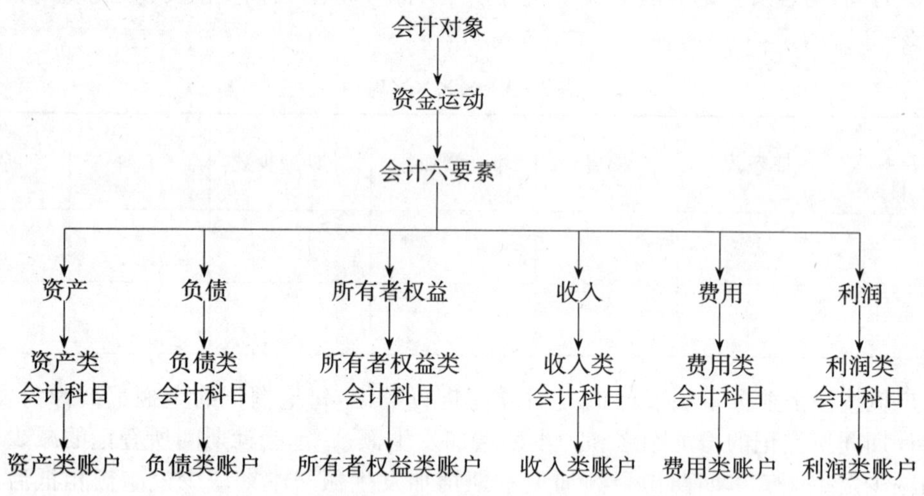

图 3-2　会计对象、会计要素、会计科目和账户之间的关系

能力拓展训练

一、单项选择题

1. 会计科目是对(　　)的具体分类，是分门别类进行核算所规定的项目名称。
   A. 会计报表　B. 会计分期　C. 会计主体　D. 会计要素
2. 下列属于资产类的会计科目是(　　)。
   A. 主营业务收入　B. 利润分配　C. 预付账款　D. 其他业务成本
3. 下列属于负债类的会计科目是(　　)。
   A. 预收账款　B. 本年利润　C. 主营业务收入　D. 应收账款
4. 账户是根据(　　)开设的，用来连续、系统地记载各项经济业务事项的一种手段。
   A. 会计凭证　B. 会计对象　C. 会计科目　D. 财务指标
5. 下列说法中，正确的是(　　)。
   A. 在总分类账户中，除了采用货币计量外，还须采用实物计量
   B. 每个总分类账户都要设置相应的明细分类账

C. 总分类账户对所属的明细分类账户起统驭作用

D. 明细分类账户应该按国家统一的科目名称设置

6. 投资收益账户属于(　　)。

A. 收入类账户　　B. 负债类账户　　C. 明细账户　　D. 资产类账户

7. 下列属于集合分配类账户的是(　　)。

A. 财务费用　　B. 管理费用　　C. 管理费用　　D. 制造费用

8. 下列属于资产备抵账户的是(　　)。

A. 利润分配　　B. 坏账准备　　C. 本年利润　　D. 应收账款

9. 下列属于成本计算账户的是(　　)。

A. 库存商品　　B. 原材料　　C. 生产成本　　D. 固定资产

10. "原材料"账户按其经济内容分类属于(　　)。

A. 总分类账户　　B. 资产类账户　　C. 盘存类账户　　D. 资产负债表账户

二、多项选择题

1. 下列属于资产类科目的有(　　)。

A. 库存现金　　B. 无形资产　　C. 应收账款　　D. 固定资产

2. 下列属于负债类科目的有(　　)。

A. 预付账款　　B. 短期借款　　C. 财务费用　　D. 应付职工薪酬

3. 下列属于成本类会计科目的有(　　)。

A. 制造费用　　B. 管理费用　　C. 销售费用　　D. 生产成本

4. (　　)不属于财政部统一制定的会计科目。

A. 应付股利　　B. 银行借款　　C. 营业利润　　D. 厂房建筑物

5. 账户一般应包括的内容有(　　)。

A. 账户名称　　B. 摘要和余额　　C. 增加方、减少方　　D. 日期和凭证号数

6. 账户按其所提供的会计核算指标的详细程度不同,可分为(　　)。

A. 总分类账户　　B. 明细分类账户　　C. 资产类账户　　D. 负债类账户

7. 企业在购买材料交易中所形成的债务,一般应通过(　　)账户核算。

A. 预付账款　　B. 应付账款　　C. 其他应收款　　D. 应付票据

8. 按合同向预付货款的单位发出产品,以产品价款、增值税销项税额和代垫运杂费冲销原预收货款。这项业务涉及(　　)账户。

A. 预收账款　　B. 预付账款　　C. 主营业务收入　　D. 应交税费

9. 下列属于盘存类账户的是(　)。

A. 库存商品　　B. 银行存款　　C. 固定资产　　D. 原材料

10. 下列属于期间汇转类账户的是(　　)。

A. 主营业务收入　　B. 营业外收入　　C. 管理费用　　D. 主营业务成本

三、判断题

1. 企业只能使用国家统一的会计制度规定的会计科目,不得自行增减或合并。　(　　)

2. 会计科目设置的实用性原则是指在符合国家统一会计制度的基础上,所设置的科目应符合本单位自身特点,满足单位实际需要且可操作性强。　(　　)

3. 为满足会计核算质量的要求,会计科目的设置越多越好。　(　　)

4. 明细科目较多的会计科目,可在总分类科目下设置二级或多级明细科目。（　　）

5. 会计科目与账户的本质区别在于反映的经济内容不同。（　　）

6. 总分类账户和明细分类账户反映的经济内容相同,只是提供指标的详细程度不同。（　　）

7. 期间汇转类账户期末结转后应无余额。（　　）

8. “所得税费用”账户属于负债类账户。（　　）

9. 账户中的本期增加发生额是该账户增减相抵后的净增加额。（　　）

10. 一般地说,账户的期末余额与本期增加额是在同一方向。（　　）

四、会计业务处理题

(一) 资料:华夏公司 2017 年 10 月 31 日资产、负债和所有者权益部分内容如下:

1. 财务部门保险柜中存放现金 15 000 元。（　　）（　　）

2. 企业开户银行存款 46 500 元。（　　）（　　）

3. 向银行借入 6 个月借款 30 000 元。（　　）（　　）

4. 库存 A 料价值 28 000 元。（　　）（　　）

5. 应收销货款 10 200 元。（　　）（　　）

6. 库存甲商品价值 108 000 元。（　　）（　　）

7. 暂欠供货商购材料款 36 000 元。（　　）（　　）

8. 企业拥有房屋、机器设备等价值 280 000 元。（　　）（　　）

9. 企业所有者投入资本 500 000 元。（　　）（　　）

要求:根据资料判断会计要素的类别,同时确认会计科目的名称,并填入括号内。

(二) 资料:2017 年 8 月 31 日华天公司固定资产账面余额为 7 580 000 元,累计折旧余额为 1 789 000 元。9 月发生如下与固定资产核算有关的业务。

1. 7 日,投资者华云飞投入新设备一台,价值 890 000 元;

2. 12 日,有偿转让设备一台,原价 785 000 元,已提折旧 356 000 元,双方协议价 500 000 元,款项存入银行;

3. 19 日,报废汽车一辆,原价 248 000 元,已提折旧 248 000 元;

4. 30 日,该企业本月初固定资产,生产车间使用 6 700 000 元,行政管理部门使用 880 000 元,月折旧率 9‰,计提本月折旧;

5. 30 日,在建工程水塔完工,投入使用,造价 188 000 元。

要求:计算该企业 9 月初、月末固定资产净值。

(三) 资料:华光公司 2017 年 9 月 30 日部分账户资料如表 3-4 所示。

表 3-4　华光公司 2017 年 9 月 30 日部分账户资料　　单位:元

账户名称	期初余额	本期增加发生额	本期减少发生额	期末余额
银行存款	100 000		50 000	70 000
应收账款	200 000	60 000		180 000
原材料	400 000	100 000	40 000	
固定资产	800 000		100 000	950 000

（续表）

账户名称	期初余额	本期增加发生额	本期减少发生额	期末余额
短期借款	50 000	30 000	20 000	
应付账款	70 000	40 000		80 000
长期借款		80 000	50 000	130 000
实收资本		200 000	50 000	600 000
盈余公积		30 000	10 000	70 000

要求：根据账户结构和期末余额的公式，计算表中空格中的数字，并将计算结果填入空格。

项目四　复式记账

学习目标

【知识目标】

1. 理解复式记账的优越性；
2. 熟悉借贷记账法账务处理的基本流程；
3. 理解“记账符号”“账户结构”“记账规则”“会计分录”“试算平衡”等内容之间的相互关系；
4. 掌握总分类账户与明细分类账户平行登记的方法。

【能力目标】

1. 能够说出借贷记账法的“账户结构”和“记账规则”；
2. 能够编制简单经济业务事项的会计分录，并通过会计分录解释账户的对应关系；
3. 能够编制总分类账户本期发生额及余额试算平衡表；
4. 能够处理总分类账户与明细分类账户的平行登记工作。

【引　言】 设置会计科目和账户仅仅是对会计要素做出的一种分类，只是解决了经济业务事项在哪里记录的问题。要对大量的经济业务事项进行记录，全面、连续、系统地反映企业的经济活动情况，在按照会计科目开设账户的基础上，还要运用科学的记账方法把经济业务事项记录到预先设置好的账户中。

任务一　了解单式记账法与复式记账法

任务要求

记账是会计核算的基本工作，记账方法是会计核算方法的一个重要组成部分。所以，要了解单式记账法和复式记账法的特点及其各自的优越性和局限性。

所谓记账方法就是根据一定的原理，运用一定的记账符号和记账规则，采用一定的计量单位，利用文字说明或数字记录，反映资金变化过程的一种会计核算方法。简单地说，就是如何将所发生的经济业务事项记录在规定的账户中的方法。记账方法按照记录的方式不同可分为单式记账法和复式记账法。

一、单式记账法

单式记账法是指经济业务事项发生时一般只在一个账户中进行登记的记账方法。其主要特点是：每笔经济业务事项只记入一个账户，一般只登记库存现金和银行存款的收付业务以及各种债权、债务的结算业务，不登记实物的收付业务。除有关应收应付款和库存现金、银行存款的收付业务要在两个或两个以上的有关账户进行登记外，其他经济业务事项都只在一个账户中记录或不予登记。因此，单式记账法下一般只设置“库存现金”“银行存款”“应收账款”和“应付账款”等几个反映货币资金及债权债务的账户。例如，用库存现金 500 元购买企业行政管理部门办公用品，只记录库存现金减少 500 元，而不记录管理费用增加 500 元；赊购材料 23 400 元，只登记应付账款增加 23 400 元，而不登记原材料增加 23 400 元。

单式记账法虽然简单、易学，但登记账簿时不能形成一套完整、严密的体系，除了个别债权债务业务外，一般都不形成账户之间的对应关系，无法全面、系统地反映经济业务事项的来龙去脉，无法了解各会计要素有关项目的增减变动情况，也不便于检查账户记录的正确性和真实性。

单式记账法是会计早期出现的一种不完整、不严密的简单记账方法。在现代经济生活中，单式记账法一般适用于个体经营，或经济业务事项非常简单的家庭作坊式的会计主体。

二、复式记账法

复式记账法是指对发生的每一项经济业务事项都以相等的金额，同时在相互联系的两个或两个以上的账户中进行登记的一种记账方法。例如，用库存现金 500 元购买企业行政管理部门办公用品，记录库存现金减少 500 元的同时，还要记录管理费用增加 500 元；这样，“管理费用”与“库存现金”账户形成对应关系，能够清晰地说明库存现金减少的原因是购买了办公用品，办公用品增加的资金来源不是银行存款而是库存现金。再如，赊购材料 23 400 元，既要登记应付账款增加 23 400 元，又要登记原材料增加 23 400 元；“原材料”与“应付账款”账户形成对应关系，能够清晰地说明应付账款增加的原因是赊购了原材料，原材料增加的资金来源不是银行存款而是负债资金。

会计等式是复式记账的理论依据。根据会计等式的恒等原理，任何一笔经济业务事项虽然都会引起会计等式中会计要素及其项目发生增减变动，但都不会破坏会计等式的恒等关系。这样，就可以为会计要素的每一个项目设置账户，当经济业务事项发生时，就对其所引起的会计要素及其项目的增减变动数据，在与其相对应的两个或两个以上相互联系的账户中进行复式记账。

复式记账法有如下优点：一是不仅要设置货币资金和债权债务的账户，还要设置反映财产物资增减的实物资产、收入、费用以及全部的权益账户，故账户设置比较完善；二是对发生的每笔经济业务事项在两个或两个以上的账户中相互联系地进行记录，较好地体现了资金运动的内在规律，能够全面地、系统地反映资金增减变动的来龙去脉及经营成果；三是以相等的金额进行登记，对账户记录的结果可以进行试算平衡，有助于检查账务处理情况和保证账簿记录结果的完整性和正确性。正因为如此，复式记账法作为一种科学的记账方法一直得到广泛的应用。

复式记账法的产生，标志着会计发展进入到一个崭新的时期。复式记账法按照采用的记账符号和记账规则的不同可以分为借贷记账法、收付记账法和增减记账法。其中，借贷记账法是历史上第一种复式记账法，也是当前世界各国普遍采用的、最具科学性和代表性的一种复式记账方法。

任务二　掌握借贷记账法

任务要求

为了同国际惯例一致，适应对外开放的需要，《企业会计准则——基本准则》中规定，我国企业会计记账应采用借贷记账法。所以，要掌握掌握借贷记账法的基本内容。

一、借贷记账法的概念

借贷记账法是以“借”“贷”为记账符号，以“有借必有贷，借贷必相等”为记账规则，对每一项经济业务事项都以相等的金额同时在两个或两个以上相关账户中进行记录，以达到全面地、系统地反映企业经济业务事项引起会计要素及其项目增减变动情况的一种复式记账方法。

二、借贷记账法的内容

(一) 记账符号

记账符号是用来确定经济业务事项引起会计要素及其项目增减变动的记账方向。记账符号是区分各种复式记账法的重要标志。借贷记账法是以“借”“贷”作为记账符号的。“借”“贷”二字只用来表示“增”“减”的方向，而没有什么具体、确切的意义。

在借贷记账法下，将账户的基本结构分为左、右两方，“借”“贷”二字在账户的两边，一般“借”在左边，“贷”在右边，即“左借右贷”。其格式如图 4－1 所示。

图 4－1　借贷记账法下账户的基本结构

所有账户的借方和贷方按相反方向记录增加额和减少额。如果借方登记账户的增加，则贷方必定登记账户的减少；反之亦然。至于到底哪一方记增加，哪一方记减少，则取决于账户的性质，即账户所反映的会计要素的经济性质。

(二) 账户结构

账户结构是指在账户中如何登记经济业务事项，以取得所需要的各种核算指标，即账户借方反映什么内容,贷方反映什么内容,期末账户有无余额,如有余额在账户的哪一方,表示什么内容。账户结构是由账户的性质决定的,相同性质的账户有相同的账户结构,不同性质的账户有不同的账户结构。如项目三所述,账户按其所核算和监督会计要素的具体内容可分为资产类账户、负债类账户、所有者权益类账户、收入类账户、成本费用类账户及利润类账户。

1. 资产类账户

资产类账户的基本结构:借方登记增加数,贷方登记减少数,期初、期末余额一般在借方,如图 4－2 所示。

借方	资产类账户　　　　　　贷方
期初余额 本期增加数	本期减少数
本期借方发生额 期末余额	本期贷方发生额

图 4－2　资产类账户的结构

其关系式为:

借方期初余额＋本期借方发生额－本期贷方发生额＝借方期末余额

2. 负债类账户

负债类账户的基本结构:借方登记减少数,贷方登记增加数,期初、期末余额一般在贷方,如图 4－3 所示。

借方	负债类账户　　　　　　贷方
本期减少数	期初余额 本期增加数
本期借方发生额	本期贷方发生额 期末余额

图 4－3　负债类账户的结构

其关系式为:

贷方期初余额＋本期贷方发生额－本期借方发生额＝贷方期末余额

3. 所有者权益类账户

所有者权益类账户的基本结构与负债类账户结构相同,不再重述。

4. 收入类账户

收入类账户的基本结构:借方登记减少数,贷方登记增加数。由于期末收入金额均应转入"本年利润"账户的贷方,用以计算当期损益,所以无期初、期末余额,如图 4－4 所示。

借方	收入类账户　　　　　　贷方
本期减少数或转出数	本期增加数
本期借方发生额	本期贷方发生额

图 4－4　收入类账户的结构

5. 成本费用类账户

成本费用类账户的基本结构：借方登记增加数，贷方登记减少数。由于大部分成本费用类账户期末将余额转入"本年利润"账户的借方，用以计算当期损益，所以期初、期末一般无余额，如图 4－5 所示。但个别成本账户（如"生产成本"账户）也可能有余额，其余额一般在借方，这类账户的结构类似资产类账户。

借方	成本费用类账户　　　　贷方
本期增加数	本期减少数或转出数
本期借方发生额 （期末余额）	本期贷方发生额

图 4－5　成本费用类账户的结构

6. 利润类账户

利润类账户是所有者权益类账户中的一种类型，主要是指"本年利润"账户。其结构为：借方登记从费用类账户中转入的费用，即利润的减少；贷方登记从收入类账户中转入的收入，即利润的增加；期末余额一般在贷方，表示企业的年度累计利润额，若在借方，表示企业的年度累计亏损。如图 4－6 所示。

借方	利润类账户　　　　贷方
本期利润减少数（费用）	期初余额 本期利润增加数（收入）
本期借方发生额 （期末余额）	本期贷方发生额 期末余额

图 4－6　利润类账户的结构

其关系式为：

期初余额＋本期贷方发生额－本期借方发生额＝期末余额

但利润类账户在年终结账后，一般无余额。

上述 6 类账户的结构是必须掌握的基本知识，现将其进行归类，如表 4－1 所示。

表 4－1　各类账户结构的比较

账户类别	借方	贷方	余额
资产类账户	增加	减少	借方
负债类账户	减少	增加	贷方
所有者权益类账户	减少	增加	贷方
收入类账户	减少	增加	期末结转后无余额
成本费用类账户	增加	减少	期末结转后无余额，若有余额在借方
利润类账户	减少	增加	年终结账后无余额

根据会计等式"资产＋费用＝负债＋所有者权益＋收入"可知，在等式左边的账户一般借方记增加，贷方记减少；若有余额，余额一般在借方。在等式右边的账户一般借方记减少，贷方

记增加;若有余额,余额一般在贷方。

还有一些账户属于备抵账户,其结构一般与本类账户的结构相反。如“坏账准备”“累计折旧”等属于资产备抵类账户,它们是贷方登记增加数,借方登记减少数,余额在贷方;“利润分配”属于所有者权益备抵类账户,它借方登记增加数,贷方登记减少数,其余额既有可能在借方,也有可能在贷方。

(三) 记账规则

记账规则是指运用某种记账方法记录经济业务事项时所应遵循的规律,它是记账和核对账目的依据。“有借必有贷,借贷必相等”是借贷记账法的记账规则。即任何一笔经济业务事项,不论只涉及会计等式一边的账户,还是同时涉及会计等式两边的账户,都应按其内容,一方面记入一个或几个有关账户的借方,另一方面记入一个或几个有关账户的贷方,分别记入借方账户与贷方账户的金额合计数必须相等。该规则的具体内容如下:

(1) 任何一笔经济业务事项发生至少会引起两个账户的增减变动;

(2) 两个及以上账户之中至少有一个借方,同时也至少有一个贷方;

(3) 借方发生额与贷方发生额一定相等。

下面通过华宇公司 2017 年 8 月份的部分经济业务事项对记账规则加以说明。

[业务实例 4-1]　6 日,华宇公司向银行借入 6 个月期限的借款 70 000 元,存入银行。

这笔业务使华宇公司银行存款增加了 70 000 元,同时短期借款也增加了 70 000 元。“银行存款”账户是资产类账户,增加额记入借方;“短期借款”账户是负债类账户,增加额记入贷方,如下所示。

借方	短期借款	贷方
		70 000

借方	银行存款	贷方
70 000		

[业务实例 4-2]　9 日,华宇公司向华飞公司购买材料,价值 58 500 元,材料已经入库,货款尚未支付(这里暂不考虑增值税)。

这笔业务使华宇公司原材料增加了 58 500 元,同时,欠了华飞公司货款,即应付账款增加了 58 500 元。“原材料”账户是资产类账户,增加额记入借方;“应付账款”账户是负债类账户,增加额记入贷方,如下所示。

借方	应付账款	贷方
		58 500

借方	原材料	贷方
58 500		

[业务实例 4-3]　12 日,华宇公司用银行存款偿还前欠华宏公司货款 40 000 元。

这笔业务使华宇公司银行存款减少了 40 000 元,同时,偿还了债务,即应付账款减少了 40 000 元。“银行存款”账户是资产类账户,减少额记入贷方;“应付账款”账户是负债类账户,减少额记入借方,如下所示。

借方	银行存款	贷方
		40 000

借方	应付账款	贷方
40 000		

[业务实例 4-4]　17 日,华宇公司用银行存款偿还短期借款 35 000 元。

这笔业务使华宇公司银行存款减少了 35 000 元,同时,偿还了债务,即短期借款也减少了

35 000 元。“银行存款”账户是资产类账户，减少额记入贷方；“短期借款”账户是负债类账户，减少额记入借方，如下所示。

借方	银行存款	贷方	借方	短期借款	贷方
		35 000	35 000		

[业务实例 4-5] 19 日，华宇公司用银行存款购入材料一批，价款 23 400 元(这里暂不考虑增值税)。

这笔业务使华宇公司银行存款减少了 23 400 元，同时，原材料增加了 23 400 元。“银行存款”账户是资产类账户，减少额记入贷方；“原材料”账户也是资产类账户，增加额记入借方，如下所示。

借方	银行存款	贷方	借方	原材料	贷方
		23 400	23 400		

[业务实例 4-6] 20 日，华宇公司用银行存款购入设备一台，价款 117 000 元。

这笔业务使华宇公司银行存款减少了 117 000 元，同时，固定资产增加了 117 000 元。“银行存款”账户是资产类账户，减少额记入贷方；“固定资产”账户也是资产类账户，增加额记入借方，如下所示。

借方	银行存款	贷方	借方	固定资产	贷方
		117 000	117 000		

[业务实例 4-7] 28 日，华宇公司将到期的应付票据 30 000 元转为应付账款。

这笔业务使华宇公司应付票据减少了 30 000 元，同时，应付账款增加了 30 000 元。“应付票据”账户是负债类账户，减少额记入借方；“应付账款”账户也是负债类账户，增加额记入贷方，如下所示。

借方	应付账款	贷方	借方	应付票据	贷方
		30 000	30 000		

[业务实例 4-8] 31 日，华宇公司经批准将盈余公积 50 000 元转增资本。

这笔业务使华宇公司盈余公积减少了 50 000 元，同时，实收资本增加了 50 000 元。“盈余公积”账户是所有者权益类账户，减少额记入借方；“实收资本”账户也是所有者权益类账户，增加额记入贷方，如下所示。

借方	实收资本	贷方	借方	盈余公积	贷方
		50 000	50 000		

从上述八笔业务可以看出，每笔业务都涉及两个账户，一个账户记在借方，则另一个账户记在贷方，同时借方金额与贷方金额相等。这正好符合“有借必有贷，借贷必相等”的记账规则。

(四) 会计分录

在借贷记账法下，为了减少错账的发生，保证账户记录的正确性，对于发生的每一笔经济业务事项都不直接根据有关原始凭证记入相应的账户，而是要先编制会计分录。会计分录简称分录，就是按照某项经济业务事项的内容标明其账户名称、应借应贷方向及其金额的记录。在实际工作中，会计分录是根据反映经济业务事项发生的原始凭证，通过编制记账凭证确定的（具体做法将在项目五任务三中予以介绍）。

编制会计分录是会计工作中的一个重点，可以采用以下步骤编制会计分录：

（1）确定经济业务事项涉及的会计账户，并且至少有两个账户；

（2）判断经济业务事项涉及的会计账户是增加还是减少；

（3）明确该会计账户是属于什么性质的账户，即是资产、费用还是负债、所有者权益、收入、利润类账户，以便明确应记入该账户的借方还是贷方；

（4）按规范的格式写出会计分录，主要从以下三方面入手：① 借方一般在上、在左、在前；贷方一般在下、在右、在后，即“上借下贷，左右错开”，不能齐头并进；② 当借方或贷方涉及多个账户时，应先将所有借方账户各占一行，上下对齐，记录完毕后，再向下向右移一格或两格，记录贷方所有账户，同样各占一行，上下对齐；③ 若有二、三级账户应在一级账户后面划杠写明；④ 计算每个账户中应记入的金额，借方金额与贷方金额必须相等；每个账户的金额后面不必写“元”“万元”等金额单位。

[业务实例 4-9]　现根据前面 8 笔业务用借贷记账法编制会计分录如下：

1. 借：银行存款　　70 000
　　贷：短期借款　　　　70 000
2. 借：原材料　　58 500
　　贷：应付账款　　　　58 500
3. 借：应付账款　　40 000
　　贷：银行存款　　　　40 000
4. 借：短期借款　　35 000
　　贷：银行存款　　　　35 000
5. 借：原材料　　23 400
　　贷：银行存款　　　　23 400
6. 借：固定资产　　117 000
　　贷：银行存款　　　　117 000
7. 借：应付票据　　30 000
　　贷：应付账款　　　　30 000
8. 借：盈余公积　　50 000
　　贷：实收资本　　　　50 000

按照一笔会计分录中所包含的账户数量的多少，可以将会计分录分为简单会计分录和复合会计分录两类。简单会计分录是指由一个借方账户和一个贷方账户（即“一借一贷”）组成对应关系的会计分录，它是根据比较简单的经济业务事项编制的分录，反映问题直观、账户对应关系清楚。如上述 8 笔会计分录，均为简单会计分录。复合会计分录则是指由一个借方账户和多个贷方账户（即“一借多贷”）或者一个贷方账户和多个借方账户（即“一贷多借”）或者多个借方账户和多个贷方账户（即“多借多贷”）组成对应关系的会计分录。对于有些比较复杂的经济业务事项，在运用借贷记账法记账时，需要在一个账户的借方和几个账户的贷方进行登记，或者在一个账户的贷方和几个账户的借方进行登记,或者在多个账户的贷方和多个账户的借方进行登记。

[业务实例 4-10] 2018 年 11 月 24 日,华宇公司购入一批材料,价款为 8 000 元,增值税进项税额为 1 280 元,货款尚未支付。

这笔业务涉及原材料增加 8 000 元,增值税进项税额增加 1 280 元,应付账款增加 9 280 元。则应将 8 000 元记入"原材料"账户的借方,将 1 280 元记入"应交税费——应交增值税(进项税额)"账户的借方,将 9 280 元记入"应付账款"的贷方,会计分录为:

借:原材料　　8 000
　应交税费——应交增值税(进项税额)　　1 280
　贷:应付账款　　9 280

[业务实例 4-11] 2018 年 11 月 27 日,华宇公司销售甲产品一批,售价为 10 000 元,增值税销项税额为 1 600 元,货款收回存入银行。

这笔业务涉及主营业务收入增加 10 000 元,增值税销项税额增加 1 600 元,银行存款增加 11 600 元。则应将 10 000 元记入"主营业务收入"账户的贷方,将 1 600 元记入"应交税费——应交增值税(销项税额)"账户的贷方,将 11 600 元记入"银行存款"账户的借方。会计分录为:

借:银行存款　　11 600
　贷:主营业务收入　　10 000
　　应交税费——应交增值税(销项税额)　　1 600

上述两笔会计分录均属于复合会计分录。显然,在复合会计分录中也坚持了"有借必有贷,借贷必相等"的记账规则。

复合会计分录一般只能采用一借多贷或一贷多借的方式,原则上不能采用多借多贷方式。但在实际工作中,为了全面、集中的反映某一项经济业务事项,提高记账效率,也可以在不影响经济业务事项所涉及账户对应关系的情况下,采用多借多贷的方式来编制会计分录;但不应对不同类型的经济业务事项拼凑成多借多贷的会计分录。

(五) 账户的对应关系

在上述经济业务事项中,每笔业务均有应借、应贷互相对应的账户。通过这些互相对应的账户可以反映出同一笔经济业务事项的内容,可以了解该笔经济业务事项内容的来龙去脉。这种反映同一经济业务事项的账户之间的应借、应贷的关系称为账户的对应关系。通过账户对应关系,能够正确地反映资金运动的变化关系,掌握资金流向,监督会计核算的正确性和资金使用的合理性。建立账户对应关系时应注意以下几个问题:

(1) 能够形成对应关系的账户,必定能代表并说明某类型经济业务事项的内容。

(2) 有些账户之间是不可能形成对应关系的,如"生产成本"账户与"本年利润"账户、"管理费用"账户与"短期借款"账户等。如果强行将这些无对应关系的账户进行组合,则无法正确反映经济业务事项的内容。

(3) 账户对应关系一般有一借一贷、一借多贷、一贷多借的对应,一般不宜采用多借多贷的对应关系。

(六) 试算平衡

试算平衡是借贷记账法下检查各类账户记录有无错误的一种方法,是根据会计恒等式"资产＝负债＋所有者权益”及借贷记账法记账规则的原理，将某个会计期间所有账户发生额和余额进行汇总和测算的过程，也是保证账户记录的正确性和完整性的必要过程。

借贷记账法下所采用的试算平衡有两种平衡方法：发生额试算平衡法和余额试算平衡法。

1. 发生额试算平衡法

发生额试算平衡法是根据借贷记账法的记账规则“有借必有贷，借贷必相等”的基本原理，将一定会计期间所有账户借方发生额和所有账户贷方发生额分别合计并测算其是否相等的一种检查方法。其公式为：

所有账户本期的借方发生额合计＝所有账户本期的贷方发生额合计

一般来讲，两边是相等的。因为在借贷记账法下，企业对每一笔经济业务事项都要按照“有借必有贷、借贷必相等”的记账规则进行记账，从而使每笔经济业务事项所编制的会计分录的借方发生额和贷方发生额相等；且在一定会计期间，所有账户借方发生额合计与所有账户贷方发生额合计分别是每笔经济业务事项的会计分录借方发生额与贷方发生额的累计，所以二者之间必然相等。如果两边相等，说明在编制会计分录或计算过程中基本无错误；如果两边不相等，则说明在编制会计分录或计算过程中一定有错误，应查明原因，予以纠正。

这种方法一般在登账之前进行。只有发生额试算平衡的会计分录才可以登记账户。在实际工作中，企业一般采用“发生额试算平衡表”（见表 4－3）、“综合试算平衡表”（见表 4－5）或“科目汇总表”（见项目十任务三）来进行发生额试算平衡。

2. 余额试算平衡法

余额试算平衡法是根据会计恒等式“资产＝负债＋所有者权益”，将一定会计期初（末）所有账户的借方余额和所有账户的贷方余额分别合计并测算其是否相等的一种检查方法。其公式为：

所有账户的借方期初（末）余额合计＝所有账户的贷方期初（末）余额合计

一般来讲，两边是相等的。因为一定会计期初（末）借方余额一般为资产账户的余额，贷方余额一般为负债和所有者权益账户的余额。由于在任一时点上“资产＝负债＋所有者权益”，故一定会计期初（末）所有账户的借方余额合计必然等于所有账户的贷方余额合计。如果两边相等，说明会计在记账过程中基本无错误；如果两边不相等，说明会计在记账或计算过程中一定有问题，应查明原因，予以纠正。

这种方法一般在登账之后、编制会计报表之前进行。只有一定会计期末所有账户借方余额与贷方余额试算平衡，才可以编制会计报表。在实际工作中，企业通过编制“余额试算平衡表”（见表 4－4）或“综合试算平衡表”（见表 4－5）来进行余额试算平衡。

试算平衡只是用来检查企业在编制会计分录和记账过程中有无一方漏记、一方多记等一般性错误，并不能检查账户记录中的所有错误，如借贷双方同时重记、同时少记、借贷方向相反或方向正确但记错了账户等，因为这些错误并不会影响试算平衡表发生额或余额借贷双方合计数的相等。因此，即使试算平衡表的发生额或余额借贷双方合计数相等，也不能说明账务处理过程是完全正确的。如果要保证账户记录的真实正确性，必须做好日常严格的核算、复核等基础工作，尽量减少差错。

三、借贷记账法的应用

[**业务实例 4-12**]　下面以华飞公司 2017 年 8 月份发生的经济业务事项为例来说明借贷记账法的基本应用过程。华飞公司 2017 年 7 月 31 日各总分类账户的余额如表 4-2 所示。

表 4-2　账户余额表

2017 年 7 月 31 日　　单位:元

资　产	方　向	金　额	负债及所有者权益	方　向	金　额
银行存款	借	50 000	短期借款	贷	20 000
应收账款	借	50 000	应付票据	贷	30 000
原材料	借	40 000	应付账款	贷	60 000
库存商品	借	60 000	实收资本	贷	100 000
固定资产	借	200 000	盈余公积	贷	50 000
			本年利润	贷	140 000
合　计		400 000	合　计		400 000

2017 年 8 月份，该公司发生下列经济业务事项(暂不考虑增值税)：

1. 3 日，向银行借入短期借款 30 000 元，存入银行。
2. 5 日，收到投资者投入的资金 50 000 元，存入银行。
3. 9 日，用银行存款购入 A 材料 25 000 元，材料验收入库。
4. 11 日，生产车间领用 A 材料 10 000 元。
5. 25 日，销售甲产品一批，价款 80 000 元，款项尚未收到。该批产品销售成本为 40 000元。
6. 将本期收入 80 000 元和本期销售成本 40 000 元转入“本年利润”账户。

根据上述业务内容，运用借贷记账法进行账务处理过程如下：

第一步，根据上述 6 笔业务编制会计分录。

1. 借:银行存款　　30 000
　　贷:短期借款　　30 000
2. 借:银行存款　　50 000
　　贷:实收资本　　50 000
3. 借:原材料——A 材料　　25 000
　　贷:银行存款　　25 000
4. 借:生产成本　　10 000
　　贷:原材料——A 材料　　10 000
5. 借:应收账款　　80 000
　　贷:主营业务收入　　80 000

同时，

借:主营业务成本　　40 000

贷:库存商品　　　　40 000

6. 借:主营业务收入　　　　80 000

　　贷:本年利润　　　　80 000

同时,

借:本年利润　　　　40 000

　贷:主营业务成本　　　　40 000

第二步,根据上述会计分录进行发生额试算平衡,如表4-3所示。

表4-3　发生额试算平衡表　　　　单位:元

会计科目	借方发生额	贷方发生额
银行存款	80 000	25 000
应收账款	80 000	
原材料	25 000	10 000
生产成本	10 000	
库存商品		40 000
短期借款		30 000
实收资本		50 000
主营业务收入	80 000	80 000
主营业务成本	40 000	40 000
本年利润	40 000	80 000
合计	355 000	355 000

第三步,开设账户,并将期初余额和本期发生额记入账户(以下用"T"形账户表示)。

借方　　银行存款　　贷方

借方		贷方	
期初余额:	50 000		
(1)	30 000	(3)	25 000
(2)	50 000		
本期发生额:	80 000	本期发生额:	25 000
期末余额:	105 000		

借方　　应收账款　　贷方

借方		贷方	
期初余额:	50 000		
(5)	80 000		
本期发生额:	80 000	本期发生额:	
期末余额:	130 000		

借方　　原材料　　贷方

借方		贷方	
期初余额:	40 000		
(3)	25 000	(4)	10 000
本期发生额:	25 000	本期发生额:	10 000
期末余额:	55 000		

借方　　生产成本　　贷方

借方		贷方	
期初余额:			
(4)	10 000		
本期发生额:	10 000	本期发生额:	
期末余额:	10 000		

借方　库存商品　贷方

借方	贷方
期初余额：60 000	
	(5)　40 000
本期发生额：	本期发生额：40 000
期末余额：20 000	

借方　固定资产　贷方

借方	贷方
期初余额：200 000	
本期发生额：	本期发生额：
期末余额：200 000	

借方　短期借款　贷方

借方	贷方
	期初余额：20 000
	(1)　30 000
本期发生额：	本期发生额：30 000
	期末余额：50 000

借方　应付票据　贷方

借方	贷方
	期初余额：30 000
本期发生额：	本期发生额：
	期末余额：30 000

借方　应付账款　贷方

借方	贷方
	期初余额：60 000
本期发生额：	本期发生额：
	期末余额：60 000

借方　实收资本　贷方

借方	贷方
	期初余额：100 000
	(2)　50 000
本期发生额：	本期发生额：50 000
	期末余额：150 000

借方　盈余公积　贷方

借方	贷方
	期初余额：50 000
本期发生额：	本期发生额：
	期末余额：50 000

借方　本年利润　贷方

借方	贷方
	期初余额：140 000
(6)　40 000	(6)　80 000
本期发生额：40 000	本期发生额：80 000
	期末余额：180 000

借方　主营业务收入　贷方

借方	贷方
(6)　80 000	(5)　80 000
本期发生额：80 000	本期发生额：80 000

借方　主营业务成本　贷方

借方	贷方
(5)　40 000	(6)　40 000
本期发生额：40 000	本期发生额：40 000

第四步，编制“余额试算平衡表”，如表 4－4 所示。

表 4－4　余额试算平衡表　　单位：元

会计科目	借方余额	贷方余额
银行存款	105 000	
应收账款	130 000	
原材料	55 000	
生产成本	10 000	
库存商品	20 000	

（续表）

会计科目	借方余额	贷方余额
固定资产	200 000	
短期借款		50 000
应付票据		30 000
应付账款		60 000
实收资本		150 000
盈余公积		50 000
本年利润		180 000
合计	520 000	520 000

第二步和第四步也可以合编一个“综合试算平衡表”，如表 4－5 所示。

表 4－5 综合试算平衡表

单位：元

账户名称	期初余额		本期发生额		期末余额	
	借方	贷方	借方	贷方	借方	贷方
银行存款	50 000		80 000	25 000	105 000	
应收账款	50 000		80 000		130 000	
原材料	40 000		25 000	10 000	55 000	
生产成本			10 000		10 000	
库存商品	60 000			40 000	20 000	
固定资产	200 000				200 000	
短期借款		20 000		30 000		50 000
应付票据		30 000				30 000
应付账款		60 000				60 000
实收资本		100 000		50 000		150 000
盈余公积		50 000				50 000
本年利润		140 000	40 000	80 000		180 000
主营业务收入			80 000	80 000		
主营业务成本			40 000	40 000		
合　计	400 000	400 000	355 000	355 000	520 000	520 000

第五步，根据上述资料编制会计报表（略）。

任务三　掌握账户平行登记

任务要求

采用平行登记，不仅可以满足经营者对总括核算资料及详细核算资料的需要；同时，通过总分类账户与其所属明细分类账户的勾稽关系，可以检查账户记录的正确性。所以，要掌握账户平行登记的方法。

一、账户平行登记的概念

总分类账户与所属明细分类账户之间控制与被控制且相互配合的关系，决定了二者在核算经济业务事项时必须进行平行登记。所谓平行登记，就是借贷记账法下对需要明细核算的每一项经济业务事项，既要在有关的总分类账户中进行总括登记，又要在其所属的明细分类账户中进行详细登记。即记入总分类账户及其所属明细分类账户的经济业务事项，都以会计凭证为依据，且必须独立地、互不依赖地进行。通过平行登记，才能保证总分类账户的记录与明细分类账户的记录形成统驭和被统驭的关系；便于账户核对，才能及时发现错误和更正错误，确保核算资料的正确、完整。平行登记的要点如下：

1. 登记期间相同

登记期间相同就是对于每一项经济业务事项，一方面要在某一会计期间在有关总分类账户中进行总括登记，另一方面要在同一会计期间在其所属明细分类账户中进行明细登记。要注意的是，同一会计期间并非指同一时点，因为明细分类账户一般根据记账凭证及其所附原始凭证在平时进行登记；而总分类账户因采用的账务处理程序不同，可能在平时进行登记，也可能定期登记，但必须在同一会计期间全部登记入账。

2. 登记依据相同

登记依据相同就是对于每一项经济业务事项，记入总分类账户和记入其所属明细分类账户的原始依据（原始凭证或记账凭证）相同，只不过总分类账户使用的数据要通过对原始数据进行汇总得到。

3. 登记方向相同

登记方向相同就是对于每一项经济业务事项，记入总分类账户和记入其所属明细分类账户的借贷方向相同。即在总分类账户中登记借方，在其所属明细分类账户中也应登记借方。相反，在总分类账户中登记贷方，在其所属明细分类账户中也应登记贷方。

4. 登记金额相等

登记金额相等就是对于每一项经济业务事项，记入总分类账户的金额与记入其所属明细分类账户的金额（或金额合计）相等。

二、举例

[业务实例4-13]　下面以华云公司2017年6月份的“原材料”账户为例（其他账户略）来

说明平行登记的运用。

华云公司2017年6月“原材料”总分类账户月初余额为5 000元。其中，A材料300千克，单价10元/千克，金额3 000元；B材料100千克，单价20元/千克，金额2 000元。

该公司6月份发生如下经济业务事项：

1. 2日，从华飞公司购入A材料100千克，单价10元/千克，货款1 000元；材料已验收入库，货款尚未支付。

2. 3日，原材料仓库发出A材料200千克，单价10元/千克，金额2 000元；B材料70千克，单价20元/千克，金额1 400元，用于生产甲产品。

3. 12日，从华宏公司购入B材料75千克，单价20元/千克，货款1 500元，材料已验收入库，货款尚未支付。

根据上述经济业务事项进行平行登记，具体步骤如下：

1. 开设“原材料”总分类账户和原材料账户所属的“原材料——A材料”和“原材料——B材料”两个明细分类账户，并登记期初余额，见表4-6、表4-7和表4-8所示。

2. 编制会计分录：

(1) 借：原材料——A材料　　1 000
　　贷：应付账款——华飞公司　　1 000

(2) 借：生产成本——甲产品　　3 400
　　贷：原材料——A材料　　2 000
　　　　　　——B材料　　1 400

(3) 借：原材料——B材料　　1 500
　　贷：应付账款——华宏公司　　1 500

3. 根据会计分录平行登记相应的总分类账户和所属各明细分类账户，并计算各账户的本期发生额和期末余额。登记结果见表4-6、表4-7和表4-8所示。

表4-6　总分类账户

账户名称：原材料

2017年		凭证		摘要	借方	贷方	借或贷	余额
月	日	种类	编号					
6	1			月初余额			借	5 000
6	2	略	略	购入材料	1 000		借	6 000
6	3	略	略	生产领料		3 400	借	2 600
6	12	略	略	购入材料	1 500		借	4 100
6	30			本月合计	2 500	3 400	借	4 100

表 4-7　原材料明细分类账户

账户名称:A 材料　　　　计量单位:千克

2017 年		凭证		摘要	收入			发出			结存		
月	日	种类	编号		数量	单价	金额	数量	单价	金额	数量	单价	金额
6	1			月初余额							300	10	3 000
6	2	略	略	购入材料	100	10	1 000				400	10	4 000
6	3	略	略	生产领料				200	10	2 000	200	10	2 000
6	30			本月合计	100	10	1 000	200	10	2 000	200	10	2 000

表 4-8　原材料明细分类账户

账户名称:B 材料　　　　计量单位:千克

2017 年		凭证		摘要	收入			发出			结存		
月	日	种类	编号		数量	单价	金额	数量	单价	金额	数量	单价	金额
6	1			月初余额							100	20	2 000
6	3	略	略	生产领料				70	20	1 400	30	20	600
6	12	略	略	购入材料	75	20	1 500				105	20	2 100
6	30			本月合计	75	20	1 500	70	20	1 400	105	20	2 100

三、总分类账户与明细分类账户的核对

平行登记完毕后,为了保证总分类账户与其所属明细分类账户的登记准确无误,必须定期核对总分类账与其所属明细账的有关记录,及时发现可能存在的记账错误。平行登记结果表示为以下等式关系:

(1) 总分类账户期初余额=所属明细分类账户期初余额之和

即:原材料总分类账户的期初余额=5 000

A 材料明细分类账户的期初余额+B 材料明细分类账户的期初余额=3 000+2 000=5 000

(2) 总分类账户本期借方(贷方)发生额=所属明细分类账户本期借方(贷方)发生额之和

即:原材料总分类账户本期借方发生额=2 500

A 材料明细分类账户借方发生额+B 材料明细分类账户借方发生额=1 000+1 500=2 500

原材料总分类账户本期贷方发生额=3 400

A 材料明细分类账户贷方发生额+B 材料明细分类账户贷方发生额=2 000+1 400=3 400

(3) 总分类账户期末余额=所属明细分类账户期末余额之和

即:原材料总分类账户的期末余额=4 100

A 材料明细分类账户的期末余额+B 材料明细分类账户的期末余额=2 000+2 100=4 100

通过平行登记，"原材料"总分类账户期初余额、本期借方发生额、本期贷方发生额及期末余额与其所属明细分类账户期初余额之和、本期借方发生额之和、本期贷方发生额之和及期末余额之和分别相等，说明记账是正确的。核对的方法可以根据总分类账与其所属明细分类账的记录，编制"总分类账户所属明细分类账户发生额及余额表"。如表4-9所示。

表4-9　"原材料"总分类账户所属明细分类账户发生额及余额表

项　目	原材料总分类账户	原材料明细分类账户		
		合计	A材料	B材料
期初余额	5 000	5 000	3 000	2 000
本期借方发生额	2 500	2 500	1 000	1 500
本期贷方发生额	3 400	3 400	2 000	1 400
期末余额	4 100	4 100	2 000	2 100

能力拓展训练

一、单项选择题

1. 复式记账是对每一项经济业务事项的发生，都要在相互联系的两个或两个以上账户中(　　)。

A. 连续登记　　B. 补充登记
C. 平行登记　　D. 以相等的金额进行登记

2. 在借贷记账法中，账户的哪一方记增加数，哪一方记减少数，是由(　　)决定的。

A. 记账规则　　B. 账户的性质　　C. 业务性质　　D. 账户的结构

3. 在下列账户中与负债账户结构相同的是(　　)账户结构。

A. 资产　　B. 成本　　C. 费用　　D. 所有者权益

4. 下列账户中，期末无余额的是(　　)。

A. 生产成本　　B. 营业外收入　　C. 应付职工薪酬　　D. 盈余公积

5. 下列各账户中，在借贷记账法下，本期增加的金额记入借方的有(　　)。

A. 银行存款　　B. 实收资本　　C. 主营业务收入　　D. 长期借款

6. 借贷记账法的记账规则是(　　)。

A. 借方登记增加数、贷方登记减少数
B. 有借必有贷、借贷必相等
C. 借方登记减少数、贷方登记增加数
D. 上借下贷、左右错开

7. 原材料账户本期借方发生额为6 000元，贷方发生额为5 000元，期末余额为9 000元，则期初余额为(　　)元。

A. 10 000　　B. 8 000　　C. 2 000　　D. 20 000

8. 应付账款账户期初贷方余额为85 000元，本期借方发生额为18 000元，期末余额为99 000元，则本期贷方发生额为(　　)元。

A. 32 000　　B. 166 000　　C. 4 000　　D. 202 000

9. 简单会计分录是指(　　)的会计分录。

A. 一借多贷　　B. 一借一贷　　C. 一贷多借　　D. 多借多贷

10. 在借贷记账法下,账户记录可以用发生额或余额进行试算平衡,其理论依据是(　　)。

A. 账户分为“借”“贷”两方　　B. 账户的结构原理

C. 会计等式和记账规则　　D. 账户的对应关系

二、多项选择题

1. 下列关于复式记账法的表述中,正确的有(　　)。

A. 能够进行试算平衡,便于检查账户记录的正确性

B. 可以全面地反映各项会计要素的增减变动和经济业务的来龙去脉

C. 对于每一笔经济业务事项,都要在两个或两个以上的账户进行相互联系的记录

D. 能够简化账簿登记工作

2. 借贷记账法的基本内容包括(　　)。

A. 记账符号　　B. 账户结构　　C. 记账规则　　D. 试算平衡

3. 在(　　)情况下,应记有关账户的贷方。

A. 负债增加　　B. 资产减少

C. 所有者权益增加　　D. 成本增加

4. 下列各账户中,期末一般有贷方余额的是(　　)账户。

A. 实收资本　　B. 应交税费　　C. 管理费用　　D. 短期借款

5. 下列各账户中,期末一般有借方余额的是(　　)账户。

A. 财务费用　　B. 交易性金融资产

C. 生产成本　　D. 预收账款

6. 会计分录的三个基本构成要素是(　)。

A. 借贷方向　　B. 账户名称　　C. 借贷金额　　D. 填制人姓名

7. 下列经济业务事项发生后,可以编制复合会计分录的有(　　)。

A. 李洪出差回来报销差旅费 1 200 元,交回剩余现金 300 元

B. 月末计算应付生产工人工资 100 000 元,车间管理人员工资 18 000 元

C. 月末计提生产用机器设备折旧费 8 000 元,行政管理用设备折旧费 2 000 元

D. 从银行取得短期借款 50 000 元

8. 企业购入固定资产,价值 30 000 元,误记入“管理费用”账户,其结果会导致(　　)。

A. 费用多计 30 000 元　　B. 资产少计 30 000 元

C. 利润多计 30 000 元　　D. 利润少计 30 000 元

9. 在借贷记账法下,总分类账户的试算平衡公式有(　　)。

A. 账户借方金额=账户贷方金额

B. 全部账户借方本期发生额合计=全部账户贷方本期发生额合计

C. 全部账户借方期初余额合计=全部账户贷方期初余额合计

D. 全部账户借方期末余额合计=全部账户贷方期末余额合计

10. 下列(　　)记账错误,难以通过试算平衡来检查发现。

A. 重记某项经济业务事项　　　　B. 漏记某项经济业务事项
C. 借贷方向相互颠倒　　　　D. 借贷方向正确，但计算金额错误

11. 总账与明细账平行登记的要点是（　　）。

A. 同一会计期间　　　　B. 同一记账方向
C. 同一科目　　　　D. 相等金额

三、判断题

1. 在借贷记账法中，"借"或"贷"作为记账符号已经失去了原来字面的含义，只表示记账方向。因此，对于所有的账户来说，"借"表示增加，"贷"表示减少。（　　）

2. 所有者权益类账户的贷方记录其增加额，借方记录其减少额。（　　）

3. 任何只在借方或贷方登记，而无对应的贷方或借方的记录，或者借贷金额不相等的会计分录，都是错误的会计分录。（　　）

4. 在借贷记账法下，对每一笔经济业务事项都要在两个或两个以上相互联系的账户中以相同的方向、相同的金额全面的进行记录。（　　）

5. 为简化会计工作，企业可以将不同类型的经济业务事项合并在一起，编制多借多贷的会计分录。（　　）

6. 账户的余额方向一般与记录减少额的方向在同一方向。（　　）

7. 通过试算平衡检查账簿记录后，若左右平衡就可以肯定记账没有错误。（　　）

8. 试算平衡表中，如果借方发生额合计数和贷方发生额合计数不相等，可以肯定账户记录或计算有错误。（　　）

9. 由于账户记录可能存在不能由试算平衡发现的错误，所以需要对一切会计记录进行日常或定期的复核。（　　）

10. 平行登记是指对同一交易或事项，必须以会计凭证为依据，独立、互不依赖地记入总分类账户与所属明细分类账户。（　　）

四、会计业务处理题

（一）资料：华菱公司2017年9月部分账户有关情况如表4-10所示。

表4-10　华菱公司2017年9月部分账户资料

账户名称	期初余额		本期发生额		期末余额	
	借方	贷方	借方	贷方	借方	贷方
银行存款	60 000		70 000	(A)	90 000	
应收账款	(B)		80 000	100 000	30 000	
固定资产	400 000		100 000	60 000	(C)	
长期股权投资	300 000		(D)	100 000	500 000	
应付票据		100 000	(E)	50 000		70 000
预收账款		(F)	15 000	20 000		30 000
长期借款		250 000	90 000	(G)		270 000
实收资本		800 000		(H)		950 000

要求：根据账户期初余额、本期发生额和期末余额的计算方法，计算并填写英文字母部分。

(二) 资料：华飞公司 2017 年 1 月发生下列交易或事项：

1. 购入原材料一批，货款为 16 000 元，材料已经入库，货款以银行存款支付。
2. 从银行提取现金 3 000 元，以备零用。
3. 用银行存款偿付前欠供应单位材料款 36 000 元。
4. 华宏公司投入资金 500 000 元，存入银行。
5. 以银行存款购入数控机床一台，价值 180 000 元。
6. 销售 A 产品一批，货款 58 500 元存入银行。
7. 以银行存款上缴企业所得税 15 000 元。
8. 以银行存款 200 000 元归还短期借款本金。
9. 收到客户恒威公司前欠货款 9 360 元存入银行。
10. 采购员李林预借差旅费 3 000 元，以库存现金支付。假设：(1) 李林出差回来报销差旅费 2 800 元；(2) 李林出差回来报销差旅费 3 150 元。

要求：根据以上经济交易或事项编制会计分录。

(三) 资料：华云公司 2017 年 1 月 1 日有关总分类账户期初余额如表 4－11 所示。

表 4－11 账户余额表 单位：元

资产	方向	金额	负债及所有者权益	方向	金额
库存现金	借	5 000	短期借款	贷	50 000
银行存款	借	43 000	应付账款	贷	47 000
应收账款	借	85 000	应付职工薪酬	贷	20 000
原材料	借	20 000	实收资本	贷	300 000
库存商品	借	30 000	资本公积	贷	16 000
固定资产	借	250 000			
合计		433 000	合计		433 000

该企业 6 月份发生下列经济业务事项(暂不考虑增值税)：

1. 收到华祥公司追加投资 90 000 元，存入银行。
2. 以银行存款 30 000 元归还前欠东方公司的应付材料款。
3. 以银行存款 10 000 元支付职工工资。
4. 收回南方公司的应收账款 50 000 元，款项已存入银行。
5. 购入原材料 20 000 元，款项未付，原材料已验收入库。
6. 收到新华公司投资转入的全新机器设备一台，价值 80 000 元。
7. 以银行存款 30 000 元，归还已到期的短期借款。
8. 以资本公积 6 000 元转增资本。
9. 销售产品一批，售价为 40 000 元，货款已收到并存入银行；结转已销产品成本26 000 元。
10. 向银行借入短期借款 10 000 元，款项已存入银行存款账户。
11. 月末完工产品一批，已验收入库，产品实际生产成本 40 000 元。

要求：1. 根据资料开设“T”型账户，并登记期初余额。

2. 根据发生的经济业务编制会计分录,并记入有关账户。

3. 计算本期发生额并结出期末余额。

4. 编制总分类账户本期发生额及余额试算平衡表。

(四) 资料:华天公司 2017 年 11 月 30 日“原材料”和“应付账款”账户的有关资料如表 4－12 所示。

表 4－12　“原材料”和“应付账款”账户资料

总分类账户	明细分类账户
原材料(借)80 000 元	101#(借)2 500 千克,20 元/千克,50 000 元
	102#(借)2 000 千克,15 元/千克,30 000 元
应付账款(贷)40 000 元	华信公司(贷)28 000 元
	华宏公司(贷)12 000 元

该公司 12 月份发生下列经济业务事项(暂不考虑增值税)

1. 2 日,向华信公司购买 101#材料 1 000 千克,单价 20 元/千克,金额 20 000 元;102#材料 800 千克,15 元/千克,金额 12 000 元,材料已验收入库,货款暂欠。

2. 8 日,向华宏公司购买 102#材料 400 千克,15 元/千克,金额 6 000 元,材料已验收入库,货款暂欠。

3. 12 日,用银行存款支付前欠华信公司货款 30 000 元。

4. 18 日,生产车间领用 101#材料 2 000 千克,单价 20 元/千克,金额 40 000 元和 102#材料 1 400 千克,单价 15 元/千克,金额 21 000 元投入 A 产品生产。

5. 22 日,向华信公司购买 101#材料 500 千克,单价 20 元/千克,金额 10 000 元,材料已验收入库,货款暂欠。

6. 27 日,用银行存款支付前欠华宏公司货款 8 000 元。

要求:1. 根据上述经济业务事项编制会计分录。

2. 开设“原材料”和“应付账款”总账及其所属明细账户,并进行登记,结出本期发生额和期末余额。

项目五 会计凭证

学习目标

【知识目标】

1. 了解会计凭证的概念与意义；
2. 理解原始凭证与记账凭证的概念和种类；
3. 理解原始凭证与记账凭证的填制要求和审核内容；
4. 掌握原始凭证和记账凭证的填制方法；
5. 认知会计凭证的传递、装订与保管。

【能力目标】

1. 能够识别相关的原始凭证；
2. 能够正确填制与审核原始凭证；
3. 能够正确填制与审核记账凭证。

【引 言】 为了保证会计记录的真实性和明确经济责任，任何单位对应记入账户的经济业务事项，必须有可靠的书面文件来证明经济业务事项的发生或完成，严格要求每一笔经济业务事项的核算都要有凭有据。重凭证是会计工作的一个重要特点。所有款项物资的收付和账务处理都要以会计凭证为依据。

任务一 了解会计凭证

任务要求

会计核算与统计核算等其他核算的一个重要区别就是每一笔经济业务事项的核算都必须以凭证为依据。企业发生的一切经济业务事项，都必须由经办该笔经济业务事项的有关人员从外单位取得或自行填制能证明经济业务事项内容、数量和金额的会计凭证，并在会计凭证上签名或盖章，以明确经济责任。因此，要了解会计凭证的概念、类型。

一、会计凭证的概念

不论任何单位，经济活动一旦发生，都必须由执行、完成该项经济业务事项的有关人员从外部取得或自行填制适当的会计凭证，以书面形式反映并证明经济业务事项的发生或完成情况。如购买材料要取得供货方开具的发货票；材料入库要填制收料单；领用材料要填写领料单；职工借款要填写借款单；售出产品要填制发货票、产品出库单；支付银行存款要填写支票等结算凭证；存入银行款项要填写送款单等。没有合法的会计凭证，不得运用财产物资，不得进行款项收付，也不能进行账务处理。

会计凭证就是具有一定格式，用以记录经济业务事项的发生和完成情况，明确经济责任，作为记账依据的具有法律效力的书面证明，是会计核算的重要依据。会计凭证须载明经济业务事项的内容、数量、金额并签名或盖章，以明确对该项经济业务事项内容的真实性、正确性所应承担的责任。一切会计凭证都应经过专人进行严格的审核签字，只有经过审核无误的会计凭证才能作为记账的依据。

二、会计凭证的意义

填制和审核会计凭证是会计核算工作的起点和基础，也是会计核算的专门方法之一。正确填制和严格审核会计凭证对完成会计工作任务、实现会计职能、充分发挥会计作用，具有重要的意义。

1. 会计凭证是审核经济业务事项真实性与合法性的依据

企业发生的各项经济业务事项，在会计凭证中都如实作了记录；经济业务事项是否真实、正确、合法、合理，都在会计凭证中得到反映。因此，通过对会计凭证的严格审核，就可以检查每笔经济业务事项是否符合国家的政策、法律、法规和制度的规定，是否符合企业目标和财务计划，是否有违法乱纪、奢侈浪费的现象，促使企业及时发现、制止和纠正经济管理中存在的问题和管理制度中存在的漏洞，从而起到严肃财经纪律、发挥会计监督、加强经济管理、维护市场经济秩序和提高经济效益的目的。

2. 会计凭证是进行账务处理的依据

企业发生的各项经济业务事项都需要按其发生的时间、地点、内容和完成情况，正确及时地填制会计凭证，记录经济业务事项的实际情况。记账必须以经过审核无误的会计凭证为依据，否则会造成弄虚作假的现象。也就是说，没有会计凭证，就不能登记账簿，也不可能提供及时、准确、可靠的其他会计资料。因此，会计凭证为进一步进行会计核算提供可靠依据。

3. 会计凭证是明确经济业务事项各有关方面责任的依据

对于每一笔经济业务事项都要填制和取得会计凭证，并由经办人员和审核人员在凭证上签名盖章。这样，就可以促使经办部门和人员严格按规章办事，对经济业务事项的真实性、合法性负责，增强责任感。同时，通过会计凭证的传递，可以形成各个经办人员之间的相互监督，实施基本的内部控制。即使发生问题，也易于弄清情况，分清责任，作出正确的处理。

三、会计凭证的种类

企业的经济业务事项十分繁杂，因而涉及的会计凭证种类繁多。为了从总体上了解和认识会计凭证，有必要对会计凭证进行适当的分类，以便于日常正确使用会计凭证，加强对会计凭证的管理。按照填制程序和用途不同，会计凭证可划分为原始凭证和记账凭证。

(一) 原始凭证

原始凭证又称单据，是指业务人员或会计人员在经济业务事项发生或完成时从企业外部取得或自行填制的，用以证明经济业务事项的发生或者完成情况，并作为记账原始依据的具有法律效力的会计凭证。原始凭证记录的是没有经过分类整理加工的经济业务事项的原貌，反映经济业务发生的时间、地点、内容、数量和经办人员等，是企业经济活动轨迹的真实写照。如职工出差取得的车票、住宿费发票，收入现金填写的收据、银行进账单，采购材料的增值税专用发票、领料单、产品入库单，职工签字的工资结算单等都是原始凭证。

原始凭证的作用在于准确、及时、完整地反映经济业务事项的历史面貌，并据以检查有关经济业务事项的真实性、合法性和合理性。因此，凡不能证明经济业务事项发生或完成情况的各种单证，如材料请购单、购销合同和派工单、费用预算表、银行对账单和银行存款余额调节表等，均不能作为进行会计核算的原始凭证，而只能作为原始凭证的附件。按照《会计法》的要求，一切经济业务事项发生时都必须如实填制原始凭证，以证实经济业务事项的发生或完成情况。

(二) 记账凭证

记账凭证又称记账凭单，俗称传票，是指由会计人员根据审核无误的原始凭证或原始凭证汇总表，按照经济业务事项的内容加以归类，并据以确定会计分录后所填制的会计凭证。由于记账凭证具体指明了应借、应贷的会计科目和金额，因此记账凭证又叫做分录凭证。它将原始凭证的一般数据转化为会计语言，是介于原始凭证与账簿之间的中间环节，是登记明细分类账和总分类账的直接依据。其作用在于根据原始凭证反映的经济内容加以归类整理，确定会计分录，减少记账差错，便于对账和查账，从而提高会计核算的效率和记账工作的质量。

任务二　填制与审核原始凭证

任务要求

原始凭证是表明经济业务事项已经发生或其完成情况，并明确有关经济责任的一种凭证，是填制记账凭证或登记账簿的原始依据。所以，要了解原始凭证的常见类型，理解原始凭证的基本内容，掌握原始凭证的填制要求、审核内容及会计处理。

一、原始凭证的基本内容

经济业务事项的多样性和复杂性使得用来记录经济业务事项的原始凭证的种类、格式和内容也不尽相同。如收料单记载收入材料的基本情况，就应记载收入材料的来源、仓库名称、计量单位、数量、单价和金额等内容；而制造费用分配表则不需要上述内容，应记载制造费用总额、分配标准、分配结果等内容。虽然各种原始凭证具体内容不同，但它们的作用都是记载发生或完成的经济业务事项，表明经济业务事项的性质，明确有关单位和人员的经济责任。因此，所有原始凭证都应当具备一些共同性的基本内容。《会计基础工作规范》规定，原始凭证必须具备如下基本内容：

(1) 原始凭证的名称，用于确定原始凭证的种类和应记载的内容及用途；

(2) 填制原始凭证的日期，用于确定经济业务事项发生或完成的时间；

(3) 接受原始凭证单位名称，用于确定原始凭证交付的对象，防止原始凭证错误传递；

(4) 经济业务事项的内容摘要；

(5) 经济业务事项所涉及的品名、数量、单价和金额；

(6) 填制单位的名称及公章，用于确定原始凭证是何单位开出的，并证明其合法性；

(7) 有关人员签名盖章，用于明确经办人员的经济责任。

在实际工作中，原始凭证除了具有以上基本内容外，还可以根据经营管理和特殊业务的需要，还会有一些必要的内容，如一式多联的原始凭证，一般都在凭证上注明"第X联"及本联的用途；有附件的原始凭证，要注明附件的张数；为了防止伪造，增加了防伪条码或识别标志；为便于业务联系，增加单位的地址、银行账号、电话；为方便核对查找，注明相关的合同号码、结算方式等。有些特殊的原始凭证，可不加盖公章，但这种原始凭证一般有固定的特殊标志，如铁道部统一印制的火车票等。

二、原始凭证的种类

由于经济业务事项多种多样，企业管理要求不同，原始凭证的格式、栏次、填写的方法和来源也各不相同。因此，原始凭证按照不同标准可分成不同类型。

1. 外来原始凭证与自制原始凭证

原始凭证按其取得的来源不同可分为外来原始凭证与自制原始凭证。

(1) 外来原始凭证是由企业经办人员在经济业务事项完成时从其他单位或个人处取得的原始凭证，如企业购买材料从供货单位取得的增值税专用发票、职工出差报销的飞机票、在开户银行办理存款的收支业务时由银行开具的收款通知单和付款通知单等。

(2) 自制原始凭证是由企业经办人员在执行或完成某项经济业务事项时填制的并在本企业内部使用的原始凭证，如企业仓库保管人员在验收材料入库时所填制的收料单、生产部门领用材料时所填制的领料单、企业发放工资时所编制的工资单、企业计算单位产品生产成本的成本计算单等。

2. 一次性原始凭证、累计原始凭证和汇总原始凭证

原始凭证按其填制手续和包含内容不同可分为一次性原始凭证、累计原始凭证和汇总原始凭证。填制手续是指原始凭证是一次性填写完成，还是采用累计填写方式或汇总填写方式完成的。包含内容是指原始凭证上记载的经济业务事项的内容是只有一项还是若干项。

(1) 一次性原始凭证是指只反映一项经济业务事项，或者同时反映若干项同类性质的经济业务事项，填制手续一次完成的原始凭证。一次性原始凭证是一次有效的原始凭证，不能重复使用，如委托运输企业运送货物时由运输企业开具的运费收据、企业在销售产品时开给购买方的增值税专用发票等。所有外来原始凭证和大部分自制原始凭证都属于一次性原始凭证。一次性原始凭证使用灵活方便，填制传递及时。但在一定会计期间同类经济业务事项发生较多时，需要填制的一次性原始凭证也较多。

(2) 累计原始凭证是指为了简化填写手续，对在一定时期内重复发生的若干项同类经济业务事项，逐次逐笔累计填制成的原始凭证。累计原始凭证是多次有效的原始凭证，能随时结出累计数及结余数，主要适用于一些经常重复发生的经济业务事项，如材料领用部门在领料过程中使用的限额领料单等。这种业务在一定时期内是分次发生的，每发生一次就在累计原始凭证上记载一次，直到期末才能作为编制记账凭证的依据。累计原始凭证可以简化填制手续，减少记账凭证张数，也可以起到加强对经济业务事项控制的作用，但不能及时传递，使用不够灵活方便。

(3) 汇总原始凭证又称原始凭证汇总表，是在会计核算工作中，为简化记账凭证编制工作，将一定时期内若干份记录同类经济业务事项的原始凭证汇总编制一张汇总凭证，用以集中反映某项经济业务事项总括发生情况的原始凭证，如月末企业为了反映发出材料的总体情况而编制的发出材料汇总表等。使用汇总原始凭证，既可以提供经营管理所需要的总量指标，又可以简化会计核算手续，提高核算工作效率。

3. 通知凭证、执行凭证和计算凭证

原始凭证按其用途不同可分为通知凭证、执行凭证和计算凭证。

通知凭证是指在经济业务事项发生前填制，要求或指示企业进行某项经济业务事项的原始凭证，如“罚款通知单”“付款通知单”等。当经济业务事项进行后，即可作为会计核算的原始凭证。

执行凭证又称证明凭证，是指在经济业务事项发生后填制，证明某项经济业务事项已经完成的原始凭证，如“收料单”“领料单”等。

计算凭证又称为手续凭证，是指根据其他原始凭证和有关会计核算资料，对已经进行或完成的经济业务事项经过一定的计算手续后填制的原始凭证，计算凭证一般是为了便于记账和了解各项数据来源和产生情况而编制的，如企业根据账簿记录资料在会计期末归类整理计算填制的“制造费用分配表”“产品成本计算单”等。

4. 通用凭证和专用凭证

原始凭证按其格式、使用范围不同可分为通用凭证和专用凭证。

通用凭证是指由有关部门统一印制，在全国或某个地区、部门范围内使用的具有统一格式和使用方法的凭证，如由中国人民银行制作的在全国通用的银行转账结算凭证、由国家税务总局统一监制的全国通用的“增值税专用发票”等。

专用凭证是指由企业自行印制，仅在本企业内部使用的具有特定内容和专门用途的原始凭证，如“领料单”“工资结算分配表”“差旅费报销单”和“固定资产折旧计算表”等。

对原始凭证的上述分类是按特定标志进行划分的，同一张原始凭证在不同的分类标志下，可以属于不同的种类。如企业销售产品开出的增值税专用发票既属于自制原始凭证，又属于一次原始凭证、执行凭证和通用凭证。

三、原始凭证的填制

为了保证会计核算资料的真实、准确、完整、及时、清晰，提高会计工作质量，填制原始凭证必须符合以下要求：

(一) 基本要求

1. 记录真实

填制原始凭证时，要求严肃认真地记录各项经济业务事项的实际发生或完成情况，不得弄虚作假。凭证上填制的经济业务事项内容、数据、日期必须真实，不得仿造或涂改凭证。记录真实体现了会计信息质量的可靠性要求。

2. 内容完整

填制原始凭证时，要严格按规定的格式和内容逐项填写齐全，不得省略或漏写、不得含糊不清。项目填写不齐全、不清晰的原始凭证，不能作为证明经济业务事项发生或完成的合法有效凭证。

3. 手续完备

所有经办人员和有关部门的负责人要在原始凭证上签名或盖章，对凭证的真实性和正确性负责。从外单位取得的原始凭证，必须盖有填制单位的公章；从个人取得的原始凭证，必须有填制人的签名或盖章；对外开出的原始凭证，必须盖有本单位公章；购买实物的原始凭证须有入库证明；支付款项的原始凭证，必须有收款单位和收款人的收款证明。所谓公章，应是具有法律效力和规定用途，能够证明单位身份和性质的印鉴，如业务公章、财务专用章、发票专用章或收款专用章等。

4. 书写清楚

填制原始凭证时，凭证上的文字和数字必须按国家统一要求的格式填写，字迹要清晰、工整、易于辨认，不得潦草、连笔。

5. 填制及时

填制原始凭证时，凭证上的日期一律以实际填制的当日日期为准。要在经济业务事项发生、执行或完成时即予以填制，不可拖延时日，也不可事后再进行补制；并按规定的程序和手续传递给有关部门，以便及时办理后续业务，进行会计审核和记账。

(二) 具体要求

(1) 原始凭证的日期要填列经济业务事项发生的日期。一般原始凭证都是经济业务事项发生的当天填写的，经济业务事项发生的日期与填制原始凭证的日期一致。如果由于特殊原因，在经济业务事项发生当天不能填制凭证的，以后补填的原始凭证仍应填列经济业务事项发生的日期，而不应填列补填原始凭证的日期。日期一律采用公历日期，一般原始凭证日期使用阿拉伯数字，重要原始凭证(如银行结算凭证)要用大写汉字。

(2) 对外开出的原始凭证，要填写接受单位的名称全称，不得简写。

(3) 凡是涉及大写和小写金额的原始凭证，大小写金额数字要正确、符合规范、相互一致。小写金额用阿拉伯数字书写，大写金额用规范汉字书写。数字的排列要整齐、间隙要均匀，且不宜过大。此外，数字的高度应不超过凭证横格的1/2，且要靠近底线，上部空间以备修改时使用。

(4) 汉字大写数字一律用零、壹、贰、叁、肆、伍、陆、柒、捌、玖、拾、佰、仟、万、亿、圆(元)、角、分、整(正)等，用正楷或者行书体书写。不得用另(0)、一、二、三、四、五、六、七、八、九、十、百、千等简化字代替，或用其他别字代替。大写金额数字前应填写币种如“人民币”字样，“人民币”与金额之间不得留有空格。大写金额数字到“元”或者“角”为止的，应在“元”或“角”字后写“整”或“正”字；大写金额数字有“分”的，后面不必写“整”或“正”字。

(5) 阿拉伯数字应该逐个准确、清晰地书写，不得连笔书写。阿拉伯数字前应该书写货币币种符号，如人民币符号为“¥”，港币符号为“HKD”，美元符号为“USD”或“\$”。币种符号与阿拉伯数字之间不得留有空白。

(6) 所有以元为单位的阿拉伯数字，除了表示单价等情况外，一律填写到分位。无角、分的，角位和分位可以写作“00”或用“—”表示，如“¥125.00”或“¥125.—”；有角无分的，分位应该写“0”，如“¥263.70”。

(7) 阿拉伯数字中间有“0”时，汉字大写要写“零”字。阿拉伯数字中间连续有几个“0”时，汉字大写中可以只写一个“零”字。如¥5 003.23，汉字大写为“人民币(大写)伍仟零叁元贰角叁分”。阿拉伯数字元位是“0”，或者数字中间连续有几个“0”、元位也是“0”，但角位不是“0”时，汉字大写可以只写一个“零”字，也可以不写“零”字。如¥1 000.20，汉字大写为“人民币(大写)壹仟元零贰角整”或“人民币(大写)壹仟元贰角整”。

(8) 阿拉伯数字拾位以上为“1”时，汉字大写“壹”不得省略。如¥11 111.11，汉字大写为“人民币(大写)壹万壹仟壹佰壹拾壹元壹角壹分”。

(9) 各种原始凭证不得随意涂改、刮擦或挖补。在原始凭证填制错误而需要改正时，应该用红色墨水笔将错误的文字或金额画线注销，再将正确的文字或金额用蓝、黑色墨水笔写在划线部分的上部，并签字盖章。提交给银行的各种结算凭证的大小写金额，一律不准更改，更不能撕毁，应办理作废手续后重新填制。

(10) 各种原始凭证必须连续编号，以便核查。如果原始凭证已经预先印定编号，要按编号顺序填写，不得隔号。如果原始凭证没有预先印定编号，填制后要及时正确编号，编号不得重复、隔号；作废的凭证应该加盖“作废”戳记，并按原编号顺序与其他联一起妥善保管。

(11) 原始凭证的填制，除需要复写的外，必须用钢笔或碳素笔书写。属于套写的凭证应一次套写清楚，做到不串格、不串行。

(12) 提交银行的结算凭证，必须加盖预留银行印鉴，不得私自更换印鉴。

(13) 职工因公出差的借款收据，必须附在记账凭证之后；职工出差回来报销、收回剩余款项时，应当另开收据或者退还借款收据的副本，不得退还原借款收据。

(14) 经上级有关部门批准的经济业务事项，应将批文作为原始凭证附件；如果批准文件需要归档时，应当在原始凭证上注明批文机关名称、日期和文件序号，以便查阅和确认经济业务事项的审批情况。

四、企业常用的原始凭证

(一) 增值税专用发票

增值税专用发票是发票的一种，是供增值税一般纳税人生产经营增值税应税项目使用的一种特殊发票。它不仅是一般的商事发票，而且还是计算抵扣税款的法定凭证。

增值税专用发票的基本联次，统一规定为三联，各联次必须按以下规定用途使用：第一联为记账联，是销货方发票联，作销货方的记账凭证；第二联为税款抵扣联，购货方作扣税凭证；第三联为发票联，购货方作付款的记账凭证，其格式如表 5-1 所示。

表 5－1 增值税专用发票

NO.

开票日期： 年 月 日

<table>
<tr><td rowspan="4">购货单位</td><td colspan="6">名　　称：</td><td rowspan="4">密码区</td><td rowspan="4"></td></tr>
<tr><td colspan="6">纳税人识别号：</td></tr>
<tr><td colspan="6">地 址、电 话：</td></tr>
<tr><td colspan="6">开户行及账号：</td></tr>
<tr><td colspan="2">货物或应税劳务、服务名称</td><td>规格型号</td><td>单位</td><td>数量</td><td>单价</td><td>金额</td><td>税率</td><td>税额</td></tr>
<tr><td colspan="2">合　计</td><td></td><td></td><td></td><td></td><td></td><td></td><td></td></tr>
<tr><td colspan="2">价税合计(大写)</td><td colspan="7">(小写)￥</td></tr>
<tr><td rowspan="4">销货单位</td><td colspan="6">名　　称：</td><td rowspan="4">备注</td><td rowspan="4"></td></tr>
<tr><td colspan="6">纳税人识别号：</td></tr>
<tr><td colspan="6">地 址、电 话：</td></tr>
<tr><td colspan="6">开户行及账号：</td></tr>
</table>

收款人： 复核： 开票人： 销售单位：(公章)

(二) 普通发票

普通发票是相对于增值税专用发票而言的，是在销售商品、提供或接受劳务以及从事其他经营活动时，所开具或收取的除增值税专用发票之外的其他发票。

普通发票的基本联次为三联，第一联为存根联，开票方留存备查；第二联为发票联，收执方作为付款原始凭证；第三联为记账联，开票方作为记账原始凭证。普通发票的形式多样，不同行业有不同样式的发票。一般企业的普通发票的格式如表 5－2 所示。

表 5－2 普通发票

客户名称： 年 月 日 NO.

<table>
<tr><td rowspan="2">货　号</td><td rowspan="2">品名及规格</td><td rowspan="2">单位</td><td rowspan="2">数量</td><td rowspan="2">单价</td><td colspan="7">金额</td></tr>
<tr><td>万</td><td>千</td><td>百</td><td>十</td><td>元</td><td>角</td><td>分</td></tr>
<tr><td></td><td></td><td></td><td></td><td></td><td></td><td></td><td></td><td></td><td></td><td></td><td></td></tr>
<tr><td></td><td></td><td></td><td></td><td></td><td></td><td></td><td></td><td></td><td></td><td></td><td></td></tr>
<tr><td></td><td></td><td></td><td></td><td></td><td></td><td></td><td></td><td></td><td></td><td></td><td></td></tr>
<tr><td></td><td></td><td></td><td></td><td></td><td></td><td></td><td></td><td></td><td></td><td></td><td></td></tr>
<tr><td colspan="5">小写金额合计</td><td></td><td></td><td></td><td></td><td></td><td></td><td></td></tr>
<tr><td colspan="12">(大写)　　万 仟 佰 拾 元 角 分</td></tr>
</table>

开票单位(盖章) 收款人： 开票人：

(三) 收料单

收料单是企业购买材料、商品或自制产品验收入库时由仓库保管人员填制的原始凭证。

收料单一般一式两联,第一联由保管员留存,据以登记明细账;第二联由保管员送财务部门作为记账依据。收料单的基本格式如表 5-3 所示。

表 5-3 收料单

供货单位: No:

发票号码: 年 月 日 收货仓库:

<table>
<tr><th rowspan="2">材料类别</th><th rowspan="2">名称及规格</th><th rowspan="2">计量单位</th><th colspan="2">数量</th><th colspan="4">实际成本</th></tr>
<tr><th>应收</th><th>实收</th><th>单价</th><th>发票价格</th><th>运杂费</th><th>合计</th></tr>
<tr><td></td><td></td><td></td><td></td><td></td><td></td><td></td><td></td><td></td></tr>
<tr><td></td><td></td><td></td><td></td><td></td><td></td><td></td><td></td><td></td></tr>
<tr><td></td><td></td><td></td><td></td><td></td><td></td><td></td><td></td><td></td></tr>
<tr><td>合 计</td><td></td><td></td><td></td><td></td><td></td><td></td><td></td><td></td></tr>
</table>

仓库主管: 材料会计: 质检员: 保管员: 采购员:

(四) 领料单

领料单是用料部门从仓库领出材料时由领料人填制的原始凭证。为了便于分类汇总,领料单应采用“一料一单”制,即一种原材料填写一张领料单。在配套发料的情况下,大都采用一单多料制。

领料单一般一式三联,第一联由保管员留存凭以登记仓库保管明细账,第二联送财务部门记账,第三联领料部门留存。领料单的基本格式如表 5-4 所示。

表 5-4 领料单

仓库: 年 月 日

<table>
<tr><th rowspan="2">编号</th><th rowspan="2">类别</th><th rowspan="2">材料名称</th><th rowspan="2">规格</th><th rowspan="2">单位</th><th colspan="2">数量</th><th colspan="2">实际价格</th></tr>
<tr><th>请领</th><th>实发</th><th>单价</th><th>金额</th></tr>
<tr><td></td><td></td><td></td><td></td><td></td><td></td><td></td><td></td><td></td></tr>
<tr><td></td><td></td><td></td><td></td><td></td><td></td><td></td><td></td><td></td></tr>
<tr><td colspan="5">合 计</td><td></td><td></td><td></td><td></td></tr>
<tr><td rowspan="3">用途</td><td colspan="4" rowspan="3"></td><td colspan="2">领料部门</td><td colspan="2">发料部门</td></tr>
<tr><td>负责人</td><td>领料人</td><td>核准人</td><td>发料人</td></tr>
<tr><td></td><td></td><td></td><td></td></tr>
</table>

(五) 限额领料单

限额领料单又称“定额领料单”,是指当月或一定期间在规定限额内可以多次使用,凭此领发材料的一种累计凭证。通常适用于有消耗定额或领用限额、领料次数较多的材料。

限额领料单可采用一单一料制,限额领料单一般一式两联,一联交仓库据以发料,另一联交领料部门据以领料。月末在限额领料单内结出实发数量和金额转交会计部门,据以计算材料费用，并作材料减少的核算。其格式一般如表 5－5 所示。

表 5－5　限额领料单

领料部门：　　　　　　　　　　　　　　　　　　　　　　　　　　　　　　第　号
用途：　　　　　　　　　　　　年　　月　　　　　　　　　　　　　　发料仓库：

<table>
<tr><th rowspan="3">材料编号</th><th rowspan="3">材料名称规格</th><th rowspan="3">计量单位</th><th rowspan="3">计划投产量</th><th rowspan="3">单位消耗定额</th><th rowspan="3">领用限额</th><th colspan="14">实发</th></tr>
<tr><th rowspan="2">数量</th><th colspan="6">单价</th><th colspan="7">金额</th></tr>
<tr><th>千</th><th>百</th><th>十</th><th>元</th><th>角</th><th>分</th><th>万</th><th>千</th><th>百</th><th>十</th><th>元</th><th>角</th><th>分</th></tr>
<tr><td></td><td></td><td></td><td></td><td></td><td></td><td></td><td></td><td></td><td></td><td></td><td></td><td></td><td></td><td></td><td></td><td></td><td></td><td></td><td></td></tr>
</table>

<table>
<tr><th rowspan="2">日期</th><th colspan="3">领用</th><th colspan="3">退料</th><th rowspan="2">限额结余数量</th></tr>
<tr><th>数量</th><th>领料人</th><th>发料人</th><th>数量</th><th>退料人</th><th>收料人</th></tr>
<tr><td></td><td></td><td></td><td></td><td></td><td></td><td></td><td></td></tr>
<tr><td></td><td></td><td></td><td></td><td></td><td></td><td></td><td></td></tr>
<tr><td></td><td></td><td></td><td></td><td></td><td></td><td></td><td></td></tr>
</table>

车间生产计划员：　　　　　　　　　　　　领料单位负责人：　　　　　　　　　　　　仓库负责人：

（六）工资结算单

企业为了同职工办理工资结算手续，一般可按车间、部门编制“工资结算单”，计算对每一职工的应付工资、代扣款项和实发工资。工资结算单一式多份，其中一份由职工签章后作为财务部门办理工资结算和支付的凭证。

“工资结算汇总表”根据各部门的“工资结算单”汇总编制，是按企业人员类别和各车间、各部门类别以及工资和扣款的种类汇总编制，并结出整个企业应付的各种工资总额、各种代扣款项和实发工资总额。工资结算汇总表是工资费用分配计入成本费用的依据。

“工资结算单”和“工资结算汇总表”的格式如表 5－6 和表 5－7 所示。

表 5－6　工资结算单

单位：　　　　　　　　　　　　　　　年　　月　　　　　　　　　　　　　　　单位：元

<table>
<tr><th rowspan="3">编号</th><th rowspan="3">姓名</th><th rowspan="3">工资标准</th><th rowspan="3">日工资率</th><th rowspan="3">工种补贴</th><th rowspan="3">…</th><th rowspan="3">奖金</th><th colspan="2">缺勤减发工资</th><th rowspan="3">应付工资</th><th colspan="5">代扣款项</th><th rowspan="3">实发工资</th><th rowspan="3">收款人签章</th></tr>
<tr><th>事假旷工</th><th>病假</th><th rowspan="2">房租</th><th rowspan="2">水电费</th><th rowspan="2">个人所得税</th><th rowspan="2">…</th><th rowspan="2">合计</th></tr>
<tr><th>金额</th><th>金额</th></tr>
<tr><td></td><td></td><td></td><td></td><td></td><td>…</td><td></td><td></td><td></td><td></td><td></td><td></td><td></td><td>…</td><td></td><td></td><td></td></tr>
<tr><td></td><td></td><td></td><td></td><td></td><td>…</td><td></td><td></td><td></td><td></td><td></td><td></td><td></td><td>…</td><td></td><td></td><td></td></tr>
<tr><td></td><td></td><td></td><td></td><td></td><td>…</td><td></td><td></td><td></td><td></td><td></td><td></td><td></td><td>…</td><td></td><td></td><td></td></tr>
<tr><td colspan="2">合　计</td><td></td><td></td><td></td><td>…</td><td></td><td></td><td></td><td></td><td></td><td></td><td></td><td>…</td><td></td><td></td><td></td></tr>
</table>

表 5－7　工资结算汇总表

年　　月　　日　　　　　　　　　　　　　　单位:元

车间、部门类型		职工人数	标准工资	工种补贴	物价补贴	应发奖金及津贴	缺勤减发工资		应付工资	代扣款项				实发工资
							事假旷工	病假		房租	水电费	…	合计	
基本生产车间	××车间											…		
	生产工人											…		
	管理人员											…		
	小计											…		
企业管理部门												…		
企业销售部门												…		
生活福利部门												…		
半年以上长病人员												…		
小计												…		
总计												…		

(七) 借款单

借款单是单位内部所属机构为购买零星办公用品或职工因公出差等原因向出纳人员借款时使用的借款原始凭证。

借款单的格式如表 5－8 所示,一般应为一式两联,第一联是借款单存根,作为借款人的借款单据;第二联是借款单(代付款凭证),作为借款人向企业办理借款的借据,并作为办理借款的付款凭证。

表 5－8　借款单

资金性质:　　　　　　　　　　年　　月　　日

借款单位:		
借款理由:		
借款数额:人民币(大写)		¥_______
本单位负责人意见:	借款人:	
会计主管审批:	付款方式:	出纳:

(八) 现金支票

现金支票是出票人签发的,委托办理支票存款业务的银行在见票时无条件支付特定金额给收款人或者持票人的票据。其格式如表 5－9 所示。

表 5－9 现金支票

存根	支票
________银行 现金支票存根 Ⅷ 02000124 科　　目…………… 对方科目…………… 出票日期　　年　月　日 收款人： 金额： 用途： 单位主管　　　会计	________银行　现金支票　　Ⅷ 02000124 出票日期(大写)　　年　　月　　日　　付款行名称： 收款人：　　出票人账号： 本支票付款期限十天 人民币（大写）　千 百 十 万 千 百 十 元 角 分 用途：______ 上列款项请从我账户内支付 出票人签章 科　　目(借)…………… 对方科目（贷）…………… 付讫日期　　年　　月　　日 出纳　复核　　记账 贴对号单处　Ⅷ 02000124

（九）转账支票

转账支票是出票人签发的，委托办理支票存款业务的银行在见票时无条件转账结算特定金额给收款人或者持票人的票据。其格式如表 5－10 所示。

表 5－10 转账支票

存根	支票
________银行 转账支票存根 Ⅷ 02000124 科　　目…………… 对方科目…………… 出票日期　　年　月　日 收款人： 金额： 用途： 单位主管　　　会计	________银行　转账支票　　Ⅷ 02000124 出票日期(大写)　　年　　月　　日　　付款行名称： 收款人：　　出票人账号： 本支票付款期限十天 人民币（大写）　千 百 十 万 千 百 十 元 角 分 用途：______ 上列款项请从我账户内支付 出票人签章 科　　目(借)…………… 对方科目（贷）…………… 转账日期　　年　　月　　日 复核　　记账

五、原始凭证的审核

审核原始凭证是会计机构、会计人员结合日常财务工作进行会计监督的基本形式，可以保证会计核算的质量，防止发生贪污、舞弊等违法行为。一切原始凭证在取得或填制后，必须经有关部门和人员审核，最终再由会计部门进行审核。要做好审核工作，会计人员必须努力学习、熟悉国家的有关政策、法令制度及企业单位的具体规定，深入了解企业的生产经营情况及一些常规知识，精通会计业务，同时要敢于坚持原则，责任心强，认真细致。任何单位和个人都不得以任何方式要求和强迫会计机构和会计人员为违法和虚假经济业务事项进行掩护。

（一）原始凭证审核的内容

1. 审核原始凭证的合法性和合理性

所谓合法性，就是指原始凭证所记录的内容要符合国家有关法令、政策、准则、制度和其他条例规定的要求。所谓合理性，就是指原始凭证所记录的内容要符合企业经营计划和合同的规定，符合审批权限的规定和手续等。审核时要检查原始凭证是否符合有关法令、政策、制度、计划、预算和合同等规定，是否符合审批权限和手续，是否履行了规定的凭证传递手续，费用开支是否符合开支标准，是否符合节约原则等。

2. 审核原始凭证的完整性

所谓完整性，就是指原始凭证应具备的要素要完整、手续要齐全。审核时要检查原始凭证联次是否正确；检查原始凭证必备的要素是否都填写完整，如发票上要有供货单位的财务公章、税务专用章、本联发票用途、发票的编号等；检查原始凭证的手续是否齐全，如双方有关经办人员是否签字盖章等。

3. 审核原始凭证的真实性

所谓真实性，就是指原始凭证上反映的应当是经济业务事项的本来面目，不得掩盖、歪曲和颠倒真实情况。审核时要检查经济业务事项双方当事单位和当事人是否真实，检查经济业务事项发生的时间、地点、填制凭证的日期是否真实，检查经济业务事项的内容是否真实，检查经济业务事项的数量金额是否真实。

4. 审核原始凭证的准确性。审核时要检查原始凭证所载各项数字是否清晰且计算是否准确无误，书写是否规范，以单价乘数量是否等于总额，大小写金额是否一致，原始凭证有无刮擦、涂改等。

(二) 原始凭证审核后的有关处理

会计机构、会计人员对原始凭证审核后，应根据不同的审核结果，进行不同的会计处理。

(1) 对于符合“合法、合理、完整、真实、准确”要求的原始凭证，应该按照规定及时办理有关的会计手续，据以填制记账凭证，并将其作为附件粘贴于记账凭证后面，以备核查。

(2) 对于内容合法、合理、真实，但是不够完整、准确的原始凭证，应暂缓办理会计手续，退还给有关责任人，责令其改正或补办。由有关责任人更正或补办后，重新对原始凭证进行复审，确定无误后准予办理会计手续。

(3) 对于内容完整、真实但不合法、不合理的原始凭证，应该按照有关规定拒绝办理会计手续，责成经办人员自行承担后果。对于弄虚作假、营私舞弊的违法乱纪行为，应该及时向有关主管机关和负责人报告，请求严肃处理。

任务三　编制与审核记账凭证

任务要求

根据审核无误的原始凭证或原始凭证汇总表而填制的记账凭证，用来确定经济业务事项应借应贷的会计科目和金额，作为登记账簿的直接依据，可以减少差错，便于对账和查账。所以，要了解记账凭证的种类，掌握填制记账凭证的基本内容及基本要求，理解记账凭证的审核。

一、记账凭证的概念

(一) 记账凭证与原始凭证的关系

在经济业务事项发生时取得的原始凭证种类繁多，格式多样，而且原始凭证一般不能明确具体经济业务事项应记入的账户名称和借贷方向，不能完全满足会计核算的要求，不便于使用原始凭证直接登记账簿。因此，会计人员必须在审核无误的基础上，对原始凭证进行归类、整理，然后编制记账凭证，确定记载该项经济业务事项的账户名称、借贷方向和金额，并据以登记入账。

会计循环中一个很重要的内容就是会计确认，包括初始确认和再次确认。初始确认就是从原始凭证的审核开始的。通过对原始凭证的审核，需要确认原始凭证上的数据是否能够输入会计信息系统。经过确认，对于那些可以输入会计信息系统的数据需要采用复式记账方法来处理其中含有的会计信息，即编制会计分录，从而将原始凭证上零散的数据转化为所需要的会计信息。在实际工作中，会计分录填写在记账凭证上，并据以登记有关账簿，从而标志着会计初始确认的结束。

原始凭证与记账凭证之间存在着密切的联系：原始凭证是记账凭证的基础，记账凭证是根据原始凭证填制的；记账凭证是对原始凭证内容的系统化和规范化；原始凭证和记账凭证是登记日记账和明细账的依据。在实际工作中，原始凭证附在记账凭证的后面，作为记账凭证的附件。

（二）记账凭证的基本内容

为了概括反映经济业务事项的情况，满足登记账簿的需要，《会计基础工作规范》规定，记账凭证应具备下列要素：

（1）记账凭证的名称；

（2）填制记账凭证的日期；

（3）记账凭证的编号；

（4）经济业务事项的内容摘要；

（5）经济业务事项所涉及的会计科目及其记账方向；

（5）经济业务事项的金额；

（7）记账标记（√）是指已登记账簿的标记，防止经济业务事项重记或漏记；

（8）所附原始凭证张数；

（9）会计主管、记账、审核、出纳、制单等有关人员签章，以明确经济责任。

二、记账凭证的种类

（一）专用记账凭证和通用记账凭证

记账凭证按其适用范围不同可分为专用记账凭证和通用记账凭证。

1. 专用记账凭证

专用记账凭证是指针对某一类经济业务事项单独采用特定格式来记录的记账凭证。专用记账凭证按其反映的经济内容（经济业务事项与货币资金收支的关系）不同又可细分为收款凭证、付款凭证和转账凭证。

（1）收款凭证。收款凭证是用来记录库存现金、银行存款收入业务的记账凭证。收款凭证左上方的“借方科目”分别为“库存现金”或“银行存款”科目，所以收款凭证又可分为现金收款凭证和银行存款收款凭证。根据库存现金收入业务的原始凭证编制的收款凭证称为现金收款凭证。根据银行存款收入业务的原始凭证编制的收款凭证称为银行存款收款凭证。收款凭证既可以作为登记总账、现金和银行存款日记账及有关明细账的依据，也是出纳员收入款项的证明，由出纳人员根据审核无误的原始凭证填制。

［业务实例5-1］ 2017年8月17日，华宇公司从银行借入短期资金80 000元，存入银行。

分析:该项业务使公司负债和资产同时增加。一方面借来的款项存入本公司银行存款账户,使公司银行存款增加,记入“银行存款”账户的借方;另一方面短期借款增加,记入“短期借款”账户的贷方。出纳根据存款单和借款合同填制收款凭证,如表 5 - 11 所示。

表 5 - 11　收款凭证

借方科目:银行存款　　　　　　　　2017 年 8 月 17 日　　　　　　　　收字第 17 号

摘　要	贷方科目		金额										✓
	总账科目	明细科目	千	百	十	万	千	百	十	元	角	分	
从银行借入款项	短期借款					8	0	0	0	0	0	0	
附凭证贰张	合计				¥	8	0	0	0	0	0	0	

会计主管:王涛　　　　记账:　　　　出纳:于敏　　　　审核:沈红　　　　制证:

(2) 付款凭证。付款凭证是用来记录库存现金、银行存款支付业务的记账凭证。付款凭证的左上方“贷方科目”分别为“库存现金”或“银行存款”科目,所以付款凭证又可分为现金付款凭证和银行存款付款凭证。根据库存现金支付业务的原始凭证编制的付款凭证称为现金付款凭证。根据银行存款支付业务的原始凭证编制的付款凭证称为银行存款付款凭证。付款凭证既可以作为登记总账、现金和银行存款日记账及有关明细账的依据,也是出纳员付出款项的证明,由出纳人员根据审核无误的原始凭证填制。

[业务实例 5 - 2]　2017 年 8 月 20 日,华宇公司用库存现金支付公司管理部门电话费600 元。

分析:该项业务使公司资产减少和费用增加。一方面用库存现金支付,使库存现金减少,记入“库存现金”账户的贷方;另一方面管理部门的电话费使管理费用增加,记入“管理费用”账户的借方。出纳根据交费收据填制付款凭证,如表 5 - 12 所示。

表 5 - 12　付款凭证

贷方科目:库存现金　　　　　　　　2017 年 8 月 20 日　　　　　　　　付字第 19 号

摘　要	借方科目		金　额										✓
	总账科目	明细科目	千	百	十	万	千	百	十	元	角	分	
支付电话费用	管理费用	电话费						6	0	0	0	0	
附凭证壹张	合计						¥	6	0	0	0	0	

会计主管:王涛　　　　记账:　　　　出纳:于敏　　　　审核:沈红　　　　制证:

需要注意的是，收款凭证和付款凭证的左上角“借方科目”和“贷方科目”栏称为主体科目栏。将库存现金存入银行或从银行提取现金时，为了避免重复记账只需填写相应的付款凭证，不再填制收款凭证。出纳人员对于已经收讫的收款凭证和已经付讫的付款凭证以及所附的有关原始凭证，都要加盖“收讫”和“付讫”戳记，以免发生重收、重付等差错。出纳人员和有关记账人员都应根据盖有“收讫”和“付讫”戳记的收款凭证和付款凭证登记有关账簿。

(3) 转账凭证。转账凭证是用来记录不涉及库存现金和银行存款收付的各项经济业务事项的记账凭证。凡是不涉及库存现金和银行存款收付的经济业务事项，均为转账业务，如产品赊销、材料赊购、计提固定资产折旧、车间领用材料和产成品入库等均属于转账业务。转账凭证是登记总分类账和明细分类账的依据，由会计人员根据审核无误的不涉及库存现金和银行存款收付的转账业务的原始凭证填制。转账凭证不设主体科目栏，经济业务事项涉及的会计科目全部填写在“总账科目”和“明细科目”栏内，借方科目在上，贷方科目在下；借方科目应记金额应在同一行的“借方金额”栏内填列，贷方科目应记金额应在同一行的“贷方金额”栏内填列，“借方金额”栏合计数与“贷方金额”栏合计数应相等。需要注意的是，企业通过银行存款账户支付货款被称为转账结算方式，不能因结算方式中带有“转账”字样而将其误认为转账业务。

［业务实例 5-3］　2017 年 8 月 21 日，华宇公司生产车间领用 A 材料 30 000 元用以生产甲产品。

分析：该项业务使公司资产减少和成本费用增加。一方面领用原材料，使原材料减少，记入“原材料”账户的贷方；另一方面领用材料用于生产甲产品使生产成本增加，记入“生产成本”账户的借方。会计根据领料单填制转账凭证，如表 5-13 所示。

表 5-13　转账凭证

2017 年 8 月 21 日　　　　转字第 21 号

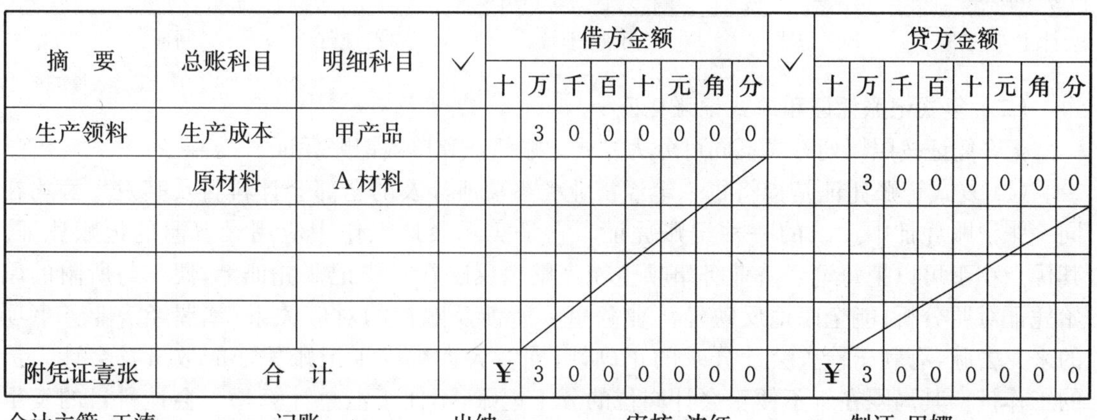

摘　要	总账科目	明细科目	✓	借方金额								✓	贷方金额							
				十	万	千	百	十	元	角	分		十	万	千	百	十	元	角	分
生产领料	生产成本	甲产品			3	0	0	0	0	0	0									
	原材料	A 材料												3	0	0	0	0	0	0
附凭证壹张	合　计			¥	3	0	0	0	0	0	0		¥	3	0	0	0	0	0	0

会计主管：王涛　　记账：　　出纳：　　审核：沈红　　制证：田娜

在实务中，为便于收款凭证、付款凭证和转账凭证的识别与使用，其格式和文字通常分别采用红、绿、黑三种不同颜色印制。使用专用记账凭证有利于对不同经济业务事项进行分类管理，有利于对所有收款业务和付款业务的汇总，便于登记现金、银行存款总账和日记账；但相关经济业务事项需要分类填制凭证，工作量较大。因此，专用记账凭证一般适用于规模较大、收付款业务较多的单位。

2. 通用记账凭证

通用记账凭证是指采用一种通用格式记录全部经济业务事项的记账凭证，名称为“记账凭证”。它是既可以反映收付款业务，又可以反映转账业务的记账凭证，其格式及填制方法与转账凭证完全相同。在实务中，通用记账凭证格式和文字通常采用黑色印制。这种记账凭证不再区分收款、付款及转账业务，而将所有发生的经济业务事项统一编号，在同一格式的凭证中进行记录，在一定程度上减轻了工作量，但不便于分类汇总。因此，经济业务事项简单或收付款业务不多的单位可使用通用记账凭证。

[业务实例 5-4] 2017 年 8 月 25 日，华宏公司用银行存款支付广告费 80 000 元。

分析：该项业务使公司资产减少和费用增加。一方面用银行存款支付，使银行存款减少，记入“银行存款”账户的贷方；另一方面销售部门的广告费使销售费用增加，记入“销售费用”账户的借方。出纳根据支票存根和发票填制通用记账凭证凭如表 5-14 所示。

表 5-14 记账凭证

2017 年 8 月 25 日　　　　记字第 11 号

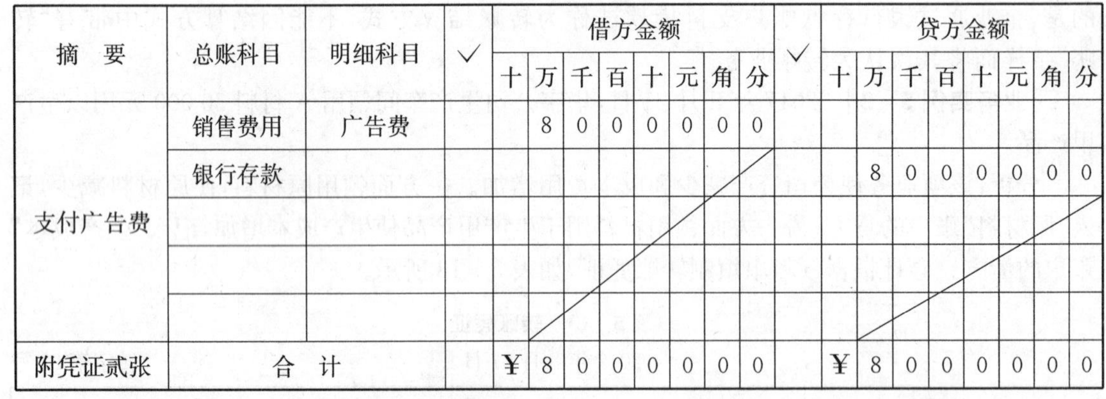

摘要	总账科目	明细科目	√	借方金额								√	贷方金额							
				十	万	千	百	十	元	角	分		十	万	千	百	十	元	角	分
支付广告费	销售费用	广告费			8	0	0	0	0	0	0									
	银行存款													8	0	0	0	0	0	0
附凭证贰张	合计			¥	8	0	0	0	0	0	0		¥	8	0	0	0	0	0	0

会计主管：王涛　　记账：　　出纳：于敏　　审核：沈红　　制证：

(二) 复式记账凭证和单式记账凭证

记账凭证按照填列方式不同可分为复式记账凭证和单式记账凭证。

(1) 复式记账凭证是指将每一笔经济业务事项所涉及的全部会计科目及其发生额均在同一张记账凭证中反映的一种记账凭证。它是实际会计工作中应用最普遍的记账凭证。其优点在于可以把每笔经济业务事项全貌完整地反映在一张记账凭证上，便于与所附的原始凭证对照分析；能全面地反映经济业务事项所涉及账户的对应关系，掌握经济业务事项的来龙去脉，有利于检查会计分录的正确性；同时大大减少了记账凭证的数量及会计人员的工作量。其局限在于不便于会计岗位的分工记账，不便于汇总计算每一会计科目的发生额，也易出现错误。前面介绍的收款凭证、付款凭证、转账凭证和通用记账凭证都是复式记账凭证格式。

(2) 单式记账凭证是指每一张记账凭证只填列经济业务事项所涉及的一个会计科目及其金额的会计凭证。填列借方科目的称为借项凭证，填列贷方科目的称为贷项凭证。某项经济业务事项涉及几个会计科目，就编制几张单式记账凭证。单式记账凭证反映内容单一，便于分工记账，便于按会计科目汇总。但每笔经济业务事项要反映在两张或两张以上的记账凭证上，不便于反映经济业务事项的全貌，不能反映每一笔经济业务事项的来龙去脉，不便于检查会计分录的正确性;同时,单式记账凭证较为分散,数量多,工作量大。所以,企业一般不采用单式记账凭证。

(三) 汇总记账凭证和非汇总记账凭证

记账凭证按其是否经过汇总可分为非汇总记账凭证和汇总记账凭证。

1. 非汇总记账凭证

非汇总记账凭证是指没有经过汇总的记账凭证。前面介绍的收款凭证、付款凭证、转账凭证以及通用记账凭证都是非汇总记账凭证。对于非汇总记账凭证,每一张凭证上只反映一笔经济业务事项的内容,即只能编制一笔会计分录,并可直接作为登记有关账簿(账户)的依据。使用这种记账凭证时,企业在一定会计期间发生多少笔经济业务事项,就需要填制多少张记账凭证。于是,在经济业务事项繁多的企业,需要填制大量的非汇总记账凭证,依据每一张记账凭证直接登记各种账簿(包括日记账、明细账和总分类账),势必会增加账簿登记的工作量。

2. 汇总记账凭证

汇总记账凭证是指根据非汇总记账凭证按一定方法汇总填制的记账凭证。汇总记账凭证按汇总方法不同又可细分为分类汇总凭证和全部汇总凭证。

分类汇总凭证是根据一定期间的记账凭证按其种类分别汇总填制的,如根据收款凭证汇总填制的"汇总收款凭证",根据付款凭证汇总填制的"汇总付款凭证",以及根据转账凭证汇总填制的"汇总转账凭证"都是分类汇总凭证。详见项目九账务处理程序。

全部汇总凭证是根据一定期间的记账凭证全部汇总填制的,如"记账凭证汇总表"(也称为"科目汇总表")就是全部汇总凭证。详见项目九账务处理程序。

三、记账凭证的填制要求

各种记账凭证都必须按照规定的格式和内容及时、正确地填制。填制时要求格式统一、内容完整、科目运用正确、对应关系清晰、摘要简练、书写清晰工整。具体要求如下:

1. 记账凭证必须根据审核无误的原始凭证填制

会计人员填制记账凭证时,必须依据审核无误的原始凭证所记录的经济业务事项,经过分析、归类及整理后填制。除了填制更正错账和结账的记账凭证外,其余所有记账凭证的后面都必须附有原始凭证或原始凭证汇总表,并在记账凭证上注明所附原始凭证的张数,以便日后查对。如果根据同一原始凭证填制多张记账凭证,可以把原始凭证附在一张主要的记账凭证后面,并在其他记账凭证"摘要"栏内注明附有该原始凭证的记账凭证的编号("原始凭证××张,附在第×号记账凭证上")或者附原始凭证复印件,以便于复核和日后查阅。如果一张原始凭证所列的支出需要由两个或两个以上的单位共同负担时,应当由保存该原始凭证的单位开具给其他应负担单位原始凭证分割单,将其作为其他应负担单位的原始凭证。原始凭证分割单如表 5-15 所示。

表 5-15　原始凭证分割单

年　　月　　日

<table>
<tr><td>接受单位名称</td><td colspan="2"></td><td>地址</td><td colspan="3"></td></tr>
<tr><td rowspan="2">原始凭证</td><td>单位名称</td><td></td><td>地址</td><td colspan="3"></td></tr>
<tr><td>名　　称</td><td></td><td>日期</td><td></td><td>编号</td><td></td></tr>
<tr><td>总金额</td><td colspan="6">人民币(大写)　　　　　　　　(小写)</td></tr>
<tr><td>分割金额</td><td colspan="6">人民币(大写)　　　　　　　　(小写)</td></tr>
<tr><td>原始凭证主要内容、分割原因</td><td colspan="6"></td></tr>
<tr><td>备注</td><td colspan="6">该原始凭证附在本单位　　年　　月　　日　第　号记账凭证内</td></tr>
</table>

单位名称:(公章)　　　　　　　　会计:　　　　　　　　制单:

2. 记账凭证必须准确地填制日期

一般的记账凭证,应填写填制凭证当天的日期;现金收付款凭证应填写库存现金收付当天的日期;银行存款收款凭证应填写收到银行进账单或银行回执戳记日期,银行存款付款凭证应填写财会人员开出银行付款结算凭证的日期或承付的日期;会计人员填制月末计提和分配费用等转账业务的记账凭证,应填写当月最后一天的日期。记账凭证应及时填制,一般稍晚于原始凭证填制的时间。

3. 记账凭证必须准确填写摘要

记账凭证的摘要栏是对经济业务事项内容所做的简要说明,也是登记账簿的重要依据。因此,填写摘要时必须针对不同性质的经济业务事项的特点,考虑到登记账簿的需要,认真准确、简明扼要地填写,不可漏填或错填,应能使阅读的人通过摘要就能了解该项经济业务事项的性质、特点,判断出会计分录的正确与否。

4. 记账凭证应正确确定会计分录

一张记账凭证只能反映同一经济业务事项,以便使会计科目的对应关系清晰明了。填写会计科目必须按照规定的会计科目的全称填写,不得简化或只写科目的编号而不写科目的名称。应先写借方科目,后写贷方科目。借、贷方合计金额必须计算正确且相等。

5. 记账凭证金额填写要规范,空行要划线注销

填写金额时,阿拉伯数字要规范,占格宽的二分之一;金额数字要写到分位,角分位没有数字要填上"00";要在金额合计行填写合计金额,并在前面写上"¥"符号;如果在合计数与最后一笔数字之间有空行,则应在金额栏自最后一笔金额数字下方的空行处至合计数上方的空行处划斜线或"S"形线注销。金额栏内的数字必须与所附原始凭证的金额相等。

6. 记账凭证应复核检查

各种记账凭证填写完毕后,应进行复核和检查并按借贷记账法的记账规则进行试算平衡,由会计主管人员或其指定的专人审核并签章后方能作为记账的依据。

四、记账凭证的审核

为了正确登记账簿和监督经济业务,除了编制记账凭证的人员应当认真负责、正确填制、

加强自审以外，同时还应建立专人审核制度。记账凭证的审核主要包括以下内容：

1. 记账凭证是否附有原始凭证，所附原始凭证的张数与记账凭证中填列的附件张数是否相等，记账凭证的经济内容是否与所附原始凭证的内容相同，二者合计金额是否相等。

2. 记账凭证中应借应贷的会计科目是否正确，对应关系是否清晰，借、贷方金额合计是否相等。

3. 记账凭证中的摘要是否清楚，是否正确归纳了经济业务事项的实际内容。

4. 记账凭证中有关项目是否填列齐全，有关手续是否完备，有关人员签章是否齐全；出纳人员所办理的收款或付款经济业务，是否在原始凭证上加盖"收讫"或"付讫"的戳记。

在审核记账凭证的过程中，如果发现记账凭证填制有误，或者不符合要求则需要由填制人员重新填制，或按规定的方法及时加以更正。只有经过审核无误后的记账凭证，才能作为登记账簿的依据。

任务四　传递与保管会计凭证

任务要求

会计凭证是重要的会计核算资料，科学合理地组织会计凭证的传递，妥善做好会计凭证的保管工作，对及时处理和登记经济业务事项，明确经济责任，强化内部会计监督机制具有重要作用。所以，要了解会计凭证的传递程序与时间以及会计凭证的保管方法与要求。

一、会计凭证的传递

会计凭证的传递是指会计凭证从取得或填制起至归档保管的整个过程中，在企业单位内部各有关部门和人员之间的传递程序和传递时间。它是会计核算得以正常、有效进行的前提，是会计凭证处理的一个重要环节。科学合理地组织会计凭证的传递，就能把企业单位各有关部门和人员的活动紧密地联系起来，可以明确各部门及人员的分工协作关系，强化各工作环节之间的监督和制约作用；就能把有关经济业务事项发生和完成情况，及时地传递到有关部门和人员，以保证会计凭证按时送到财务会计部门，及时记账、结账，并按规定编制会计报表。

各种会计凭证所记载的经济业务事项不同，涉及的部门和人员不同，据以办理业务的手续也不尽相同。因此，一方面应当为各种会计凭证规定一个合理的传递程序，即根据各项经济业务事项的特点，结合内部机构组织和人员分工的情况以及有关部门和人员利用会计凭证进行经营管理的需要，并从完善内部控制制度的角度出发，合理制定各种会计凭证所经过的环节、规定每个环节负责传递的相关责任人员、规定会计凭证的联数以及每一联凭证的用途，做到既可以使各相关部门和人员了解经济业务事项、及时办理手续，又可避免凭证经过不必要的环节，以提高工作效率；另一方面，应合理规定会计凭证经过每个环节所需要的时间，即从保证会计核算的及时性出发，应考虑各部门和有关人员的工作内容和工作量在正常情况下完成的时间，明确规定各种凭证在各个环节上停留的最长时间，不能拖延和积压会计凭证。各种会计凭证所反映的经济业务事项的内容、性质不同，所涉及的内部控制制度的规定有所区别，传递时间的长短也不尽相同。一般来讲，重要的经济业务事项、严格的控制制度、较多的控制环节，会计凭证传递的时间相对长一些；反之，则相对短一些。总之，为了使每个工作环节有序衔接，相互督促，提高工作效率，确保会计核算的质量，一切会计凭证的传递和处理，都应在报告期内完成，不允许跨期，以保证会计凭证传递的及时性，以免影响会计工作的正常进行。企业应根据具体情况制定每一种会计凭证的传递程序和方法。

（一）原始凭证的传递

原始凭证的传递是指原始凭证从填制、取得到归档保管时止，在企业单位内部各有关部门及人员之间的传递程序和传递时间。

由于原始凭证所涉及的经办部门和人员较多，故会计部门要在深入调查研究的基础上，会同有关部门和人员共同协商确定凭证的传递程序和传递时间。如工业企业的“收料单”，首先是由仓库有关人员在材料验收入库时填制，一式若干联，其中一联仓库留作原始凭证，登记仓库材料保管的账簿；一联由仓库传递到有关业务部门，如采购部门，使采购部门了解到该项采购业务所购进的材料已经入库，以便其掌握库存材料的动向；一联由仓库传递到会计部门，使会计部门从价值方面掌握库存材料状况，并据此记录材料的增加，进行会计核算。

（二）记账凭证的传递

记账凭证的传递是指记账凭证从填制时起至归档保管止的过程中，在企业单位内部有关部门之间的传递程序和传递时间。也就是会计人员根据原始凭证填制记账凭证，期末同所附原始凭证一起装订后交档案保管员归档保管的过程。记账凭证是会计部门的内部凭证，可由会计主管人员与制单、复核、出纳、记账等有关人员共同协商确定其传递程序和传递时间。

会计凭证的传递程序和传递时间确定后，可分别为若干主要业务绘成会计凭证流程图或流程表，通知有关人员遵守执行。执行中如有不合理的地方，可随时根据实际情况加以修改。

二、会计凭证的保管

会计凭证的保管是指会计凭证记账后的整理、装订、归档和存查工作。作为重要的经济档案和历史资料，本企业单位、有关部门以及其他单位，可能因各种需要查阅会计凭证，特别是发生贪污、盗窃、违法乱纪行为时，会计凭证还是依法处理的有效证据。因此，会计凭证在完成经济业务事项手续和记账之后，必须按规定立卷归档，形成会计档案，妥善保管，防止丢失，不得任意销毁，以便日后随时查阅。具体要求如下：

(1) 各种原始凭证在编制记账凭证后，要随时粘贴在记账凭证背面，粘贴要平整、牢靠，方便查阅。过多过小的原始凭证可将其粘贴在一张空白“单据粘贴单”上，然后再附在记账凭证后面。较大的原始凭证（边缘超出记账凭证），粘贴后可将其适当折叠，以不大于记账凭证为限。原始凭证的左边项目不要太靠近记账凭证的装订线，也不要将原始凭证的某项填列内容粘住，以避免看不到。

(2) 每月记账完毕，要将本月各种记账凭证按编号顺序加以整理，检查有无缺号和附件是否齐全，然后按顺序号排列并加装会计凭证封面、封底或使用专用的会计凭证盒进行装订成册。会计凭证封面应注明单位名称、凭证种类、凭证张数、所属年度月份、起讫日期、起讫号码、会计主管、保管和装订人员等信息。为防止任意拆装，应在装订处贴上封签，并由经办人员在封签处加盖骑缝章，以明确责任。会计凭证封面的一般格式如表 5-16 所示。

表 5－16　会计凭证封面

<table>
<tr><td rowspan="5">年
月份第
册</td><td rowspan="5">收款
付款　凭证
转账</td><td>单位名称：</td></tr>
<tr><td>年　　月　共　　册第　　　册</td></tr>
<tr><td>第　号至第　号共　　张</td></tr>
<tr><td>附：原始凭证共　　张</td></tr>
<tr><td>装订（签章）：　　　　会计主管（签章）：　　　　保管（签章）：</td></tr>
</table>

（3）如果在一个月内，凭证数量过多，可分装若干册，在封面上加注“共×册”字样。如果某些记账凭证所附原始凭证数量过多，也可以单独装订保管，但要在装订的原始凭证封面上注明所属记账凭证的日期、编号和种类，同时在所属的记账凭证上应注明“附件另订”和原始凭证的名称及编号，以便查阅。对各种重要的原始凭证，如押金收据、提货单等，以及各种需要随时查阅和退回的单据，应另编目录，单独保管，并在有关的记账凭证和原始凭证上相互注明日期和编号。

（4）从外单位取得的原始凭证如有遗失，应当取得原开具单位盖有公章的证明，并注明原来凭证的号码、金额和内容等，由经办单位会计机构负责人、会计主管人员和单位负责人批准后，才能代作原始凭证。如果确实无法取得证明的，如火车、轮船、飞机票等凭证，由当事人写出详细情况，由经办单位会计机构负责人、会计主管人员和单位负责人批准后，代作原始凭证。

（5）会计凭证不得外借，其他单位如因特殊原因需要使用原始凭证时，需经本单位负责人批准，可以复制，但要在专设的登记簿上登记复制会计凭证的名称、编号、张数、日期、接受单位，并由相关人员签名盖章。

（6）装订成册的会计凭证应集中保管，并指定专人负责。每年装订成册的会计凭证，在年度终了时可暂由单位会计机构保管一年，以便于对跨年度的经济业务事项进行核对和接续处理。期满后应由会计部门编造清册，移交本单位档案机构，按档案保管要求妥善保管。未设立档案机构的，应当在会计机构内部指定专人保管；出纳人员不得兼管会计档案。

（7）会计凭证的保管期限和销毁手续，必须严格执行《会计法》和《会计档案管理规范》的规定，任何人无权自行随意销毁。会计凭证类（原始凭证、记账凭证、汇总凭证）保管期限为 30 年。对于保管期满需要销毁的会计凭证，必须填写“会计档案销毁清册”（永久保存）列明销毁的会计凭证种类、册数及期限，经本单位领导审核后，报上级主管单位批准，在会计主管人员及监销人员的共同监督下销毁。对按规定需要永久保存的会计凭证不得销毁。

能力拓展训练

一、单项选择题

1. 会计凭证按其（　　）不同，可以分为原始凭证和记账凭证。

　A. 填制程序和用途　　　　B. 取得来源

　C. 适用的经济业务事项　　D. 填制方式

2. 下列项目中属于外来原始凭证的是（　　）。

A. 材料入库单　　B. 购买原材料发票
C. 产成品出库单　　D. 收料凭证汇总表

3. 企业仓库发料使用的限额领料单是一种(　　)。
A. 外来原始凭证　　B. 汇总原始凭证
C. 一次性原始凭证　　D. 累计原始凭证

4. 发料凭证汇总表属于(　　)。
A. 累计原始凭证　　B. 汇总原始凭证
C. 一次性原始凭证　　D. 记账凭证汇总表

5. 会计机构或会计人员对真实、合法、合理但内容不准确、不完整的原始凭证应当(　　)。
A. 不予受理　　B. 予以受理
C. 予以纠正　　D. 予以退回,要求更正、补充

6. 一笔业务需要填制多张记账凭证时,应采用(　　)编号法。
A. 整数　　B. 连续　　C. 分数　　D. 尾数

7. 付款凭证左上角"贷方科目"应填写(　　)科目。
A. 材料采购　　B. 应付账款
C. 其他业务收入　　D. 库存现金或银行存款

8. 400 705. 90 元的汉字大写金额为(　　)。
A. 肆拾万零柒佰零伍元玖角整　　B. 肆拾万零零柒佰零伍元玖角整
C. 肆拾万柒佰零伍元玖角整　　D. 肆拾万零柒佰零伍元玖角零分

9. 提交给银行的各种结算凭证的大小写金额填写错误,应(　　)。
A. 由原制单人更正　　B. 由经办人员更正
C. 由会计人员更正　　D. 重新填制

10. 会计凭证的保管期限通常为(　　)。
A. 30 年　　B. 10 年　　C. 15 年　　D. 20 年

二、多项选择题

1. 会计凭证的作用有(　　)。
A. 反映每项经济业务事项的具体情况　　B. 作为记账的依据
C. 对经济业务事项进行日常监督　　D. 加强经济责任制

2. 下列属于原始凭证的有(　　)。
A. 销货发票　　B. 工资结算单　　C. 购料合同　　D. 发料凭证汇总表

3. 下列属于汇总原始凭证的有(　　)。
A. 限额领料单　　B. 工资结算汇总表
C. 收料凭证汇总表　　D. 销货发票

4. 各种原始凭证必须具备的基本内容包括(　　)。
A. 原始凭证的名称和日期　　B. 填制和接受单位的名称
C. 应借应贷会计科目　　D. 经济业务事项的内容、数量、单价和金额

5. 原始凭证的填制要求是(　　)。
A. 所填内容和数字必须真实、可靠、清晰、完整

B. 凭证应分类连续编号

C. 填写要工整、规范，不能任意涂改、刮擦、挖补

D. 按规定签章

6. 记账凭证可以根据(　　)填制。

A. 账簿提供的某些数据　　B. 原始凭证

C. 实际发生的经济业务事项　　D. 原始凭证汇总表

7. 收款凭证“贷方科目”登记的科目可能是(　　)。

A. 主营业务收入　B. 应收账款　C. 管理费用　D. 库存现金

8. 下列经济业务事项中应编制转账凭证的有(　　)。

A. 生产车间领用甲材料 10 000 元　　B. 计提固定资产折旧费用 20 000 元

C. 销售 A 产品 70 200 元，货款未收　　D. 购入丙材料 23 400 元，款项通过银行支付

9. 下列各项中，属于记账凭证审核内容的是(　　)。

A. 是否附有原始凭证　　B. 会计科目是否正确

C. 有关人员签章是否齐全　　D. 借贷方合计金额是否正确且相等

10. 会计凭证传递包括(　　)。

A. 凭证传递的联数和用途　　B. 凭证传递的环节

C. 凭证在各个环节的停留时间　　D. 会计凭证的装订

11. 会计凭证的保管是指会计凭证记账后的(　　)工作。

A. 整理　B. 装订　C. 归档　D. 存查

12. 下列各项中，正确保管原始凭证的方法是(　　)。

A. 原始凭证较多时，编制汇总原始凭证

B. 原始凭证较多时，只保留主要的原始凭证

C. 原始凭证较多时，可单独装订

D. 原始凭证不得外借

13. 会计凭证封面应注明(　　)等事项。

A. 单位名称　　B. 单位负责人

C. 会计主管　　D. 凭证种类和张数

三、判断题

1. 填制和审核会计凭证是会计核算和监督单位经济活动的起点和基础。(　　)

2. 所有的原始凭证都是根据实际发生的经济业务事项填制的。(　　)

3. 为简化会计核算，可将一定时期内若干份记录同类经济业务事项的原始凭证汇总编制一张汇总原始凭证。(　　)

4. 由于记账凭证是根据原始凭证编制的，故所有的记账凭证都必须附有原始凭证。(　　)

5. 记账凭证的格式都有“借方金额”“贷方金额“的内容，以便据以登记账簿。(　　)

6. 收款、付款的记账凭证可以不由出纳人员签名或盖章。(　　)

7. 对于库存现金和银行存款之间的划拨业务，一般只编制付款凭证。(　　)

8. 转账凭证只登记与货币资金收付无关的经济业务事项。(　　)

9. 记账人员根据记账凭证记账后，应在“记账符号”栏内作“√”符号，表示该笔金额已记入有关账户，以免漏记或重记。(　　)

10. 在会计凭证上只要财会人员签字盖章，该凭证便具备了合法性、真实性和正确性。 ( )

11. 每年装订成册的会计凭证，在年度终了时可暂由单位会计机构保管一年，期满后应当移交本单位档案机构统一保管；出纳人员不得兼管会计档案。 ( )

四、会计业务处理题

(一) 资料：华丰公司 2017 年 6 月份发生以下两笔经济业务事项：

1. 华丰公司第一生产车间生产甲产品需利用 A 材料。仓库领用材料采用限额领料方法，A 材料仓库保管员为王明，仓库负责人为李密，车间负责人为洪涛，车间生产计划员为李剑锋，车间领料员为王文华。第一车间实际领料情况和领料时间如下：6 月 1 日，领料 100 千克；6 月 11 日，领料 220 千克；6 月 22 日，领料 180 千克。

2. 6 月 15 日，向华东公司销售甲产品 15 台，单价 1 800 元，增值税率 16%，上述产品已发出。华东公司纳税人登记号：××01001158；地址：××市解放路 78 号；开户银行：××市农业银行直属分理处；账号：××4368。华丰公司纳税人登记号：××23009988；地址：××市上海路 158 号；开户银行：××市农业银行上海路分理处；账号：××7878。

要求：根据上述经济业务事项填制限额领料单和增值税专用发票(见表 5－17、表 5－18)。

表 5－17 华丰公司限额领料单

领料部门： 第 号

用途： 年 月 发料仓库：

材料编号	材料名称规格	计量单位	计划投产量	单位消耗定额	领用限额	实发													
						数量	单价						金额						
							千	百	十	元	角	分	万	千	百	十	元	角	分
	A	千克	50 台	10 千克/台															

日期	领用			退料			限额结余数量
	数量	领料人	发料人	数量	退料人	收料人	

车间生产计划员： 领料单位负责人： 仓库负责人：

表 5-18　增值税专用发票

NO:1078569

开票日期：　　年　　月　　日

<table>
<tr><td>购货单位</td><td colspan="6">名　　　称：
纳税人识别号：
地 址、电 话：
开户行及账号：</td><td>密码区</td><td></td></tr>
<tr><td colspan="2">货物或应税劳务、服务名称</td><td>规格型号</td><td>单位</td><td>数量</td><td>单价</td><td>金额</td><td>税率</td><td>税额</td></tr>
<tr><td colspan="2">合　计</td><td></td><td></td><td></td><td></td><td></td><td></td><td></td></tr>
<tr><td colspan="2">价税合计(大写)</td><td colspan="7">(小写)￥</td></tr>
<tr><td>销货单位</td><td colspan="6">名　　　称：
纳税人识别号：
地 址、电 话：
开户行及账号：</td><td>备注</td><td></td></tr>
</table>

收款人：　　　　复核：　　　　开票人：　　　　销货单位：(公章)

(二) 资料：华云公司 2018 年 8 月份发生如下经济业务事项：

1. 8 月 1 日，从银行提取现金 5 000 元备用。

2. 8 月 3 日，销售给华宏公司甲产品 25 吨，每吨卖价 4 000 元，开具增值税专用发票，内列货款 100 000 元，增值税 16 000 元。产品已发出，收到款项存入银行。

3. 8 月 6 日，向华飞公司购进 B 材料 800 千克，每千克 100 元，收到了增值税专用发票，内列材料款 80 000 元，增值税 12 800 元，款项以银行存款支付。材料已验收入库。

4. 8 月 10 日，以库存现金支付公司业务招待费 1 500 元。

5. 8 月 16 日，生产车间为生产甲产品领用 B 材料 600 千克，每千克采购成本 100 元。

6. 8 月 18 日，李林出差借款 3 000 元，付给库存现金。

7. 8 月 19 日，以银行存款支付广告费 20 000 元。

8. 8 月 24 日，李林出差回来，报销差旅费 2 680 元。

9. 8 月 26 日，用银行存款归还短期借款 250 000 元。

10. 8 月 31 日，分配本月工资费用 89 000 元。其中，生产车间工人工资 58 000 元，车间管理人员工资 13 000 元，公司管理人员工资 18 000 元。

11. 8 月 31 日，计提本月固定资产折旧费用 5 000 元，其中，生产车间负担 3 600 元，厂部负担 1 400 元。

12. 8 月 31 日，结转本月制造费用 16 600 元，全部计入甲产品生产成本。

13. 8 月 31 日，结转本月甲完工产品生产成本 113 600 元。

14. 8 月 31 日，结转本月销售甲产品成本 78 500 元。

要求：1. 根据上述资料，编制收款凭证、付款凭证和转账凭证。

2. 根据上述资料，编制通用记账凭证。

项目六　会计账簿

学习目标

【知识目标】

1. 理解会计账簿与会计凭证之间的关系；
2. 了解各种会计账簿的基本格式；
3. 熟悉会计账簿的种类及适用范围；
4. 掌握会计账簿的启用规则和记账规则；
5. 掌握对账、错账更正和结账的方法；
6. 熟悉更换和保管会计账簿的方法。

【能力目标】

1. 能够正确设置、启用和保管会计账簿；
2. 能够正确地登记日记账、总分类账和明细分类账；
3. 能够熟练地进行对账、结账；
4. 能够运用正确的方法进行错账更正。

【引　言】 企业从原始凭证到记账凭证，按照设定的会计科目和借贷记账法，已经将大量的经济信息转化为会计信息并记录在记账凭证上。但这种反映是分散的、不系统的。同时，会计凭证容易散失，不便于日后查阅，也不便于日常管理。比如，一笔经济业务事项可能记录在几张原始凭证，一个会计科目的内容也可能分散在许多记账凭证上。所以，会计凭证还不能提供出连续的、系统的、完整的会计信息。那么，如何把分散在会计凭证中的大量核算资料加以集中归类反映，为经营管理提供连续的、系统的、完整的核算资料，并为编制会计报表提供依据呢？这就需要设置和登记会计账簿，把分散在会计凭证中的大量会计核算资料加以集中、归类和整理，按照一定的要求登记到有关的会计账簿中。

任务一　熟悉会计账簿及其种类

任务要求

为了满足将有关会计凭证所反映的大量的、分散的会计核算资料，通过一定的方法和程序，借助一定的工具和手段对会计信息进行归集、汇总和整理的需要，要求设置和登记会计账簿。所以，要熟悉会计账簿的种类及适用范围，了解各种会计账簿的基本格式。

一、会计账簿的概念

（一）会计账簿的含义

会计账簿又称"账簿"或"账册"，是指由具有一定格式、按一定形式相互连接的账页组成的，以经过审核无误的会计凭证为依据，对全部经济业务事项全面、系统、连续、分类记录与核算的簿籍。设置和登记账簿是进行会计核算的专门方法之一，是会计期末编制会计报表的基础，是连接会计凭证与会计报表的中间环节。

账页是具有一定格式，能满足会计核算过程中按会计科目或其他标志进行归类，连续记载经济业务事项的表格。在某个账页上填入会计科目，该账页便成为一个账户，用来记录该账户所规定的核算内容。例如，在某账页上填入"应收账款"科目，则该账页就可用来记录应收货款、劳务款及委托银行收款等内容的增加、减少及余额。账户是账簿的基本组成单元，账簿的每一账页就是账户的存在形式和载体。根据会计凭证在有关账户中进行登记，就是指将会计凭证所反映的经济业务事项内容记入设立在账簿中的账户，即通常所说的登记账簿，也称记账。

（二）会计账簿的构成

会计账簿一般由封面、记载与账簿使用有关事项的扉页、记录经济业务事项的账页和封底组成。

(1) 封面。封面主要标明单位名称和账簿名称，方便识别和使用，如总分类账、现金日记账、明细分类账等。

(2) 扉页。扉页主要用来账簿启用或管理人员交接时填写，包括账簿启用及经管人员一览表和账簿目录。主要内容有：单位名称、账簿名称、起止页数、册次，启用日期、主管名称、会计名称、移交人和移交日期、接管人和接管日期、有关人员签章、账户目录等。

(3) 账页。账页是账簿的主体，是用来记录经济业务事项的载体。在实际工作中，由于各种会计账簿所记录的经济业务事项不同，账簿的格式也多种多样。但各种账簿都应具备以下基本内容：

① 账户的名称，包括一级会计科目、二级或明细科目名称；

② 登记账户的日期栏，包括年、月、日；

③ 凭证种类和号数栏，记录记账凭证的种类和号数；

④ 摘要栏，即所记录的经济业务事项内容的简要说明；

⑤ 金额栏，记录本账户发生额或增减变化额及相应余额；

⑥ 总页次、分户页次等。

(4) 封底。封底一般没有具体内容，但它与封面共同起着保护整个账簿记录完整的重要作用。

二、设置会计账簿的原则

为了科学地记录和反映经济活动的内容，各企业单位应根据本企业单位经济业务事项的特点和经营管理上的需要设置会计账簿。会计账簿的设置包括确定账簿的种类、格式及登记方法。账簿设置必须做到科学严密、层次分明，账簿之间保持内在联系和勾稽关系，起到相互制约的作用。

1. 合法及统一性原则

凡是有经济活动的单位都要按照国家的有关规定，依法设置会计账簿，不得违规私设账簿，不得设置账外账。设置账簿时，凡国家有统一规定和要求的，会计主体必须遵照执行，按国家规定统一要求来设置账簿。

2. 科学性原则

企业设置的各种账簿应形成严密的账簿体系，避免漏设必要的账簿和重复设置账簿。账簿之间提供的信息应具有严密的勾稽关系，各种账簿在记录经济业务事项上既明确分工，又应有一定的内在联系，有关账簿之间还应具有统驭和被统驭或平行制约关系，从而能够提供科学、系统、正确、详略适当的、有用的会计信息。

3. 实用性原则

设置会计账簿时，应从加强管理的实际需要和具体条件出发，一方面应结合本企业经营活动的特点，考虑经营规模大小和经济业务事项的多少；另一方面还要考虑到本企业会计机构的设置和会计人员的配备及素质等情况。在经营规模较大、经济业务事项发生频繁的企业，会计机构、会计人员的配备也相对比较完善，应根据内部控制的要求和会计人员的配备及分工情况，合理地、规范地设置会计账簿。

三、会计账簿的种类

会计账簿的种类很多，不同的账簿所登记的内容、方法各不相同。不同的账簿有着各自不同的功能和作用，它们各自独立，又相互补充，形成了一套完整的账簿体系。为满足企业记录经济业务事项对账簿的需要，通常按账簿用途不同、账簿外表形式不同和账页格式不同进行分类。这样有利于我们更好地学习账簿的有关理论，也便于更好地使用账簿。

(一) 序时账簿、分类账簿和辅助账簿

会计账簿按其用途不同可划分为序时账簿、分类账簿和辅助账簿。

1. 序时账簿又称日记账，是指对经济业务事项按其发生或完成时间的先后顺序，逐日逐笔详细登记的账簿。日记账必须以取得和填制的会计凭证按编号先后顺序逐日逐笔进行登记，工作量相当大，但便于及时、详细地反映经济业务事项的发生和完成情况，提供连续、系统的会计资料，也可以用来与分类账的有关账户进行相互核对。日记账可以用来核算和监督全部或某一类型经济业务事项的发生或完成情况。日记账按其记录经济业务事项内容的不同可以细分为普通日记账和特种日记账。

(1) 普通日记账是用以序时登记全部或多种经济业务事项的日记账。普通日记账在格式上一般分为"借方金额""贷方金额"两栏，登记每一会计分录的借方账户和贷方账户及金额，不结余额。普通日记账的格式如表6-1所示。

表6-1　普通日记账

年		凭证		会计科目	摘要	借方金额							贷方金额							过账(√)
月	日	种类	号数			万	千	百	十	元	角	分	万	千	百	十	元	角	分	

在做会计处理时，先将每日发生的全部经济业务事项，按其发生的时间先后顺序，根据原始凭证转化为会计分录登记到日记账上，然后再转记到分类账中去。因此，登记普通日记账的过程也是编制记账凭证的过程，普通日记账也称为分录簿。普通日记账可以清晰地反映各账户之间增减变动的来龙去脉，但由于经济业务事项的复杂多样性，采用一本账簿逐日逐笔记录全部经济业务事项，显然比较困难，且不便于不同岗位会计人员的分工记账，故目前在会计实务中应用较少。

(2) 特种日记账是专门用以序时登记某一类重要的、发生频繁的经济业务事项的日记账。常见的特种日记账包括现金日记账和银行存款日记账，以便提供库存现金和银行存款收付业务详细、及时的会计信息，加强货币资金的管理。

① 现金日记账是由出纳人员根据审核无误的现金收款凭证、付款凭证或提取现金的银行存款付款凭证，按照经济业务事项发生的时间先后顺序，逐日逐笔进行登记，反映库存现金每天收入、支出和结存情况的账簿。每日收付款项登记现金日记账完毕后，应分别计算库存现金收入和支出的合计数及当日账面余额，并将现金日记账的账面余额与库存现金实存数核对相符，即"日清"。

现金日记账通常使用订本式账簿，由设有"收入(借方)""支出(贷方)""结存(余额)"三栏式结构的账页组成。为了对照地反映库存现金的来源及用途，一般还设有"对方科目"栏。现金日记账的格式如表6-2所示。

表6-2　现金日记账

年		凭证		摘要	对方科目	√	收入(借方)							支出(贷方)							结存(余额)						
月	日	种类	号数				万	千	百	十	元	角	分	万	千	百	十	元	角	分	万	千	百	十	元	角	分

② 银行存款日记账是由出纳人员根据审核无误的银行存款收款凭证、付款凭证或把库存现金存入银行的现金付款凭证，按照经济业务事项发生的时间先后顺序，逐日逐笔进行登记，反映银行存款每天收入、支出和结存情况的账簿。每日业务终了，应结出当日余额，并将记录结果定期与开户银行送来的对账单逐笔核对相符。银行存款日记账应按企业在银行开立的账

户和币种分别设置。

银行存款日记账一般也采用订本式账簿，由设有“收入(借方)”“支出(贷方)”“结存(余额)”三栏式基本结构的账页组成。银行存款日记账的格式比现金日记账多了“结算方式”栏，这是因为企业通过银行办理收付款业务时，往往要使用支票和汇票等。在登记银行存款日记账时，相应地也要注明这些结算凭证的种类与号码，以便于定期或不定期与银行核对。其具体格式如表 6－3 所示。

表 6－3　银行存款日账

<table>
<tr><th colspan="2">年</th><th colspan="2">凭证</th><th rowspan="2">结算方式</th><th rowspan="2">摘要</th><th rowspan="2">对方科目</th><th rowspan="2">√</th><th colspan="7">收入(借方)</th><th colspan="7">支出(贷方)</th><th colspan="7">结存(余额)</th></tr>
<tr><th>月</th><th>日</th><th>种类</th><th>号数</th><th>万</th><th>千</th><th>百</th><th>十</th><th>元</th><th>角</th><th>分</th><th>万</th><th>千</th><th>百</th><th>十</th><th>元</th><th>角</th><th>分</th><th>万</th><th>千</th><th>百</th><th>十</th><th>元</th><th>角</th><th>分</th></tr>
<tr><td></td><td></td><td></td><td></td><td></td><td></td><td></td><td></td><td></td><td></td><td></td><td></td><td></td><td></td><td></td><td></td><td></td><td></td><td></td><td></td><td></td><td></td><td></td><td></td><td></td><td></td><td></td><td></td><td></td></tr>
<tr><td></td><td></td><td></td><td></td><td></td><td></td><td></td><td></td><td></td><td></td><td></td><td></td><td></td><td></td><td></td><td></td><td></td><td></td><td></td><td></td><td></td><td></td><td></td><td></td><td></td><td></td><td></td><td></td><td></td></tr>
<tr><td></td><td></td><td></td><td></td><td></td><td></td><td></td><td></td><td></td><td></td><td></td><td></td><td></td><td></td><td></td><td></td><td></td><td></td><td></td><td></td><td></td><td></td><td></td><td></td><td></td><td></td><td></td><td></td><td></td></tr>
</table>

2. 分类账簿。分类账簿是指对各项经济业务事项按照会计要素的具体类别设置的分类账户进行登记的账簿。其特点是强调分类登记，而不强调逐笔登记。分类账簿是账簿体系的主体，可以分别核算和监督各项资产、负债、所有者权益、收入、费用和利润的增减变动情况及其结果，其提供的核算信息是编制会计报表的主要依据。根据记录经济业务事项的详细程度不同，分类账可分为总分类账和明细分类账。

(1) 总分类账。总分类账简称总账，是按总分类科目开设账户，登记全部经济业务事项的分类账簿。它能总括地反映各会计要素具体内容的增减变动和变动结果，编制会计报表就是以总分类账所提供的资料为主要依据的。在实际工作中，企业应该设置总账，并按总账会计科目的编码顺序分设账户以及为每个账户预留若干账页。总账由专职的会计人员进行登记。为了贯彻内部互相牵制原则，经管总账的会计人员不得经管日记账及明细分类账。总账可根据各种审核无误的记账凭证逐笔登记，也可根据科目汇总表或汇总记账凭证按 5 天、10 天等不同时间间隔汇总登记，但至少一个月要登记一次。总账采用何种登记依据和方法，取决于企业采用的账务处理程序，详见项目十。企业每月应将当月已发生完成的经济业务事项全部登记入账，并于月终结出总账各账户的本期发生额和期末余额，作为编制会计报表的主要依据。

总账一般只提供货币指标，通常采用三栏式订本账簿，其基本结构为“借方”“贷方”“余额”三栏，格式如表 6－4 所示。

表 6－4　总分类账

会计科目编号及名称：

<table>
<tr><th colspan="2">年</th><th colspan="2">凭证</th><th rowspan="2">摘要</th><th colspan="7">借方</th><th rowspan="2">√</th><th colspan="7">贷方</th><th rowspan="2">√</th><th rowspan="2">借或贷</th><th colspan="7">余额</th><th rowspan="2">√</th></tr>
<tr><th>月</th><th>日</th><th>字</th><th>号</th><th>万</th><th>千</th><th>百</th><th>十</th><th>元</th><th>角</th><th>分</th><th>万</th><th>千</th><th>百</th><th>十</th><th>元</th><th>角</th><th>分</th><th>万</th><th>千</th><th>百</th><th>十</th><th>元</th><th>角</th><th>分</th></tr>
<tr><td></td><td></td><td></td><td></td><td></td><td></td><td></td><td></td><td></td><td></td><td></td><td></td><td></td><td></td><td></td><td></td><td></td><td></td><td></td><td></td><td></td><td></td><td></td><td></td><td></td><td></td><td></td><td></td><td></td><td></td></tr>
<tr><td></td><td></td><td></td><td></td><td></td><td></td><td></td><td></td><td></td><td></td><td></td><td></td><td></td><td></td><td></td><td></td><td></td><td></td><td></td><td></td><td></td><td></td><td></td><td></td><td></td><td></td><td></td><td></td><td></td><td></td></tr>
<tr><td></td><td></td><td></td><td></td><td></td><td></td><td></td><td></td><td></td><td></td><td></td><td></td><td></td><td></td><td></td><td></td><td></td><td></td><td></td><td></td><td></td><td></td><td></td><td></td><td></td><td></td><td></td><td></td><td></td><td></td></tr>
</table>

（2）明细分类账。明细分类账简称明细账，是按明细科目开设账户，用来登记某一类经济业务事项，提供明细核算资料的分类账簿。它所提供的有关经济活动的详细资料是对总账所提供总括核算资料的必要补充，同时也是编制会计报表的依据。在实际工作中，企业可以根据经营管理的需要，为诸如材料物资、应收应付款项、费用成本和收入成果等有关总账账户设置所属的明细账，进行明细分类核算。明细账由明细分类账经管人员根据原始凭证或原始凭证汇总表以及记账凭证，按照经济业务事项发生的时间顺序逐笔登记，不能定期汇总登记，这是由明细分类账应详细反映经济业务事项内容的基本功能决定的。

根据管理上的要求和各种明细账所记录经济业务事项的特点，明细账可细分为三栏式、多栏式、数量金额式和横线登记式等四种明细账。

① 三栏式明细账。三栏式明细账的格式与总账的格式相同，也是使用“借方”“贷方”“余额”三栏式账页。这种格式适用于那些只需要进行金额核算，不需要提供数量核算信息的债权债务、权益资本、对外投资等明细分类账，如“应收账款”“应付账款”“短期借款”“长期借款”和“实收资本”等明细账。三栏式明细账的格式如表 6－5 所示。

表 6－5 ________明细分类账

____级科目编号及名称：

年		凭证		摘要	借方							√	贷方							√	借或贷	余额							√
月	日	字	号		万	千	百	十	元	角	分		万	千	百	十	元	角	分			万	千	百	十	元	角	分	

② 多栏式明细账。多栏式明细账不是按每一个明细科目单设一张账页来登记，而是根据经济业务事项的特点和管理的需要，在同一账页内将属于同一总账科目的所有相关明细科目或项目集中起来，分设若干专栏予以登记和反映，以便集中反映各账户有关明细项目的详细资料。这种格式一般适用于既要进行金额核算，管理上又要求反映项目构成的成本、费用、收入等情况的明细分类账，用于登记明细项目多、记账方向又比较单一的经济业务事项。这类明细账虽然也是用来登记增加额和减少额的，但通常用来登记增加额，很少登记减少额，有的账户只在月末才登记一次。因此，这类明细账的账页格式一般只按增加额一方设置，减少额可在登记增加额的栏次用红字登记。按明细账登记的经济业务事项的不同，多栏式明细账的账页又可细分为借方多栏式、贷方多栏式和借贷多栏式三种明细账。

借方多栏式明细账是按照借方科目设置若干个专栏，用蓝字登记，贷方发生额则用红字在有关专栏内登记的明细分类张。它适用于借方需要设置多个明细科目或项目的账户，如“生产成本”“制造费用”“管理费用”“财务费用”“销售费用”“其他业务成本”和“营业外支出”等成本费用明细账。借方多栏式明细账的格式如表 6－6 所示。

表 6-6　生产成本明细账

产品名称______　产品规格______　生产车间______

投产日期______　计划工时______　计划产量______　生产批号______

完工日期______　实际工时______　实际完工产量______　单　位______

<table>
<tr><th colspan="2" rowspan="2">年</th><th colspan="2" rowspan="2">凭证</th><th rowspan="2">摘要</th><th colspan="7" rowspan="2">借方发生额</th><th colspan="21">成本项目</th></tr>
<tr><th colspan="7">直接材料</th><th colspan="7">直接人工</th><th colspan="7">制造费用</th></tr>
<tr><th>月</th><th>日</th><th>种类</th><th>号数</th><th></th><th>万</th><th>千</th><th>百</th><th>十</th><th>元</th><th>角</th><th>分</th><th>万</th><th>千</th><th>百</th><th>十</th><th>元</th><th>角</th><th>分</th><th>万</th><th>千</th><th>百</th><th>十</th><th>元</th><th>角</th><th>分</th><th>万</th><th>千</th><th>百</th><th>十</th><th>元</th><th>角</th><th>分</th></tr>
<tr><td></td><td></td><td></td><td></td><td></td><td></td><td></td><td></td><td></td><td></td><td></td><td></td><td></td><td></td><td></td><td></td><td></td><td></td><td></td><td></td><td></td><td></td><td></td><td></td><td></td><td></td><td></td><td></td><td></td><td></td><td></td><td></td><td></td></tr>
<tr><td></td><td></td><td></td><td></td><td></td><td></td><td></td><td></td><td></td><td></td><td></td><td></td><td></td><td></td><td></td><td></td><td></td><td></td><td></td><td></td><td></td><td></td><td></td><td></td><td></td><td></td><td></td><td></td><td></td><td></td><td></td><td></td><td></td></tr>
<tr><td></td><td></td><td></td><td></td><td></td><td></td><td></td><td></td><td></td><td></td><td></td><td></td><td></td><td></td><td></td><td></td><td></td><td></td><td></td><td></td><td></td><td></td><td></td><td></td><td></td><td></td><td></td><td></td><td></td><td></td><td></td><td></td><td></td></tr>
</table>

贷方多栏式明细账是按照贷方科目设置若干个专栏，用蓝字登记，借方发生额则用红字在有关专栏内登记的明细分类张。它适用于贷方需要设置多个明细科目或项目的账户，如“主营业务收入”“其他业务收入”“营业外收入”等收入明细账。贷方多栏式明细账的格式如表6-7所示。

表 6-7　主营业务收入明细账

<table>
<tr><th colspan="2" rowspan="2">年</th><th colspan="2" rowspan="2">凭证</th><th rowspan="3">摘要</th><th colspan="7" rowspan="2">合　计</th><th colspan="21">贷　方</th></tr>
<tr><th colspan="7">A 产品</th><th colspan="7">B 产品</th><th colspan="7">C 产品</th></tr>
<tr><th>月</th><th>日</th><th>字</th><th>号</th><th>万</th><th>千</th><th>百</th><th>十</th><th>元</th><th>角</th><th>分</th><th>万</th><th>千</th><th>百</th><th>十</th><th>元</th><th>角</th><th>分</th><th>万</th><th>千</th><th>百</th><th>十</th><th>元</th><th>角</th><th>分</th><th>万</th><th>千</th><th>百</th><th>十</th><th>元</th><th>角</th><th>分</th></tr>
<tr><td></td><td></td><td></td><td></td><td></td><td></td><td></td><td></td><td></td><td></td><td></td><td></td><td></td><td></td><td></td><td></td><td></td><td></td><td></td><td></td><td></td><td></td><td></td><td></td><td></td><td></td><td></td><td></td><td></td><td></td><td></td><td></td><td></td></tr>
<tr><td></td><td></td><td></td><td></td><td></td><td></td><td></td><td></td><td></td><td></td><td></td><td></td><td></td><td></td><td></td><td></td><td></td><td></td><td></td><td></td><td></td><td></td><td></td><td></td><td></td><td></td><td></td><td></td><td></td><td></td><td></td><td></td><td></td></tr>
<tr><td></td><td></td><td></td><td></td><td></td><td></td><td></td><td></td><td></td><td></td><td></td><td></td><td></td><td></td><td></td><td></td><td></td><td></td><td></td><td></td><td></td><td></td><td></td><td></td><td></td><td></td><td></td><td></td><td></td><td></td><td></td><td></td><td></td></tr>
</table>

借贷多栏式明细账是按照借方和贷方科目分别设置若干专栏进行登记的明细分类张。它适用于借贷双方都需要设置多个明细科目或项目的账户，如“应交税费——应交增值税”“本年利润”和“利润分配”等明细账。借贷多栏式明细账的格式如表 6-8 所示。

表 6-8　应交税金(增值税)明细账

<table>
<tr><th colspan="2">年</th><th colspan="2">凭证</th><th rowspan="2">摘要</th><th colspan="6">借方</th><th colspan="7">贷方</th><th rowspan="2">借或贷</th><th rowspan="2">余额</th></tr>
<tr><th>月</th><th>日</th><th>字</th><th>号</th><th>合计</th><th>进项税额</th><th>已交税金</th><th>转出未交增值税</th><th>减免税款</th><th></th><th>合计</th><th>销项税额</th><th>出口退税</th><th>进项税额转出</th><th>转出多交增值税</th><th></th><th></th></tr>
<tr><td></td><td></td><td></td><td></td><td></td><td></td><td></td><td></td><td></td><td></td><td></td><td></td><td></td><td></td><td></td><td></td><td></td><td></td><td></td><td></td></tr>
<tr><td></td><td></td><td></td><td></td><td></td><td></td><td></td><td></td><td></td><td></td><td></td><td></td><td></td><td></td><td></td><td></td><td></td><td></td><td></td><td></td></tr>
<tr><td></td><td></td><td></td><td></td><td></td><td></td><td></td><td></td><td></td><td></td><td></td><td></td><td></td><td></td><td></td><td></td><td></td><td></td><td></td><td></td></tr>
</table>

③ 数量金额式明细账。数量金额式明细账也采用“收入”“支出”“结存”三栏式基本结构，但在每栏下面，又分别设置“数量”“单价”“金额”三个小栏目。数量金额式明细账适用于既需要进行金额核算，又需要进行具体的实物数量核算的各项财产物资明细账，如“原材料”“库存

商品”等明细账。数量金额式明细账的格式如表 6－9 所示。

表 6－9　____明细账

货名________

存储地点______　最高存量______　最低存量______　计量单位______　规格______　计划单价______

<table>
<tr><th colspan="2">年</th><th colspan="2">凭证</th><th rowspan="3">摘　要</th><th colspan="8">收入</th><th colspan="8">发出</th><th colspan="8">结存</th></tr>
<tr><th rowspan="2">月</th><th rowspan="2">日</th><th rowspan="2">种类</th><th rowspan="2">号数</th><th rowspan="2">数量</th><th rowspan="2">单价</th><th colspan="6">金额</th><th rowspan="2">数量</th><th rowspan="2">单价</th><th colspan="6">金额</th><th rowspan="2">数量</th><th rowspan="2">单价</th><th colspan="6">金额</th></tr>
<tr><th>千</th><th>百</th><th>十</th><th>元</th><th>角</th><th>分</th><th>千</th><th>百</th><th>十</th><th>元</th><th>角</th><th>分</th><th>千</th><th>百</th><th>十</th><th>元</th><th>角</th><th>分</th></tr>
<tr><td></td><td></td><td></td><td></td><td></td><td></td><td></td><td></td><td></td><td></td><td></td><td></td><td></td><td></td><td></td><td></td><td></td><td></td><td></td><td></td><td></td><td></td><td></td><td></td><td></td><td></td><td></td><td></td><td></td></tr>
<tr><td></td><td></td><td></td><td></td><td></td><td></td><td></td><td></td><td></td><td></td><td></td><td></td><td></td><td></td><td></td><td></td><td></td><td></td><td></td><td></td><td></td><td></td><td></td><td></td><td></td><td></td><td></td><td></td><td></td></tr>
<tr><td></td><td></td><td></td><td></td><td></td><td></td><td></td><td></td><td></td><td></td><td></td><td></td><td></td><td></td><td></td><td></td><td></td><td></td><td></td><td></td><td></td><td></td><td></td><td></td><td></td><td></td><td></td><td></td><td></td></tr>
<tr><td></td><td></td><td></td><td></td><td></td><td></td><td></td><td></td><td></td><td></td><td></td><td></td><td></td><td></td><td></td><td></td><td></td><td></td><td></td><td></td><td></td><td></td><td></td><td></td><td></td><td></td><td></td><td></td><td></td></tr>
</table>

④ 横线登记式明细账。横线登记式明细账又称平行式明细账，是采用横线登记的方法，将前后密切相关的经济业务事项（从开始到最终完成，不管间隔多长时间）均登记在同一横行内，从而可依据每一行各个栏目的登记是否齐全来判断该项经济业务事项的进展情况。横线登记式明细账适用于登记需要前后对照、需要勾对其完成情况的经济业务事项，如“材料采购”（见表 6－10 所示）等明细账。

表 6－10　材料采购明细账

<table>
<tr><th rowspan="3">供货单位</th><th rowspan="3">摘要</th><th colspan="5">借方</th><th colspan="5">贷方</th><th rowspan="3">转销号（√）</th></tr>
<tr><th colspan="2">2017 年</th><th colspan="2">凭证</th><th rowspan="2">金额</th><th colspan="2">2017 年</th><th colspan="2">凭证</th><th rowspan="2">金额</th></tr>
<tr><th>月</th><th>日</th><th>字</th><th>号</th><th>月</th><th>日</th><th>字</th><th>号</th></tr>
<tr><td>兰神公司</td><td>购钢材</td><td>1</td><td>8</td><td>付</td><td>7</td><td>70 000</td><td>1</td><td>19</td><td>入</td><td>101</td><td>70 000</td><td>√</td></tr>
<tr><td>花鑫公司</td><td>购木材</td><td>1</td><td>15</td><td>付</td><td>9</td><td>120 000</td><td></td><td></td><td></td><td></td><td></td><td></td></tr>
<tr><td>红鸟公司</td><td>购角钢</td><td></td><td></td><td></td><td></td><td></td><td>1</td><td>25</td><td>入</td><td>102</td><td>90 000</td><td></td></tr>
</table>

3. 辅助账簿。辅助账簿又称备查账簿，是各单位根据会计核算和经营管理的需要而设置的，对在某些序时账和分类账中都不予登记或登记不够详细的经济业务事项进行补充登记时使用的，提供备查性质资料的账簿。辅助账簿不是根据会计科目设置的，与其他账户之间不存在账务处理上的直接关系，因而在登记过程中也不必遵循复式记账规则。

辅助账簿一般没有固定格式，栏目设计也比较灵活。各单位可以根据辅助账簿反映内容的不同和实际需要设计相应的格式，它的主要栏目不记录金额，注重用文字来说明经济业务事项的发生情况，如企业对于租入的固定资产应设立“租入固定资产登记簿”（格式见表 6－11 所示）和“应收票据登记簿”等。

表 6-11　租入固定资产登记簿

第　页

名称及规格	租约	租出单位	租金	使用部门		归还日期	备注
				日期	单位		

（二）订本式账簿、活页式账簿和卡片式账簿

会计账簿按其外表形式不同可分为订本式账簿、活页式账簿和卡片式账簿。

(1) 订本式账簿。订本式账簿简称订本账，是指在启用前，将具有账户基本结构并顺序编号的若干张账页，固定装订成册的账簿。使用订本账可以避免账页散失，防止随便抽换账页，保证账簿的安全与完整。但订本账在同一时间内只能由一人负责登记，不便于会计人员分工记账。由于订本账账页固定，不便于按需求增减账页，容易出现账页的余缺，从而造成浪费或影响连续记载。一些具有统驭作用的账簿以及记录的经济业务事项特别重要的账簿都应采用订本式账簿，如总分类账、现金日记账和银行存款日记账。

(2) 活页式账簿。活页式账簿简称活页账，是指购入时以单页形式存在，平时使用零散账页记录经济业务事项并将已使用的账页放置在活页账夹内，会计期末再将本期所登记的账页连续编号并装订成册的账簿。采用活页账可以根据核算和管理需要随时添加、减少或重新排列账页，便于组织会计人员分工记账，提高工作效率。但采用活页账，账页容易散失和被抽调、更换，容易混乱顺序，难以保证账簿的安全、完整。活页式账簿适用于除债权、债务结算类账户以外的所有明细账。

(3) 卡片式账簿。卡片式账簿简称卡片账，是指用印有记账格式和特定内容的卡片登记经济业务事项的账簿，是一种特殊的活页式账簿。卡片式账簿的每张卡片正反两面都设计一定格式，用以记录各种指标和内容。这种账页使用比较灵活、保管比较方便，有利于详细记录经济业务事项的具体内容，但这种账页容易散失，一般应顺序编号并由有关人员在卡片上签章，同时放置在卡片箱内由专人保管。这种账页不需要每年更换，可以跨年度使用，在使用完毕后再装订成册，妥善保管。卡片式账簿主要用于需要长时间连续登记，并要随时查阅的财产明细账，如固定资产明细账。

（三）三栏式账簿、多栏式账簿、数量金额式账簿和横线登记式账簿

会计账簿按其账页的格式不同可分为三栏式账簿、多栏式账簿、数量金额式账簿和横线登记式账簿。具体格式见序时账簿、总分类账和明细分类账。

任务二 掌握账簿的登记

任务要求

登记账簿既是会计核算工作的关键环节，也是企业会计核算的一项重要基础工作。账簿登记工作的质量，直接关系着会计信息工作的效果。所以，要理解、掌握账簿的登记规则以及对账、错账更正和结账的方法。

一、账簿的登记规则

账簿的登记规则是指会计人员在账簿登记过程中应当遵守的要求。账簿的登记是一项要求严谨、技术强的工作，应严格遵守规范要求。只有严格记账规则，切实做到登记账簿及时、内容完整、数字正确、摘要清楚、不错、不漏、不重复，才能保证会计信息资料符合管理工作的需要。

(1) 会计人员必须根据审核无误的会计凭证及时登记各种账簿，并将会计凭证的日期、编号、摘要、金额等逐项登记入账。账簿记录中的日期，应该填写记账凭证上的日期。

(2) 登记账簿后，应在记账凭证的“记账”或“过账”栏内注明账簿的页数或用“√”符号表示已登记入账，避免重记、漏记，也便于查阅、核对，并在相应的记账凭证上签章。

(3) 为了使账簿记录清晰，防止涂改，登记账簿时必须使用蓝、黑或者碳素墨水书写，不得使用铅笔或圆珠笔(银行的复写账簿除外)。红色墨水只限在下列情况下使用：

① 采用红字更正法冲销错账记录；

② 使用红线画线注销或画线结账；

③ 在不设借方栏或贷方栏的多栏式明细账中，登记减少发生额；

④ 在没有注明余额方向的三栏式明细账中，登记负数余额；

⑤ 会计制度规定使用红字登记的其他会计记录。

(4) 账簿记录的文字必须清晰、端正，摘要内容清楚、简洁；数字书写规范，排列整齐，大小一致，上下位置对齐。文字、数字书写时，紧靠底线，不占满格，一般为行宽的1/2或2/3，以便出错时可以更正。尤其是金额数字不要紧靠左右竖线，应有一定倾斜度，一般向右倾斜约30°(与垂直线夹角)。

(5) 登记账簿必须按照事先编定的页次，逐页、逐行顺序连续记录，不得隔页、跳行。如不慎发生隔页、跳行时，应将空页或空行用红色墨水对角划线注销，或者注明“此行空白”“此页空白”字样，并由记账人员在空白处签名或盖章。

(6) 各账户结出余额后，应当在“借或贷”栏内写明“借”或“贷”等字样，表明余额的方向。没有余额的账户，应当在“借或贷”栏内写“平”字，并在余额栏内的“元”位用“0”表示。现金日记账和银行存款日记账必须逐日结出余额。

(7) 每一账页登记完毕，应在本账页最末一行加计本页发生额及余额，并在“摘要”栏内注明“过次页”，同时在下一账页的第一行登记上页加计的发生额和余额，并在“摘要”栏注明“承前页”，以此保证前后账页记录的相互衔接；也可以将本页发生额及余额只写在下页第一行有关栏内，并在“摘要”栏内注明“承前页”。

对需要结计本月发生额的账户，结计“过次页”的本页合计数应为自本月初起至本页末止的发生额合计数；对需要结计本年累计发生额的账户，结计“过次页”的本页合计数应为自本年初起至本页末止的累计数；对既不需要结计本月发生额也不需要结计本年累计发生额的账户，可以只将每页末的金额结转次页。

(8) 账簿记录发生错误时，不得刮、擦、挖、补，不能随意涂改或用褪色墨水更改字迹，也不准更换账页重新抄写，应视具体情况，按照规定的更正错账的方法予以更正。

二、对账

在实际会计工作中，在填制凭证、记账、算账过程中，因会计工作涉及的数字太多、太复杂等原因，难免会发生记账差错或账实不符等情况。归纳起来，一般有两个主要原因：一是自然原因，如因财产物资的本身性质和自然条件变化所引起的溢余或短缺等；二是人为原因，如有关人员业务不熟、工作失职甚至营私舞弊等。因此，为了保证账簿记录的真实、正确和完整，必须做好对账工作。

对账是指各单位人员对会计账簿记录与相关的会计凭证、库存实物、货币资金、有价证券、往来单位等进行相互核对，以保证账证相符、账账相符、账实相符，使会计信息准确可靠，并为编制会计报表提供真实可靠的数据。对账一般在会计期末企业全部经济业务事项入账后结账前进行。如遇特殊情况，如会计人员变动、发生非常事故等，应随时进行对账。

(一) 账证核对

账证核对是指各种账簿(包括总账、明细账、现金日记账和银行存款日记账等)记录同记账凭证及其所附的原始凭证的时间、凭证字号、内容、金额和记账方向核对是否一致。账证核对的方法有逐笔核对和抽查核对两种。逐笔核对是将账簿记录逐笔与有关的记账凭证或原始凭证进行的核对，核对工作量较大；抽查核对是根据查验需要，有针对性地选择部分账簿的记录与其相关的会计凭证进行核对。账证核对后，要保证账簿记录和会计凭证一致，即会计凭证中所有经济业务事项要全部记入账簿，账簿中每项记录均有相应的会计凭证做依据，且二者记录完全一致。账证核对一般在平时编制记账凭证和记账过程中就应进行，以便及时发现错账，并进行更正。这是保证账账相符、账实相符的基础。

(二) 账账核对

账账核对是指在账证核对的基础上，将各种账簿之间的相关数字进行核对。账账核对后，要做到账账一致，即各种账簿之间有关指标核对一致，有关会计等式成立。账账核对主要是利用会计等式及账簿平行登记的结果进行核对。其核对内容主要包括：

(1) 核对总分类账所有账户本期借方发生额合计与贷方发生额合计是否相等；

(2) 核对总分类账所有账户期末借方余额合计与贷方余额合计是否相等；

(3) 核对各种明细账及现金、银行存款日记账的本期发生额及期末余额同总分类账中有关账户的发生额及余额是否相等；

(4) 核对财产物资保管部门或使用部门的明细账本期发生额及期末余额与会计部门相应财产物资明细账本期发生额及期末余额是否相等。

以上核对工作一般通过编制总分类账户发生额及余额试算平衡表和总分类账户与明细账

户发生额及余额对照表进行。

（三）账实核对

账实核对是指账账核对的基础上，将各种财产物资和债权债务账面结存数同其实际结存数进行核对。账实核对后，要做到账实一致，即各种账簿记录与有关财产物资的实际结存数相符。其核对内容主要包括：

（1）核对现金日记账的余额与库存现金实存数额是否相等；

（2）核对银行存款日记账的记录及余额同开户银行送来的对账单记录及余额是否相等；

（3）核对财产物资明细账的结存数量与其实存数量是否相符；

（4）核对各种应收、应付款明细账的账面余额与有关债务人、债权人送来的对账单余额是否相符。

在实际工作中，账实核对一般要结合财产清查进行，详见项目八。

三、错账的更正

（一）错账的类型

错账是指账簿记录或计算发生了错误。错账往往是由于会计人员工作疏忽大意或有意弄虚作假而造成的记录或计算错误。这种错误有的造成账簿之间的勾稽关系被破坏，如所有总账账户借贷双方发生额及余额不平衡，总账与其所属明细账的发生额及余额不相符，会计部门与其他部门的账簿记录不相符；有的造成账簿记录与事实不符，如库存现金账户余额与实际库存现金余额不相等；有的造成会计指标的错误，如应记入“制造费用”的金额误计入“管理费用”账户中。

错账从错误本身的性质来看主要有重记、漏记、错记和计算错误。

（1）重记是指已经登记入账的经济业务事项重复登记，造成账簿金额多记。

（2）漏记是指应该登记入账的经济业务事项没有登记入账，造成账簿金额少记。

（3）错记是指登记账簿或者编制会计凭证时，会计人员看错数字、记反借贷方向和用错账户等。常见的有：

① 数字移位：多发生在零较多的数字上，数字全部数码依次向左或向右移动，造成金额数字变大或变小，如300向左移一位变为3 000，向右移一位变为30。

② 数字颠倒：一般发生在相邻的两个数码字间，如498写成489或948。

③ 方向记错：将应记入借方的金额记入贷方，应记入贷方的金额记入借方。

④ 数码误记：多发生在容易混淆的数码上，如7和9、2和3、5和6等，由于书写不规范，将一个数码误认为另一个数码。

⑤ 数码漏记或重记：多发生在连续几个相同数码上，如1 111.11写成111.11或11 111.11。

⑥ 用错账户：本应记入某账户的金额误记入另一个账户，如车间领用材料100元用于维修机器，应借记“制造费用”误记入“管理费用”账户。

（4）计算错误是指需连续计算余额或计算累计发生额的账户，由于某一个余额或累计发生额计算错误，引起下面一连串的错误。

（二）错账的查找

为了迅速、准确地更正错账，首先必须采用比较合理的方法查找错账。在实际工作中，查找错账一般采用以下几种方法。

1. 顺查法。顺查法是沿着“制证—过账—结账—试算”的顺账务处理程序，从头到尾进行的普遍检查。首先检查记账凭证是否正确，然后将记账凭证、原始凭证同有关账薄逐笔进行核对，最后检查有关账户的发生额和余额。顺查法的具体步骤如下：

(1) 将记账凭证与原始凭证核对，检查有无制证错误；

(2) 将记账凭证及所有原始凭证同账薄记录逐笔核对，检查有无记账错误；

(3) 结算各账户的发生额及期末余额，检查有无计算错误；

(4) 检查试算表上有无抄写错误和计算错误。

2. 逆查法。逆查法是沿着“试算—结账—过账—制证”的逆账务处理程序，从尾到头进行的普遍检查。首先检查各有关账户的余额是否正确，然后将有关账簿按照记录的顺序由后向前同有关记账凭证或原始凭证进行逐笔核对，最后检查有关记账凭证的填制是否正确。逆查法的具体步骤如下：

(1) 检查试算表本身，复核试算表内各栏金额合计数是否平衡，检查表内各账户的期初余额加减本期发生额是否等于期末余额，检查表内各账户的金额是否有抄写错误和计算错误；

(2) 检查各账户的发生额及期末余额有无计算错误；

(3) 将记账凭证、原始凭证与账薄记录逐笔核对，检查有无记账错误；

(4) 检查记账凭证的填制有无错误。

3. 重点抽查法。重点抽查法是在已初步掌握情况的基础上，根据查账经验与判断，有重点地抽取部分账薄记录进行局部检查的方法。如差数是元位数时，只找元、角、分位数，其他数字则不必逐一检查。采用这种检查方法的目的是为了缩小查找范围，比较省力有效。

4. 偶合法。偶合法是根据账簿记录错误中最常见的规律，推测错账的类型及与错账有关的记录进行查账的方法。这种方法主要适用于漏记、重记、错记的查账。常用的方法有以下几种。

(1) 差额检查法。差额检查法就是直接从账账之间的差额数字来检查错误的方法。这种方法适用于重记和漏记的情况。当账簿记录出现差数时，一般要先确定差数的范围、再直接从账账之间的差额数字来查找错误。如银行存款日记账的余额为 32 500 元，总账中该账户的余额为 33 000 元，相差 500 元，可以直接根据这两个账中的差额来查找。记重账时，可以从账簿记录中查找，有两个数相同并与这个差数 500 元相等，其中一个数可能是重记的数字。漏记账时，可以从记账凭证中直接查找 500 元的经济业务事项，看是否漏登。

(2) 差额除二法。差额除二法就是将账账之间的差额数字除以 2，按商数查找错误的方法。这种方法适用于查找记反账的错误。例如，原有原材料 500 元，又入库 100 元，应在“原材料”账户借方登记 100 元，期末余额应是 600 元；结果误在“原材料”账户贷方登记 100 元，致使期末余额只有 400 元，所有账户借贷双方金额之和相差 200 元。用这个差额数字 200 除以 2，商数为 100，便是错记数。查找时应着重注意有无 100 元的经济业务事项记反了账。

(3) 差额除九法。差额除九法就是将账账之间的差额数字除以 9，根据商数分析、判断、查找错误的方法。这种方法适用于查找数字移位和数字颠倒引起的错误。例如，将百位数记为十位数，即由大变小，正确数与错误数之间的差额是一个正数，这个差额除以 9 便是记错的数字，如把 500 错记为 50，差额是 450，450 除以 9，商数为 50，50 便是记错的数字；再比如，将十位数记为百位数，即由小变大，正确数与错误数之间的差额是一个负数，这个差额除以 9 所得商数的绝对数便是正确数，如把 50 错记为 500，差额是－450，－450 除以 9，商数为－50，绝对值 50 便是正确的数字。再例如，过账时把相邻的两个数互换了位置，如果前大后小颠倒为前小后大，正确数与错误数之间的差额就是一个正数，这个差额除以 9 所得的商数便是相邻颠倒两数码的差值，如将 84 错记为 48，差额数 36 除以 9，商数为 4，这就是相邻颠倒两数码的差值为 8—4；如果前小后大颠倒为前大后小，正确数与错误数之间的差额就是一个负数，这个差额除以 9 所得的商数便是相邻颠倒两数码的差值，如将 46 错记为 64，差额数－18 除以 9 所得的商数为－2，相邻颠倒两数码的差值为 4—6。这样，就可以在差值相同的两个相邻数码范围内去寻找。

实际工作中，要灵活运用上述查找的方法，甚至还要几种方法并用，通过反复核实，才会得出正确的结果。

（三）错账的更正方法

当登记账簿或对账过程中发现错误记录时，需及时查明原因，采用适当的方法更正错账，不得任意涂抹、刮擦、挖补或用化学药水褪色等。错账更正后，要求原错误记录必须清晰可辨，要保证账证一致，账实一致。错账的具体情况不同，更正错账的方法也不同。错账更正的方法一般包括三种：划线更正法、红字冲销法和补充登记法。

(1) 划线更正法。在结账前核查时，如发现记账凭证填制无误而账簿记录的文字或数字出现错误，应采用划线更正法更正错账。划线更正法的具体步骤是：

首先，在错误的文字或全部数字正中划一条红线，表示注销错误内容；

然后，将正确的文字或数字用蓝、黑色墨水书写在被注销的文字或数字上端的空白处，并由记账人员在更正处签章，以明确有关人员责任。

需要注意的是：文字错误，可更正个别错字；数字错误，应将错误数字全部划掉，不得只更正其中错误的数字。

［业务实例 6－1］　华宇公司出纳员于敏 2017 年 10 月 21 日在登记现金日记账时，把一笔实际金额为 793.86 元的收款业务，误记为 763.86 元，记账凭证没有错误。应作如下更正。

793.86 〔于敏印章〕

~~763.86~~

(2) 红字冲销法。记账后发现由于记账凭证的错误导致账簿记录也发生相应的错误，应采用红字冲销法更正错账。红字冲销法又分为红字全额冲销法和红字差额冲销法。

① 红字全额冲销法。记账后发现由于记账凭证中使用的会计科目有错误，或应借、应贷方向有错误，造成账簿记录错误，可使用红字全额更正法加以更正。红字全额冲销法的具体步骤是：

首先，用红字金额填写一张与原错误记账凭证内容完全相同的记账凭证，在凭证的“摘要”栏注明“注销×月×日×字×号凭证”字样，并据此用红字金额记入有关账簿，以冲销原有的错误记录；

然后，用蓝字金额重新填制一张内容正确的记账凭证，在“摘要”栏注明“更正×月×日×字×号凭证”字样，并据此用蓝字金额登记入账。

［业务实例 6－2］　华宇公司 2017 年 10 月 31 日计提本月生产车间设备折旧费 9 000 元。

根据固定资产折旧计算表，编制记账凭证，并据以登记入账。原记账凭证填制内容如表

6－12所示。

表6－12　转账凭证

2017年10月31日　　　　　　　　　　　　转字第21号

摘　要	总账科目	明细科目	✓	借方金额								✓	贷方金额							
				十	万	千	百	十	元	角	分		十	万	千	百	十	元	角	分
计提折旧	管理费用	折旧费	✓			9	0	0	0	0	0									
	累计折旧											✓			9	0	0	0	0	0
附凭证壹张	合　计				¥	9	0	0	0	0	0			¥	9	0	0	0	0	0

会计主管：王涛　　记账：李汶　　出纳：　　审核：沈红　　制证：田娜

经核查，发现上述记录有误，正确的处理应是记入“制造费用”账户借方，同时记入“累计折旧”账户贷方，原记账凭证将借方会计科目用错，并已过账。对这种错误应用红字全额冲销法更正。更正方法如下：

首先，用红字金额填制一张与原记账凭证相同的记账凭证，并据以用红字金额登记入账，将原错误记录冲销（用□代表红字），如表6－13所示。

表6－13　转账凭证

2017年10月31日　　　　　　　　　　　　转字第35号

摘　要	总账科目	明细科目	✓	借方金额								✓	贷方金额							
				十	万	千	百	十	元	角	分		十	万	千	百	十	元	角	分
注销10月31日	管理费用	折旧费	✓			9	0	0	0	0	0									
转字第21号	累计折旧											✓			9	0	0	0	0	0
凭证																				
附凭证　张	合　计				¥	9	0	0	0	0	0			¥	9	0	0	0	0	0

会计主管：王涛　　记账：李汶　　出纳：　　审核：沈红　　制证：田娜

然后，用蓝字金额填制一张内容正确的记账凭证，并据此用蓝字金额登记入账。正确的记账凭证填制如表6－14所示。

表 6－14　转账凭证

2017 年 10 月 31 日　　　　转字第 36 号

摘　要	总账科目	明细科目	√	借方金额								√	贷方金额							
				十	万	千	百	十	元	角	分		十	万	千	百	十	元	角	分
更正 10 月	制造费用	折旧费	√			9	0	0	0	0	0									
21 日转字第	累计折旧											√			9	0	0	0	0	0
21 号凭证																				
附凭证　张	合　计				¥	9	0	0	0	0	0			¥	9	0	0	0	0	0

会计主管：王涛　　记账：李汶　　出纳：　　审核：沈红　　制证：田娜

(2) 红字差额冲销法。记账后发现记账凭证中使用的会计科目正确，应借、应贷方向没有错误，只是所记金额大于应记金额，造成账簿记录错误，可使用红字差额冲销法加以更正。红字差额冲销法的具体做法是：将多记的金额（即正确金额与错误金额之差）用红字填写一张与原记账凭证应借、应贷科目完全相同的记账凭证，在"摘要"栏注明"冲减×月×日×字第×号凭证多记金额"，并据此用红字金额登记入账。

［业务实例 6－3］　华宇公司 2017 年 10 月 26 日收到购货单位宏云公司的货款 80 200 元，款项已收妥入账。

根据开户银行进账通知单等原始凭证，填制记账凭证，并据此登记入账。原记账凭证填制如表 6－15 所示。

表 6－15　收款凭证

借方科目：银行存款　　　　2017 年 10 月 26 日　　　　银收字第 17 号

摘　要	借方科目		金　额										√
	总账科目	明细科目	千	百	十	万	千	百	十	元	角	分	
收到销货款	应收账款	宏云公司				8	2	0	0	0	0	0	√
附凭证贰张	合计				¥	8	2	0	0	0	0	0	

会计主管：王涛　　记账：李汶　　出纳：于敏　　审核：沈红　　制证：

经过核对，发现原记账凭证记录中将 80 200 元记为 82 000 元，并已记入了相应的账簿中，造成账簿记录金额也出现错误。计算得知，误记金额大于应记金额 1 800 元。此类差错可使用红字差额冲销法更正。更正方法如下：

按多记金额 1 800 元，用红字金额填写一张记账凭证，其中使用的会计科目、借贷方向应与原记账凭证相同，并在“摘要”栏注明“冲减 10 月 26 日银收字 17 号凭证多计金额”，并据以用红字金额登记入账，将原记录中多记的金额冲销。如表 6－16 所示。

表 6－16　收款凭证

借方科目：银行存款　　　　2017 年 10 月 31 日　　　　银收字第 28 号

摘　要	借方科目		金　额										✓
	总账科目	明细科目	千	百	十	万	千	百	十	元	角	分	
冲减 10 月 26 日	应收账款	宏云公司					1	8	0	0	0	0	✓
银收字第 17 号凭证													
多计金额													
附凭证　张	合计					¥	1	8	0	0	0	0	

会计主管：王涛　　记账：李汶　　出纳：于敏　　审核：沈红　　制证：

(3) 补充登记法。记账后发现记账凭证中使用的会计科目正确，应借、应贷方向没有错误，只是所记金额小于应记金额，造成账簿记录错误，可使用补充登记法加以更正。补充登记法的具体做法是：将少填的金额（即正确金额与错误金额之差）用蓝字填写一张与原记账凭证应借、应贷科目完全相同的记账凭证，在“摘要”栏注明“补记×月×日×字第×号凭证少记金额”，并据此用蓝字金额登记入账。

［业务实例 6－4］　华宇公司 2017 年 10 月 29 日开出转账支票一张，支付欠华宏公司的购料款 80 000 元。

根据转账支票存根及其他原始凭证，编制记账凭证，并据以登记入账。原记账凭证填制如表 6－17 所示。

表 6－17　付款凭证

贷方科目：银行存款　　　　2017 年 10 月 29 日　　　　银付字第 19 号

摘　要	借方科目		金　额										✓
	总账科目	明细科目	千	百	十	万	千	百	十	元	角	分	
付购料款	应付账款	华宏公司					8	0	0	0	0	0	✓
附凭证贰张	合计					¥	8	0	0	0	0	0	

会计主管：王涛　　记账：李汶　　出纳：于敏　　审核：沈红　　制证：

经核对，发现原记账凭证记录中误将 80 000 元写为 8 000 元，少记 72 000 元，并已过入相应账簿中。这种错账，可使用补充登记法更正。更正方法如下：

按照少记金额 72 000 元，用蓝字金额填写一张记账凭证，其中使用的会计科目，应借、应贷方向应与原记账凭证相同，在“摘要”栏注明“补记 10 月 29 日银付字第 19 号凭证少记金额”，据此登记入账，如表 6－18 所示。

表 6－18　付款凭证

贷方科目：银行存款　　　　2017 年 10 月 31 日　　　　付字第 31 号

摘　要	借方科目		金　额										✓
	总账科目	明细科目	千	百	十	万	千	百	十	元	角	分	
补记 10 月 29 日	应付账款	华宏公司				7	2	0	0	0	0	0	✓
银付字第 19 号凭证													
少记金额													
附凭证　张	合计				¥	7	2	0	0	0	0	0	

会计主管：王涛　　　　记账：李汶　　　　出纳：于敏　　　　审核：沈红　　　　制证：

四、结账

各种经济业务事项登记入账后，虽然按有关指标进行了整理，可以了解各会计期间的经济活动情况及其结果，但还不能直观地、综合地获得所需的有关数据。因此，为了总结某一会计期间的经济活动情况，考核财务成果，为编制会计报表提供基础，必须在一个会计期间结束时（如月末、季末或年末），进行结账。所谓结账就是在把一个会计期间内所发生的全部经济业务事项登记入账的基础上，会计期末结计出所有账户的本期发生额和期末余额，并做出结账标记，表示本期账簿登记已经结束的一项会计工作。企业不得为赶编会计报表而提前结账，也不能把本期发生的经济业务事项延至下期入账，更不得先编会计报表后结账。

在会计期末及时进行结账具有重要意义：一是可以按照会计分期的要求，通过结账计算企业在会计期末的财务状况和该会计期间的经营成果；二是可以为期末编制会计报表提供必要的数据资料。

（一）结账内容

（1）结清各收入及利得、费用及损失（损益类）账户。将本期实现的各项收入（利得）与发生的各项费用（损失），编制记账凭证，分别从各收入（利得）账户与费用（损失）账户转入“本年利润”账户的贷方和借方，并据以计算确定出本期财务成果。进行上述结转以后，各收入及利得、费用及损失（损益类）账户就不再有余额，即两类账户发生额的结清。结转本期各收入及利得、费用及损失（损益类）账户发生额的目的是计算当期的经营成果。

（2）结清各资产、负债和所有者权益账户。在本期全部经济业务事项登记入账的基础上，结算出所有资产、负债、所有者权益账户的本期发生额和期末余额，并结转下期。

（二）结账前的准备工作

（1）检查账簿记录的完整性和正确性。结账前应检查本期内发生的所有经济业务事项是否均已填制或取得了会计凭证，并据以登记入账。有无错记和漏记，若发现登记工作有错误，要及时按规定的方法进行更正。

(2) 检查本期应当记入的收入和应当调整的费用是否进行登记和调整。根据权责发生制的要求,需要调整那些收付期与归属期不一致的收入和费用,即本期实现的收入应当记入本期,本期应负担的费用也应记入本期,以便真实地反映本期的收入、成本和费用,正确地计算本期的财务成果。如本期持有债券投资的应计利息收入的确认,本期使用固定资产的折旧额的计提。

(3) 检查各种成本费用和收入成果是否均已与有关账户之间完成了结转。如是否将"制造费用"账户的借方归集额分配转入"生产成本"账户的借方;产品完工入库后,是否将"生产成本"账户中产成品的实际成本结转到"库存商品"账户的借方;本期实现的各项收入(利得)及应负担的费用(损失),是否分别从各收入(利得)与费用(损失)账户转入"本年利润"账户的贷方和借方。

完成上述工作后,就可以计算各账户的本期发生额及期末余额,并根据总分类账和明细分类账的本期发生额和期末余额记录,分别进行试算平衡。为了方便结账,可编制结账工作底稿,其格式见表 6 - 19 所示。

表 6 - 19　×××公司结账工作底稿

行次	账户名称	试算表		账项调整		调整后试算表		账项结转		利润表		资产负债表	
		借方	贷方	借方	贷方	借方	贷方	借方	贷方	借方	贷方	借方	贷方
		(1)	(2)	(3)	(4)	(5)	(6)	(7)	(8)	(9)	(10)	(11)	(12)

(三) 结账方法

做好以上结账前的准备工作后,各个账户的本期发生额及期末余额已计算出来,接下来只需按一定的方法记入各账户即可。结账时应当根据不同时期、不同的账户分别采用不同的结账方法。

(1) 不需按月结计本期发生额的账户。对不需按月结计本期发生额的账户,如各项应收账款明细账和各项财产物资明细账等,每次记账后,都要随时结出余额,每月最后一笔经济业务事项记账后的余额即为月末余额。月末结账时,只需要在最后一笔经济业务事项记录之下通栏划单红线,不需要再结计一次余额。在 12 月月末最后一笔经济业务事项结出余额后,在其记录下划通栏双红线,表示本年到此结束。另外,对于本月没有发生额的账户,不必进行月结(不划通栏划单红线);对于本年没有发生的账户,直接在上年结转一行下面划通栏双红线。

(2) 现金日记账和银行存款日记账和需要按月结计发生额的账户。对现金日记账和银行存款日记账和需要按月结计发生额的收入、费用等明细账,每月结账时,要在最后一笔经济业务事项记录之下通栏划单红线,并在下一行结出本月发生额和余额,在摘要栏内注明"本月合计"或"本月发生额及余额"字样,并在下面通栏划单红线。以便与下月发生额划清;年末结账时,在 12 月份月结后的下一行结出本年发生额和余额,在摘要栏内注明"本年发生额及余额"或"本年合计"字样,并在下面通栏划双红线。

(3) 需要结计本年累计发生额的账户。对需要结计本年累计发生额的某些明细账户,如产品销售收入、成本明细账等,需要按月累计和全年累计。

① 按月累计。每月结账时,应结出自年初至本月末止的累计发生额,登记在“本月合计”行的下一行,在摘要栏内注明“本年累计”字样,并在下面通栏划单红线。

② 全年累计。12 月末的“本年累计”是全年累计发生额,全年累计发生额下通栏划双红线。

(4) 总账账户。总账账户根据结账时间的不同,分为月度结账、季度结账和年度结账。

① 月度结账(月结)。月结是指企业在每月末进行的结账。基本做法是在各账户本月最后一笔经济业务事项记载的下一行,结出本月借方发生额合计、贷方发生额合计和期末余额,在“摘要”栏内注明“本月发生额及余额”或“本月合计”,并在本行的上端和下端各划一条通栏单红线,表示本月结账完毕。

② 季度结账(季结)。季结是指企业在每个季度末进行的结账。基本做法是在每季度最后一个月的月度结账的下一行“摘要”栏注明“本季度累计”或“本季度发生额及余额”,分别计算出本季度三个月的借方、贷方发生额合计数及季末余额,然后在此下端划一条通栏单红线,表示季度结账完毕。

③ 年度结账(年结)。年结是指企业在年末进行的年度结账。年度终了结账时,所有总分类账户都应当结出全年发生额或年末余额。基本做法是在本年最后一个季度结账的下一行“摘要”栏注明“本年累计”或“本年发生额及余额”,分别计算出本年度借方发生额合计、贷方发生额合计和年末余额,然后在此行下端划通栏双红线,表示“封账”。至此,全年的记账工作全部结束。另外,有余额的账户,要将其余额结转下年,并在摘要栏内注明“结转下年”。

任务三　理解账簿的管理

任务要求

会计账簿是会计信息的主要载体,是各单位重要的会计档案,企业单位应按照国家有关规定,加强对会计账簿的管理。所以,要了解账簿的启用和交接手续,理解账簿的更换和保管方法。

一、会计账簿的启用

为了保证账簿记录的合法性和会计资料的完整性,明确经济责任,在启用会计账簿时,会计人员应在账簿封面上写明单位名称和账簿名称;在账簿扉页上填制“账簿启用及经管人员一览表”,或“会计账簿使用登记表”(活页、卡片式账簿应在装订时填写)详细填写单位名称、账簿名称、账簿编号、账簿页数和启用日期等,填明单位主管、财务主管和记账人员并加盖姓名章和单位公章。

一般会计人员调动工作、办理交接手续时,应当由会计机构负责人(会计主管人员)监交,由交接双方人员填写交接日期并签名或盖章,以明确双方经济责任。会计机构负责人(会计主管人员)调动工作、办理交接手续时,应当由单位主管监交,必要时主管单位可以派人会同监交。账簿启用及经管人员一览表的格式如表 6－20 所示。

表 6－20　账簿启用及经管人员一览表

<table>
<tr><td>单位名称</td><td colspan="6"></td><td colspan="6">公章</td></tr>
<tr><td>账簿名称</td><td colspan="6"></td><td colspan="6" rowspan="4"></td></tr>
<tr><td>账簿编号</td><td colspan="6">总　册　第　册</td></tr>
<tr><td>账簿页数</td><td colspan="6">本账簿共计　页(本账簿页数　检点人盖章)</td></tr>
<tr><td>启用日期</td><td colspan="6">公元　　年　月　日至　　年　月　　日</td></tr>
<tr><td rowspan="3">经管人员</td><td colspan="2">单位主管</td><td colspan="2">财务主管</td><td colspan="4">复核</td><td colspan="4">记账</td></tr>
<tr><td>姓名</td><td>盖章</td><td>姓名</td><td>盖章</td><td colspan="2">姓名</td><td colspan="2">盖章</td><td colspan="2">姓名</td><td colspan="2">盖章</td></tr>
<tr><td></td><td></td><td></td><td></td><td colspan="2"></td><td colspan="2"></td><td colspan="2"></td><td colspan="2"></td></tr>
<tr><td rowspan="6">交接纪录</td><td colspan="4">经管人员</td><td colspan="4">接管</td><td colspan="4">交出</td></tr>
<tr><td>职别</td><td colspan="3">姓名</td><td>年</td><td>月</td><td>日</td><td>盖章</td><td>年</td><td>月</td><td>日</td><td>盖章</td></tr>
<tr><td></td><td colspan="3"></td><td></td><td></td><td></td><td></td><td></td><td></td><td></td><td></td></tr>
<tr><td></td><td colspan="3"></td><td></td><td></td><td></td><td></td><td></td><td></td><td></td><td></td></tr>
<tr><td></td><td colspan="3"></td><td></td><td></td><td></td><td></td><td></td><td></td><td></td><td></td></tr>
<tr><td></td><td colspan="3"></td><td></td><td></td><td></td><td></td><td></td><td></td><td></td><td></td></tr>
<tr><td>印花税票</td><td></td><td colspan="3">备注</td><td colspan="8"></td></tr>
</table>

二、会计账簿的更换

会计账簿的更换是指在会计年度终了时，将上一年度的会计账簿更换为次年度的新会计账簿。在会计年度终了，要把本会计年度各账户的余额结转到下一会计年度新建立的账簿中去，称为结转下年。在每一会计年度结束，新的会计年度开始时，会计人员应按会计制度规定，更换新的会计账簿。

(1) 总账、日记账和大部分明细分类账，要每年更换一次。年初，将旧账簿中各账户的余额直接记入新账簿相应账户新账页的第一行“余额”栏内。同时，在日期栏内注明“1 月 1 日”，在“摘要”栏内注明“上年结转”或“年初余额”字样，方向与上年余额方向相同。旧账余额向下一年新账的结转不需要编制记账凭证也不必在旧账上做任何记录。没有余额的成本类、损益类等账户，则直接按会计科目开设账簿。这就是所谓的年初建账。

(2) 有些财产物资明细账和债权债务明细账，由于品种、规格和往来单位较多，更换新账，重抄一遍工作量较大，故可以跨年度使用，不必每年更换。但在“摘要”栏内，要加盖“结转下年”戳记，以划分新旧年度之间的金额。各种备查簿也可以连续使用。

三、会计账簿的保管

会计账簿是会计工作的重要历史资料，也是重要的经济档案。每一个企业单位都应按照国家有关规定，做好账簿的保管工作，不得任意丢失和销毁。

(1) 会计账簿日常应由各自分管的记账人员专门保管，账簿的经管人员既要负责记账、对账和结账等工作，又要负责保证账簿的安全完整，防止任意涂改和毁坏账簿等问题的发生。未经领导和会计负责人或有关人员批准，不许非经管人员翻阅、查看、摘抄和复制。会计账簿除非特殊需要或司法介入要求，一般不允许携带外出。

(2) 对于活页式账簿，会计人员应在年末结账后在前面加放"账簿启用表"和"经管账簿人员一览表"，按实际使用的账页顺序编订页码，另加目录，记录每个账户的名称和页次并装订成册，加上封面，统一编号后，与各种订本账一并归档。

(3) 各种账簿应按年度分类归档，编制目录，妥善保管。既保证在需要时能迅速查阅，又保证各种账簿的安全和完整。更换下来的账簿，经整理、装订后一般都要送交总账会计集中统一管理。会计账簿由本单位财务会计部门保管一年。期满之后，由财务会计部门编造清册移交本单位档案部门保管。在会计账簿保管期间，原件不得借出；如有特殊需要，须经上级主管单位或本单位领导、会计主管人员批准，在不拆散原卷册的前提下，可以提供查阅或者复制，并要办理登记手续。

(4) 各种账簿应按照《会计档案管理办法》规定的期限进行保管。各种账簿的保管期限分别为日记账应保存 30 年。固定资产卡片在固定资产报废清理后应继续保存 5 年。总分类账、明细分类账和备查账应保存 30 年。对于涉及外事和重要的账簿要永久保存。保管期满后，要按照会计档案管理办法的规定，由财会部门和档案部门共同鉴定填写清单，报经批准后在专人监督下才能销毁。

能力拓展训练

一、单项选择题

1. (　　)能够为编制会计报表提供依据。

A. 填制和审核原始凭证　　B. 编制记账凭证

C. 设置和登记账簿　　D. 编制会计分录

2. 总账、现金日记账和银行存款日记账的外表形式应采用(　　)。

A. 活页式　　B. 卡片式　　C. 订本式　　D. 多栏式

3. 活页式账簿和卡片式账簿主要适用于(　　)。

A. 现金日记账　　B. 总分类账　　C. 银行存款日记账　　D. 明细分类账

4. 固定资产明细账的外表形式一般采用(　　)。

A. 多栏式　　B. 数量金额式　　C. 三栏式　　D. 卡片式

5. 下列明细账中，适合采用三栏式账页格式的是(　　)。

A. 生产成本　　B. 制造费用　　C. 原材料　　D. 应收账款

6. 在登记账簿时，如果经济业务事项发生日期为 2017 年 11 月 20 日，编制记账凭证日期为 11 月 21 日，登记账簿日期为 11 月 23 日，则账簿中的"日期"栏登记的时间为(　　)。

A. 11 月 20 日　　B. 11 月 21 日

C. 11 月 23 日　　D. 11 月 21 日或 11 月 23 日均可

7. 在结账以前，若发现账簿记录有错误，而记账凭证无错误，即纯属账簿记录中的文字或数字的笔误，则应采用(　　)进行更正。

A. 划线更正法　　B. 红字全额冲销法

C. 红字差额冲销法　　D. 补充登记法

8. 记账以后，发现记账凭证和账簿记录中所记金额大于应记金额，而应借、应贷的会计科目并无错误，应采用(　　)进行更正。

A. 划线更正法　　B. 红字全额冲销法

C. 红字差额冲销法　　D. 补充登记法

9. 记账以后，发现记账凭证和账簿记录中的应借、应贷会计科目有错误，应采用(　　)进行更正。

A. 划线更正法　　B. 红字全额冲销法

C. 红字差额冲销法　　D. 补充登记法

10. 年终结账时，将余额结转下年时，(　　)。

A. 不需要编制记账凭证，但应将上年账户的余额反向结平才能结转下年

B. 应编制记账凭证，并将上年账户的余额反向结平

C. 不需要编制记账凭证，也不需要将上年账户的余额结平，直接注明“结转下年”即可

D. 应编制记账凭证予以结转，但不需要将上年账户的余额反向结平

11. 会计账簿暂由本单位财务会计部门保管(　　)年，期满之后，由财会部门编造清册移交本单位档案部门保管。

A. 1　　B. 3　　C. 5　　D. 10

二、多项选择题

1. 关于活页账簿，下列说法中正确的是(　　)。

A. 账页不够时，可随时插入，比较灵活

B. 账页可分可合，便于分工

C. 账页容易丢失或被抽换，账簿记录的安全性、完整性较差

D. 空白账页使用后不用连续编号，不需定期装订成册

2. 账簿按其外表形式可以划分为(　　)。

A. 订本式账簿　　B. 三栏式账簿　　C. 活页式账簿　　D. 卡片式账簿

3. 数量金额式账页适用于(　　)明细账。

A. 库存商品　　B. 生产成本　　C. 应收账款　　D. 原材料

4. 多栏式账页适用于(　　)明细账。

A. 应付账款　　B. 管理费用　　C. 销售费用　　D. 财务费用

5. 下列符合登记会计账簿基本要求的是(　　)。

A. 文字和数字的书写应占据行宽的1/2或2/3

B. 不得使用铅笔或圆珠笔书写

C. 应连续登记，不得跳行、隔页

D. 无余额的账户，在“借或贷”栏内书写“0”

6. 关于账簿启用，下列说法中正确的有(　　)。

A. 启用时，应详细登记账簿扉页的“账簿启用和经管人员一览表”

B. 每一本账簿均应编号并详细记录其册数、共计页数和启用日期

C. 调换记账人员,便应立即换用新账簿

D. 账簿交接时,交接双方都应签名盖章,以分清责任

7. 在登记账簿时,红笔只能用于(　　)。

A. 期末结账时,划通栏红线

B. 在不设借方或贷方专栏的多栏式账页中,登记减少金额

C. 采用红字更正法冲销错误记录

D. 采用划线更正法时,划线改错

8. 对账是对账簿记录进行的核对工作,具体内容包括(　　)。

A. 账证核对　　B. 账账核对　　C. 账表核对　　D. 账实核对

9. 账簿记录发生错误时,应根据错账的具体情况,按规定的方法进行更正,不得(　　)。

A. 涂改或挖补　　B. 用褪色药水消除字迹

C. 撕去错页重新抄写　　D. 用橡皮擦去字迹

10. 下列业务中,不需要编制记账凭证的有(　　)。

A. 采用划线更正法更正错账时　　B. 采用红字冲销法更正错账时

C. 采用补充登记法更正错账时　　D. 年终新旧账户余额的结转事项

11. 会计账簿原件不得借出,如有特殊需要,须经(　　)批准方可提供查阅或复制。

A. 上级主管单位　　B. 本单位领导

C. 会计主管人员　　D. 档案管理部门负责人

三、判断题

1. 对于同一笔经济业务事项,必须在同一天登记总账及其明细账。(　　)

2. 设置和登记会计账簿是会计核算的一种专门方法,是连接会计凭证和会计报表的中间环节。(　　)

3. 三栏式账簿是指具有日期、摘要、金额三个栏目格式的账簿。(　　)

4. 备查账簿可以不根据原始凭证或记账凭证来进行登记。(　　)

5. 为了实行钱账分管原则,通常由出纳人员填制收款凭证和付款凭证,由会计人员登记现金日记账和银行存款日记账。(　　)

6. 银行存款日记账定期或不定期与银行对账单核对属于账账核对。(　　)

7. 办理月结,应在各账户最后一笔记录下面划一条通栏单红线,在红线下计算出本月发生额及月末余额,并在摘要栏内注明“本月合计”或“本月发生额及余额”字样,然后在下面再划一条通栏单蓝线。(　　)

8. 若记账凭证上应记科目或金额有误且已入账,可以将填错的记账凭证销毁,另填一张正确的记账凭证,并据以登记入账。(　　)

9. 在填制记账凭证时,误将 9 800 元记为 8 900 元,并已登记入账。月终结账前发现错误,更正时应采用划线更正法。(　　)

10. 一般来说,总分类账、日记账和大多数明细账,每年应更换一次新账。(　　)

四、会计业务处理题

(一) 资料:华天公司 2018 年 10 月 31 日现金日记账余额为 4 000 元,银行存款日记账余额为 600 000 元。11 月上旬该公司发生下列现金和银行存款的收付业务:

1. 1 日,收到华为公司投入资本金 350 000 元,存入银行。

2. 1日,以银行存款150 000元归还短期借款。

3. 2日,以银行存款117 000元偿付欠华飞公司的购料款。

4. 2日,用库存现金540元购买办公用品。

5. 2日,职工魏峰出差暂借差旅费1 900元,以库存现金支付。

6. 3日,从银行提取现金3 000元备用。

7. 4日,收到华达公司上月欠本公司的购货款70 200元,存入银行。

8. 4日,以银行存款58 500元预付材料款给华为公司。

9. 8日,开出转账支票,分发工资35 400元。

10. 8日,以银行存款2 900元支付本月电费,其中,制造车间耗用2 200元,行政管理部门耗用700元。

11. 9日,销售产品一批,收到货款20 000元,增值税款3 200元,存入银行。

12. 9日,以银行存款支付广告费18 000元。

13. 10日,以银行存款上缴城建税3 000元,教育费附加1 300元。

要求:1. 根据上述经济业务事项填制收款凭证、付款凭证。

2. 登记现金日记账和银行存款日记账,并结出余额。

(二) 资料:华宇公司会计人员在2017年12月31日结账前进行对账时,查找出以下错误:

1. 12月5日,以银行存款预付建造固定资产的工程价款76 000元,编制的会计分录为:

借:在建工程　　76 000

　贷:银行存款　　76 000

在记账时,"在建工程"账户记录为67 000元。

2. 12月8日,用库存现金支付职工生活困难补助500元,原编制的会计分录为:

借:管理费用　　500

　贷:库存现金　　500

3. 12月14日,用银行存款支付前欠华宏公司货款7 800元,原编制的会计分录为:

借:应付账款　　8 700

　贷:银行存款　　8 700

4. 12月19日,职工王强出差预借差旅费1 000元,原编制的会计分录为:

借:其他应收款　　100

　贷:库存现金　　100

5. 12月26日,生产车间一般耗用领用材料1 300元,原编制的会计分录为:

借:管理费用　　1 300

　贷:原材料　　1 300

6. 12月31日,计提车间生产用固定资产折旧费3 700元,原编制的会计分录为:

借:制造费用　　37 000

　贷:累计折旧　　37 000

要求:根据上述经济业务事项的会计处理,判断记账是否有差错;若有差错,请采用适当的方法进行更正。

项目七　主要经济业务核算

学习目标

【知识目标】

1. 熟悉工业企业主要经济业务的核算内容；
2. 掌握工业企业主要经济业务的账务处理方法；
3. 掌握主要会计账户的性质、用途和结构。

【能力目标】

1. 能够编制工业企业主要经济业务的会计分录；
2. 能够说明主要经济业务与原始凭证的关系；
3. 能够说明原始凭证与记账凭证的关系。

【引　言】工业企业的经济业务事项，是指从会计核算角度来看企业可能发生的经济业务事项，主要围绕着资金筹集、供应过程、生产过程、销售过程和资金退出5个阶段进行。其中，供应过程、生产过程和销售过程是工业企业的生产经营过程，其主要经济业务大都发生在这三个过程中。本项目将以工业企业经济业务事项为例，进一步理解和掌握会计科目、账户和借贷记账法的具体运用。

任务一　掌握筹资业务的核算

任务要求

资金是企业生产经营的物质基础和必要条件，资金筹集是企业资金运动的起点。所以，要了解企业资金筹集的渠道，掌握企业接受投资者投入资本和向金融机构等债权人借入资金的核算。

一、筹资业务的概念

企业为了进行正常的生产经营活动，必须拥有一定数量的资金，以用来购建企业生产经营所需的机器设备、厂房和材料物资，支付职工薪酬、偿还到期债务、缴纳税费等。企业所需的这些资金，总是通过一定的来源渠道筹集而来的。企业的资金主要来源于两个方面：一是投资者投入的资本；二是从金融机构等债权人借入的资金。

因此，企业筹资业务的核算主要包括：接受投资者投入资本的核算和从金融机构等债权人借入资金的核算。

二、接受投资者投入资本的核算

（一）投入资本的概念

投入资本是指企业的投资者按照企业章程或合同、协议的约定，实际投入企业生产经营活动的各种财产物资，是企业所有者权益的主要部分。这部分资金是企业从事生产经营活动的基本条件，也是企业独立承担民事责任的资金保证。

投资者初始投入的资金称为实收资本（或股本），一般可以理解为企业在企业行政管理部门登记的注册资金。实收资本按照投资主体的不同，分为国家资本、法人资本、外商资本和个人资本等。按照投资形态的不同，分为货币资金投资、实物资产投资和无形资产投资等。投资者投入的资本应当保全，除依法转让外，不得以任何方式抽回。企业在生产经营中所取得的收入和利得、所发生的费用和损失，不得直接增减投入资本。

（二）账户设置

为了核算和监督投资者投入资本的增减变动情况，企业必须按照国家的统一要求进行会计核算，真实地反映所有者投入资本的状况，维护所有者各方在企业的权益，应设置“实收资本”“银行存款”和“固定资产”等账户。

（1）“实收资本”账户：属于所有者权益类账户，核算和监督投资者投入资本的增减变动情况及其结果。股份制企业设置“股本”账户。贷方登记实收资本的增加数额，借方登记实收资本的减少数额。期末余额在贷方，表示企业期末实收资本的实有数额。本账户按投资者的姓名或名称设置明细账进行明细分类核算。

（2）“银行存款”账户：属于资产类账户，核算和监督企业存入银行和其他金融机构的各种款项的增减变动情况及其结果。借方登记银行存款的增加数额，贷方登记银行存款的减少数额。期末余额在借方，表示期末银行存款余额。本账户可以按币种或开户银行户进行明细分类核算。

（3）“固定资产”账户：属于资产类账户，核算和监督企业固定资产原值的增减变动情况及其结果。借方登记增加固定资产的原值，贷方登记减少固定资产的原值。期末余额在借方，表示期末结存固定资产的原值。本账户可按固定资产的类别进行明细分类核算。

[业务实例 7-1] 2018 年 12 月 3 日，华宇公司直接收到华强公司作为资本投入的货币资金 6 000 000 元，款项已存入银行。

根据出资证明和银行进账单编制会计分录，填制通用记账凭证如表 7-1 所示。

表 7－1 记账凭证

2018 年 12 月 3 日　　　　记字第 002 号

摘　要	总账科目	明细科目	√	借方金额										√	贷方金额									
				千	百	十	万	千	百	十	元	角	分		千	百	十	万	千	百	十	元	角	分
接受投资	银行存款		√		6	0	0	0	0	0	0	0	0											
	实收资本	华强公司												√		6	0	0	0	0	0	0	0	0
附凭证贰张	合计			¥	6	0	0	0	0	0	0	0	0		¥	6	0	0	0	0	0	0	0	0

会计主管：王涛　　记账：李汶　　出纳：刘琼　　审核：沈红　　制证：

［**业务实例 7－2**］ 2018 年 12 月 6 日，华宇公司为了扩大生产规模，接受华美公司投入生产设备一台，该设备评估价值 780 000 元。

根据出资证明和固定资产投资交接单编制会计分录，填制通用记账凭证如表 7－2 所示。

表 7－2 记账凭证

2018 年 12 月 6 日　　　　记字第 003 号

摘　要	总账科目	明细科目	√	借方金额										√	贷方金额									
				千	百	十	万	千	百	十	元	角	分		千	百	十	万	千	百	十	元	角	分
接受投资	固定资产		√			7	8	0	0	0	0	0	0											
	实收资本	华美公司												√			7	8	0	0	0	0	0	0
附凭证贰张	合计				¥	7	8	0	0	0	0	0	0			¥	7	8	0	0	0	0	0	0

会计主管：王涛　　记账：李汶　　出纳：　　审核：沈红　　制证：田娜

三、从金融机构等债权人借入资金的核算

（一）借入资金的概念

企业在生产经营过程中，经常需要向金融机构等债权人借款以弥补生产经营资金的不足。借款按其借用期限的长短不同分为长期借款和短期借款。企业借入的各种款项，必须按规定的用途使用，按期支付利息并按期归还本金。本任务介绍短期借款的核算。

短期借款是指企业向银行等金融机构借入的期限在 1 年以内（含 1 年）的各种借款。短期借款一般是企业为了满足正常生产经营所需资金而借入的或者为抵偿某项债务而借入的，主要用于弥补企业临时性经营周转或季节性等原因出现的资金不足。

（二）账户设置

为了核算和监督企业短期借款的取得、偿还和结存情况，企业应设置“短期借款”“财务费用”和“应付利息”等账户。

（1）“短期借款”账户：属于负债类账户，反映和监督短期借款的取得和归还情况。贷方登记取得的借款数额，借方登记归还的借款数额；期末余额在贷方，表示期末尚未归还的借款数额。本账户可以按债权人设置明细账进行明细分类核算。需要注意的是：借款利息不在本账户中核算。

（2）“财务费用”账户：属于损益类账户，反映和监督企业为筹集生产经营所需资金等发生的各项费用（如利息费用等）的发生和结转情况。借方登记企业发生的各项财务费用，贷方登记期末转入“本年利润”账户的财务费用，结转后期末应无余额。本账户可按费用项目设置明细账进行明细分类核算。

（3）“应付利息”账户：属于负债类账户，核算和监督企业按照合同约定应支付的利息。贷方登记按合同利率计算确定的应付利息，借方登记实际支付的利息；期末余额在贷方，表示期末应付未付的利息。

［业务实例 7－3］ 2018 年 12 月 1 日，华宇公司为了周转需要，向银行取得为期 6 个月、年利率为 6%的临时借款 2 000 000 元，所借款项已存入企业银行账户。该借款到期一次还本付息，利息按月预提。

根据银行借款借据（收账通知）编制会计分录，填制通用记账凭证如表 7－3 所示。

表 7－3 记账凭证

2018 年 12 月 1 日　　　　记字第 001 号

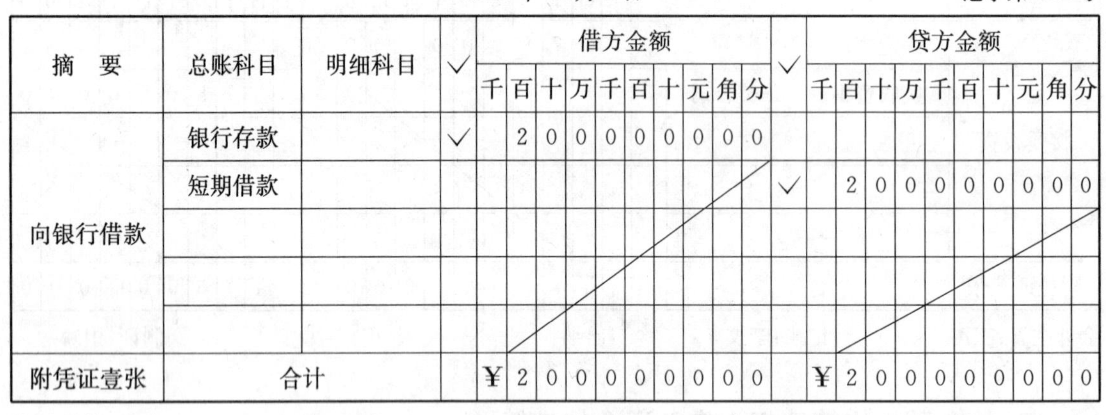

摘要	总账科目	明细科目	✓	借方金额										✓	贷方金额									
				千	百	十	万	千	百	十	元	角	分		千	百	十	万	千	百	十	元	角	分
向银行借款	银行存款		✓		2	0	0	0	0	0	0	0	0											
	短期借款													✓		2	0	0	0	0	0	0	0	0
附凭证壹张	合计			¥	2	0	0	0	0	0	0	0	0		¥	2	0	0	0	0	0	0	0	0

会计主管：王涛　　记账：李汶　　出纳：刘琼　　审核：沈红　　制证：

［业务实例 7－4］ 接上例，2018 年 12 月 31 日，华宇公司向银行支付 12 月利息 10 000 元。

根据短期借款利息计算表编制会计分录，填制通用记账凭证如表 7－4 所示。

表 7-4　记账凭证

2018 年 12 月 31 日　　　　　　　　　　　　　　　　　　　　　　　记字第 034 号

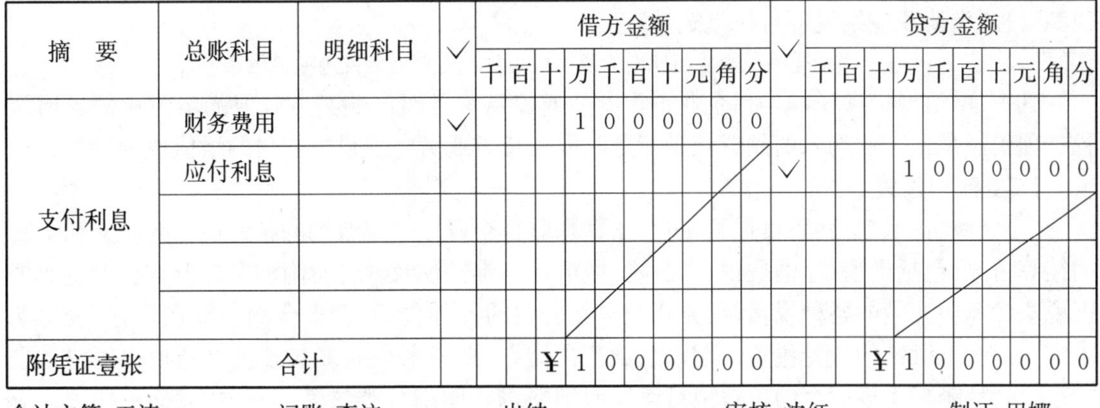

摘要	总账科目	明细科目	✓	借方金额										✓	贷方金额									
				千	百	十	万	千	百	十	元	角	分		千	百	十	万	千	百	十	元	角	分
支付利息	财务费用		✓				1	0	0	0	0	0	0											
	应付利息													✓				1	0	0	0	0	0	0
附凭证壹张	合计					¥	1	0	0	0	0	0	0				¥	1	0	0	0	0	0	0

会计主管：王涛　　　　记账：李汶　　　　出纳：　　　　审核：沈红　　　　制证：田娜

任务二　掌握供应过程的核算

任务要求

供应过程是企业生产经营活动的第一阶段，是为生产产品做准备的过程。为了生产产品，就要做好多方面的物资准备工作，较为重要有两个方面：准备劳动资料，即购建固定资产；准备劳动对象，即购买原材料。所以，要理解固定资产的概念，明确固定资产成本和材料采购成本的构成，掌握企业在供应过程中各个环节有关经济业务事项的核算。

一、供应过程的概念

供应过程是企业为满足生产需要，用货币资金购建厂房、机器设备等劳动手段以及购买材料等劳动对象的阶段，是企业资金周转的第一阶段。在这一阶段，企业的货币资金转化为储备资金，完成生产准备过程。企业在供应过程中，一方面从供应单位购进各种机器设备和材料；另一方面，要支付所购机器设备和材料的买价、增值税和运输费、装卸费等各种采购费用，并与供应单位办理款项的结算。

因此，供应过程的核算主要包括核算机器设备和材料的买价和采购费用，确定固定资产和材料的采购成本以及由采购业务引起的与供应单位的货款结算。

二、增值税——进项税额

（一）增值税概念

增值税是对在我国境内销售货物、提供应税劳务以及进口货物的单位和个人，就其在流转环节实现的增值额征收的一种税。增值税是价外税，在产品价格之外单独征收。如某企业制造甲产品耗费的材料物资成本为 1 000 元，甲产品销售价为 3 000 元，则增值额为 2 000 元。增值税的基本税率为16%，则甲产品应交增值税为320元(2 000×320)。

实际工作中，计算销售产品的增值额是比较困难的。为了简化企业计算，同时也为了加强税源管理，增值税应纳税额可按下式计算：

当期应纳税额＝当期增值税销项税额－当期增值税进项税额

其中：增值税销项税额是指企业销售商品或提供劳务时向购买方收取的增值税额。增值税进项税额是指企业购入商品或接受劳务时向销货方或劳务提供方支付的增值税额。

(二) 账户设置

"应交税费"账户：属于负债类账户，核算和监督企业按规定缴纳的各种税费的应交和实交的结算情况，包括增值税、消费税、资源税、城市建设维护税及教育费附加等。贷方登记企业根据税法计算应交纳的各种税费，借方登记实际交纳的各种税费；期末余额一般在贷方，表示期末应交而尚未缴纳的各种税费。期末余额若在借方，则表示企业多交或尚未抵扣的税费。在"应交税费"账户下按应交的税费项目设置明细账进行明细分类核算。其中"应交税费——应交增值税"核算企业应交和实交增值税额的结算情况。在"应交增值税"明细账中再设置"进项税额""销项税额""已交税金""进项税额转出""出口退税"等专栏，这里介绍"进项税额"的核算。

"进项税额"专栏，记录企业购入货物或接受应税劳务而支付的、准予从销项税额中抵扣的增值税额。企业购入机器设备和材料时，应将购入机器设备和材料所支付的进项税额记入"应交税费——应交增值税(进项税额)"的借方。期末与"销项税额"冲抵后如有借方余额，表示期末尚未抵扣的进项税额。

三、固定资产购建

固定资产是指企业为生产产品、提供劳务、出租或经营管理而持有的，使用年限超过一个会计年度的房屋、建筑物、机器、机械、运输工具以及其他与生产经营有关的设备工具等。固定资产应当按照取得时的实际成本计量。固定资产实际成本是指企业购建固定资产达到预定可使用状态前，发生的一切合理的必要的支出。对购入的设备等固定资产，应按发生的实际支出确定其入账价值，包括买价、运输费、包装费和安装成本等；对建造的固定资产已达到预定可使用状态时即可按实际支出款项入账，包括人工、材料、机械等成本。为了核算和监督企业固定资产购建情况，除设置前述的"固定资产"账户外，还应设置"在建工程"账户。

"在建工程"账户：属于资产类账户，核算和监督企业固定资产的新建、改建、扩建，或技术改造、设备更新和大修理等尚未完工的工程支出。借方登记工程的各种实际支出，贷方登记完工转出工程的实际成本，余额在借方，表示尚未完工的工程成本。本账户可以按工程内容设置明细账进行明细分类核算。如购入后需要安装的机器设备，要先通过"在建工程"账户核算，待工程达到可使用状态时，才可从"在建工程"账户转入"固定资产"账户。

企业对于不需安装的机器设备，也就是购买之后当即达到预定可使用状态，可以立即形成企业的固定资产，直接记入"固定资产"账户。

[业务实例7－5] 2018年12月9日，华宇公司从华闻公司购入一台不需安装的设备，买价125 000元，增值税20 000元，运杂费1 000元。取得了增值税专用发票并注明了增值税额，货款及增值税额均用银行存款付清，设备当即投入使用。

根据增值税专用发票、运输发票、支票存根和固定资产验收单编制会计分录，填制通用记账凭证如表 7－5 所示。

表 7－5　记账凭证

2018 年 12 月 9 日　　　　记字第 006 号

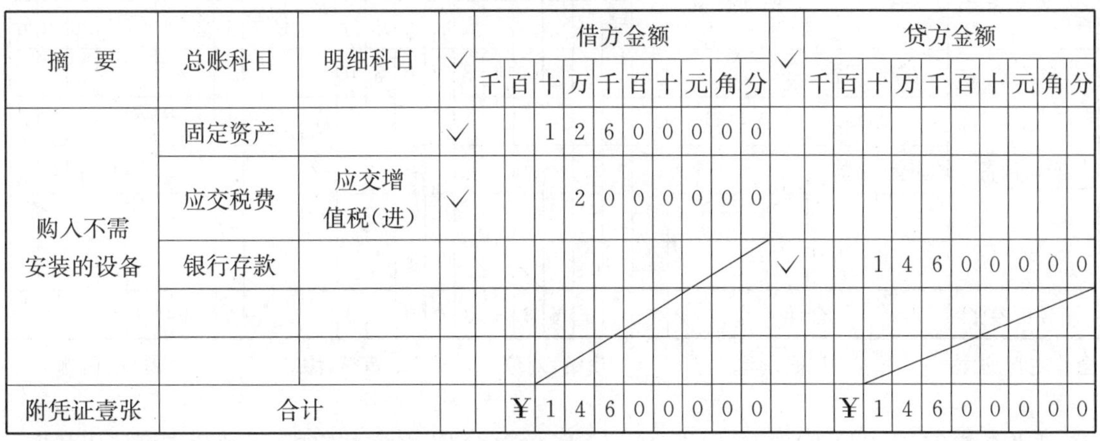

摘　要	总账科目	明细科目	√	借方金额										√	贷方金额									
				千	百	十	万	千	百	十	元	角	分		千	百	十	万	千	百	十	元	角	分
购入不需安装的设备	固定资产		√			1	2	6	0	0	0	0	0											
	应交税费	应交增值税(进)	√				2	0	0	0	0	0	0											
	银行存款													√			1	4	6	0	0	0	0	0
附凭证壹张	合计				¥	1	4	6	0	0	0	0	0			¥	1	4	6	0	0	0	0	0

会计主管：王涛　　记账：李汶　　出纳：刘琼　　审核：沈红　　制证：

［**业务实例 7－6**］　2018 年 12 月 14 日，华宇公司从华廷公司购入一台需安装的设备，买价 480 000 元，增值税 76 800 元，运杂费 3 000 元。取得了增值税专用发票并注明了增值税额，货款及增值税额均用银行存款付清，设备投入安装。

根据增值税专用发票、运输发票、支票存根和设备验收单编制会计分录，填制通用记账凭证如表 7－6 所示。

表 7－6　记账凭证

2018 年 12 月 14 日　　　　记字第 009 号

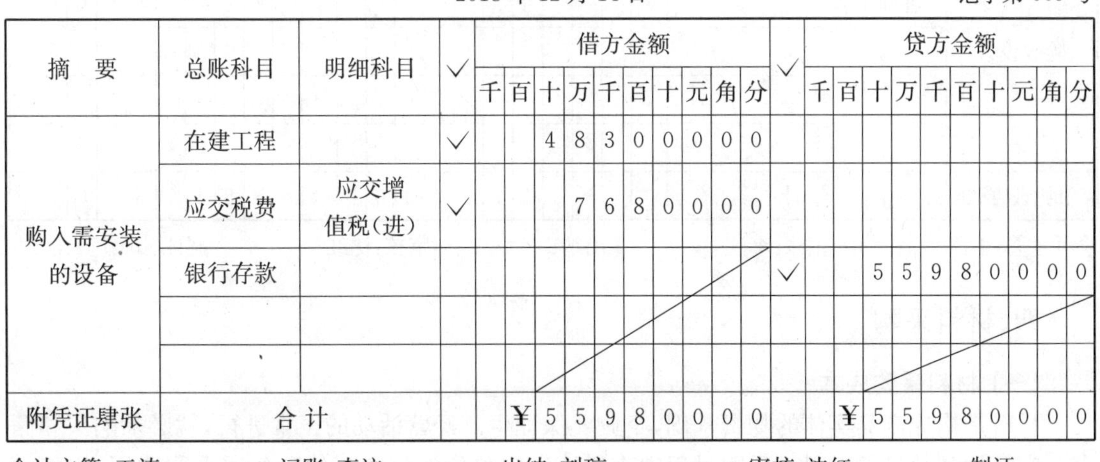

摘　要	总账科目	明细科目	√	借方金额										√	贷方金额									
				千	百	十	万	千	百	十	元	角	分		千	百	十	万	千	百	十	元	角	分
购入需安装的设备	在建工程		√			4	8	3	0	0	0	0	0											
	应交税费	应交增值税(进)	√				7	6	8	0	0	0	0											
	银行存款													√			5	5	9	8	0	0	0	0
附凭证肆张	合 计				¥	5	5	9	8	0	0	0	0			¥	5	5	9	8	0	0	0	0

会计主管：王涛　　记账：李汶　　出纳：刘琼　　审核：沈红　　制证：

［**业务实例 7－7**］　2018 年 12 月 15 日，上述设备安装发生各种费用：耗用 A 材料 12 000 元，支付给伟星安装公司安装费 22 800 元。

根据原材料领用单、安装发票和支票存根编制会计分录，填制通用记账凭证如表 7－7 所示。

表 7-7　记账凭证

2018 年 12 月 15 日　　　　记字第 010 号

摘　要	总账科目	明细科目	✓	借方金额										✓	贷方金额									
				千	百	十	万	千	百	十	元	角	分		千	百	十	万	千	百	十	元	角	分
	在建工程		✓				3	4	8	0	0	0	0											
	原材料	A 材料												✓				1	2	0	0	0	0	0
安装设备	银行存款													✓				2	2	8	0	0	0	0
附凭证叁张	合计					¥	3	4	8	0	0	0	0				¥	3	4	8	0	0	0	0

会计主管:王涛　　记账:李汶　　出纳:刘琼　　审核:沈红　　制证:田娜

[业务实例 7-8]　2018 年 12 月 15 日,上述需安装设备安装完毕,达到预定可使用状态,已交付使用,结转工程成本。

根据固定资产验收单编制会计分录,填制通用记账凭证如表 7-8 所示。

表 7-8　记账凭证

2018 年 12 月 15 日　　　　记字第 011 号

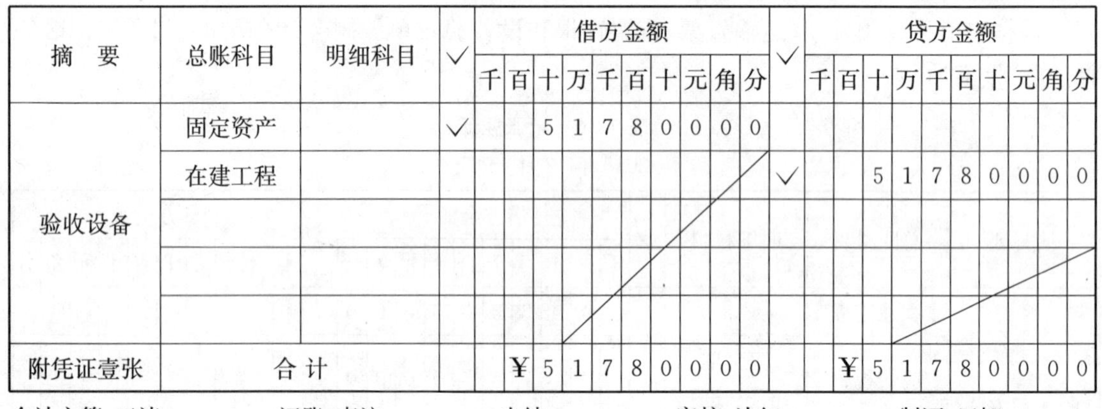

摘　要	总账科目	明细科目	✓	借方金额										✓	贷方金额									
				千	百	十	万	千	百	十	元	角	分		千	百	十	万	千	百	十	元	角	分
	固定资产		✓			5	1	7	8	0	0	0	0											
	在建工程													✓			5	1	7	8	0	0	0	0
验收设备																								
附凭证壹张	合 计				¥	5	1	7	8	0	0	0	0			¥	5	1	7	8	0	0	0	0

会计主管:王涛　　记账:李汶　　出纳:　　审核:沈红　　制证:田娜

四、材料采购

(一) 材料采购成本

材料是构成产品实体的物资基础,企业要保证生产经营活动的正常进行,就必须购买和储存一定品种和数量的材料。采购过程中支付给供应单位的材料买价和各项采购费用,构成材料的采购成本,具体包括以下内容:

1. 买价,是指企业在采购材料时,供应单位售货发票上所列的销售价格;
2. 运杂费,包括运输费、装卸费、保险费、包装费、仓储费等;
3. 运输途中的合理损耗;
4. 入库前的挑选整理费,包括挑选整理过程中发生的人员工资、费用支出和必要的损耗等；

5. 税金，主要包括价内税、小规模纳税企业购料支付的增值税、一般纳税企业所购材料用于非应交增值税项目或免交增值税项目以及未能取得增值税专用发票和完税证明所支付的增值税等。

为了简化核算，会计实务中对某些应计入材料采购成本的采购费用，如采购人员的差旅费、市内采购材料的运杂费、专设采购机构的办公经费等，不计入材料采购成本，而是列作管理费用。

购入的材料运达企业并办理入库手续后，材料的采购成本将转化为库存材料的成本并形成储备资金，以备企业生产经营领用。在材料入库前，应合理地核算每一种材料的总成本和单位成本，以便为计算材料物资消耗提供依据。

（二）账户设置

为了核算和监督企业材料采购业务的发生和完成情况，应设置如下账户：

(1)“在途物资”账户：属于资产类账户，核算和监督企业采用实际成本进行材料物资日常核算时，购入材料、商品等物资已结算尚未验收入库的材料物资的采购成本。借方登记材料物资采购过程中发生的买价、运费等采购成本，贷方登记验收入库材料物资的采购成本并转入“原材料”账户的借方；期末余额在借方，表示已办理货款结算但尚未入库的材料物资的采购成本。本账户应按材料物资的类别、品种或规格设置明细账进行明细分类核算。按计划成本进行材料物资日常核算的企业可以设置“材料采购”账户核算。

(2)“原材料”账户：属于资产类账户，核算和监督企业因原材料的入库、出库等引起的库存材料成本的增减变动情况和结存情况。借方登记因外购材料入库、库存材料盘盈等原因增加的库存材料的成本，贷方登记发出、领用、对外销售、盘亏、毁损等原因减少的库存材料的成本；期末余额在借方，表示期末库存材料的成本。本账户应按材料的保管地点或材料类别、品种和规格设置明细账进行明细分类核算。

(3)“应付账款”账户：属于负债类账户，核算和监督企业因购买材料、商品和接受劳务供应等而应支付给供应单位的款项增减变动情况。贷方登记企业购买材料、接受劳务等形成的应付给供应单位的款项，借方登记已偿还给供应单位的应付款项；期末余额一般在贷方，表示期末尚未偿还的应付账款。本账户按供应单位设置明细账进行明细分类核算。

(4)“应付票据”账户：属于负债类账户，核算和监督因购买材料、商品和接受劳务供应等而签发并承兑的商业汇票及支付票款等业务。贷方登记因采购材料等经济业务而开出并承兑的汇票款，借方登记支付到期商业汇票的款项；期末余额在贷方，表示期末尚未到期的应付票据的款项。另外，企业还应设置“应付票据备查簿”，详细登记每一应付票据的种类、号数、签发日期、到期日、票据金额和利率、收款人姓名和单位名称以及付款日期和金额等资料。应付票据到期结算时，应当在备查簿内逐笔注销。

(5)“库存现金”账户：属于资产类账户，反映和监督库存现金的增减变动及其结存情况。借方登记库存现金的增加，贷方登记库存现金的减少；期末余额在借方，表示期末库存现金结存数。

［业务实例 7－9］　2018 年 12 月 15 日，华宇公司从广宇公司购入 A 材料 1 500 千克，每千克 10 元；B 材料 1 000 千克，每千克 20 元；增值税率 16%，取得了增值税专用发票并注明了增值税额，货款及增值税额均用银行存款付清。

根据增值税专用发票和支票存根编制会计分录，填制通用记账凭证如表 7－9 所示。

表 7－9　记账凭证

2018 年 12 月 15 日　　　　记字第 012 号

摘　要	总账科目	明细科目	✓	借方金额										✓	贷方金额									
				千	百	十	万	千	百	十	元	角	分		千	百	十	万	千	百	十	元	角	分
采购材料	在途物资	A材料	✓				1	5	0	0	0	0	0											
		B材料	✓				2	0	0	0	0	0	0											
	应交税费	应交增值税（进）	✓					5	6	0	0	0	0											
	银行存款													✓				4	0	6	0	0	0	0
附凭证贰张	合计					¥	4	0	6	0	0	0	0				¥	4	0	6	0	0	0	0

会计主管：王涛　　记账：李汶　　出纳：刘琼　　审核：沈红　　制证：

［业务实例 7－10］　2018 年 12 月 17 日，华宇公司从本市华林公司购入 A 材料 2 500 千克，每千克 10 元，增值税率为 16%，取得了增值税专用发票并注明了增值税额，货款及增值税均未支付。

根据增值税专用发票编制会计分录，填制通用记账凭证如表 7－10 所示。

表 7－10　记账凭证

2018 年 12 月 17 日　　　　记字第 013 号

摘　要	总账科目	明细科目	✓	借方金额										✓	采购材料									
				千	百	十	万	千	百	十	元	角	分		千	百	十	万	千	百	十	元	角	分
采购材料	在途物资	A材料	✓				2	5	0	0	0	0	0											
	应交税费	应交增值税（进）	✓					4	0	0	0	0	0											
	应付账款	华林公司												✓				2	9	0	0	0	0	0
附凭证壹张	合计					¥	2	9	0	0	0	0	0				¥	2	9	0	0	0	0	0

会计主管：王涛　　记账：李汶　　出纳：　　审核：沈红　　制证：田娜

［业务实例 7－11］　2018 年 12 月 19 日，华宇公司从本市华兴公司购入 B 材料 3 000 千克，每千克 20 元，增值税率 16%，取得了增值税专用发票并注明了增值税额，货款及增值税均未支付，开出承兑商业汇票一张，期限 2 个月。

根据增值税专用发票和结算凭证编制会计分录，填制通用记账凭证如表 7－11 所示。

表 7-11　记账凭证

2018 年 12 月 19 日　　　　记字第 015 号

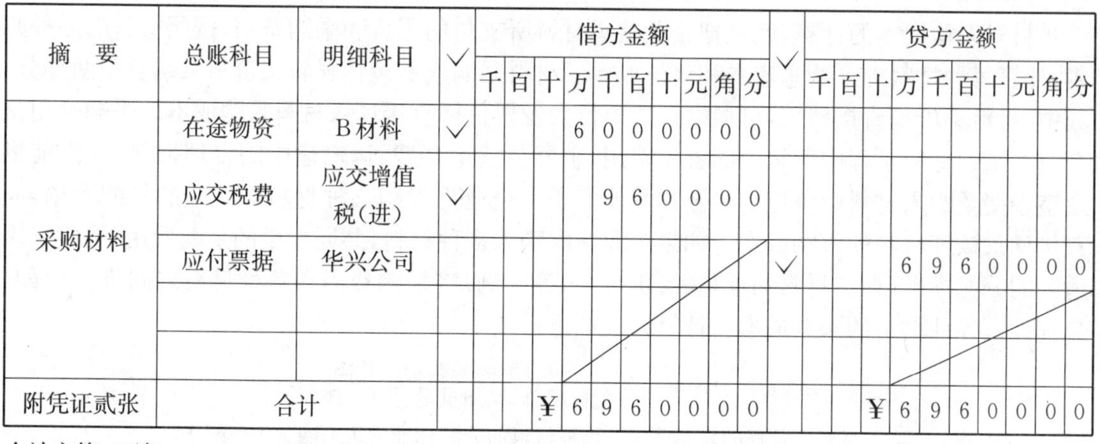

摘　要	总账科目	明细科目	✓	借方金额										✓	贷方金额									
				千	百	十	万	千	百	十	元	角	分		千	百	十	万	千	百	十	元	角	分
采购材料	在途物资	B材料	✓				6	0	0	0	0	0	0											
	应交税费	应交增值税(进)	✓					9	6	0	0	0	0											
	应付票据	华兴公司												✓				6	9	6	0	0	0	0
附凭证贰张	合计					¥	6	9	6	0	0	0	0				¥	6	9	6	0	0	0	0

会计主管：王涛　　记账：李汶　　出纳：　　审核：沈红　　制证：田娜

五、支付运输费

企业在材料采购过程中，在支付货款的同时还要支付运输途中发生的费用，该费用的支付方法可在合同中加以说明。一种方法是买方在支付货款的同时支付给运输部门运费或单独与运输部门结算运费；另一种方法是卖方先替买方垫付运费，当货到后买方再支付给卖方运费。运输费用要合理地分摊到各物资的采购成本中。

[业务实例 7-12]　2018 年 12 月 20 日，华宇公司以银行存款支付前购材料 A、B 的运费。其中，A 材料的运费是 2 000 元，B 材料的运费是 1 000 元，以银行存款支付。

根据运费结算单和支票存根编制会计分录，填制通用记账凭证如表 7-12 所示。

表 7-12　记账凭证

2018 年 12 月 20 日　　　　记字第 016 号

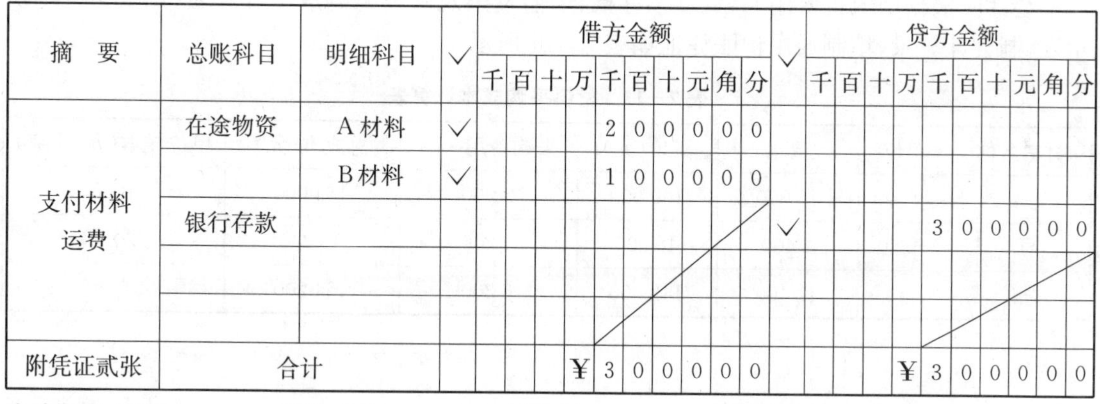

摘　要	总账科目	明细科目	✓	借方金额										✓	贷方金额									
				千	百	十	万	千	百	十	元	角	分		千	百	十	万	千	百	十	元	角	分
支付材料运费	在途物资	A材料	✓					2	0	0	0	0	0											
		B材料	✓					1	0	0	0	0	0											
	银行存款													✓					3	0	0	0	0	0
附凭证贰张	合计						¥	3	0	0	0	0	0					¥	3	0	0	0	0	0

会计主管：王涛　　记账：李汶　　出纳：刘琼　　审核：沈红　　制证：

六、材料采购成本的计算

材料采购成本的计算，就是把企业购买材料所支付的买价和采购费用，按照材料的品种归集，计算每种材料的采购总成本和单位成本。材料采购成本包括材料买价与采购费用两部分。其中，材料买价是直接费用，可根据供货单位的发票价格直接计入材料采购成本。采购费用是企业在采购材料过程中所发生的各项费用，主要包括运杂费、运输途中的合理损耗、入库前挑选整理费及购入材料应负担的税金和其他费用。企业为采购某种材料而发生的采购费用，应直接计入该种材料的采购成本。如果企业一次购入多种材料，共同发生的采购费用，则应采用适当的分配标准（如按材料的重量、买价、体积等比例）将采购费用在各种材料之间进行分配，分别计入各种材料的采购成本。计算公式如下：

$$采购费用分配率=\frac{应分配的采购费用总额}{分配标准总量（如重量、买价、体积等）}$$

某种材料应负担的采购费用＝该种材料的分配标准量×采购费用分配率

某种材料的采购成本＝该材料买价＋该材料应负担的采购费用

［业务实例7－13］ 2018年12月21日，华宇公司从东方公司购买A材料10 000千克，买价100 000元；B材料2 400千克，买价48 000元，增值税共计23 680元，采购费用共计6 200元，企业将全部款项以银行存款支付。设运费按材料重量比例分配，则各种材料的采购成本计算如下：

$$采购费用分配率=\frac{6200}{10\,000+2\,400}=0.5（元/千克）$$

A材料负担采购费用＝10 000×0.5＝5 000（元）

B材料负担采购费用＝2 400×0.5＝1 200（元）

A材料采购成本＝100 000＋5 000＝105 000（元）

B材料采购成本＝48 000＋1 200＝49 200（元）

会计应根据增值税专用发票、支票存根、运输发票及材料采购成本计算表（见表7－13所示）编制会计分录，填制通用记账凭证如表7－14所示。

表7－13　材料采购成本计算表

材料名称	单位	数量	买价（元）	采购费用（元）	总成本（元）	单位成本（元/千克）
A	千克	10 000	100 000	5 000	105 000	10.5
B	千克	2 400	48 000	1 200	49 200	20.5
合计		12 400	148 000	6 200	154 200	

表 7-14　记账凭证

2018 年 12 月 21 日　　　　　　　　　　　　　　　　记字第 018 号

摘　要	总账科目	明细科目	✓	借方金额										✓	贷方金额									
				千	百	十	万	千	百	十	元	角	分		千	百	十	万	千	百	十	元	角	分
采购材料	在途物资	A 材料	✓			1	0	5	0	0	0	0	0											
	在途物资	B 材料	✓				4	9	2	0	0	0	0											
	应交税费	应交增值税（进）	✓				2	3	6	8	0	0	0											
	银行存款													✓			1	7	7	8	8	0	0	0
附凭证肆张	合计				¥	1	7	7	8	8	0	0	0			¥	1	7	7	8	8	0	0	0

会计主管：王涛　　　　记账：李汶　　　　出纳：刘琼　　　　审核：沈红　　　　制证：

七、材料物资验收入库

材料运达企业并办理入库手续后，在会计核算时将“在途物资”账户中的金额转入“原材料”账户中。材料验收入库要填制“材料验收入库单”。

［业务实例 7-14］　2018 年 12 月 22 日，华宇公司本月购入的 A 材料、B 材料全部到达并验收入库。编制 A 材料、B 材料验收入库单如表 7-15 所示。

表 7-15　华宇公司材料验收入库单

日期：2018 年 12 月 22 日

品名	规格	单位	数量		实际价格				计划价	
			来料数	实际数	单价	总价	运杂费	合计	单价	总价
A 材料		千克		14 000	10	140 000	7 000	147 000		
B 材料		千克		6 400	20	128 000	2 200	130 200		
合计						268 000	9 200	277 200		

供销主管：刘志刚　　　　仓库保管：刘维　　　　采购：徐弘历　　　　制单：马学英

根据材料验收入库单编制会计分录，填制通用记账凭证如表 7-16 所示。

表 7-16 记账凭证

2018 年 12 月 22 日　　　　记字第 019 号

摘 要	总账科目	明细科目	✓	借方金额										✓	贷方金额									
				千	百	十	万	千	百	十	元	角	分		千	百	十	万	千	百	十	元	角	分
材料验收入库	原材料	A 材料	✓			1	4	7	0	0	0	0	0											
		B 材料	✓			1	3	0	2	0	0	0	0											
	在途物资	A 材料												✓			1	4	7	0	0	0	0	0
		B 材料												✓			1	3	0	2	0	0	0	0
附凭证壹张	合计				¥	2	7	7	2	0	0	0	0			¥	2	7	7	2	0	0	0	0

会计主管：王涛　　记账：李汶　　出纳：　　审核：沈红　　制证：田娜

八、支付货款

按照结算制度与经济合同的规定，办理与供应单位的货款结算工作是材料采购核算的主要环节之一。一种货款结算方式是现付，即直接付现金或通过银行转账，见业务实例 7-9、7-13。

另一种货款结算方式是赊账，买方暂欠货款或开出承兑商业汇票，在约定的期限内付款，见业务实例 7-10、7-11。

[业务实例 7-15] 2018 年 12 月 26 日华宇公司用银行存款支付于 12 月 17 日从华林公司购入 A 材料的货款及增值税款，合计金额 29 000 元。

根据转账支票存根编制会计分录，填制通用记账凭证如表 7-17 所示。

表 7-17 记账凭证

2018 年 12 月 26 日　　　　记字第 023 号

摘 要	总账科目	明细科目	✓	借方金额										✓	贷方金额									
				千	百	十	万	千	百	十	元	角	分		千	百	十	万	千	百	十	元	角	分
支付前欠货款	应付账款	华林公司	✓				2	9	0	0	0	0	0											
	银行存款													✓				2	9	0	0	0	0	0
附凭证壹张	合计					¥	2	9	0	0	0	0	0				¥	2	9	0	0	0	0	0

会计主管：王涛　　记账：李汶　　出纳：刘琼　　审核：沈红　　制证：

[业务实例 7-16] 2019 年 2 月 19 日，华宇公司从华兴公司购入 B 材料的货款及增值税款为 69 600 元，所开出的商业承兑汇票到期，用银行存款支付。

根据结算凭证编制会计分录，填制通用记账凭证如表 7-18 所示。

表 7-18　记账凭证

2019 年 2 月 19 日　　　　　　　　　　记字第 016 号

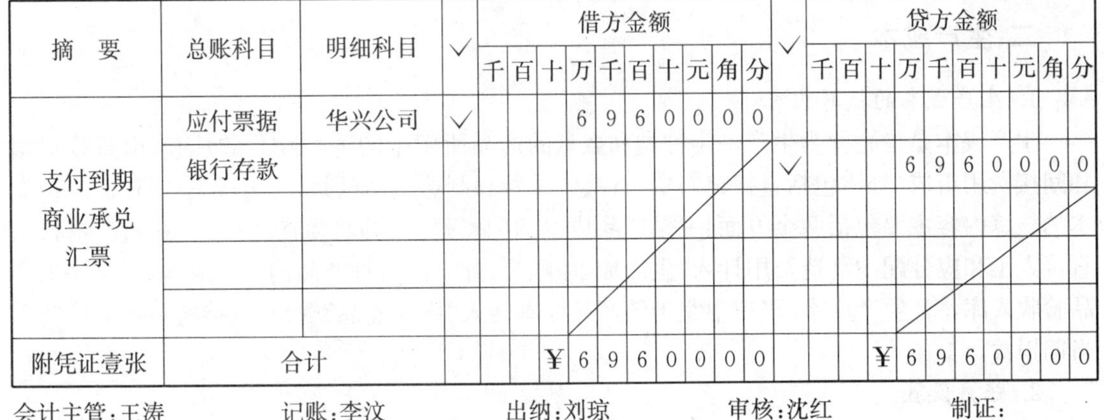

摘　要	总账科目	明细科目	√	借方金额										√	贷方金额									
				千	百	十	万	千	百	十	元	角	分		千	百	十	万	千	百	十	元	角	分
支付到期商业承兑汇票	应付票据	华兴公司	√				6	9	6	0	0	0	0											
	银行存款													√				6	9	6	0	0	0	0
附凭证壹张	合计					¥	6	9	6	0	0	0	0				¥	6	9	6	0	0	0	0

会计主管：王涛　　记账：李汶　　出纳：刘琼　　审核：沈红　　制证：

任务三　掌握生产过程的核算

任务要求

企业的主要经济活动是生产工人借助于劳动手段对劳动对象进行加工，制造出适合于社会需要的产品的生产过程。产品生产过程中，既有物化劳动的耗费，又有活劳动的耗费。在发生各种耗费的同时生产出产成品。所以，要了解产品生产成本的构成，正确计算制造费用的分配率，掌握掌握生产过程中有关经济业务事项的核算。

一、生产过程的概念

生产过程是指从材料投入生产开始到产品完工入库为止的过程，是企业资金周转的第二阶段。在这个过程中，一方面在使用价值形态上，生产工人通过劳动手段（厂房、机器设备等）对劳动对象（各种原材料）进行加工制造出各种产品；另一方面，在价值形态上，资金占用形式相应地由储备资金、货币资金等形态转化为生产资金形态，继而再从生产资金形态转化为产成品资金形态。

企业在生产产品过程中所发生的各种耗费，称为生产费用。在生产过程中，要消耗材料物资；要耗费生产工人和管理人员的劳动，支付工资及其他费用；要发生房屋、机器设备等资产因使用磨损而计提的折旧费，还会发生办公费用等，这些形成了企业的生产费用。这些生产费用，有的是直接为生产产品而发生的，有的是间接为生产产品而发生的，它们最终应归集分配到各种产品成本中，构成产品成本。企业行政管理部门为管理和组织整个企业的生产经营活动而发生的管理费用，则不能计入产品成本，而应作为期间费用直接计入当期损益。在生产过程中，要对这些费用按照一定的程序和方法进行归集、分配，以便计算出产品的生产成本或制造成本，为产品销售价格的制定提供依据。

因此，生产过程核算的内容包括两个方面：一是生产费用的归集和分配；二是产品成本的计算及完工产品成本的结转。

二、生产成本

1. 生产成本的核算内容

生产成本是指企业为生产一定种类和数量的产品所发生的各种耗费的总和，由直接费用和间接费用组成，具体包括直接材料费、直接人工费和制造费用(通常称为成本项目)。生产成本的核算内容主要包括两个方面：一是产品成本的归集过程，即将生产每种产品的直接材料、直接人工和应分配的制造费用计入"生产成本"账户，计算出每种产品的生产成本；二是完工产品验收入库，将"生产成本"账户中完工的产品成本转入"库存商品"账户，以待实现销售后转入当期损益。

2. 账户设置

"生产成本"账户：属于成本类账户，用来核算和监督企业在生产各种产品(包括产成品、自制半成品等)过程中发生的各项生产费用并计算产品成本。借方登记企业在生产产品过程中所发生的全部生产费用，包括直接材料费、直接人工费和期末分配转入的制造费用；贷方登记结转的完工入库的产品成本；期末余额在借方，表示期末尚未加工完成的各种在产品的生产成本。该账户一般按产品的品种或类别设置明细账，并按成本项目设置专栏进行明细分类核算。

在成本核算过程中，还要设置"制造费用""管理费用""应付职工薪酬"等账户，这些内容在本任务后面详细介绍。

三、材料费用

工业企业在生产经营过程中要发生大量的材料费用。材料费用是企业生产部门和行政管理部门领用材料后形成的一种费用。领出的材料被生产经营管理部门耗用后，其价值一次性发生转移，转化为费用。发生的材料费用是根据材料的消耗量和成本单价计算出来的。即：

发生的材料费用＝领用材料数量×材料成本单价

通常，生产部门或其他部门在领用材料时必须填制领料单，仓库部门根据领料单发出材料后，领料单的一联交给会计部门用以记账。会计部门对领料单进行汇总计算，按各部门及不同用途领用材料的数额分别记入有关成本费用账户。产品生产耗用的材料属于直接生产费用，应计入"生产成本"账户的借方；车间一般性耗用的材料属于间接生产费用，应计入"制造费用"账户的借方；企业行政管理部门耗用的材料属于期间费用，应计入"管理费用"账户的借方等。

[业务实例 7－17]　2018 年 12 月 10 日，华宇公司生产甲产品领用 A 材料 500 千克，每千克 10 元，计 5 000 元；领用 B 材料 200 千克，每千克 20 元，计 4 000 元。

根据领料单编制会计分录，填制通用记账凭证如表 7－19 所示。

表 7－19　记账凭证

2018 年 12 月 10 日　　　　　　　　　　　　记字第 007 号

摘　要	总账科目	明细科目	✓	借方金额										✓	贷方金额									
				千	百	十	万	千	百	十	元	角	分		千	百	十	万	千	百	十	元	角	分
生产领料	生产成本	甲产品	✓					9	0	0	0	0	0											
	原材料	A 材料												✓					5	0	0	0	0	0
		B 材料												✓					4	0	0	0	0	0
附凭证壹张	合计						¥	9	0	0	0	0	0					¥	9	0	0	0	0	0

会计主管：王涛　　　记账：李汶　　　出纳：　　　审核：沈红　　　制证：田娜

［业务实例 7－18］　2018 年 12 月 20 日，根据领料凭证记录，华宇公司生产甲产品领用 A 材料 2 000 千克，计 20 000 元；B 材料 1 500 千克，计 30 000 元。生产乙产品领用 A 材料 1 800 千克，计 18 000 元；C 材料 1 000 千克，计 10 000 元。车间一般性耗用 A 材料 200 千克，计 2 000 元；企业管理部门耗用 B 材料 75 千克，计 1 500 元。其中，A 材料每千克 10 元，B 材料每千克 20 元，C 材料每千克 10 元。编制原材料发出材料汇总表如表 7－20 所示。

表 7－20　原材料发出汇总表

2018 年 12 月 20 日　　　　　　　　　　　　金额单位：元

类别 部门	A 材料		B 材料		C 材料		合计
	数量(千克)	金额	数量(千克)	金额	数量(千克)	金额	
甲产品	2 000	20 000	1 500	30 000			50 000
乙产品	1 800	18 000			1 000	10 000	28 000
生产车间	200	2 000					2 000
企业企管部门			75	1 500			1 500
合计	4 000	40 000	1 575	31 500	1 000	10 000	81 500

根据原材料发出汇总表编制会计分录，填制通用记账凭证如表 7－21 和表 7－22 所示。

表 7－21 记账凭证

2018 年 12 月 20 日　　　　记字第 017 $\frac{1}{2}$ 号

摘要	总账科目	明细科目	✓	借方金额										✓	贷方金额									
				千	百	十	万	千	百	十	元	角	分		千	百	十	万	千	百	十	元	角	分
生产领料	生产成本	甲产品	✓				5	0	0	0	0	0	0											
		乙产品	✓				2	8	0	0	0	0	0											
	制造费用		✓					2	0	0	0	0	0											
	管理费用		✓					1	5	0	0	0	0											
	原材料	A材料												✓				4	0	0	0	0	0	0
附凭证　张	合计																							

会计主管：王涛　　记账：李汶　　出纳：　　审核：沈红　　制证：田娜

表 7－22 记账凭证

2018 年 12 月 20 日　　　　记字第 017 $\frac{2}{2}$ 号

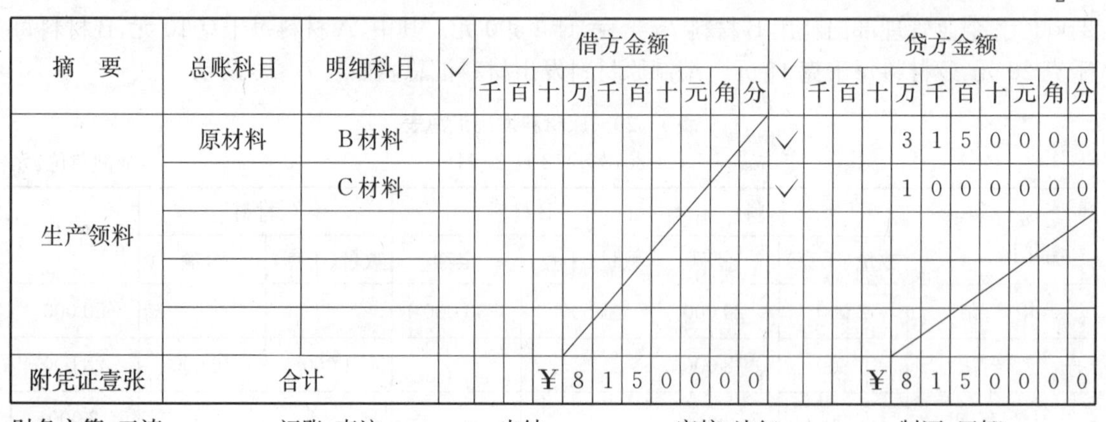

摘要	总账科目	明细科目	✓	借方金额										✓	贷方金额									
				千	百	十	万	千	百	十	元	角	分		千	百	十	万	千	百	十	元	角	分
生产领料	原材料	B材料												✓				3	1	5	0	0	0	0
		C材料												✓				1	0	0	0	0	0	0
附凭证壹张	合计					¥	8	1	5	0	0	0	0				¥	8	1	5	0	0	0	0

财务主管：王涛　　记账：李汶　　出纳：　　审核：沈红　　制证：田娜

四、人工费用

（一）人工费用的概念

人工费用就是职工薪酬，是指企业为获得职工提供的服务而给予的各种形式的报酬以及其他相关支出，包括职工工资、奖金、津贴，职工福利费，医疗保险费，养老保险费，失业保险费，工伤保险费和生育保险费等社会保险费，住房公积金，工会经费和职工教育经费等。其中，最常见的职工薪酬是工资和福利费。

工资是企业支付给职工的主要劳动报酬形式，是企业根据职工的出勤情况以及规定工资标准计算出来的。企业的工资通常在每月月末先根据职工出勤情况及工资标准计算出应付职工工资，下个月实际发放工资。企业除了按照按劳分配原则支付每一职工工资外，还应根据国家规定按工资总额的 14%计提福利费，专门用于职工医药费、职工生活困难补助、职工浴室、理发室、幼儿园、职工食堂人员工资等方面的福利支出。职工福利费是先提取后使用，从而形成企业的一项负债。

人工费用根据职工的岗位和部门分配计入有关的成本、费用账户。凡直接为生产某种产品而发生的工人工资及福利费等，应直接计入“生产成本”账户的借方；车间管理人员的工资及福利费等，计入“制造费用”账户的借方；厂部管理人员的工资及福利费等，计入“管理费用”账户的借方。但应注意的是，职工浴室、理发室、幼儿园、职工食堂人员工资计入“应付职工薪酬——职工福利费”明细账户的借方；根据职工浴室、理发室、幼儿园、职工食堂等福利部门人员工资计提的福利费计入“管理费用”账户的借方。

(二) 账户设置

“应付职工薪酬”账户：属于负债类账户，用来核算和监督企业根据有关规定应付给职工的各种薪酬与实际发放情况。借方登记本月实际已经支付或使用的职工薪酬，包括实发工资及代扣款项(代扣房租、家属药费和个人所得税等)；贷方登记实际发生的已经分配计入有关成本费用项目的应付给职工的薪酬；期末余额在贷方，反映期末企业应付未付的职工薪酬。本账户可按“工资”“职工福利”“工会经费”“职工教育经费”等项目设置明细账，进行明细分类核算。

[业务实例 7－19]　华宇公司 2018 年 12 月份的工资结算汇总表如表 7－23 所示。

表 7－23　工资结算汇总表

2018 年 12 月 31 日

单位:元

车间、部门类型		职工人数	标准工资	工种补贴	物价补贴	应发奖金及补贴	缺勤减发工资		应付工资	应付福利费	代扣款项		实发工资
							事假旷工	病假			房租	水电费	
基本生产车间	甲产品生产工人		45 031	10 884	17 006	1 367	1 089	408	72 791	10 190.74	2 585	408	69 798
	乙产品生产工人		21 169	5 116	7 994	643	511	192	34 219	4 790.66	1 215	192	32 812
	管理人员		11 800	1 600	3 000	280		200	16 480	2 307.2	1 200	350	14 930
	小计		78 000	17 600	28 000	2 290	1 600	800	123 490	17 288.6	5 000	950	117 540
企业管理部门			15 140		2 500	2 600	360	280	19 600	2 744	1 000	500	18 100
企业销售部门			12 800		3 100	280		400	15 780	2 209.2			15 780
生活福利部门			6 196	1 200	1 600	160		56	9 100	1 274	1 600	800	6 700
6 个月以上长病人员			896		2 200			600	2 496	349.44	60	50	2 386
小计			35 032	1 200	9 400	3 040	360	1 336	46 976	6 576.64	2 660	1 350	42 966
总计			113 032	18 800	37 400	5 330	1 960	2 136	170 466	23 865.24	7 660	2 300	160 506

(1) 根据工资结算汇总表中的实发工资总额，以银行存款 160 506 元，发放工资。

根据转账支票存和工资单根编制会计分录，填制通用记账凭证如表 7 - 24 所示。

表 7 - 24　记账凭证

2018 年 12 月 31 日　　　　记字第 035 号

摘　要	总账科目	明细科目	✓	借方金额										✓	贷方金额									
				千	百	十	万	千	百	十	元	角	分		千	百	十	万	千	百	十	元	角	分
发放工资	应付职工薪酬	工资	✓			1	6	0	5	0	6	0	0											
	银行存款													✓			1	6	0	5	0	6	0	0
附凭证贰张	合计				¥	1	6	0	5	0	6	0	0			¥	1	6	0	5	0	6	0	0

会计主管：王涛　　记账：李汶　　出纳：刘琼　　审核：沈红　　制证：

(2) 月末，根据工资结算汇总表按用途分配工资，其中甲产品生产工人工资 72 791 元，乙产品生产工人工资 34 219 元，车间管理人员工资 16 480 元，企业管理人员工资 19 600 元，企业销售部门人员工资 15 780 元，生活福利部门人员工资 9 100 元，6 个月以上长病人员工资 2 496 元。

根据工资结算汇总表编制会计分录，填制通用记账凭证如表 7 - 25 和表 7 - 26 所示。

表 7 - 25　记账凭证

2018 年 12 月 31 日　　　　记字第 036 $\frac{1}{2}$ 号

摘　要	总账科目	明细科目	✓	借方金额										✓	贷方金额									
				千	百	十	万	千	百	十	元	角	分		千	百	十	万	千	百	十	元	角	分
分配工资	生产成本	甲产品	✓				7	2	7	9	1	0	0											
	生产成本	乙产品	✓				3	4	2	1	9	0	0											
	制造费用		✓				1	6	4	8	0	0	0											
	销售费用		✓				1	5	7	8	0	0	0											
	管理费用		✓				2	2	0	9	6	0	0											
附凭证张	合计																							

会计主管：王涛　　记账：李汶　　出纳：　　审核：沈红　　制证：田娜

表 7 - 26　记账凭证

2018 年 12 月 31 日　　　　　　　　记字第 036 $\frac{2}{2}$ 号

摘　要	总账科目	明细科目	✓	借方金额										✓	贷方金额									
				千	百	十	万	千	百	十	元	角	分		千	百	十	万	千	百	十	元	角	分
分配工资	应付职工薪酬	福利费	✓					9	1	0	0	0	0											
	应付职工薪酬	工资												✓			1	7	0	4	6	6	0	0
附凭证壹张	合计				¥	1	7	0	4	6	6	0	0			¥	1	7	0	4	6	6	0	0

会计主管：王涛　　记账：李汶　　出纳：　　审核：沈红　　制证：田娜

(4) 按工资总额的 14%提取职工福利费。计算如下：

甲产品应分摊的福利费＝72 791×14%＝10 190.74(元)

乙产品应分摊的福利费＝34 219×14%＝4 790.66(元)

车间应分摊的福利费＝16 480×14%＝2 307.20(元)

销售部门应分摊的福利费＝15 780×14%＝2 209.20(元)

管理部门应分摊的福利费＝(19 600＋9 100＋2 496)×14%＝4 367.44(元)

根据职工福利费计提表编制会计分录，填制通用记账凭证如表 7 - 27、7 - 28 所示。

表 7 - 27　记账凭证

2018 年 12 月 31 日　　　　　　　　记字第 037 $\frac{1}{2}$ 号

摘　要	总账科目	明细科目	✓	借方金额										✓	贷方金额									
				千	百	十	万	千	百	十	元	角	分		千	百	十	万	千	百	十	元	角	分
计提福利费	生产成本	甲产品	✓				1	0	1	9	0	7	4											
	生产成本	乙产品	✓					4	7	9	0	6	6											
	制造费用		✓					2	3	0	7	2	0											
	销售费用		✓					2	2	0	9	2	0											
	管理费用		✓					4	3	6	7	4	4											
附凭证　张	合计																							

会计主管：王涛　　记账：李汶　　出纳：　　审核：沈红　　制证：田娜

表 7－28　记账凭证

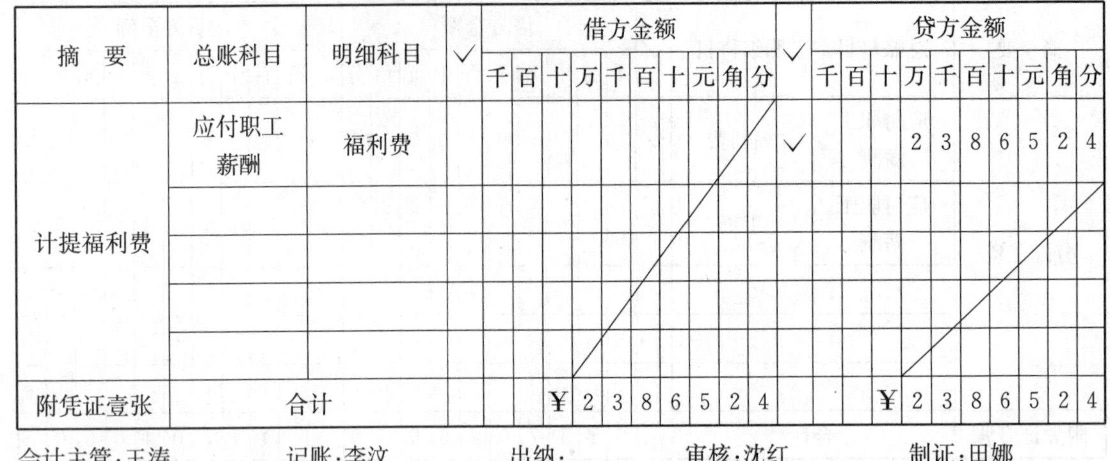

2018 年 12 月 31 日　　　　记字第 037 $\frac{2}{2}$ 号

摘　要	总账科目	明细科目	✓	借方金额										✓	贷方金额									
				千	百	十	万	千	百	十	元	角	分		千	百	十	万	千	百	十	元	角	分
计提福利费	应付职工薪酬	福利费												✓				2	3	8	6	5	2	4
附凭证壹张	合计					¥	2	3	8	6	5	2	4				¥	2	3	8	6	5	2	4

会计主管：王涛　　记账：李汶　　出纳：　　审核：沈红　　制证：田娜

五、固定资产折旧

1. 固定资产折旧的概念

固定资产作为企业主要的劳动资料，具有使用期限长、单位价值高，在使用过程中基本上保持其实物形态，其价值会因使用磨损等原因而逐渐减少等特点。固定资产折旧就是指固定资产在使用过程中由于使用耗损、自然侵蚀、科技进步和劳动生产率提高所引起的价值损耗而转移到产品成本或期间费用中的那部分价值，是固定资产价值的补偿方式。通过折旧计入产品成本费用的那部分固定资产转移价值，叫做折旧费。

2. 账户设置

计提折旧表明固定资产价值因损耗而减少。固定资产价值的减少，本应计入“固定资产”账户的贷方。但在现实经济生活中，固定资产价值的高低代表了一个企业的生产规模或生产能力；如果账面上固定资产的价值随折旧的计提而降低，将给人以企业规模不断萎缩的印象。而固定资产在其有效使用寿命期内，只要维护得当，都能基本保持其生产能力或水平。因此，“固定资产”账户始终核算企业取得固定资产时的历史成本，即原始价值。至于固定资产因使用、磨损而减少的价值，通过“累计折旧”账户进行核算。

“累计折旧”账户：属于资产类账户，是固定资产的备抵调整账户，用来核算企业固定资产折旧的提取情况。“累计折旧”账户的结构与“固定资产”账户的结构相反，贷方登记每月末固定资产折旧的提取数，即固定资产每期转移到产品成本或期间费用中的磨损价值；借方登记企业已提折旧的减少数，即因各种原因（出售、报废、盘亏等）转出固定资产而注销的折旧；期末余额在贷方，反映期末企业现有固定资产累计提取的折旧额。本账户只进行总分类核算，不进行明细分类核算。如需要查明某项固定资产已提折旧额，可以根据固定资产卡片上记载的该项固定资产的原值、折旧率和实际使用年限等资料计算。

需要注意的是，折旧费需按固定资产的不同用途分别由不同对象承担，即生产车间的固定资产折旧费记入“制造费用”的借方，企业行政管理部门的固定资产折旧费记入“管理费用”的借方等。

［**业务实例 7－20**］　2018 年 12 月 31 日，华宇公司计提本月固定资产折旧 20 000 元，其中车间固定资产折旧 12 000 元，管理部门固定资产折旧 8 000 元。

根据固定资产折旧计算表编制会计分录，填制通用记账凭证如表 7－29 所示。

表 7－29　记账凭证

2018 年 12 月 31 日　　　　记字第 038 号

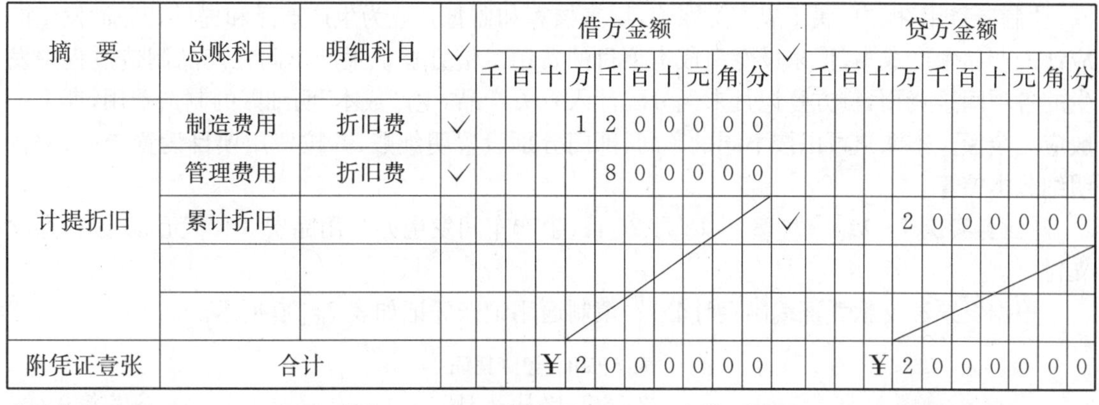

摘　要	总账科目	明细科目	√	借方金额										√	贷方金额									
				千	百	十	万	千	百	十	元	角	分		千	百	十	万	千	百	十	元	角	分
计提折旧	制造费用	折旧费	√				1	2	0	0	0	0	0											
	管理费用	折旧费	√					8	0	0	0	0	0											
	累计折旧													√				2	0	0	0	0	0	0
附凭证壹张	合计					¥	2	0	0	0	0	0	0				¥	2	0	0	0	0	0	0

会计主管：王涛　　记账：李汶　　出纳：　　审核：沈红　　制证：田娜

六、制造费用

（一）制造费用的概念

制造费用属于间接费用，主要是指企业生产部门（车间、分厂）为组织、管理生产和生产服务而发生的费用，是为生产多种产品而共同发生的费用，如生产车间计提的固定资产折旧费、车间管理人员的工资及福利费、车间一般性的机物料消耗、车间照明用的电费、车间办公费、水电费、劳动保护费等。这些费用最终也要计入产品的生产成本，但因其内容比较繁杂，而且往往与多种产品的生产都有密切关系。由于在发生时并不知道哪种产品应分摊多少，故需要采用分配的方法计入产品生产成本。基本做法是：企业对日常发生的这些费用先通过“制造费用”账户进行归集，期末再按一定的标准，将其分配计入各种产品生产成本。

（二）制造费用的核算内容

制造费用的核算分为两部分：一是制造费用归集过程，即将生产过程中发生的车间管理人员工资及福利费、机物料消耗、固定资产折旧费、水电费、修理费、劳动保护费、季节性和维修期间的停工损失等计入到“制造费用”账户的借方；二是制造费用分配结转过程，即期末将制造费用按照一定的方法分别计入各种产品生产成本中，从“制造费用”账户的贷方分别转入“生产成本”各明细账户的借方。

当企业生产单一产品时，制造费用不需要分配而直接计入产品生产成本。当企业生产两种及以上产品时，制造费用需要采用一定的标准在不同产品之间进行分配。分配标准应能比较确切地表明各种产品对生产共同耗费的负担比例。分配标准选择是否合理，直接影响分配的结果和各种产品成本计算的正确性。一般采用生产工人工资、生产工人工时或机器工时比例等作为制造费用的分配标准，并按以下公式计算分配：

$$\text{制造费用分配率}=\frac{\text{本月制造费用总额}}{\text{各种产品生产工时(工资)总额}}$$

某种产品应负担制造费用＝该产品生产工时(工资)×制造费用分配率

应当注意的是,为避免分配率误差造成的各种产品应负担的制造费用总和不等于应分配的制造费用总额,最后一种产品应负担的制造费用应该用减法计算。其计算公式为:

最后一种产品应负担制造费用＝制造费用总额－前几种产品已分配制造费用合计数

(三) 账户设置

"制造费用"账户:属于成本类账户,用来核算和监督企业为生产产品和提供劳务而发生的应计入产品生产成本,但未设专门成本项目的费用。借方登记生产车间在产品制造过程中发生的各项间接费用,贷方登记月末经分配计入有关产品"生产成本"明细账的制造费用,期末一般应无余额。本账户可以按不同的车间、部门分别设置明细账,并按费用项目设置专栏,进行明细分类核算。

[**业务实例 7－21**] 2018 年 12 月 26 日,生产车间发生办公用品费 3 500 元,以银行存款支付。

根据发票和支款凭证编制会计分录,填制通用记账凭证如表 7－30 所示。

表 7－30 记账凭证

2018 年 12 月 26 日　　　　记字第 024 号

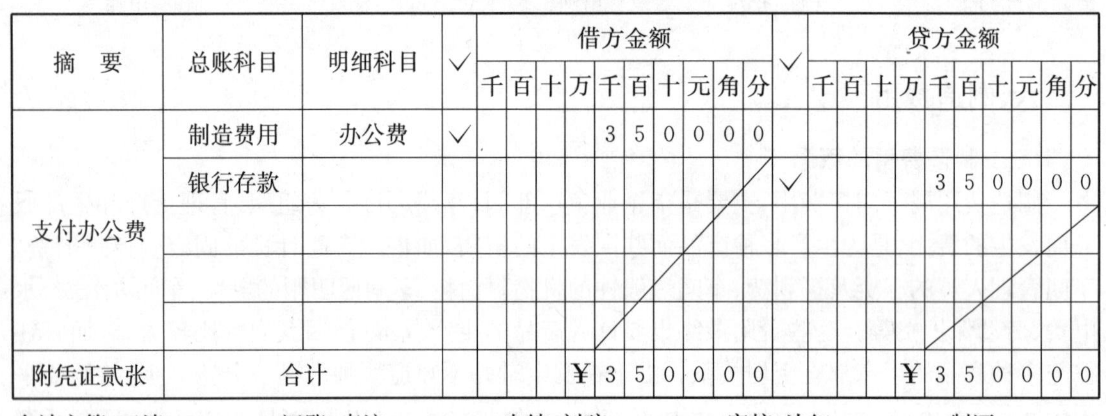

摘　要	总账科目	明细科目	✓	借方金额										✓	贷方金额									
				千	百	十	万	千	百	十	元	角	分		千	百	十	万	千	百	十	元	角	分
支付办公费	制造费用	办公费	✓					3	5	0	0	0	0											
	银行存款													✓					3	5	0	0	0	0
附凭证贰张	合计						¥	3	5	0	0	0	0					¥	3	5	0	0	0	0

会计主管:王涛　　记账:李汶　　出纳:刘琼　　审核:沈红　　制证:

[**业务实例 7－22**] 2018 年 12 月 27 日,生产车间发生设备修理费 10 000 元,以银行存款支付。

根据发票和支票存根编制会计分录,填制通用记账凭证如表 7－31 所示。

表 7－31　记账凭证

2018 年 12 月 27 日　　　　记字第 025 号

摘　要	总账科目	明细科目	√	借方金额										√	贷方金额									
				千	百	十	万	千	百	十	元	角	分		千	百	十	万	千	百	十	元	角	分
支付设备修理费	制造费用	修理费	√				1	0	0	0	0	0	0											
	银行存款													√				1	0	0	0	0	0	0
附凭证贰张	合计					¥	1	0	0	0	0	0	0				¥	1	0	0	0	0	0	0

会计主管：王涛　　记账：李汶　　出纳：刘琼　　审核：沈红　　制证：

［**业务实例 7－23**］　12 月 27 日，生产车间领用工作服 4 400.8 元。

根据出库单编写会计分录，填制通用记账凭证如表 7－32 所示。

表 7－32　记账凭证

2018 年 12 月 27 日　　　　记字第 026 号

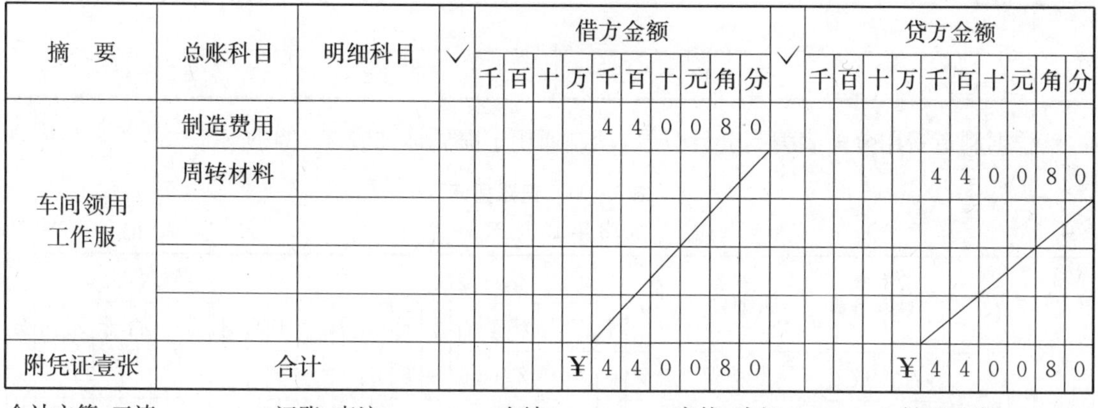

摘　要	总账科目	明细科目	√	借方金额										√	贷方金额									
				千	百	十	万	千	百	十	元	角	分		千	百	十	万	千	百	十	元	角	分
车间领用工作服	制造费用							4	4	0	0	8	0											
	周转材料																		4	4	0	0	8	0
附凭证壹张	合计						¥	4	4	0	0	8	0					¥	4	4	0	0	8	0

会计主管：王涛　　记账：李汶　　出纳：　　审核：沈红　　制证：田娜

［**业务实例 7－24**］　12 月 31 日，归集本月制造费用合计 50 688 元，按工时比例分配，其中甲产工时 4 448 小时，乙产品 4 000 小时，月末结转制造费用。

对制造费用的核算，首先是将制造费用进行归集，计算出本月制造费用的总额（见"制造费用"T 形账户），然后通过制造费用分配表进行分配，如表 7－33 所示。

制造费用

(18)	2 000	(24)	50 688
(19)	16 480		
(19)	2 307.20		
(20)	12 000		
(21)	3 500		
(22)	10 000		
(23)	4 400.80		
发生额：	50 688	发生额：	50 688
		余　额：	0

表 7-33　制造费用分配表

2018 年 12 月 31 日

项目	生产工时(小时)	制造费用	
		分配率(元/小时)	金额(元)
甲产品	4 448		26 688
乙产品	4 000		24 000
合计	8 448	6	50 688

根据制造费用分配表编制会计分录，填制通用记账凭证如表 7-34 所示。

表 7-34　记账凭证

2018 年 12 月 31 日　　　　记字第 039 号

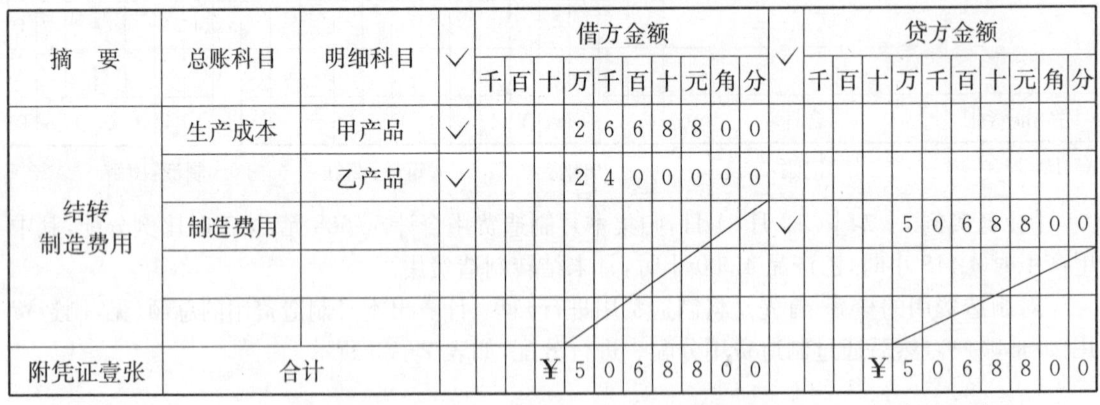

摘　要	总账科目	明细科目	✓	借方金额										✓	贷方金额									
				千	百	十	万	千	百	十	元	角	分		千	百	十	万	千	百	十	元	角	分
结转制造费用	生产成本	甲产品	✓				2	6	6	8	8	0	0											
		乙产品	✓				2	4	0	0	0	0	0											
	制造费用													✓				5	0	6	8	8	0	0
附凭证壹张	合计					¥	5	0	6	8	8	0	0				¥	5	0	6	8	8	0	0

会计主管：王涛　　　记账：李汶　　　出纳：　　　审核：沈红　　　制证：田娜

七、完工产品验收入库

完工产品是指已经完成所有生产工序并具备对外销售条件的产品。产品生产完工验收入库后，形成可供销售的商品，称为库存商品。为了正确核算产品销售成果，必须正确计算库存商品的成本。

(一) 完工产品成本的计算和结转

(1) 完工产品成本的计算。完工产品成本一般由直接材料、直接人工和制造费用三部分组成。当某一会计期间所发生的生产费用全部汇总计入"生产成本"总账和有关明细分类账后,即可进行产品生产成本的计算。一般来说,期末时,同一种产品可能有的已经完工入库,有的仍留在生产部门,需要下期继续生产加工。本期未完工且需要下期继续生产加工的产品称为在产品。在产品有期初在产品和期末在产品之分,上期期末在产品结转到本期继续生产加工,就是本期期初在产品。本期新投入生产加工的产品称为本期投产产品。它们之间的数量关系为:

期初在产品数量+本期投产产品数量=本期完工产品数量+期末在产品数量

为了确定完工产品成本,就需要将本期计入某种产品成本明细账中的全部生产费用在本期完工产品和本期期末在产品之间分配。本期某种产品全部生产费用就是由期初该种在产品成本与本期生产该种产品发生的生产费用之和。它们之间的关系为:

期初在产品成本+本期发生的生产费用=本期完工产品成本+期末在产品成本

如果期末某种产品全部完工,该种产品生产成本明细账归集的生产费用即为该种完工产品的总成本,再除以该种产品的产量,即可计算出该种产品的单位成本。如果期末该种产品均未完工,该种产品生产成本明细账所归集的生产费用,即为该种产品的在产品成本。如果本期既有完工产品,又有未完工产品,就需要采用一定的方法计算出其中一项,然后再确定出另一项。这种情况下如何确定完工产品成本,将在《成本会计》课程中讲述。

(2) 完工产品成本的结转。产品生产完工并验收入库,将导致库存商品增加,生产成本减少。所以,经过计算确定的本期完工产品成本,应从"生产成本"账户贷方转入"库存商品"账户借方,并登记有关总账和明细账。这种经济业务事项就称为完工产品成本的结转。经过完工产品成本结转后,"生产成本"账户借方余额就是期末在产品成本。

(二) 账户设置

"库存商品"账户:属于资产类账户,用来核算和监督企业库存的各种产成品成本的增减变动及其结存情况。借方登记已经完工入库等原因增加的产成品成本;贷方登记产品销售发出等原因而减少的产成品成本;余额在借方,反映期末企业各种库存产成品的成本。本账户应按库存产成品的类别、品种、规格分别设置明细分类账户,进行明细核算。

[业务实例 7-25] 假设华宇公司 12 月初甲、乙产品均无在产品,2018 年 12 月 31 日甲、乙产品均已完工并验收入库,编制甲产品、乙产品成本计算单(如表 7-35 和表 7-36 所示)。其中甲产品 1 000 件,乙产品 500 件。

表 7-35　甲产品成本计算单

成本项目	总成本(元)	单位成本(元)
直接材料	59 000	59
直接人工	82 981.74	82.98
制造费用	26 688	26.69
合计	168 669.74	168.67

表 7-36　乙产品成本计算单

成本项目	总成本(元)	单位成本(元)
直接材料	28 000	56
直接人工	39 009.66	78.02
制造费用	24 000	48
合计	91 009.66	182.02

根据产品成本计算单及入库单编制会计分录,填制通用记账凭证如表 7-37 所示。

表 7-37　记账凭证

2018 年 12 月 31 日　　　　记字第 040 号

摘　要	总账科目	明细科目	✓	借方金额										✓	贷方金额									
				千	百	十	万	千	百	十	元	角	分		千	百	十	万	千	百	十	元	角	分
产品完工入库	库存商品	甲产品	✓			1	6	8	6	6	9	7	4											
		乙产品	✓				9	1	0	0	9	6	6											
	生产成本	甲产品												✓			1	6	8	6	6	9	7	4
		乙产品												✓				9	1	0	0	9	6	6
附凭证肆张	合计				¥	2	5	9	6	7	9	4	0			¥	2	5	9	6	7	9	4	0

会计主管:王涛　　记账:李汶　　出纳:　　审核:沈红　　制证:田娜

任务四　掌握销售过程的核算

任务要求

销售过程是产品价值和经营成果实现的过程,是企业生产经营过程的最后阶段,也是企业资金循环的最后阶段。所以,要理解销售收入的概念,正确计算销售成本,掌握在销售过程中有关经济业务事项的核算。

一、销售过程的概念

销售过程是指从生产过程的完工产品验收入库开始到产品销售给买方收回货币资金为止的过程,是企业资金循环的最后阶段,资金占用形式由产成品资金形态又转化为货币资金形态。销售过程是企业生产经营过程中最关键的一个阶段,因为工业企业生产的产品必须销售出去并收回货币资金,才能完成其资金的一次循环,开始下一次资金循环;否则,企业生产经营活动将无法持续进行。

销售过程的主要任务是将生产过程生产出来的产品销售出去,以满足社会需要,同时取得销售收入,使企业的生产耗费得到补偿。为了顺利实现产品的销售,销售过程中还会发生包装、广告、运输等费用，同时也要按国家的有关税法规定缴纳增值税、消费税、城市建设维护税及教育费附加等各项税费。因此，销售过程核算的主要内容包括确认售出产品实现的销售收入、与购货单位办理价款的结算、结转已售产品的销售成本、支付各项销售费用和计算缴纳销售税金及附加等。

二、增值税——销项税额

企业在销售商品时收取的款项是价税分开的，商品的价格是销售收入，收取的税金是增值税的销项税额。企业的销项税额应在"应交税费——应交增值税"下设置"销项税额"专栏进行核算。企业销售商品时产生的"销项税额"应记入"应交税费——应交增值税(销项税额)"的贷方。期末，"销项税额"与"进项税额"冲抵后的余额为企业应缴纳的增值税。

三、主营业务收入

(一) 主营业务收入的概念

主营业务收入是指企业在销售商品、提供劳务及让渡资产使用权等日常活动中所实现的收入。主营业务收入一般占企业全部收入的比重较大，对企业的经营成果有较大影响。工业企业的主营业务收入主要包括销售库存商品、自制半成品和提供工业性劳务等取得的收入。

(二) 账户设置

(1) "主营业务收入"账户：属于损益类账户，用来核算和监督企业在销售商品、提供劳务及让渡资产使用权等日常活动中所实现的收入。贷方登记企业在日常活动中所实现的收入；借方登记期末结转到"本年利润"账户的数额，结转后期末应无余额。本账户可以按主营业务的种类设置明细账进行明细分类核算。

(2) "应收账款"账户：属于资产类账户，用来核算和监督企业因销售商品、提供劳务等应向购货单位或接受劳务单位收取的款项，包括应收的货款或劳务价款、应收的增值税销项税额和代垫的包装费、运杂费等。借方登记收入实现时应向购货方收取的款项；贷方登记已收回的款项；期末余额一般在借方，反映期末企业尚未收回的应收账款。本账户应按购货单位或接受劳务单位设置明细账进行明细分类核算。

(3) "应收票据"账户：属于资产类账户，用来核算和监督企业因销售商品、提供劳务等而收到的商业汇票。借方登记企业收到的商业汇票的票面价值及持有期间的利息；贷方登记票据到期收回的数额；期末余额在借方，反映期末企业持有的尚未到期的商业汇票的面值及利息。为了解每一应收票据的结算情况，企业应设置"应收票据备查簿"，逐笔登记应收票据的详细资料。应收票据到期结清票款后，应在备查簿内逐笔注销。

(4) "预收账款"账户：属于负债类账户，用来核算和监督企业按照合同规定向购货单位或接受劳务单位预收的款项。贷方登记企业收到的预收款项以及销售实现时购货方补付的款项；借方登记销售实现时冲销的预收款项以及退回多收的预收款项；期末余额在贷方，表示期末企业预收购买单位或接受劳务单位的款项，期末余额在借方，表示购货单位或接受劳务单位应补付的款项。本账户应按购货单位或接受劳务单位设置明细账进行明细分类核算。预收账款业务不多的企业，也可以将预收的款项直接记入"应收账款"账户的贷方，不单设本账户。

[业务实例 7 - 26]　2018 年 12 月 6 日，华宇公司向天华公司销售甲产品 400 件，单价 250 元，增值税率 16%，货已发出，收到支票送存银行。

根据增值税专用发票和银行进账单编制会计分录，填制通用记账凭证如表 7－38 所示。

表 7－38　记账凭证

2018 年 12 月 6 日　　　　记字第 004 号

摘　要	总账科目	明细科目	√	借方金额										√	贷方金额									
				千	百	十	万	千	百	十	元	角	分		千	百	十	万	千	百	十	元	角	分
销售甲产品	银行存款		√			1	1	6	0	0	0	0	0											
	主营业务收入	甲产品												√			1	0	0	0	0	0	0	0
	应交税费	应交增值税(销)												√				1	6	0	0	0	0	0
附凭证贰张	合计				¥	1	1	6	0	0	0	0	0			¥	1	1	6	0	0	0	0	0

会计主管：王涛　　记账：李汶　　出纳：刘琼　　审核：沈红　　制证：

［业务实例 7－27］ 2018 年 12 月 9 日，收到华宏公司预付购买甲产品的货款 100 000 元，已存入银行。

根据银行进账单编制会计分录，填制通用记账凭证如表 7－39 所示。

表 7－39　记账凭证

2018 年 12 月 9 日　　　　记字第 005 号

摘　要	总账科目	明细科目	√	借方金额										√	贷方金额									
				千	百	十	万	千	百	十	元	角	分		千	百	十	万	千	百	十	元	角	分
销售甲产品	银行存款		√			1	0	0	0	0	0	0	0											
	预收账款	华宏公司												√			1	0	0	0	0	0	0	0
附凭证壹张	合计				¥	1	0	0	0	0	0	0	0			¥	1	0	0	0	0	0	0	0

会计主管：王涛　　记账：李汶　　出纳：刘琼　　审核：沈红　　制证：

［业务实例 7－28］ 2018 年 12 月 14 日，华宇公司向华天公司销售乙产品 600 件，单价 300 元，增值税率 16%，货已发出并办妥托收手续，款项尚未收到。

根据增值税专用发票和托收承付结算凭证回单编制会计分录，填制通用记账凭证如表 7－40 所示。

表 7－40　记账凭证

2018 年 12 月 14 日　　　　记字第 008 号

摘　要	总账科目	明细科目	✓	借方金额										✓	贷方金额									
				千	百	十	万	千	百	十	元	角	分		千	百	十	万	千	百	十	元	角	分
销售乙产品	应收账款	华天公司	✓			2	0	8	8	0	0	0	0											
	主营业务收入	乙产品												✓			1	8	0	0	0	0	0	0
	应交税费	应交增值税(销)												✓				2	8	8	0	0	0	0
附凭证贰张	合计				¥	2	0	8	8	0	0	0	0			¥	2	0	8	8	0	0	0	0

会计主管：王涛　　记账：李汶　　出纳：　　审核：沈红　　制证：田娜

［业务实例 7－29］　2018 年 12 月 18 日，华宇公司按合同规定向预付货款的华宏公司销售甲产品 400 件，单价 250 元，增值税率 16%，货已发出，余款尚未收到。

根据增值税专用发票和托收承付结算凭证回单编制会计分录，填制通用记账凭证如表 7－41 所示。

表 7－41　记账凭证

2018 年 12 月 18 日　　　　记字第 014 号

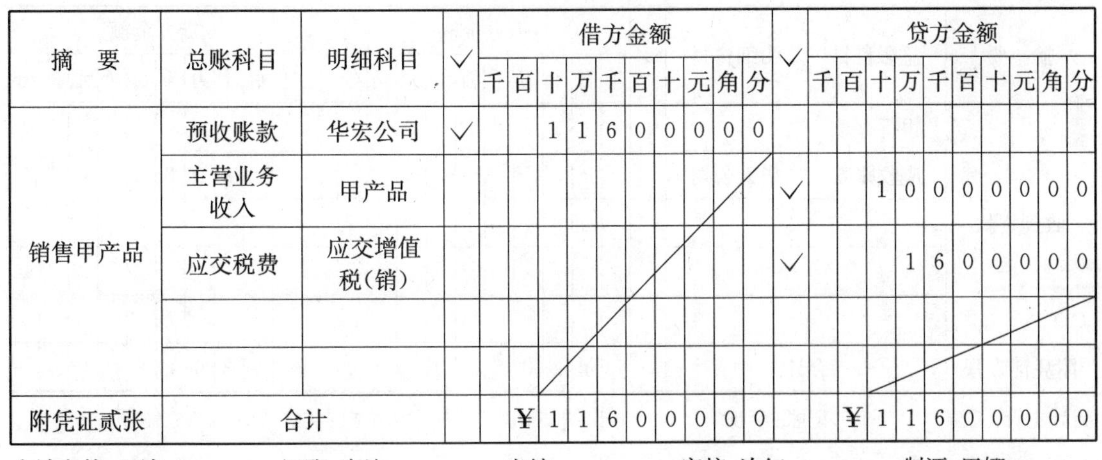

摘　要	总账科目	明细科目	✓	借方金额										✓	贷方金额									
				千	百	十	万	千	百	十	元	角	分		千	百	十	万	千	百	十	元	角	分
销售甲产品	预收账款	华宏公司	✓			1	1	6	0	0	0	0	0											
	主营业务收入	甲产品												✓			1	0	0	0	0	0	0	0
	应交税费	应交增值税(销)												✓				1	6	0	0	0	0	0
附凭证贰张	合计				¥	1	1	6	0	0	0	0	0			¥	1	1	6	0	0	0	0	0

会计主管：王涛　　记账：李汶　　出纳：　　审核：沈红　　制证：田娜

［业务实例 7－30］　2018 年 12 月 24 日，华宇公司向华夏公司销售甲产品 400 件，单价 250 元；乙产品 400 件，单价 300 元；增值税率 16%，货已发出，收到银行承兑汇票一张。

根据增值税专用发票和银行承兑汇票编制会计分录，填制通用记账凭证如表 7－42 所示。

表 7-42　记账凭证

2018 年 12 月 24 日　　　　　　　　　　　　　　　　　　　　记字第 020 号

摘　要	总账科目	明细科目	✓	借方金额										✓	贷方金额									
				千	百	十	万	千	百	十	元	角	分		千	百	十	万	千	百	十	元	角	分
销售甲产品	应收票据	华夏公司	✓			2	5	5	2	0	0	0	0											
	主营业务收入	甲产品												✓			1	0	0	0	0	0	0	0
	主营业务收入	乙产品												✓			1	2	0	0	0	0	0	0
	应交税费	应交增值税(销)												✓				3	5	2	0	0	0	0
附凭证贰张	合计				¥	2	5	5	2	0	0	0	0			¥	2	5	5	2	0	0	0	0

会计主管:王涛　　记账:李汶　　出纳:　　审核:沈红　　制证:田娜

［**业务实例 7-31**］　2018 年 12 月 28 日,银行通知华宇公司收到华天公司的货款 208 800 元,已增加银行存款。

根据银行收款通知编制会计分录,填制通用记账凭证如表 7-43 所示。

表 7-43　记账凭证

2018 年 12 月 28 日　　　　　　　　　　　　　　　　　　　　记字第 027 号

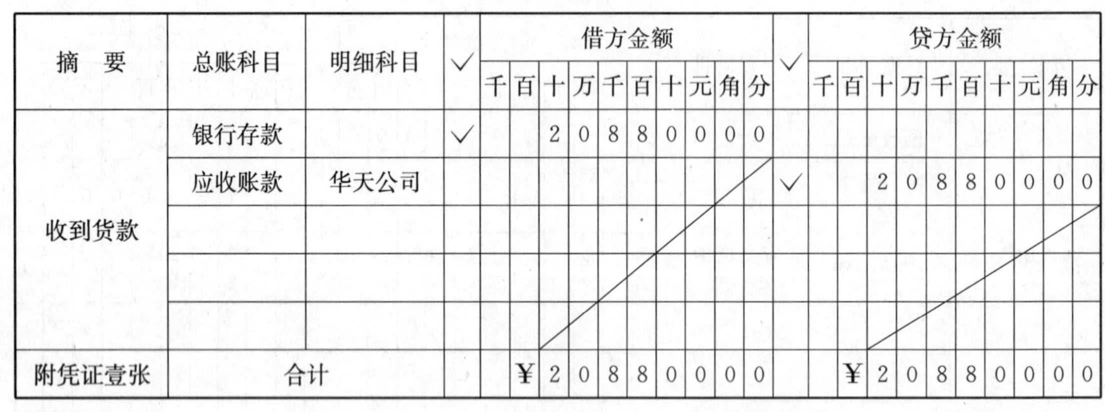

摘　要	总账科目	明细科目	✓	借方金额										✓	贷方金额									
				千	百	十	万	千	百	十	元	角	分		千	百	十	万	千	百	十	元	角	分
收到货款	银行存款		✓			2	0	8	8	0	0	0	0											
	应收账款	华天公司												✓			2	0	8	8	0	0	0	0
附凭证壹张	合计				¥	2	0	8	8	0	0	0	0			¥	2	0	8	8	0	0	0	0

会计主管:王涛　　记账:李汶　　出纳:刘琼　　审核:沈红　　制证:

［**业务实例 7-32**］　2018 年 12 月 28 日,银行通知华宇公司收到华宏公司补付的货款 16 000 元,已增加银行存款。

根据银行收款通知编制会计分录,填制通用记账凭证如表 7-44 所示。

表 7-44　记账凭证

2018 年 12 月 28 日　　　　记字第 028 号

摘　要	总账科目	明细科目	✓	借方金额										✓	贷方金额									
				千	百	十	万	千	百	十	元	角	分		千	百	十	万	千	百	十	元	角	分
收到补付的货款	银行存款		✓				1	6	0	0	0	0	0											
	预收账款	华宏公司												✓				1	6	0	0	0	0	0
附凭证壹张	合计					¥	1	6	0	0	0	0	0				¥	1	6	0	0	0	0	0

会计主管：王涛　　记账：李汶　　出纳：刘琼　　审核：沈红　　制证：

四、主营业务成本

1. 主营业务成本的概念

主营业务成本是和主营业务收入有直接联系（或称有直接因果关系）的耗费，是为取得主营业务收入所发生的必然耗费。工业企业的主营业务成本主要是销售库存商品的生产成本。由于企业所有的库存商品不一定在一个会计期间内全部售出，故转化为主营业务成本的只是那些已经售出的库存商品的生产成本，而那些尚未售出的库存商品的生产成本与本期主营业务收入的取得没有关系，故不能转化为本期主营业务成本，仍以库存商品的形态存在。主营业务成本可按以下公式计算：

主营业务成本＝产品销售数量×产品单位生产成本

2. 账户设置

“主营业务成本”账户：属于损益类账户，用来核算和监督企业因销售商品、提供劳务或让渡资产使用权等日常业务活动而发生的成本。借方登记销售商品、提供劳务等发生的成本，贷方登记期末转入“本年利润”账户的数额，结转后期末应无余额。本账户可按主营业务的种类设置明细账进行明细分类核算。

[业务实例 7-33]　2018 年 12 月 31 日，结转本月产品的销售成本，其中销售甲产品 1 200 件，单位成本 156.69 元；销售乙产品 1 000 件，单位成本 178.02 元。产品销售成本计算单如表 7-45 所示。

表 7-45　产品销售成本计算单

2018 年 12 月 31 日

商品种类	本月销售数量(件)	单位生产成本(元)	销售成本合计(元)
甲	1 200	156.69	188 028
乙	1 000	178.02	178 020
合计	—	—	366 048

根据产品销售成本计算单编制会计分录，填制通用记账凭证如表 7-46 所示。

表 7－46　记账凭证

2018 年 12 月 31 日　　　　记字第 041 号

摘　要	总账科目	明细科目	✓	借方金额										✓	贷方金额									
				千	百	十	万	千	百	十	元	角	分		千	百	十	万	千	百	十	元	角	分
结转已售产品成本	主营业务成本	甲产品	✓			1	8	8	0	2	8	0	0											
		乙产品	✓			1	7	8	0	2	0	0	0											
	库存商品	甲产品												✓			1	8	8	0	2	8	0	0
		乙产品												✓			1	7	8	0	2	0	0	0
附凭证壹张	合计				¥	3	6	6	0	4	8	0	0			¥	3	6	6	0	4	8	0	0

会计主管：王涛　　记账：李汶　　出纳：　　审核：沈红　　制证：田娜

五、税金及附加

(一) 税金及附加的概念

税金及附加是指企业生产经营过程中发生并应由企业负担的税金及附加费用，如消费税、资源税、城市建设维护税、房产税、车船使用税、土地使用税、印花税和教育费附加等。这些税金及附加费用是按有关税收法规规定企业必须负担的且应该上交给国家的税金和附加费用，属于企业的一种耗费。税金及附加在会计实务中不计入主营业务成本，而是设立专门账户单独进行会计处理。

(二) 账户设置

“税金及附加”账户：属于损益类账户，用来核算和监督企业经营活动中发生的消费税、城市建设维护税及教育费附加等。借方登记期末按规定计算出的应由企业负担的税金及附加，贷方登记期末转入“本年利润”账户的数额，结转后期末应无余额。

[业务实例 7－34]　2018 年 12 月 31 日，按税法规定，计算出本月应交的城市建设维护税为 8 000 元，教育费附加为 3 215 元。

根据城市建设维护税及教育费附加计算单编制会计分录，填制通用记账凭证如表 7－47 所示。

表 7－47　记账凭证

2018 年 12 月 31 日　　　　记字第 042 号

摘　要	总账科目	明细科目	✓	借方金额										✓	贷方金额									
				千	百	十	万	千	百	十	元	角	分		千	百	十	万	千	百	十	元	角	分
计算本月应交城建税和教育费附加	税金及附加		✓				1	1	2	1	5	0	0											
	应交税费	城建税												✓					8	0	0	0	0	0
	应交税费	教育费附加												✓					3	2	1	5	0	0
附凭证壹张	合计					¥	1	1	2	1	5	0	0				¥	1	1	2	1	5	0	0

会计主管：王涛　　记账：李汶　　出纳：　　审核：沈红　　制证：田娜

六、销售费用

(一) 销售费用的概念

销售费用是指企业在销售商品过程中发生的各项费用以及专设机构的各项经费，具体包括包装费、运输费、装卸费、保险费、展览费、广告费、预计产品质量保证损失，以及销售本企业商品而专设的销售机构中发生的职工薪酬、差旅费、办公费、折旧费、修理费、物料消耗和其他经费等。销售费用可以理解为企业在销售商品过程中所发生的产品本身成本以外的其他所有费用，故在会计实务中不计入主营业务成本，而是设立专门账户单独进行会计处理。

(二) 账户设置

“销售费用”账户：属于损益类账户，用来核算和监督企业在销售商品等业务中发生的各项费用。借方登记发生的各种销售费用，贷方登记期末转入“本年利润”账户的数额，结转后期末应无余额。本账户可按费用项目设置明细账进行明细分类核算。

[业务实例 7－35]　2018 年 12 月 30 日，华宇公司用银行存款支付广告费 20 000 元。

根据转账支票存根及发票编制会计分录，填制通用记账凭证如表 7－48 所示。

表 7－48　记账凭证

2018 年 12 月 30 日　　　　记字第 033 号

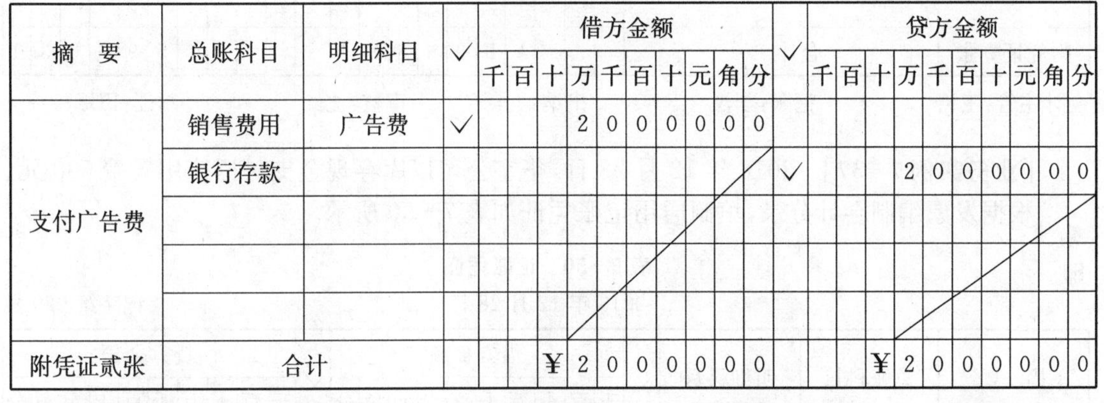

摘　要	总账科目	明细科目	✓	借方金额										✓	贷方金额									
				千	百	十	万	千	百	十	元	角	分		千	百	十	万	千	百	十	元	角	分
支付广告费	销售费用	广告费	✓				2	0	0	0	0	0	0											
	银行存款													✓				2	0	0	0	0	0	0
附凭证贰张	合计					¥	2	0	0	0	0	0	0				¥	2	0	0	0	0	0	0

会计主管：王涛　　记账：李汶　　出纳：刘琼　　审核：沈红　　制证：

七、管理费用

1. 管理费用的概念

管理费用是指企业行政管理部门为组织和管理经营活动而发生的各项费用，包括企业行政管理部门在企业的经营管理中发生的，或者应由企业统一负担的公司经费(如行政管理部门职工工资、修理费、物料消耗、低值易耗品摊销、办公费和差旅费等)、工会经费、职工教育经费、董事会费、咨询费、聘请中介机构费、诉讼费、排污费、技术转让费、研究经费、业务招待费以及其他管理费用。

2. 账户设置

“管理费用”账户：属于损益类账户，用来核算和监督企业行政管理部门为组织和管理生产经营活动所发生的各项费用。借方登记企业行政管理部门发生的各项费用，贷方登记期末转入“本年利润”账户的数额，结转后期末应无余额。本账户可以按费用项目设置明细账进行明细分类核算。

［**业务实例 7－36**］ 2018 年 12 月 31 日，华宇公司按工资总额的 2%和 1.5%分别提取工会经费 3 409.32 元和职工教育经费 2 556.99 元。

根据工会经费和职工教育经费计算表编制会计分录，填制通用记账凭证如表 7－49 所示。

表 7－49 记账凭证

2018 年 12 月 31 日　　　　记字第 043 号

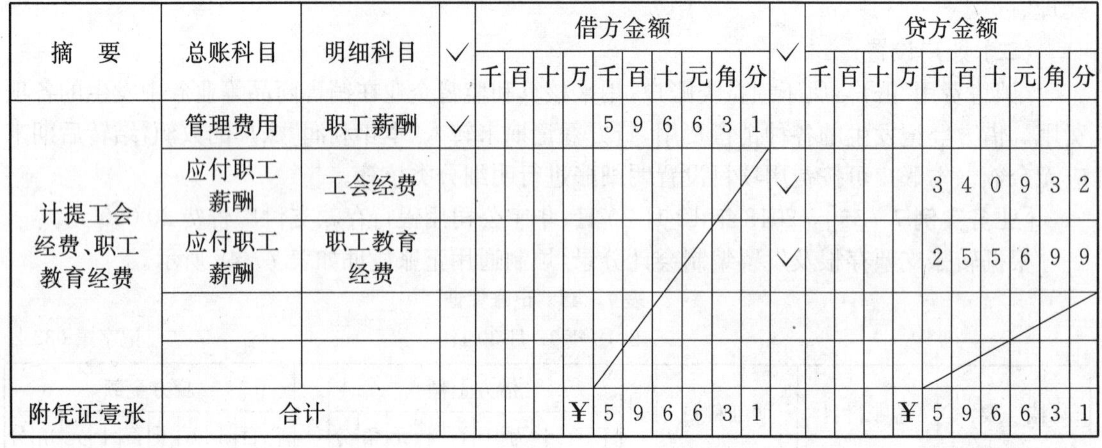

摘要	总账科目	明细科目	✓	借方金额										✓	贷方金额									
				千	百	十	万	千	百	十	元	角	分		千	百	十	万	千	百	十	元	角	分
计提工会经费、职工教育经费	管理费用	职工薪酬	✓					5	9	6	6	3	1											
	应付职工薪酬	工会经费												✓					3	4	0	9	3	2
	应付职工薪酬	职工教育经费												✓					2	5	5	6	9	9
附凭证壹张	合计						¥	5	9	6	6	3	1					¥	5	9	6	6	3	1

会计主管：王涛　　记账：李汶　　出纳：　　审核：沈红　　制证：田娜

［**业务实例 7－37**］ 2018 年 12 月 28 日，华宇公司以库存现金支付招待用餐费 500 元。

根据发票编制会计分录，填制通用记账凭证如表 7－50 所示。

表 7－50 记账凭证

2018 年 12 月 28 日　　　　记字第 029 号

摘要	总账科目	明细科目	✓	借方金额										✓	贷方金额									
				千	百	十	万	千	百	十	元	角	分		千	百	十	万	千	百	十	元	角	分
支付招待费	管理费用	业务招待费	✓						5	0	0	0	0											
	库存现金													✓						5	0	0	0	0
附凭证壹张	合计							¥	5	0	0	0	0						¥	5	0	0	0	0

会计主管：王涛　　记账：李汶　　出纳：刘琼　　审核：沈红　　制证：

八、其他经营业务

（一）其他经营业务的概念

为了增加收入，充分发挥各种物资效用，提高企业综合经济效益，工业企业除了购进材料、生产和销售产品以外，还会发生一些其他经营业务，主要包括原材料的销售、包装物的出租和出售、技术转让、固定资产的出租等。因此，其他经营业务的核算主要是其他业务取得的收入和发生的成本的核算。

（二）账户设置

（1）“其他业务收入”账户：属于损益类账户，用来核算和监督企业除主营业务收入以外的其他销售或其他业务所实现的收入，如材料销售、包装物出租和固定资产出租等实现的收入。贷方登记企业取得的其他业务收入，借方登记期末转入“本年利润”账户的数额，结转后期末应无余额。本账户可按其他业务的种类设置明细账进行明细分类核算。

（2）“其他业务成本”账户：属于损益类账户，用来核算和监督企业除主营业务成本以外的其他销售或其他业务所发生的支出，如销售材料的成本、出租包装物的成本或摊销额、出租固定资产的折旧费等。借方登记企业发生的其他业务成本、费用，贷方登记期末转入“本年利润”账户的数额，结转后期末应无余额。本账户可按其他业务的种类设置明细账进行明细分类核算。

［业务实例 7－38］　2018 年 12 月 25 日，华宇公司出售给天华公司生产不需用 D 材料一批，取得收入 8 000 元，增值税 1 280 元，款项存入银行。

根据增值税专用发票和银行进账单编制会计分录，填制通用记账凭证如表 7－51 所示。

表 7－51　记账凭证

2018 年 12 月 25 日　　　　记字第 021 号

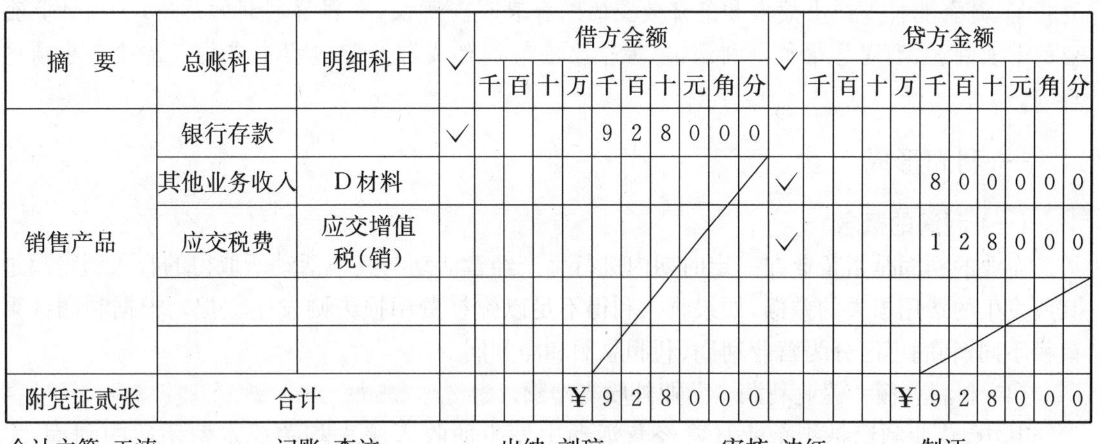

摘　要	总账科目	明细科目	✓	借方金额										✓	贷方金额									
				千	百	十	万	千	百	十	元	角	分		千	百	十	万	千	百	十	元	角	分
销售产品	银行存款		✓					9	2	8	0	0	0											
	其他业务收入	D 材料												✓					8	0	0	0	0	0
	应交税费	应交增值税(销)												✓					1	2	8	0	0	0
附凭证贰张	合计						¥	9	2	8	0	0	0					¥	9	2	8	0	0	0

会计主管：王涛　　记账：李汶　　出纳：刘琼　　审核：沈红　　制证：

［业务实例 7－39］　2018 年 12 月 25 日，结转已售 D 材料的成本 5 500 元。

根据材料出库单编制会计分录，填制通用记账凭证如表 7－52 所示。

表 7－52　记账凭证

2018 年 12 月 25 日　　　　记字第 022 号

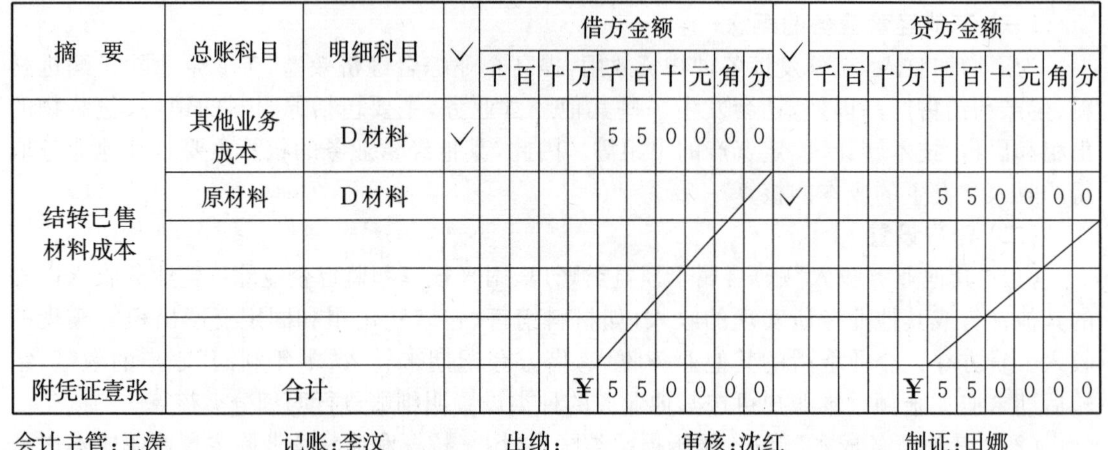

摘　要	总账科目	明细科目	√	借方金额										√	贷方金额									
				千	百	十	万	千	百	十	元	角	分		千	百	十	万	千	百	十	元	角	分
结转已售材料成本	其他业务成本	D材料	√					5	5	0	0	0	0											
	原材料	D材料												√					5	5	0	0	0	0
附凭证壹张	合计						¥	5	5	0	0	0	0					¥	5	5	0	0	0	0

会计主管：王涛　　记账：李汶　　出纳：　　审核：沈红　　制证：田娜

任务五　掌握利润形成与分配的核算

任务要求

利润反映企业在一定会计期间的经营成果，是反映和评价企业经营业绩和获利能力的重要指标，是企业投入产出效率和经济效益的综合表现。所以，要理解利润的形成，正确计算企业的营业利润、利润总额和净利润，掌握在企业利润形成与分配过程中有关经济业务事项的核算。

一、利润形成

（一）利润的概念

企业的利润是指企业在一定时期内进行生产经营活动与其他活动所取得的收入利得超过其所发生的费用损失的差额，如果收入利得不足以弥补费用损失则发生亏损。根据利润计算口径不同，利润可区分为营业利润、利润总额和净利润。

(1) 利润总额＝营业利润＋营业外收支净额

其中，营业利润是指企业日常经营活动中发生的收入减去相关成本费用后的利润，主要是营业收入减去营业成本、税金及附加、销售费用、管理费用、财务费用等项目后的余额。如果企业当期有资产减值损失、公允价值变动收益和投资收益等内容也应当予以加减。营业利润是企业利润的主要来源。

营业外收支净额是指与企业日常经营活动无直接关系的各项利得减去各项损失后的差额，即营业外收入减去营业外支出。

(2) 企业在取得利润后，按税法规定应缴纳企业所得税。所得税作为一项费用，也应从企业当期损益中扣除。它是国家对企业生产经营所得和其他所得依法征收的一种税，是国家参与企业利润分配的重要手段。盈利企业都要按照实现的应纳税所得额和规定的税率计算缴纳所得税，即：

应纳所得税＝应纳税所得额×适用税率

需要注意的是，按税法规定，企业应将实现的利润总额（会计所得额）调整为应纳税所得额。为简化计算，本书所讲的利润总额无需进行调整，即为应纳税所得额。

（3）利润总额扣减所得税费用之后的余额为企业的净利润，即：

净利润＝利润总额－所得税费用

（二）账户设置

为了核算和监督利润的形成，除了前已述及的有关账户，应用到的相关账户还包括以下账户。

（1）“投资收益”账户：属于损益类账户，核算企业对外投资所取得的收益或发生的损失。贷方登记企业对外投资所取得的收益，借方登记企业对外投资发生的损失，期末将借贷相抵后的差额转入“本年利润”账户，结转后期末应无余额。本账户应按投资收益种类设置明细账进行明细分类核算。

（2）“营业外收入”账户：属于损益类账户，用来核算和监督企业取得的与其日常活动无直接关系的各项利得，包括盘盈利得、捐赠利得、确实无法支付而按规定程序经批准后转作营业外收入的应付款项等。贷方登记企业确认的营业外收入，借方登记期末转入“本年利润”账户的数额，结转后期末应无余额。本账户可以按利得项目设置明细账进行明细分类核算。

（3）“营业外支出”账户：属于损益类账户，用来核算和监督企业发生的与其日常活动无直接关系的各项损失，包括盘亏损失、非常损失、公益性捐赠支出、罚款支出等。借方登记企业发生的营业外支出，贷方登记期末转入“本年利润”账户的数额，结转后期末应无余额。本账户可以按支出项目设置明细账进行明细分类核算。

（4）“所得税费用”账户：属于损益类账户，用来核算和监督企业按规定从当期损益中扣除的所得税费用。借方登记企业应计入当期损益的所得税费用数额，贷方登记期末转入“本年利润”账户的数额，结转后期末应无余额。本账户应设置“当期所得税费用”“递延所得税费用”明细账进行明细分类核算。

（5）“本年利润”账户：属于所有者权益类账户，用来核算和监督企业在本年度内累计实现的净利润（或发生的净亏损）。贷方登记期末由“主营业务收入”“其他业务收入”“营业外收入”“投资收益”等收入（利得）账户转入的利润增加项目的金额，借方登记期末由“主营业务成本”“其他业务成本”“税金及附加”“销售费用”“管理费用”“财务费用”“营业外支出”“所得税费用”等费用（损失）账户转入的利润减少项目的金额。在年度中间，该账户余额保留在本账户，不予转账，借方余额表示自年初至本期末累计发生的亏损，贷方余额表示自年初至本期末累计实现的净利润。年末将本年收入和支出相抵后结出的本年实现的净利润由该账户借方转入“利润分配”账户贷方，或将本年发生的净亏损从该账户贷方转入“利润分配”账户借方，年度结转后，本账户应无余额。

［业务实例 7－40］　2018 年 12 月 28 日，华宇公司因对外投资，收到被投资单位分来利润 25 000 元，存入银行。

根据银行进账单编制会计分录，填制通用记账凭证如表 7－53 所示。

表 7－53　记账凭证

2018 年 12 月 28 日　　　　记字第 030 号

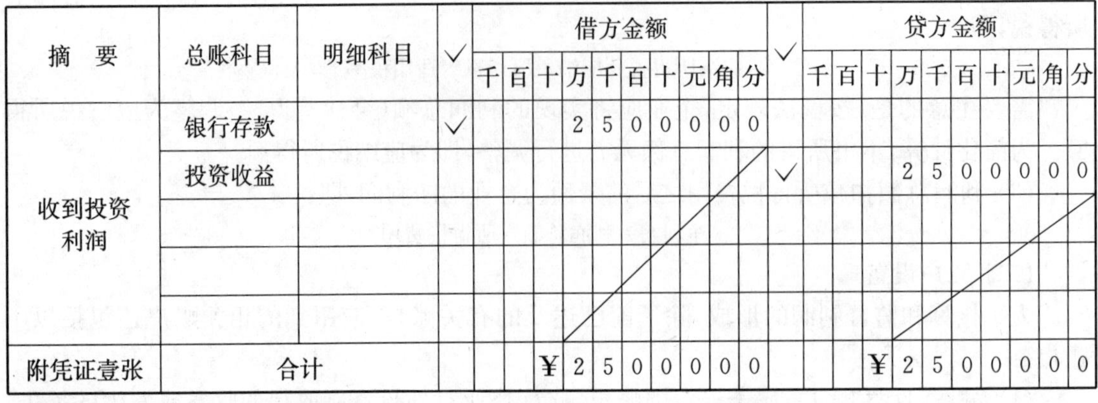

摘　要	总账科目	明细科目	✓	借方金额										✓	贷方金额									
				千	百	十	万	千	百	十	元	角	分		千	百	十	万	千	百	十	元	角	分
收到投资利润	银行存款		✓				2	5	0	0	0	0	0											
	投资收益													✓				2	5	0	0	0	0	0
附凭证壹张	合计					¥	2	5	0	0	0	0	0				¥	2	5	0	0	0	0	0

会计主管：王涛　　记账：李汶　　出纳：刘琼　　审核：沈红　　制证：

[业务实例 7－41]　2018 年 12 月 28 日，由于华明公司已不存在，华宇公司原欠货款 16 500 元无法归还，转入企业营业外收入。

根据核销申请单编制会计分录，填制通用记账凭证如表 7－54 所示。

表 7－54　记账凭证

2018 年 12 月 28 日　　　　记字第 031 号

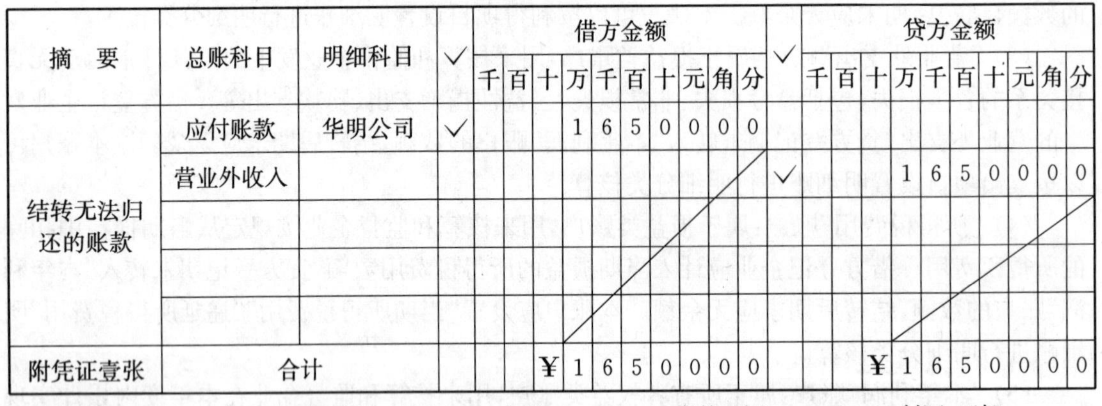

摘　要	总账科目	明细科目	✓	借方金额										✓	贷方金额									
				千	百	十	万	千	百	十	元	角	分		千	百	十	万	千	百	十	元	角	分
结转无法归还的账款	应付账款	华明公司	✓				1	6	5	0	0	0	0											
	营业外收入													✓				1	6	5	0	0	0	0
附凭证壹张	合计					¥	1	6	5	0	0	0	0				¥	1	6	5	0	0	0	0

会计主管：王涛　　记账：李汶　　出纳：　　审核：沈红　　制证：田娜

[业务实例 7－42]　2018 年 12 月 29 日，华宇公司用银行存款向灾区捐款 30 000 元。

根据捐款证明和支票存根编制会计分录，填制通用记账凭证如表 7－55 所示。

表 7－55　记账凭证

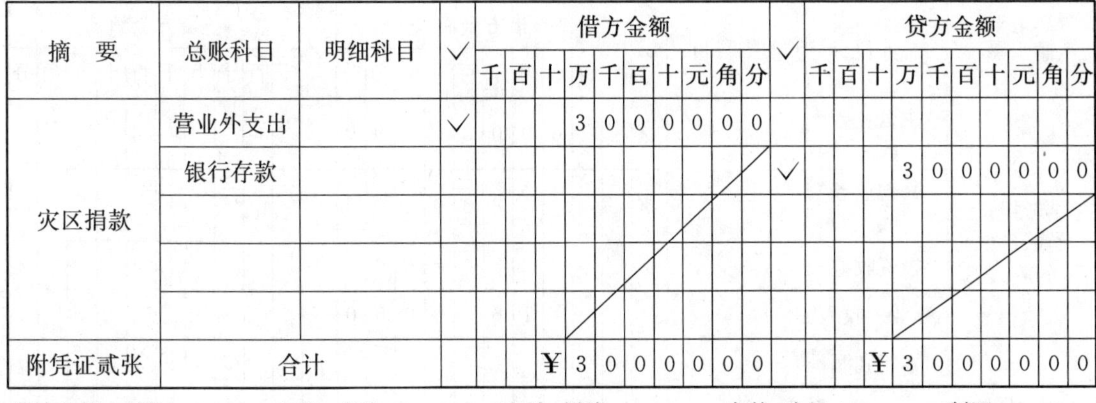

2018 年 12 月 29 日　　　　　　　　　　　　　　　　　　　　　　记字第 032 号

摘　要	总账科目	明细科目	√	借方金额										√	贷方金额									
				千	百	十	万	千	百	十	元	角	分		千	百	十	万	千	百	十	元	角	分
灾区捐款	营业外支出		√				3	0	0	0	0	0	0											
	银行存款													√				3	0	0	0	0	0	0
附凭证贰张	合计					¥	3	0	0	0	0	0	0				¥	3	0	0	0	0	0	0

会计主管：王涛　　　记账：李汶　　　出纳：刘琼　　　审核：沈红　　　制证：

［业务实例 7－43］ 2018 年 12 月 31 日，结转各损益类账户余额。各损益类账户余额情况如表 7－56 所示。

表 7－56　各损益类账户余额表　　　　　　　　　　　　单位：元

科目名称	借方余额	贷方余额
主营业务收入		600 000
其他业务收入		8 000
投资收益		25 000
营业外收入		16 500
主营业务成本	366 048	
税金及附加	11 215	
其他业务成本	5 500	
销售费用	37 989.2	
管理费用	42 429.75	
财务费用	10 000	
营业外支出	30 000	
合计	503 181.95	649 500

将损益类账户中的收入和费用分别转入“本年利润”账户的贷方和借方，编制会计分录，填制通用记账凭证如表 7－57、表 7－58 和表 7－59 所示。

表 7－57　记账凭证

2018 年 12 月 31 日　　　　记字第 044 号

摘　要	总账科目	明细科目	✓	借方金额										✓	贷方金额									
				千	百	十	万	千	百	十	元	角	分		千	百	十	万	千	百	十	元	角	分
结转损益类账户中的收入	主营业务收入		✓			6	0	0	0	0	0	0	0											
	其他业务收入		✓					8	0	0	0	0	0											
	投资收益		✓				2	5	0	0	0	0	0											
	营业外收入		✓				1	6	5	0	0	0	0											
	本年利润													✓			6	4	9	5	0	0	0	0
附凭证　张	合计				¥	6	4	9	5	0	0	0	0			¥	6	4	9	5	0	0	0	0

会计主管:王涛　　记账:李汶　　出纳:　　审核:沈红　　制证:田娜

表 7－58　记账凭证

2018 年 12 月 31 日　　　　记字第 045 $\frac{1}{2}$ 号

摘　要	总账科目	明细科目	✓	借方金额										✓	贷方金额									
				千	百	十	万	千	百	十	元	角	分		千	百	十	万	千	百	十	元	角	分
结转损益类账户中的成本费用	本年利润		✓			5	0	3	1	8	1	9	5											
	主营业务成本													✓			3	6	6	0	4	8	0	0
	其他业务成本													✓					5	5	0	0	0	0
	税金及附加													✓				1	1	2	1	5	0	0
	销售费用													✓				3	7	9	8	9	2	0
附凭证　张	合计																							

财务主管:王涛　　记账:李汶　　出纳:　　审核:沈红　　制证:田娜

表 7－59　记账凭证

2018 年 12 月 31 日　　　　　　　　　　记字第 045 $\frac{2}{2}$ 号

摘　要	总账科目	明细科目	√	借方金额										√	贷方金额									
				千	百	十	万	千	百	十	元	角	分		千	百	十	万	千	百	十	元	角	分
结转损益类账户中的成本费用	管理费用													√				4	2	4	2	9	7	5
	财务费用													√				1	0	0	0	0	0	0
	营业外支出													√				3	0	0	0	0	0	0
附凭证　张	合计				¥	5	0	3	1	8	1	9	5			¥	5	0	3	1	8	1	9	5

会计主管:王涛　　　记账:李汶　　　出纳:　　　审核:沈红　　　制证:田娜

利润总额＝(600 000＋8 000＋25 000＋16 500)－(366 048＋5 500＋11 215＋37 989.2＋42 429.75＋10 000＋30 000)＝649 500－503 181.95＝146 318.05(元)

[业务实例 7－44]　2018 年 12 月 31 日，华宇公司计算结转所得税费用，企业所得税率为 25%。假设不考虑纳税调整事项，利润总额等于应纳税所得额，则有：

应交所得税＝应纳税所得额(利润总额)×25%＝146 318.05×25%＝36 579.51(元)

根据企业所得税计算单编制会计分录，填制通用记账凭证如表 7－60 所示。

表 7－60　记账凭证

2018 年 12 月 31 日　　　　　　　　　　记字第 046 号

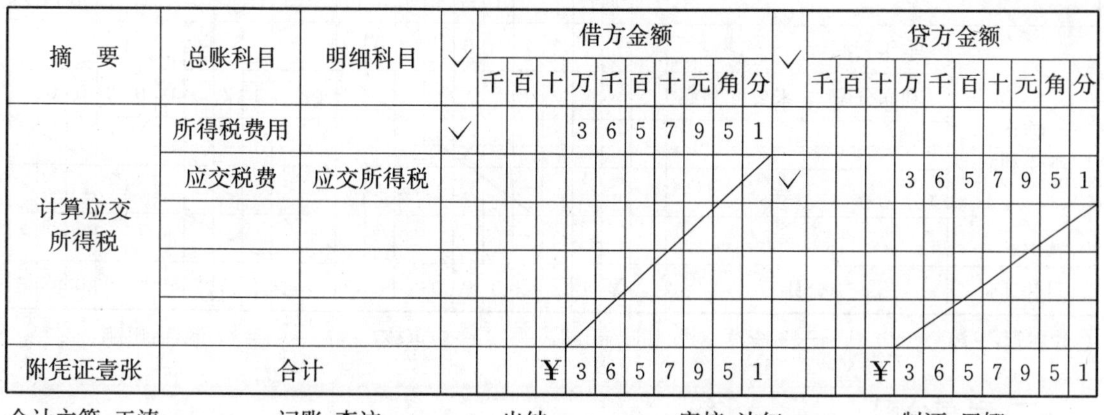

摘　要	总账科目	明细科目	√	借方金额										√	贷方金额									
				千	百	十	万	千	百	十	元	角	分		千	百	十	万	千	百	十	元	角	分
计算应交所得税	所得税费用		√				3	6	5	7	9	5	1											
	应交税费	应交所得税												√				3	6	5	7	9	5	1
附凭证壹张	合计					¥	3	6	5	7	9	5	1				¥	3	6	5	7	9	5	1

会计主管:王涛　　　记账:李汶　　　出纳:　　　审核:沈红　　　制证:田娜

将所得税费用结转至“本年利润”账户，编制会计分录，填制通用记账凭证如表 7－61 所示。

表 7-61　记账凭证

2018 年 12 月 31 日　　　　记字第 047 号

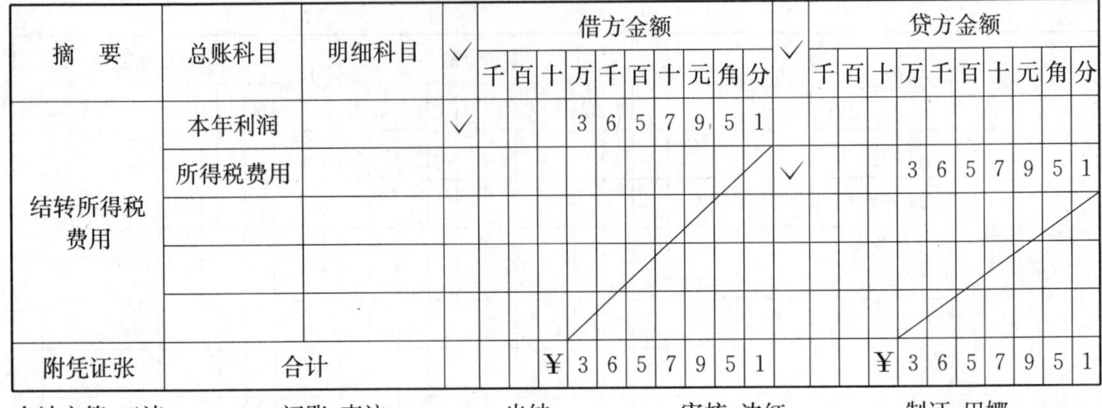

摘　要	总账科目	明细科目	✓	借方金额										✓	贷方金额									
				千	百	十	万	千	百	十	元	角	分		千	百	十	万	千	百	十	元	角	分
结转所得税费用	本年利润		✓				3	6	5	7	9	5	1											
	所得税费用													✓				3	6	5	7	9	5	1
附凭证张	合计					¥	3	6	5	7	9	5	1				¥	3	6	5	7	9	5	1

会计主管：王涛　　记账：李汶　　出纳：　　审核：沈红　　制证：田娜

[业务实例 7-45]　2018 年 12 月 31 日，华宇公司将“本年利润”账户累计实现的净利润结转入“利润分配——未分配利润”账户。（假设华宇公司 2018 年 11 月 31 日“本年利润”账户余额为 1 110 261.46 元。）

12 月份实现净利润＝利润总额－所得税费用＝146 318.05－36 579.51＝109 738.54(元)

2018 年实现净利润＝1 110 261.46＋109 738.54＝1 220 000(元)

编制记账凭证如表 7-62 所示。

表 7-62　记账凭证

2018 年 12 月 31 日　　　　记字第 048 号

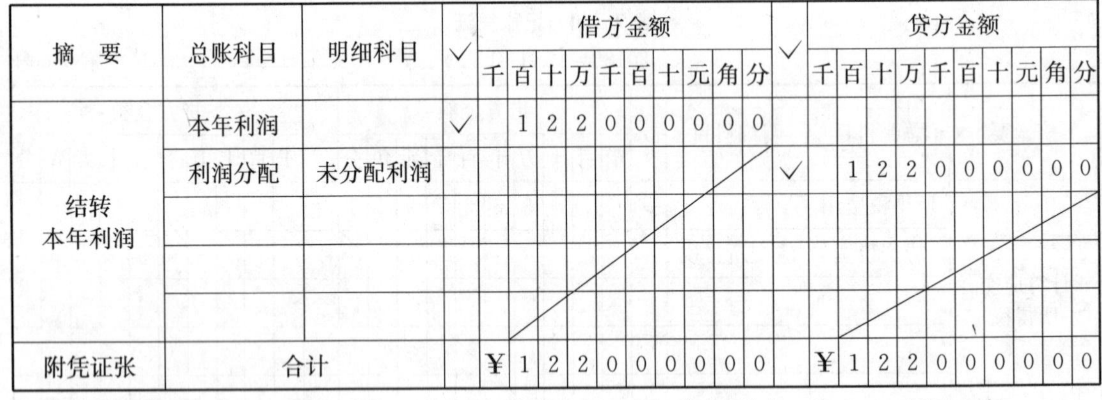

摘　要	总账科目	明细科目	✓	借方金额										✓	贷方金额									
				千	百	十	万	千	百	十	元	角	分		千	百	十	万	千	百	十	元	角	分
结转本年利润	本年利润		✓		1	2	2	0	0	0	0	0	0											
	利润分配	未分配利润												✓		1	2	2	0	0	0	0	0	0
附凭证张	合计			¥	1	2	2	0	0	0	0	0	0		¥	1	2	2	0	0	0	0	0	0

会计主管：王涛　　记账：李汶　　出纳：　　审核：沈红　　制证：田娜

二、利润分配

(一) 利润分配的概念

利润分配是指企业在实现利润的情况下，根据国家有关法规规定和投资者的决议，对企业净利润所进行的分配。企业当期实现的净利润加上年初未分配利润(或减去年初未弥补亏损)和其他转入后的余额，为可供分配的利润。可供分配利润应先提取法定盈余公积，然后再向投资者分配利润。

(1) 企业应按法律规定从净利润中提取 10%的法定盈余公积，如果企业提取的法定盈余公积累计数超过企业注册资本的50%时，可以不再提取。

(2) 可供分配的利润减去提取的法定盈余公积后，为可供投资者分配的利润。可供投资者分配的利润，按下列顺序分配：① 按权力机构决议提取任意盈余公积；② 按权力机构决议向投资者分配利润。

需要注意的是，企业提取的法定盈余公积和任意盈余公积均可用于弥补亏损、扩大生产经营、转增实收资本(或股本)等，但法定盈余公积的提取以国家的法律法规为依据，而任意盈余公积的提取由企业的权力机构自行决定。

(3) 向投资者分配利润后，剩余的利润为年末未分配利润，可留待以后年度分配。

(二) 账户设置

为了核算和监督利润分配，企业应设置的账户主要有"利润分配""盈余公积"和"应付股利"等账户。

(1) "利润分配"账户：属于所有者权益类账户，用来核算和监督企业利润的分配(或亏损的弥补)情况和历年利润分配(或亏损弥补)后的结存余额。贷方登记年末由"本年利润"账户转入的全年实现的净利润以及年终结转的已分配利润数额；借方登记年末由"本年利润"账户转入的全年发生的净亏损或按规定实际分配的利润数额，以及年终结转时因已分配利润而导致的未分配利润减少数额。期末余额如在贷方，反映企业历年结存的未分配利润；如在借方，反映企业累计未弥补的亏损。本账户应设置"提取法定盈余公积""提取任意盈余公积""应付股利""未分配利润"等明细账户进行明细分类核算。

(2) "盈余公积"账户：属于所有者权益类账户，用来核算和监督企业从净利润中提取的盈余公积的增减变化和结余情况。贷方登记企业从净利润中提取盈余公积的数额，借方登记企业盈余公积的使用数额；期末余额在贷方，表示企业提取的尚未使用的盈余公积结存数额。本账户应设置"法定盈余公积""任意盈余公积"等明细账户进行明细分类核算。

(3) "应付股利"账户：属于负债类账户，用来核算企业经权力机构决议批准分配的现金股利或利润的情况。贷方登记企业宣告分派的应支付给投资者股利或利润的数额，借方登记实际向投资者支付的股利或利润数额；期末余额在贷方，表示企业已宣告分派但尚未支付的股利或利润数额。本账户应按投资者设置明细账户进行明细分类核算。

[业务实例7-46]　2018年12月31日，华宇公司按当年实现净利润10%提取法定盈余公积。

提取盈余公积＝1 220 000×10%＝122 000(元)

根据盈余公积计算表编制会计分录，填制通用记账凭证如表7-63所示。

表 7-63　记账凭证

2018 年 12 月 31 日　　　　　　　　记字第 049 号

摘　要	总账科目	明细科目	✓	借方金额										✓	贷方金额									
				千	百	十	万	千	百	十	元	角	分		千	百	十	万	千	百	十	元	角	分
提取法定盈余公积	利润分配	提取法定盈余公积	✓			1	2	2	0	0	0	0	0											
	盈余公积	法定盈余公积												✓			1	2	2	0	0	0	0	0
附凭证壹张	合计				¥	1	2	2	0	0	0	0	0			¥	1	2	2	0	0	0	0	0

会计主管：王涛　　记账：李汶　　出纳：　　审核：沈红　　制证：田娜

［**业务实例 7-47**］　2018 年 12 月 31 日，经董事会决议，将本期实现的净利润中的600 000元向投资者分配利润。

根据董事会决议编制会计分录，填制通用记账凭证如表 7-64 所示。

表 7-64　记账凭证

2018 年 12 月 31 日　　　　　　　　记字第 050 号

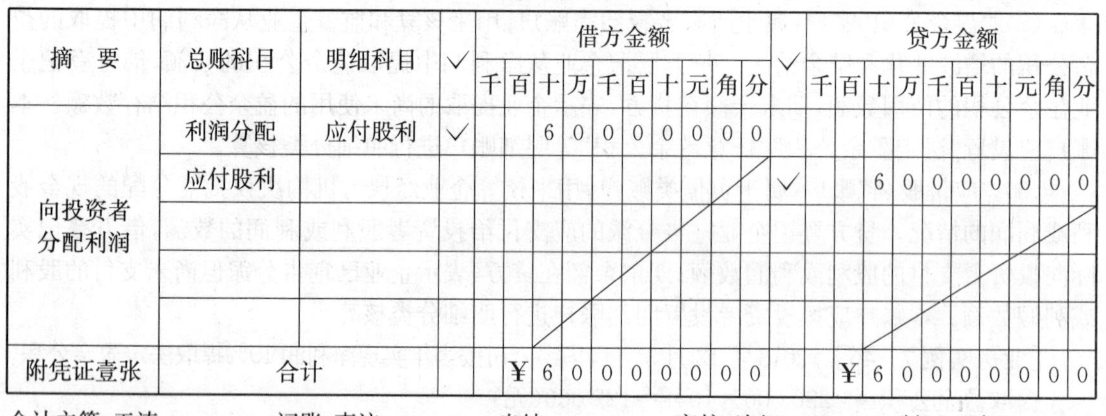

摘　要	总账科目	明细科目	✓	借方金额										✓	贷方金额									
				千	百	十	万	千	百	十	元	角	分		千	百	十	万	千	百	十	元	角	分
向投资者分配利润	利润分配	应付股利	✓			6	0	0	0	0	0	0	0											
	应付股利													✓			6	0	0	0	0	0	0	0
附凭证壹张	合计				¥	6	0	0	0	0	0	0	0			¥	6	0	0	0	0	0	0	0

会计主管：王涛　　记账：李汶　　出纳：　　审核：沈红　　制证：田娜

三、年终结转

年度终了，企业要结转当年的利润分配情况，即将“利润分配”账户各明细账户的借方发生额全部转入“利润分配——未分配利润”账户的借方，并将企业净利润从“本年利润”账户的借方转入“利润分配——未分配利润”账户的贷方。结转后，除“利润分配——未分配利润”账户外，其他明细账户均无余额。年末，“利润分配——未分配利润”账户贷方余额表示当年未分配完的留待以后年度可继续向投资者分配的利润；如是借方余额，则表示累计的未弥补的亏损。

［**业务实例 7-48**］　2018 年 12 月 31 日，将利润分配各明细账户结转“利润分配——未分配利润”。

编制会计分录，填制通用记账凭证如表 7-65 所示。

表 7-65　记账凭证

2018 年 12 月 31 日　　　　　　　　　　　　　　记字第 051 号

摘　要	总账科目	明细科目	√	借方金额										√	贷方金额								
				千	百	十	万	千	百	十	元	角	分		千	百	十	万	千	百	十	元	角	分
结转利润分配明细账户	利润分配	未分配利润	√			7	2	2	0	0	0	0	0											
	利润分配	提取法定盈余公积												√			1	2	2	0	0	0	0	0
		应付股利												√			6	0	0	0	0	0	0	0
附凭证张	合计				¥	7	2	2	0	0	0	0	0			¥	7	2	2	0	0	0	0	0

会计主管:王涛　　　记账:李汶　　　出纳:　　　审核:沈红　　　制证:田娜

假设华宇公司“利润分配——未分配利润”账户 2018 年初余额为 567 000 元,则年终结转后,“利润分配——未分配利润”账户有贷方余额:567 000+1 220 000−722 000=1 065 000(元)

能力拓展训练

一、单项选择题

1. 企业在生产经营过程中借入短期借款的利息支出应计入(　　)账户。

A. 管理费用　　B. 制造费用　　C. 财务费用　　D. 生产成本

2. 华凌公司购入一台生产设备,买价 100 000 元,增值税 16 000 元,运输费 3 000 元,增值税 180 元,设备安装调试费 10 000 元,设备已达到预定可使用状态。则该项固定资产原价应为(　　)元。

A. 100 000　　B. 113 000　　C. 116 000　　D. 130 180

3. 华英公司购入原材料 40 000 元,其中增值税进项税额 6 400 元。发生材料运杂费 2 300 元。该批材料的采购成本应为(　　)元。

A. 48 700　　B. 46 400　　C. 42 300　　D. 44 100

4. 车间用固定资产计提折旧,应借记(　　)。

A. 累计折旧　　B. 生产成本　　C. 制造费用　　D. 固定资产

5. 制造费用在期末应分配计入(　　)。

A. 本年利润　　B. 生产成本　　C. 财务费用　　D. 库存商品

6. 已经完成全部生产过程并已验收入库,可供对外销售的产品为(　　)。

A. 原材料　　B. 库存商品　　C. 生产成本　　D. 销售成本

7. (　　)是指企业为生产某种产品而发生的费用,它与一定种类和数量的产品相联系,是对象化了的生产费用。

A. 管理费用　　B. 财务费用　　C. 产品生产成本　　D. 销售费用

8. 某制造企业实现的下列损益,属于其他业务收入的是(　　)。

A. 销售半成品取得的收入　　B. 提供工业性劳务取得的收入
C. 销售材料取得的收入　　D. 处理固定资产净损益

9. 华云公司2018年10月收到9月赊销商品的货款200 000元；10月销售商品货款总计240 000元，实际收到180 000元，余款暂未收到；10月预收11月份商品销售货款80 000元。则该公司10月份实现商品销售收入(　　)元。

A. 460 000　　B. 240 000　　C. 520 000　　D. 700 000

10. 产品销售过程中的广告费应计入(　　)。

A. 销售费用　　B. 生产成本　　C. 主营业务成本　　D. 管理费用

11. 华谊公司2018年7月营业利润为220 000元，营业外支出为40 000元，营业外收入为20 000元。该企业本月实现的利润总额为(　　)元。

A. 200 000　　B. 280 000　　C. 160 000　　D. 180 000

12. 下列账户年终结账后无余额的是(　　)。

A. 利润分配　　B. 累计折旧　　C. 本年利润　　D. 实收资本

13. 年末结转后，"利润分配"账户的贷方余额表示(　　)。

A. 累计未分配的利润　　B. 净利润
C. 累计未弥补的亏损　　D. 利润总额

二、多项选择题

1. 华丽公司2018年1月1日，借入六个月的借款1 000万元，年利率6%，6月30日到期时一次还本付息。按照权责发生制原则，2018年6月30日该公司还本付息时，应编制的会计分录中可能涉及的应借和应贷账户及相应金额是。(　　)

A. 借记"短期借款"账户1 000万元　　B. 借记"财务费用"账户5万元
C. 借记"应付利息"账户25万元　　D. 贷记"银行存款"账户1 030万元

2. 下列各项中，应计入材料采购成本的有(　　)。

A. 材料买价　　B. 运输途中的合理损耗
C. 采购人员差旅费　　D. 厂部采购部门办公经费

3. 下列费用中，构成产品成本的有(　　)。

A. 直接材料费用　　B. 直接人工费用　　C. 制造费用　　D. 管理费用

4. 下列会计科目中，属于成本类科目的有(　　)。

A. 生产成本　　B. 主营业务成本　　C. 制造费用　　D. 销售费用

5. 与主营业务收入有账户对应关系的账户有(　　)。

A. 应收账款　　B. 应收票据　　C. 本年利润　　D. 银行存款

6. 金鑫公司销售一批化妆品，化妆品的生产成本为35万元，为了销售发生广告费用3万元，化妆品的销售价款为110万元，增值税销项税额为17.6万元。因销售该批化妆品应交的消费税为27万元。根据该项经济业务，下列表述中正确的项目有(　　)。

A. "主营业务成本"账户反映借方发生额为35万元
B. "主营业务收入"账户反映贷方发生额为110万元
C. "税金及附加"账户反映借方发生额为44.6万元
D. "销售费用"账户借方发生额为3万元

7. 下列应计入"管理费用"账户的是(　　)。

A. 厂部固定资产的折旧费　　B. 非常损失
C. 业务招待费　　D. 车间管理人员工资

8. 下列各项税金应计入"税金及附加"账户的是(　　)。
A. 城市建设维护税　B. 消费税　C. 教育费附加　D. 增值税

9. 下列属于期间费用的是(　　)。
A. 管理费用　B. 制造费用　C. 财务费用　D. 销售费用

10. 构成并影响营业利润的项目有(　　)。
A. 营业成本　B. 投资收益　C. 税金及附加　D. 管理费用

11. 下列(　　)属于营业外支出的核算内容。
A. 购买固定资产的支出　　B. 罚款支出
C. 处置固定资产净损失　　D. 短期借款的利息支出

12. 关于"本年利润"账户,下列说法正确的是(　　)。
A. 各月末余额反映自年初开始至当月末为止累计实现的净利润或净亏损
B. 年终结转后无余额
C. 平时月份期末余额可能在借方,也可能在贷方
D. 各月末余额反映在当月实现的净利润或净亏损

13. 属于利润分配内容的有(　　)。
A. 缴纳企业所得税　　B. 提取盈余公积
C. 提取资本公积　　D. 向投资者分配利润

三、判断题

1. 企业向银行或其他金融机构借入的款项,应通过"应付账款"账户进行核算。(　　)

2. 对一次购入多种材料共同发生的采购费用应按一定标准分配计入各种材料的采购成本。(　　)

3. 计提固定资产折旧意味着费用增加,因此,应计入"累计折旧"账户的借方。(　　)

4. 制造费用一般在其发生时先进行归集,然后按一定标准分配后计入各种产品生产成本;在单一产品生产企业也可以不需要分配而直接转入产品生产成本明细账。(　　)

5. "生产成本"账户期末若有借方余额,表示企业期末有在产品。(　　)

6. 如果某产品月初月末均无在产品,则本月为生产该产品发生的全部生产费用就是该产品本月完工产品的总成本。(　　)

7. 会计人员将应计入制造费用的项目误计入管理费用项目,会影响本期完工产品成本计算的正确性。(　　)

8. 生产车间领用一般消耗的材料,在账务处理上应借记"管理费用"账户。(　　)

9. 企业销售过程中发生的费用应计入主营业务成本。(　　)

10. 发生营业外支出,在相对应的会计期间,应减少企业当期的营业利润。(　　)

11. "利润分配"账户属于所有者权益类账户,企业按规定进行利润分配时,记入其借方。(　　)

四、会计业务处理题

(一) 资料:华飞公司 2018 年 7 月份发生下列材料采购业务:

1. 8 日,采购员张伟赴外地采购材料,预支差旅费 2 500 元,以库存现金支付。

2. 8日，向华远公司购进表7-66所列材料，货款用银行存款支付。

表7-66　材料

材料名称	数量	单价	金额	增值税
甲材料	1 500千克	30元	45 000元	7 200元
乙材料	1 000千克	20元	20 000元	3 200元
合计	2 500千克		65 000元	10 400元

3. 9日，用银行存款支付上述材料的运输、装卸费500元。

4. 12日，向华达公司购入丙材料1 000千克，每千克50元，共计50 000元，增值税8 000元，款项尚未支付。

5. 13日，以银行存款支付丙材料的运输、装卸费500元。

6. 15日，以银行存款支付前欠华达公司丙材料款58 000元。

7. 17日，从华海公司购进丁材料1 000千克，每千克50元，共计50 000元，增值税8 000元。开出期限为5个月、票面金额为58 000元的不带息的商业汇票一张，同时以库存现金支付丁材料的运输费、装卸费200元。

8. 18日，采购员张伟回来报销差旅费2 460元，并以现金退回原预支差旅费余额40元。

9. 19日，上述购进的甲、乙、丙、丁四种材料均已运到并验收入库，结转其实际采购成本。

要求：根据上述资料编制会计分录(材料的运输、装卸费按材料重量比例分配)。

(二) 资料：华飞公司2018年10月份生产A、B两种产品。月初A产品在产品成本为1 400元，本月发生材料费35 000元，生产工人工资5 000元，月末在产品成本为1 000元，本月完工400件；月初B产品在产品成本为1 400元，本月发生材料费用31 200元，生产工人工资4 000元，月末无在产品，完工产品200件，本月共发生制造费用4 500元。

要求：(1) 计算A、B完工产品的总成本及单位成本，制造费用按生产工人工资比例分配。

(2) 编制分配制造费用和完工产品入库的会计分录。

(三) 资料：华宏公司2018年12月份发生以下经济业务：

1. 1日，华飞公司向企业投入货币资金300 000元，存入银行。

2. 2日，华为公司以设备一套向企业投资，该设备确认价值80 000元。

3. 2日，公司向银行借入短期生产周转借款450 000元，存入银行。

4. 3日，公司以银行存款归还3月3日借入的短期借款100 000元。

5. 4日，向华云工厂购入甲材料80吨，每吨200元，增值税率16%，货款用银行存款支付。

6. 6日，向华通公司购入乙材料50吨，每吨300元，增值税率16%，货款尚未支付，开出商业承兑汇票一张，期限两个月。

7. 8日，向华斌公司购买丙材料2吨，每吨20 000元，增值税率16%，运杂费2 000元，货款及运杂费尚未支付。

8. 9日，生产A产品领用甲材料50吨，价值10 040元；乙材料8.79吨，价值2 650元；生产B产品领用乙材料31.21吨，价值9 410元，丙材料1.15吨，价值24 060元；车间一般耗用乙材料13.4吨，价值4 040元。

9. 11日，以库存现金3 100元支付甲、乙两种材料的搬运费(按材料的买价分配搬运费)。

10. 15日，上述购进的甲、乙和丙三种材料全部到达，并已验收入库，按实际成本结转。

11. 15日，以银行存款800 000元发放工资。

12. 15日，用银行存款购入设备一台，价款280 000元。

13. 16日，以库存现金8 000元捐赠某福利院。

14. 17日，职工马林出差预借差旅费2 000元，以库存现金付给。

15. 19日，向华远公司售出B产品3 000件，每件售价200元，增值税率16%，开出增值税专用发票，款项已存入银行。

16. 21日，收到华辰公司预付的货款150 000元，存入银行。

17. 24日，售给华辰公司A产品1 800件，每件售价300元，增值税率16%，开出增值税专用发票，余款尚未收到。

18. 25日，马林出差回来，报销差旅费1 700元，返还现金300元。

19. 25日，按借款合同规定支付应由本月负担的短期借款利息5 000元。

20. 30日，计提本月固定资产折旧费12 000元，其中车间固定资产折旧费9 000元，行政管理部门固定资产折旧费3 000元。

21. 30日，用库存现金支付行政管理部门办公费1 250元。

22. 30日，以银行存款2 000元支付广告费。

23. 30日，分配工资费用，生产A产品工人工资280 000元，生产B产品工人工资320 000元，车间管理人员工资120 000元，行政管理人员工资80 000元。按工资总额的14%提取职工福利费。

24. 30日，收到华辰公司转来的剩余货款。

25. 30日，月末结转本月制造费用149 840元。其中，分配给A产品68 110元，B产品81 730元。

26. 30日，月末A产品完工2 000件，实际成本为400 000元；B产品完工4 000件，实际成本为480 000元。A、B产品均已验收入库。

27. 31日，结转本月已售出A产品1 800件的制造成本360 000元，B产品3 000件的制造成本360 000元。

28. 31日，经批准，企业将确实无法支付给华夏公司的应付账款30 000元转作营业外收入。

29. 31日，以银行存款支付本月排污费720元。

30. 31日，结转本月各项收入。

31. 31日，结转各种费用、成本与支出。

32. 31日，计算本月所得税(所得税率为25%)。

33. 31日，结转本月所得税费用。

34. 31日，将“本年利润”账户累计实现的净利润结转入“利润分配——未分配利润账户”(假设华宏公司2018年11月30日“本年利润”账户余额为2 747 152.5元。)

35. 31日，从本年净利润中按10%计提法定盈余公积金。

36. 31日，经计算应分配给投资者利润1 500 000元。

37. 31日，用银行存款1 500 000元支付投资者利润。

38. 31日，将利润分配各明细账户结转至“利润分配——未分配利润”账户。

要求：根据上述资料编制会计分录，填制通用记账凭证。

项目八　财产清查

学习目标

【知识目标】

1. 理解财产清查的概念和分类；
2. 了解财产清查的具体程序和方法；
3. 了解财产清查的准备工作；
4. 理解财产盘存制度；
5. 掌握财产清查的账务处理。

【能力目标】

1. 能够说出实地盘存制和永续盘存制的优缺点；
2. 能够针对货币资金、实物、应收账款等资产采用相应的清查方法；
3. 能够正确编制银行存款余额调节表；
4. 能够进行财产清查的账务处理。

【引　言】　在实际工作中，企业单位对发生的所有经济业务事项都要采用专门的会计方法进行账务处理，并记入有关账簿。特别是对发生的货币资金、原材料和设备等实物资产的增减变动，以及债权债务的产生与结算等重要经济业务事项，更要采用严密的方法进行会计处理，以确保账簿记录的准确与完整。但在企业单位内部，账簿的记录与货币资金和各种实物资产的保管及使用等是由不同部门分工负责的，为保证账簿记录与货币资金以及各种财产物资等的实际情况一致，就需要采用一定的方法，定期或不定期地对各种财产进行清查，并与账簿的记录情况进行核对，借以查明账实是否相符。

任务一　认识财产清查的类型、准备工作及财产盘存制度

任务要求

财产清查是加强财产物资管理、发挥会计核算和监督职能的一项重要管理工作。所以，要了解造成账实不符的原因及财产清查的作用，理解财产清查的类型、财产盘存制度，了解财产清查的准备工作，掌握财产清查结果的账务处理。

一、财产清查的概念

一切企业单位的各项财产物资，都必须通过会计账簿记录来反映其增减变动及结存情况。为了保证账簿记录的正确和完整，各单位应加强对会计凭证的日常审核，定期进行账证核对和账账核对。但是，账簿记录的正确性还不能说明账簿记录的客观真实性，由于各种原因可能会导致各项财产物资的账面数额与实际结存数发生差异。

(一) 造成账实不符的原因

在实际工作中，造成账实不符的原因是多方面的。有时是工作上的差错，有时是外界的影响，还有时发生人力所不可抗拒的自然灾害或意外损失等；有些是可以避免的，有些是不能或不能完全避免的。概括起来，主要有客观和主观两个方面的原因。

1. 客观原因

这是指由于财产物资本身的物理化学性质、技术原因和自然灾害等引起的账实不符。

(1) 气候影响。有些财产物资在保管过程中受到气候的干湿冷热影响，会发生自然损耗或升溢，从而引起财产物资质量或数量的变化。

(2) 技术原因。有些财产物资在加工时，由于机械操作、切割等工艺技术原因，会造成一些数量短缺。

(3) 自然灾害。因企业所在区域发生水灾、火灾、地震等自然灾害造成企业财产物资的损毁。

2. 主观原因

这是指由于财产物资的经管人员或会计人员工作中的失误，或由于不法分子的贪污、盗窃等原因引起的账实不符。

(1) 收发差错。在收发财产物资的过程中，由于计量、计算、查验不准而造成的品种、数量或质量的误差，如散装材料的收发由于计量上发生磅差造成短缺或溢余。

(2) 保管不善。因企业规章制度不严、保管条件不善、管理人员失职或保管时间过久而引起的财产残损、霉变、过时或短缺和价值降低。

(3) 记账错误。在财产物资发生增减变动时，由于手续不全、凭证不全，或登记账簿时遗漏登账、重复登账或登错账等引起的差错。

(4) 结算过程中发生的记账时间差异，造成某些财产物资的账面数与实存数不相符。

(5) 贪污、盗窃。由于不法分子的贪污、盗窃、营私舞弊等直接侵占企业财产物资所发生

的损失。

(二) 财产清查的含义

由于以上原因,必须对各项财产物资定期或不定期地进行盘点或核对;对实存数与账存数不相符的差异,则要调整相关账簿记录,并查明原因和责任,按有关规定作出处理。

因此,财产清查就是通过对库存现金、实物的实地盘点和对银行存款、往来款项的核对,来确定各项财产物资和往来款项的实存数,查明账存数与实存数是否相符,并据以调整会计账簿以保证账实相符的一种会计核算方法。财产清查的范围极为广泛,从形态上看,既包括各种实物的清点,也包括各种债权债务和结算款项的查询核对;从存放地点看,既包括对存放在本企业的财产物资的清查,也包括对存放在外单位的实物和款项的清查。另外,对其他单位委托代为保管或加工的材料物资,同样要进行清查。

(三) 财产清查的作用

企业在财产清查过程中,如发现账存数和实存数不相符合,除查明账实不符的原因以外,还应进一步采取措施,改进和加强财产管理。一般说来,财产清查具有以下几方面的作用。

1. 保证账实相符,使会计信息真实可靠。通过财产清查,可以确定各项财产物资的实际结存数,将账面结存数和实际结存数进行核对,可以揭示各项财产物资的损溢情况,及时地调整账面结存数,从而做到账实相符,为期末会计报表的编制提供可靠的数据。

2. 改进保管工作,保护财产安全。通过财产清查,可以及时发现各项财产物资是否安全完整,有无短缺、毁损、霉变,有无贪污、盗窃等情况。对发现的问题应找出原因,及时进行处理,并制订各项措施,防止类似问题重复发生。对于管理制度不完善所造成的问题,应及时修订和完善管理制度,改进管理工作;对于贪污、盗窃等不法行为,应给予法律制裁。这样,可以在制度上、管理上切实保证各项财产物资的安全完整。

3. 保证财经纪律和结算纪律的贯彻执行。通过财产清查,可以查明企业是否遵守财经纪律和结算制度,有无不合理的债权债务,以便及时纠正、监督企业自觉遵守和维护财经纪律。

4. 挖掘财产潜力,加速资金周转。通过财产清查,可以及时查明各项财产物资的结存和利用情况。如发现企业有闲置不用的财产物资,应及时加以处理,以充分发挥它们的效能;如发现企业有呆滞积压的财产物资,也应及时加以处理,并分析原因,采取措施,改善经营管理。这样,可以使企业财产物资得以充分合理的利用,加强资金周转,提高企业经济效益。

二、财产清查的类型

为了加强对财产清查的管理,提高财产清查的效率和质量,需要正确选择财产清查的类型。从不同角度出发,可以将财产清查分为以下几种不同的类型:

(一) 全面清查和局部清查

财产清查按清查对象和范围不同分为全面清查和局部清查。

1. 全面清查

全面清查是指对企业拥有或控制的所有财产物资、各项债权债务进行全面彻底、毫无遗漏的逐项盘点和核对。全面清查的清查范围具体包括以下几个方面:

(1) 企业的货币资金及有价证券,如库存现金、银行存款、有价证券和外币等;

(2) 企业的债权、债务,如应收账款、应付账款、应收票据、应付票据、其他应收款、其他应付款、短期借款、长期借款等;

(3) 企业拥有或控制的各种存货资产，如原材料、在产品、库存商品、在途材料、低值易耗品、包装物、外购零配件、委托加工材料等；

(4) 企业拥有或控制的各种固定资产，如各种设备、房屋、建筑物及在建工程等。

通过全面清查，可以全面了解企业单位的资产总额、质量、分布状况和使用管理情况等，从而摸清家底，使经营决策建立在更加可靠的基础上。全面清查因其清查范围广、工作量大、时间较长等特点，有时会影响企业生产经营的正常进行。所以，一般在以下几种情况下，才需要进行：

(1) 年终决算前，以确保年终决算会计资料的真实、正确；

(2) 企业合资、联营、合并、撤销或改变隶属关系以及更换企业主要负责人时，以明确经济责任；

(3) 企业资产评估、清产核资以及发生重大经济违法事件时，需要进行全面清查。

2. 局部清查

局部清查是指根据管理的需要或依据有关规定对企业部分财产物资、债权债务进行盘点和核对。局部清查的范围小、工作量一般也不大，但专业性较强。企业应经常对一些贵重物资、流动性较大的财产和管理上要求严格控制的资产进行局部清查。一般包括：

(1) 库存现金的清查，应由出纳人员在每日业务终了时进行清点；

(2) 银行存款和银行借款的清查，每月至少同银行核对一次；

(3) 贵重财产物资的清查，每月至少应清查盘点一次；

(4) 债权债务的清查，每年至少应核对一至两次；

(5) 对于流动性大又易于损耗的物资，如产成品、材料等，除年终全面清查外，年内可实行轮流盘点或重点检查。

(二) 定期清查和不定期清查

财产清查按清查时间是否事先固定分为定期清查和不定期清查。

1. 定期清查

定期清查是指根据企业管理制度的要求，在事先规定好的时间内按计划对财产物资及债权债务进行的清查。定期清查的目的在于保证企业的财产物资及债权债务账存数与实存数相等，以确保会计核算资料的真实、可靠。

定期清查事先有计划有安排、规律性较强，便于有关部门妥善安排工作，使各项工作有条有理地进行，保证各项工作顺利地完成；但容易使某些人钻空子，利用两次定期清查的间隔，挪用企业资产或者采取措施掩盖犯罪事实，不利于资产控制。因此，定期清查一般在月末、季末或年末结账前进行。其清查对象和范围根据实际需要而定，可以进行全面清查，也可以进行局部清查。如出纳人员每天进行的库存现金盘点，企业与银行之间每月进行的对账工作，就属于定期清查。

2. 不定期清查

不定期清查也叫临时清查，是指事先并未规定清查的时间，而是根据实际管理需要临时进行的财产清查。不定期清查克服了定期清查的漏洞，可以增强有关人员的责任心，使犯罪人员没有时间掩盖犯罪事实，有利于查出资产管理中的问题和漏洞。因此，其目的在于查明情况，分清责任。一般来说，不定期清查主要在以下几种情况下进行：

(1) 更换财产物资或库存现金的保管人员时，为了分清经济责任，要对有关人员所保管的财产物资或库存现金进行清查；

(2) 财产物资发生非常灾害或意外损失时，要对与受灾损失有关的财产物资进行清查，以明确损失情况及责任；

(3) 企业破产、倒闭、合并、兼并或改变隶属关系时，应对企业各项财产物资、债权债务进行清查；

(4) 开展临时性资产评估、清产核资等活动时，要对企业财产进行清查，以摸清家底；

(5) 上级主管机关、审计部门和金融部门根据工作需要对企业进行的会计检查，以验证会计资料的真实可信。

(三) 内部清查和外部清查

财产清查按清查主体不同分为内部清查和外部清查。

1. 内部清查

内部清查亦称自查，是指由企业单位的管理部门自己组织的清查。通常是企业的上级部门对下级部门经管的财产物资所进行的清查，也可以是管理部门对本部门所经管的资产进行的清查。内部清查一般是为了加强自身管理、健全管理制度、保护财产物资的安全完整、查清企业内部有关人员犯罪事实等而进行。

2. 外部清查

外部清查是指由企业单位以外的有关部门对本企业单位所进行的清查，通常由企业单位外部审计、财税等部门对企业单位的财产物资所进行的清查。外部清查一般是对企业单位遵纪守法情况进行的检查，带有一定的强制性。

三、财产盘存制度

财产清查的主要环节是盘点财产物资的实存数量，将实存数量与账存数量相比较，就可以得出清查结果。为了使财产清查顺利进行，应建立一定的财产盘存制度。财产盘存制度是指企业确定各项财产物资的期末结存数与本期减少数所采用的方法程序。在会计实务中，主要有实地盘存制和永续盘存制两种方法。

(一) 实地盘存制

实地盘存制也称定期盘存制或以存计销(耗)制，是指平时根据有关凭证只在账簿中登记财产物资的增加数，不登记减少数；期末通过对财产物资的实地盘点来确定其账面结存数，并据以倒算本期财产物资减少数的物资盘存制度。如对农副产品批发企业经营的一些鲜活商品(如新鲜蔬菜、海鲜)等财产物资的盘点。

在实地盘存制下，财产物资的增加需填制相应的会计凭证，并逐笔登记入账；财产物资领用时，不需填制会计凭证，也不登记入账；期末时，将实地盘点数作为账户期末结存数，根据账户期末结存数计算公式倒挤出本期减少数量并登记入账。其计算公式如下：

本期减少数＝账面期初结存数＋本期增加数－期末实际结存数

[业务实例 8-1] 华飞公司 2017 年 7 月发生的有关 A 材料的业务如下：

(1) 5 日，购进 A 材料 1 000 千克，单价 10 元/千克，验收入库；

(2) 12 日，购进 A 材料 1 000 千克，单价 11 元/千克，验收入库；

(3) 31 日，购进 A 材料 200 千克，单价 10.7 元/千克，验收入库；

(4) 31 日，经实地盘点，A 材料库存 1 200 千克。

账面记录如表 8－1 所示。

表 8－1　材料明细账　　　　品名：A 材料

2017 年		凭证		摘要	收入			发出			结存		
月	日	字	号		数量	单价	金额	数量	单价	金额	数量	单价	金额
7	1			期初余额							1 600	10.00	16 000
	5	转	7	购进	1 000	10.00	10 000						
	12	转	15	购进	1 000	11.00	11 000						
	31	转	20	购进	200	10.7	2 140						
	31			结转材料费				2 600	10.30	26 780	1 200	10.30	12 360
	31			本月合计	2 200		23 140	2 600		26 780	1 200	10.30	12 360

从表 8－1 可以看出，在实地盘存制下，A 材料平时仅登记了每次收入材料的数量、单价和金额，发出数量一律不登记；期末将实地盘点 A 材料的数量 1 200 千克与金额 12 360 元登记入账作为账面余额，然后再倒挤出本期减少数量与金额。为简化起见，期末结存单价采用加权平均法计算：本月加权平均单价＝(期初结存金额＋本期增加金额)/(期初结存数量＋本期增加数量)＝(16 000＋23 140)/(1 600＋2 200)＝10.30 元。本期发出数量＝1 600＋2 200－1 200＝2 600 千克，本期发出金额＝16 000＋23 140－12 360＝26 780 元。

实地盘存制的优点：期末对各项财产物资进行实地盘点的结果，是计算确定本期财产物资减少数的依据；在操作时日常工作比较简单，减轻了平时编制会计凭证及登记账户的工作量。

实地盘存制的缺点：企业各项财产物资的减少是根据实际盘点的本期结存数倒挤出来的，财产物资的出库没有严格的手续，不能随时反映库存财产物资的发出与结存的动态情况，不便于会计监督；倒挤出的各项财产物资的减少数中成分比较复杂，除了正常耗用销售外，可能还有非正常的损失或丢失，从而使非正常耗用或销售的损失、差错甚至偷盗等原因所引起的短缺，全部计入耗用或销货成本，削弱了对财产物资的控制，影响了成本费用计算的正确性，不利于保护企业财产物资的安全与完整。因此，实地盘存制主要适用于一些价值低、品种杂、收发频繁的材料物资以及损耗大、数量不稳定的鲜活商品。

(二) 永续盘存制

永续盘存制也称账面盘存制，是指平时对企业各项财产物资分设明细账，根据会计凭证逐笔登记财产物资的增加数和减少数，并随时结出账面结存数的物资盘存制度。

在永续盘存制下，对财产物资的每次收入和发出，都要填制会计凭证，并根据有关会计凭证在账簿中进行连续的登记，定期(包括期末)根据账面的记录计算出财产物资的本期减少数和期末结存数。其计算公式如下：

账面期末结存数＝账面期初结存数＋本期增加数－本期减少数

[业务实例 8－2]　华飞公司 2017 年 7 月发生的有关 A 材料的业务如下：

(1) 5 日，购进 A 材料 1 000 千克，单价 10 元/千克，验收入库；

(2) 9 日，车间领用 A 材料 600 千克；

(3) 12 日，购进 A 材料 1 000 千克，单价 11 元/千克，验收入库；

(4) 15 日，修理机器领用 A 材料 300 千克；

(5) 18 日,车间领用 A 材料 1 500 千克;

(6) 31 日,购进 A 材料 200 千克,单价 10.7 元/千克,验收入库。

账面记录如表 8-2 所示。

表 8-2　材料明细账　　品名:A 材料

2017 年		凭证		摘要	收入			发出			结存		
月	日	字	号		数量	单价	金额	数量	单价	金额	数量	单价	金额
7	1			期初余额							1 600	10.00	16 000
	5	转	7	购进	1 000	10.00	10 000				2 600		
	9	转	10	车间领用				600			2 000		
	12	转	16	购进	1 000	11.00	11 000				3 000		
	15	转	17	修理机器领用				300			2 700		
	18	转	19	车间领用				1 500			1 200		
	31	转	21	购进	200	10.7	2 140				1 400		
	31			结转材料费				2 400	10.30	24 720	1 400	10.30	14 420
	31			本月合计	2 200		23 140	2 400	10.30	24 720	1 400	10.30	14 420

从表 8-2 可以看出,在永续盘存制下,A 材料的每次收、发、存都在账面上进行了连续登记。为简化起见,期末结存单价采用加权平均法计算:本月加权平均单价=(期初结存金额+本期增加金额)/(期初结存数量+本期增加数量)=(16 000+23 140)/(1 600+2 200)=10.30 元。

本月发出金额=本月加权平均单价×本月发出数量=10.3×2 400=24 720 元。期末结存数量与结存金额均根据账面记录计算确定。期末结存数量=期初结存数量+本月收入数量−本月发出数量=1 600+2 200−2 400=1 400 千克,期末结存金额=期初结存金额+本期增加金额−本期发出金额=16 000+23 140−24 720=14 420 元。期末结存数量金额应与期末实地盘点数量金额进行核对,检查账实是否相符。

永续盘存制的优点:通过账簿记录可以随时反映各种财产物资的增减变动与结存情况,有利于加强财产物资的管理,为正确计算耗用和销售成本提供保证;通过账面结存数量与实地盘点数量的核对,还可以及时发现和解决财产物资短缺、毁损等现象,有利于保护企业财产物资的安全与完整。

永续盘存制的缺点:操作时日常工作比较繁琐,凭证业务较多,登账工作量大;同时,账簿记录财产物资的增减变动及结存情况都是根据会计凭证登记的,可能发生账实不符。

由于永续盘存制更有利于控制和保护企业的财产物资,在实际工作中,除少数情况外,对财产物资的盘点大多采用这种方法。但采用永续盘存制,并不排除对各种财产物资的实物盘点。为了核对各种财产物资的账面记录,每年至少应进行一次全面盘点。

四、财产清查的准备工作

财产清查是一项复杂而细致的工作,其工作内容涉及面广且涉及企业行政管理部门、财务会计部门、财产物资保管部门,以及与本企业有业务和资金往来的外部有关企业单位和个人。

为了保证财产清查工作有条不紊地开展，应该充分做好组织上和业务上的准备工作。

（一）组织上的准备

组织上的准备是进行财产清查的组织保证。财产清查工作，尤其是全面清查工作，涉及面较广、工作量很大，必须成立专门的财产清查小组，具体负责财产清查的组织和管理。财产清查小组一般由企业的总会计师或有关的主管领导负责，包括财务、技术、仓库、生产等业务部门的人员。财产清查小组的主要任务有：事先制订财产清查的目的、任务，确定清查范围、时间、路线，掌握清查进度；在清查过程中，随时掌握清查情况，监督检查，随时解决清查中出现的问题；在清查结束后，及时进行总结，形成书面文件，将清查结果及其处理意见和建议上报有关部门。

（二）业务上的准备

业务上的准备是进行财产清查的前提条件，各业务部门特别是会计部门和会计人员应主动配合，做好准备工作。

（1）企业会计部门应在财产清查之前，将所有的经济业务事项登记入账，将有关账簿登记齐全，结出余额，做到账账相符、账证相符，为财产清查提供可靠的账簿资料。

（2）财产物资的保管和使用部门，应检查财产物资收发和保管的凭证手续是否齐全，将截止到财产清查时点之前的所有经济业务事项登记入账，结出各科目余额，并与会计部门的有关账簿核对；同时，财产物资保管人员应将其所保管的各种财产物资堆放整齐，挂上标签，标明品种、规格和结存数量，以便进行实物盘点。

（3）财产清查小组应组织有关部门准备好各种计量器具，并进行严格的检查校正，以保证计量的准确性。同时，还应事先印制各种清查登记用的表册，如盘存单、未达账项调节表、实存账存对比表等，以备清查盘点使用。

五、财产清查结果的账务处理

（一）财产清查结果的处理程序

财产清查结果是指企业在经过清查以后所确认的各种财产的账面结存数与其实际结存数之间的差别。企业在财产清查工作结束后，如果账存数与实存数不一致，会出现两种情况：实存数大于账存数，即盘盈；实存数小于账存数，即盘亏。当账存数与实存数一致，但实存的财产物资有质量问题，不能按正常的财产物资使用，即毁损。不论盘盈还是盘亏、毁损，都要研究分析发生差异的性质和原因，明确经济责任，按规定应核销的要核销，应由有关人员负责的要赔偿，情节严重的要追究法律责任。对财产清查结果进行处理的程序包括以下几个方面：

（1）对存在的差异进行核实，分析发生差异的性质和原因。

（2）为保证会计资料的真实准确，做到账实相符，在领导审批前对于财产清查中发现的各种账实差异，要及时根据清查中取得的原始凭证编制记账凭证并据以登记有关账簿，使财产物资的账面余额与实际结存余额相符。

（3）待查清原因、明确经济责任后，提出具体的处理意见，呈报股东大会或董事会或经理（厂长）会议或类似机构审批处理。

（4）根据审批后的处理决定，编制记账凭证并据以登记有关账簿，完成财产清查的账务处理工作。

（二）账户设置

为了反映和监督各单位在财产清查过程中查明的各种财产物资的盘盈、盘亏、毁损及处理情况，应设置“待处理财产损溢”账户。该账户属于资产类账户，用于核算财产物资盘盈、盘亏及处理情况。该账户下设“待处理流动资产损溢”和“待处理固定资产损溢”两个明细账户进行明细分类核算。

企业各项财产清查的损溢，应在期末结账前处理完毕。期末处理后，“待处理财产损溢”账户应无余额。其账户结构如图 8－1 所示。

期初余额：尚待处理的净损失 发生额：有关资产发生的盘亏、毁损数和经批准处理盘盈资产的转销数	期初余额：尚待处理的净溢余 发生额：有关资产发生的盘盈数和经批准处理的盘亏、毁损财产的转销数
月末余额：尚待处理的净损失	月末余额：尚待处理的净溢余

图 8－1 “待处理财产损溢”账户基本结构

任务二　掌握货币资金清查的方法及账务处理

任务要求

作为流动性最强，最容易发生被盗、被挪用的财产物资，应加强货币资金的定期与不定期清查。所以，要掌握库存现金和银行存款的清查方法及账务处理，掌握查找未达账项的方法及银行存款余额调节表的编制。

一、库存现金的清查

（一）库存现金清查的方法

（1）库存现金清查的内容。库存现金是指企业存放于财会部门，可随时用于日常经济业务事项支付的货币资金。库存现金具有很强的流动性，并且收支频繁，极容易出错。在日常工作中，出纳人员应做到“日清月结”。“日清”是指当天的现金收付款凭证当天记入现金日记账并结出当天现金收入合计数、现金支出合计数和余额，下班时清点保险柜的库存现金余额并与现金日记账余额核对；“月结”是指当月出纳的现金日记账余额与会计的现金总账余额相符合。只有这样，才能尽可能地减少库存现金方面的出错，维护企业资产的安全。

库存现金的清查除了出纳人员每天进行的自查外，出于管理上的需要，企业有必要经常对库存现金进行定期或不定期的清查。这种清查一般采用实地盘点法。

（2）库存现金的清查步骤与要求

① 清查前，出纳人员将截止到清查时的全部现金收付款凭证登记入账，结出现金日记账余额。

② 清查时，为明确经济责任，出纳人员必须在场，将库存现金逐张清点。盘点时，除查明账实是否相符外，还要查明有无违反现金管理制度规定的现象，如以“白条”“收据”等抵充现金，库存现金是否超过规定的库存限额，是否有挪用公款的现象等。

③ 清查结束后，清查人员将库存现金的实存数与出纳的现金日记账余额及会计的现金总

账余额相核对，并根据清查结果编制"库存现金盘点表"（表 8－3），以明确责任。"库存现金盘点表"是一张重要的财产清查原始凭证，应由盘点人员、出纳人员签名盖章后方能生效，并作为调整账簿记录的依据。

表 8－3　库存现金盘点表

单位名称：　　　　　　　　　　　　　　年　月　日

实存金额	账存金额	对比结果		备注
		盘盈（长款）	盘亏（短款）	
处理意见：				

清查小组签字：　　　　　　　　　　　　　　出纳签字：

（二）库存现金清查的账务处理

（1）在发现库存现金盘盈或盘亏时，应在账面上增加或减少库存现金，同时贷记或借记"待处理财产损溢——待处理流动资产损溢"账户，使库存现金账面余额与实际结存余额相符。

（2）等到处理意见下达后，根据处理意见，库存现金盘盈如果属于应支付给有关单位或人员的，贷记"其他应付款"账户。如果属于无法查明原因的现金溢余，贷记"营业外收入"账户。库存现金盘亏如果属于应由责任人或保险公司赔偿的部分，借记"其他应收款"账户。属于无法查明原因的现金短缺，借记"管理费用"账户。

[业务实例 8－3]　华宇公司在 2017 年 7 月末的突击检查中，查出库存现金短缺 500 元，后经查明 500 元系白条抵库 100 元，找现短缺 20 元，另 380 元由出纳挪用。账务处理为：

（1）对发现的库存现金短缺首先应调整账簿记录，做到账实相符。应填制付款凭证，编制的会计分录为：

借：待处理财产损溢——待处理流动资产损溢　　　　500
　贷：库存现金　　　　　　　　　　　　　　　　　　　500

（2）接到处理意见后，应填制转账凭证，编制的会计分录为：

借：其他应收款——××出纳员　　　　　　　　　　380
　　　　　　——××白条人　　　　　　　　　　　100
　管理费用　　　　　　　　　　　　　　　　　　　　20
　贷：待处理财产损溢——待处理流动资产损溢　　　　500

二、银行存款的清查

银行存款是指企业存放在银行存款户的货币资金。因此，银行存款的清查应在企业与开户银行之间进行核对。

（一）银行存款的清查方法

（1）银行存款的清查采用账目核对法，亦称对账单法，即通过将企业出纳登记的银行存款日记账与开户银行每月定期、不定期或月末送来的银行对账单逐笔核对，以查明双方登账有无错误、金额是否相等的一种清查方法。核对的内容包括收付金额、结算凭证的种类和号数、收入来源、支出用途、发生时间、截至某日余额等。银行存款清查应由清查人员与出纳人员共同进行，不得由出纳人员单独对账。

银行对账单是银行在收付企业存款时复写的账页，它详细记录了企业存放在银行的款项增加额、减少额和结存余额，是进行银行存款清查的重要依据。从理论上看，企业的每一笔银行存款收支，企业的出纳人员都要登记银行存款日记账，银行的记账人员也要登记对账单，两者应该是相等的。但在实际工作中，企业的银行存款日记账余额与银行对账单余额往往不相等，故不能以此来判断企业银行存款日记账或银行对账单有错。这是因为存在未达账项因素，也会导致企业银行存款日记账与银行对账单余额不等。因此，要确认银行存款日记账与银行对账单有无错误，首先应剔除未达账项的影响。

(2) 未达账项。未达账项是指企业与开户银行之间由于结算凭证传递时间的差异导致的一方已登记入账、另一方因未取得结算凭证而尚未入账的经济业务事项。具体包括以下四种情况：

① 一笔支出企业已确认入账，开户银行尚未确认入账(即企业已付，银行未付)。如企业开出转账支票以支付材料款，可根据支票存根、发票及收料单等凭证，登记银行存款减少；但由于持票人未及时到银行办理转账，导致银行尚未接到支付款项的凭证，尚未登记减少。若银行编制对账单时尚未办妥付款手续，则会形成企业已付、银行未付的款项。

② 一笔收入企业已确认入账，开户银行尚未确认入账(即企业已收，银行未收)。如企业将销售产品收到的转账支票送存银行，根据银行盖章后退回的“进账单”回单登记银行存款增加；而银行要等到付款人的款项转到企业账户后才能增加企业的银行存款。若银行编制对账单时尚未办妥收款手续，则会出现企业已收、银行未收的款项。

③ 一笔支出银行已确认入账，企业尚未确认入账(即银行已付，企业未付)。如银行受企业委托代企业支付款项(如水电费)，银行已取得支付款项的凭证，已登记银行存款减少；而企业尚未收到银行的付款通知单，未登记银行存款减少。若此时对账，则会形成银行已付、企业未付的款项。

④ 一笔收入银行已确认入账，企业尚未确认入账(即银行已收，企业未收)。如企业在银行的存款利息收入，银行已登记银行存款增加；而企业由于尚未收到结息单，尚未登记银行存款增加。若此时对账，则会形成银行已收、企业未收的款项。

以上四种情况的任何一种发生，均可能导致企业银行存款日记账与银行对账单不相符。但随着时间的推移，凭证传递到达后，此种差异随着另一方的入账会自动消失。因此，未达账项本身不是一种错误。由于未达账项一般是于月末形成的，因此可重点核对月初(上月末的未达账项)和月末记录。

(二) 银行存款清查的账务处理

未达账项的存在必然会导致银行存款日记账余额与银行对账单余额不符。银行存款日记账余额、银行对账单余额和未达账项之间的关系用公式表示为：

银行存款日记账余额＋银行已收企业未收款项－银行已付企业未付款项

＝银行对账单余额＋企业已收银行未收款项－企业已付银行未付款项

在会计实务中，为消除未达账项的影响，企业只需编制“银行存款余额调节表”，对未达账项进行调整，在此基础上再检查双方记账有无错误。“银行存款余额调节表”的格式如表 8 - 4 所示。

表 8-4 银行存款余额调节表

编制单位： 年 月 日 单位:元

银行存款日记账	金额	银行对账单	金额
账面余额		账面余额	
加:银行已收,企业未收款项		加:企业已收,银行未收款项	
减:银行已付,企业未付款项		减:企业已付,银行未付款项	
调节后余额		调节后余额	

[业务实例 8-4] 华宇公司 2017 年 7 月份的银行存款日记账与银行对账单分别如表 8-5和表 8-6 所示,要求编制银行存款余额调节表。

表 8-5 银行存款日记账

2017 年		凭证号数	对方科目	摘要	√	收入(借方)金额	支出(贷方)金额	结存金额
月	日							
6	30		略	本月合计		32 000	10 000	213 200
7	4	银收 01		收到货款	√	57 000√		270 200
7	7	银付 01		购材料	√		22 200√	248 000
7	9	银付 02		支付劳务费	√		5 000	243 000
7	10	银收 02		出售 A 设备	√	15 000		258 000
7	11	银收 03		出售多余材料	√	8 000√		266 000
7	13	银付 03		支付运费	√		1 000	265 000
7	15	银付 04		支付购料款	√		30 000	235 000
7	16	现付 04		送存现金	√	6 700√		241 700
7	31	银付 05		付材料加工费	√		11 700	230 000

表 8-6 银行对账单

2017		凭证号数	摘要	借方	贷方	余额
月	月					
6	30	略	上月结余	10 000	32 000	213 200
7	6		收到货款		57 000√	270 200
7	11		付货款	22 200√		248 000
7	13		收到材料款		8 000√	256 000
7	16		收现		6 700√	262 700
7	20		代付水电费	1 500		261 200
7	28		代付托收款	7 000		254 200
7	31		利息收入		394	254 594

注:银行对账单中,贷方表示企业存入开户银行的存款增加数,借方表示企业在开户银行的存款减少数。数字后的"√"表示该数字在企业账与银行账上双方都已登记。

编制银行存款余额调节表的具体方法可分为三步。

第一步，分别列出银行存款日记账和银行对账单未勾对的经济事项，即未达账项，如表 8－7 和表 8－8 所示。

表 8－7　未勾对的银行存款日记账

2017		凭证号数	对方科目	摘要	√	收入（借方）金额	支出（贷方）金额
月	月						
7	9	银付 02	略	支付劳务费	√		5 000
7	10	银收 02		出售 A 设备	√	15 000	
7	13	银付 03		支付运费	√		1 000
7	15	银付 04		支付购料款	√		30 000
7	31	银付 05		付材料加工费	√		11 700
合计						15 000	47 700
合计数的含义						企业已收，银行未收的未达账项	企业已付，银行未付的未达账项

表 8－8　未勾对的银行对账单

2017		凭证号数	摘要	借方	贷方
月	月				
7	20	略	代付水电费	1 500	
7	28		代付托收款	7 000	
7	31		利息收入		394
合计				8 500	394
合计数的含义				银行已付，企业未付的未达账项	银行已收，企业未收的未达账项

第二步，根据表 8－7 和表 8－8，分别计算各种未达账项的汇总数：

企业已收，银行未收的未达账项＝15 000（元）

企业已付，银行未付的未达账项＝5 000＋1 000＋30 000＋11 700＝47 700（元）

银行已收，企业未收的未达账项＝394（元）

银行已付，企业未付的未达账项＝1 500＋7 000＝8 500（元）

第三步，填列银行存款余额调节表，如表 8－9 所示。

表 8-9 银行存款余额调节表

编制单位:华宇公司 2017 年 8 月 3 日 单位:元

银行存款日记账	金额	银行对账单	金额
账面余额	230 000	账面余额	254 594
加:银行已收,企业未收款项	394	加:企业已收,银行未收款项	15 000
减:银行已付,企业未付款项	8 500	减:企业已付,银行未付款项	47 700
调节后余额	221 894	调节后余额	221 894

调节后的银行存款日记账余额与银行对账单余额相符,说明企业与银行对存款的记录均无错误。

未达账项会随着双方凭证的入账而自动消失,故银行存款余额调节表是一种对账记录,并不是会计凭证,不能作为登记账簿的依据。在编制银行存款余额调节表时不需要对未达账项进行账务处理,只有在收到结算凭证后才能进行有关账务处理。但若在已消除未达账项的基础上,银行存款日记账调整后余额仍不等于银行对账单调整后余额,则说明企业与银行一方或双方记账有误,需进一步追查,查明原因后进行相应的账务处理。

上述银行存款的清查方法也适用于其他货币资金的清查。

任务三 掌握实物资产清查的方法及账务处理

任务要求

作为企业生产经营活动的劳动对象和劳动手段,应加强对实物资产定期或不定期的清查。所以,要掌握存货和固定资产的清查方法及账务处理。

一、存货的清查

存货是指企业购入的准备用于产品生产的原料和材料、处于生产过程中的在产品以及生产完工但未销售的产成品,主要包括原材料、在产品和库存商品等。对存货进行清查主要是查明各种存货的实际结存数量与其账面结存数量是否相符,并核实其实际价值。

(一) 存货的清查方法

存货的清查一般采用实地盘点法,即采用清点计数法或其他计量方法来确定存货的实物数量。具体来说主要包括以下步骤:

(1) 在清查之前,先由会计人员、仓库保管人员、生产人员根据会计账簿、原始收发料凭证、仓库明细账等资料计算出各种存货的账面余数。

(2) 仓库保管人员清点、排列好各种存货,并标明各种存货的品名、规格及库存数量。

(3) 财产清查人员与仓库保管人员必须同时在场清查,以明确经济责任。在清点过程中,应根据各种存货的特点,确定采用合适的实地盘点法。对于原材料、包装物、在产品和库存商品等存货,可采用全面盘点法对企业的所有存货通过点数、过磅和丈量等方式确定其实有数。

对于成堆量大而价值又不高的，难以逐一清点的财产物资（如露天堆放的煤炭等），可采用量方、计尺等技术推算法确定财产物资的结存数量。对于数量比较多、重量和体积都比较均衡的存货，则可采用抽样盘存法抽取一定数量样品的方式确定存货的实存数量。对于委托外单位加工或保管的存货，可采用函证核对法向对方发函的方式确定存货的实存数量。

（4）对存货进行实地盘点后，应根据存货的清查盘点结果填写"存货盘存单"（如表 8－10 所示），为与各种存货的账存数进行核对提供依据。同时根据存货的账存数与存货盘存单实存数计算填列存货的"账存实存对比表"（如表 8－11 所示）。"存货盘存单"是记录存货盘点结果的书面证明，也是反映财产物资实存数的原始凭证。"账存实存对比表"是用以调整账簿记录的重要原始凭证，也是分析盘盈、盘亏原因，明确经济责任的重要依据。

表 8－10　存货盘存单

财产类别：

存放地点：　　　　　　　　　　年　月　日　　　　　　　　　　第　页

编号	名称	规格型号	计量单位	数量	单价	金额	备注

盘点人签章：　　　　　　　　　　　　　　　　　　　　保管人签章：

表 8－11　账存实存对比表

编号	名称及规格	计量单位	单价	实存		账存		盘盈		盘亏		备注
				数量	金额	数量	金额	数量	金额	数量	金额	

主管：　　　　　　　　稽核：　　　　　　　　制表：

在实务中，为简化工作，在"账存实存对比表"中一般只填列账存实存不符的存货。若在盘点过程中发现有积压呆滞、残损变质的各种存货应另行堆放，并填制"积压变质报告单"，说明情况，提出处理意见，报请审批并做出财务处理，以盘活企业资金，提高存货的使用率和加速存货的周转。"积压变质报告单"的格式如表 8－12 所示。

表 8－12　积压变质报告单

财产类别：

存放地点：　　　　　　　　　　年　月　日　　　　　　　　　　第　页

编号	名称	规格	计量单位	单价	实存数量	金额	情况说明	处理意见
审批意见：								

盘点人：　　　　　　　　　　　　　　　　　　　　实物负责人：

对存货的清查，平时一般为局部的、不定期的抽样清查，年底时进行一次全面清查。对于鲜活商品一般应在期末结转成本时进行一次实地盘点，以倒算销货成本。

(二) 存货清查的账务处理

(1) 存货清查若出现盘盈、盘亏和毁损情况，应把“存货盘存表”“账存实存对比表”及“积压变质报告单”作为原始凭证，先通过“待处理财产损溢——待处理流动资产损溢”账户反映，并调整存货的账存数，使之与该存货的实存数相等。存货如果发生非正常毁损，其进项税额不得从销项税额中抵扣，应从当期发生的进项税额中转出，通过“应交税费——应交增值税(进项税额转出)”明细账户核算。

(2) 等到处理意见下达后，根据处理意见，盘盈的存货通常是由企业日常收发计量或计算上的差错等原因所造成的，可以冲减管理费用。盘亏和毁损的存货如果属于应由保险公司或责任人赔偿的部分，借记“其他应收款”账户；属于自然损耗产生的定额内合理损耗的部分，借记“管理费用”账户；属于非常损失的部分，借记“营业外支出”账户；如果有回收残料，借记“原材料”账户。

[业务实例 8-5] 华宇公司在 2018 年 12 月份的盘点中发现 A 材料盘盈 100 公斤，每公斤 10 元；B 材料盘亏 200 公斤，每公斤 20 元。华宇公司为增值税一般纳税人，税率为 16%。盘点结果已填列盘点表，并报上级审批。

① 对发现的 A 材料盘盈 100 公斤首先应调整账簿记录，做到账实相符。应填制转账凭证，编制的会计分录为：

借：原材料——A 材料　　1 000
　贷：待处理财产损溢——待处理流动资产损溢　　1 000

② 对发现的 B 材料盘亏 200 公斤首先应调整账簿记录，做到账实相符。应填制转账凭证，编制的会计分录为：

借：待处理财产损溢——待处理流动资产损溢　　4 640
　贷：原材料——B 材料　　4 000
　　应交税费——应交增值税(进项税额转出)　　640

[业务实例 8-6] 沿用上例，审批意见下达后，经查 A 材料盘盈属季节性空气潮湿度加大造成；B 材料盘亏 200 公斤中有 150 公斤属保管不善造成，其中，应由保险公司承担 100 公斤的赔偿，仓库保管员承担 10 公斤的赔偿，40 公斤由公司负担，其余 50 公斤盘亏属发生大水造成。

① 经批准，A 材料盘盈冲减企业的管理费用。应填制转账凭证，编制的会计分录为：

借：待处理财产损溢——待处理流动资产损溢　　1 000
　贷：管理费用　　1 000

② 经批准，B 材料盘亏由保险公司、保管员赔偿以及增加企业的管理费用、营业外支出。应填制转账凭证，编制的会计分录为：

借：其他应收款——保险公司　　2 320
　　　　　——××保管员　　232
　管理费用　　928
　营业外支出　　1 160
　贷：待处理财产损溢——待处理流动资产损溢　　4 640

[业务实例 8-7] 华宇公司在 2018 年 12 月份盘点中发现 C 材料已发霉变质，数量为 50

公斤，单价 20 元，经批准对 C 材料进行处理，可收回残料 400 元。

① 对发现的 C 材料霉变 50 公斤首先应调整账簿记录，做到账实相符。应填制转账凭证，编制的会计分录为：

借：待处理财产损溢——待处理流动资产损溢　　1 160

　　贷：原材料　　1 000

　　　　应交税费——应交增值税（进项税额转出）　　160

② 经批准，对 C 材料的霉变先收回残料，再将发生的损失作为管理费用处理。应填制转账凭证，编制的会计分录为：

借：原材料　　400

　　管理费用　　760

　　贷：待处理财产损溢——待处理流动资产损溢　　1 160

二、固定资产清查

固定资产是企业的劳动资料，主要包括企业购建的用于产品生产或经营管理的房屋、建筑物以及各种设备等。对固定资产进行清查主要是保证各种固定资产的实际结存数量与其账面结存数量完全相符。

(一) 固定资产清查的方法

在对固定资产进行清查时，可以采用实地盘点法进行全面盘点。具体步骤为：

第一步，财会部门整理“固定资产总账”“固定资产登记簿”及“固定资产卡片”，从账面列示的固定资产类别、实物及存放地点、保管责任人，填列“固定资产盘点表”（如表 8-13 所示）。

表 8-13　固定资产盘点表

编制单位：　　　　年　月　日

固定资产类别		个别固定资产账面情况					存放地点	实物负责人	盘点结果						
		名称	数量	单价	金额	已提折旧			计量单位	数量	单价	金额	盘盈	盘亏	备注
生产用	在用														
	未用														
	不需用														
	季节性停用														

（续表）

固定资产类别		个别固定资产账面情况					存放地点	实物负责人	盘点结果						
		名称	数量	单价	金额	已提折旧			计量单位	数量	单价	金额	盘盈	盘亏	备注
非生产用	在用														
	未用														
	不需用														
审批意见：															

盘点小组签字：　　　　　　　　　　　复核人：　　　　　　　　　　　填表人：

第二步，清查人员根据财会部门提供的“固定资产盘点表”中的相关资料进行固定资产的逐项盘点计数。在清查过程中，财会人员、固定资产实物负责人必须在场。清点完毕后，可在已查固定资产上加贴“已清查标志”（如表 8－14 所示）。

表 8－14　已清查标志

固定资产类别：　　　　　　　　　　　　　　　　　　　　存放地点：

固定资产名称：　　　　　　　　　　　　　　　　　　　　负 责 人：

账存数		实存数		设备状态			
数量	原值	数量	原值	好	中	坏	其他

第三步，根据清查结果再登记“固定资产盘点表”，并计算出盘盈、盘亏情况。“固定资产盘点表”是调整固定资产账面记录的原始凭证，也是分析固定资产盘盈盘亏原因、明确经济责任的重要依据。

第四步，对于清查发现的固定资产盘盈、盘亏和毁损情况，查明原因并提出处理意见。

（二）固定资产清查的账务处理

（1）通过清查，若发现固定资产盘盈时，必须对固定资产进行计价。计价方法一般有：① 若账面上有相同、同类或类似固定资产，盘盈固定资产一般按同类固定资产的净值计价。② 若账面上没有该盘盈固定资产的同类资产，则可以对该盘盈固定资产估价入账；或者聘请评估机构对该盘盈固定资产进行评估，以确定其价值。

需要注意的是，盘盈固定资产应作为前期差错记入“以前年度损益调整”科目，而不转入“待处理财产损溢——待处理固定资产损溢”账户。

（2）对于盘亏和毁损的固定资产，应冲减固定资产的账面价值。在冲减价值时，应分别冲减固定资产的账面原始价值和累计折旧以转销已经在企业中消失的盘亏固定资产的所有账面记录资料;将净值先转入“待处理财产损溢——待处理固定资产损溢”账户。

固定资产出现盘亏的原因主要有自然灾害、责任事故、失窃等。在查明原因之后,按可收回的保险赔偿或过失人赔偿,借记“其他应收款”账户。所收取的残料借记“原材料”账户,扣除应由保险公司、过失人赔偿和残料后的净损失,借记“营业外支出”账户。

[业务实例 8-8] 华宇公司在 2017 年 12 月 31 日的全面清查中发现盘盈机床 3 台,账面上有同类机床设备,每台原值 7 000 元,该机床有 6 成新。同时盘亏 1 台数控机床,账面资料显示如下:该设备在 2015 年 10 月 31 日购入,估计使用寿命 10 年,原值 12 000 元,已提折旧 2 600 元。

(1) 对发现的盘盈的 3 台机床应调整账簿记录,做到账实相符。应填制转账凭证,编制的会计分录为:

借:固定资产——机床 12 600
　贷:以前年度损益调整 12 600

(2) 对发现的盘亏的 1 台数控机床首先应调整账簿记录,做到账实相符。应填制转账凭证,编制的会计分录为:

借:待处理财产损溢——待处理固定资产损溢 9 400
　累计折旧 2 600
　贷:固定资产 12 000

[业务实例 8-9] 沿用上例,经调查,盘亏数控机床属企业保管不严导致失窃造成,应由保险公司负责赔偿 6 000 元,实物保管人员李维赔偿 400 元,其他列入“营业外支出”。

对应由保险公司及保管人员赔付和经批准转为营业外支出的部分,应填制转账凭证,编制的会计分录为:

借:其他应收款——保险公司 6 000
　　　　　——李维 400
　营业外支出 3 000
　贷:待处理财产损溢——待处理固定资产损溢 9 400

任务四　理解往来款项清查的方法及账务处理

任务要求

对于企业与其他单位或个人因经济往来而形成的债权债务等往来款项,应定期进行核对。所以,要了解往来款项清查的方法。

一、往来款项的概念

往来款项包括企业的债权往来(如应收账款、其他应收款、预付账款等)和债务往来(如应付账款、预收账款、其他应付款等)。对往来款项进行清查主要是为了保证各种往来款项的实际状况与其账面记录完全相符。掌握债权债务的真实情况,及时催收债权、加快资金流动,提高资金利用效率，如期偿还债务，维护企业信用。债权往来和债务往来尽管性质不一样，但其清查方法却是一样的。因此，本书只阐述债权往来的清查方法，即应收款项的清查方法。对于债务往来的清查可以参照债权往来的清查方法进行。

二、应收账款的清查

应收账款是指企业因销售产品、商品，提供劳务等业务，应向购货单位或接受劳务单位收取的款项。它应在产品、商品所有权或控制权转移或所提供的劳务已完成时确认。应收账款发生并确认后，财会部门应根据应收账款往来单位设立明细账，逐笔顺序登记各款项的回收情况。

(一) 应收账款的清查方法

应收账款的清查是核实企业与往来单位的债权债务关系的一种财产清查。应收账款清查主要采用账目核对法，即询证核对法，主要按以下步骤进行：

第一步，企业应核定本单位的应收账款账目，确认其准确无误，并在此基础上逐个对应收账款往来单位编制“应收账款往来对账单”并寄发或派人送交对方进行核对。对账单一般是一式三联，其中一联企业留底；一联对方单位核对后，由对方单位留存；一联作为回单，要求对方单位核对并将对账结果注明后签章退回，表示已核对。应收账款往来对账单的一般格式如表8－15所示。

表8－15　应收账款往来对账单

××单位，现列示我单位与贵单位的往来款项，请贵单位核实。

往来款项原因	往来款项发生时间	信用截止期	经办人	应收款金额	备注
往来单位意见					

清查单位盖章：　　　　　　　　往来单位盖章：　　　　　　年　月　日

第二步，待收到往来单位退回的对账单后，根据退回对账单上“往来单位意见”栏的询证结果进行分户登记、分类汇总：一类为在对账单上往来单位注明“核对无误”的应收账款；一类是注明“核对有误”的应收账款。

第三步，对核对有误的应收账款和没有收到对账单回单联的应收账款，企业应派人到对方单位进一步核实，查清事件原因并弄清结果。

第四步，清查结束后，企业应编制“应收账款清查报告表”，列明同意承付与不同意承付金额，并对本企业与对方单位按合同拒付的款项、有争议的款项以及无希望收回的款项详细地予以说明，以便企业及时采取措施并做相应的账务处理或对对方单位进行信用分析，减少坏账损失。“应收账款清查报告表”的格式一般如表8－16所示。

表 8-16　应收账款清查报告表

年　月　日

<table>
<tr><th rowspan="2">户名</th><th rowspan="2">账面结余金额</th><th colspan="2">清查情况</th><th rowspan="2">不同意承付的原因</th><th colspan="4">不同意承付金额的分析</th><th rowspan="2">备注</th></tr>
<tr><th>同意承付金额</th><th>不同意承付金额</th><th>按合同拒付</th><th>争议中款项</th><th>无希望收回</th><th>其他</th></tr>
<tr><td></td><td></td><td></td><td></td><td></td><td></td><td></td><td></td><td></td><td></td></tr>
<tr><td></td><td></td><td></td><td></td><td></td><td></td><td></td><td></td><td></td><td></td></tr>
<tr><td></td><td></td><td></td><td></td><td></td><td></td><td></td><td></td><td></td><td></td></tr>
<tr><td colspan="2">领导审批意见</td><td colspan="8"></td></tr>
</table>

复核：　　　　　　　　　　　　报告人：　　　　　　　　　　　　会计：

(二) 应收账款清查的账务处理

企业在财产清查中发现债务人已经破产清算，或确实没有偿还能力，对方所欠的款项就有可能全部或部分收不回来，由此会给企业造成损失，这种损失在会计上称为坏账损失。

(1) 处理方法。企业对发生的坏账损失应采用备抵法进行处理。在备抵法下，应按期(一般在每年年末)估计可能发生的坏账损失，根据应收账款余额等的一定比例提取坏账准备，并计入资产减值损失。当在下一年度发生坏账时，根据确认的实际坏账金额冲减上一年度已经提取的坏账准备。企业估计坏账损失的方法有应收账款余额百分比法和账龄分析法等。提取坏账准备是根据会计信息质量的谨慎性要求，针对可能发生的坏账损失而采取的一种措施。采用备抵法处理坏账损失，一方面可以做到未雨绸缪，对可能发生的坏账损失事先有所准备，以便实际发生坏账时能从容处理；另一方面，更为重要的是，可以通过在各年末提取坏账准备，将可能由坏账而引发的损失比较均衡地计入各个年度的损益，从而避免因发生坏账而引发的损失对各年度的利润计算产生不利影响。

(2) 账户设置。采用备抵法对企业发生的坏账损失进行处理时，不通过"待处理财产损溢"账户而应设置"坏账准备"账户。该账户属于资产类账户，用以核算企业坏账准备的提取和转销情况，贷方登记按企业选择的方法提取的坏账准备金(增加数)，借方登记根据已经确认的坏账损失金额转销的坏账准备数额(减少数)。该账户的期末余额具有不确定性。在年度中(1—11 月)如为借方余额，反映企业多转销的坏账准备，表明上一年度提取的坏账准备不足，未能满足抵补坏账损失的需要；贷方余额为已提取但尚未使用的坏账准备。在年末经过冲销或补提处理以后，该账户应为贷方余额，反映为下一年度提取的坏账准备。

(3) 账务处理。下面举例说明采用备抵法对应收账款发生坏账损失的账务处理。

1) 基本做法。

[业务实例 8-10]　华宇公司从 2016 年开始采用应收账款余额百分比法提取坏账准备，提取比例为 5%。当年年末"应收账款"账户借方余额为 800 000 元。当年应提取的坏账准备为：800 000×5%＝40 000(元)

对于提取的坏账准备，应填制转账凭证，编制的会计分录为：

借：资产减值损失　　　　　　　　　　　　40 000

　　贷：坏账准备　　　　　　　　　　　　　　40 000

［**业务实例 8－11**］　华宇公司 2017 年 10 月在财产清查中确认，有 30 000 元货款无法收回。经批准作为坏账损失予以转销。应填制转账凭证，编制的会计分录为：

借：坏账准备　　30 000

　　贷：应收账款　　30 000

2）以后年度坏账准备的补提与冲销。在会计实务中，各年末提取坏账准备时，既要考虑提取的基数和提取的比例等，也要考虑“坏账准备”账户年末的结余情况，采用以下公式确定当年应提取的坏账准备金额：

自第 2 年起应提取的坏账准备金额＝应收账款期末余额×坏账准备提取比例±坏账准备结余额

① 如果“坏账准备”账户为贷方余额，反映的是企业多提取的坏账准备，表明上一年度提取的坏账准备过多，不仅满足了抵补坏账损失的实际需要，而且还有结余。在年末计提本年度的坏账准备时，应在计算确定的本年度提取坏账准备额中减去上一年度结余部分，以二者差额提取当年的坏账准备。

［**业务实例 8－12**］　假定华宇公司 2017 年末应收账款借方余额为 700 000 元，提取比例仍为 5%，“坏账准备”账户有贷方结余 10 000 元。计提 2017 年的坏账准备。

2017 年年末应提取的坏账准备为：700 000×5%－10 000＝25 000(元)

应填制转账凭证，编制的会计分录为：

借：资产减值损失　　25 000

　　贷：坏账准备　　25 000

这样，2017 年末新提取的 25 000 元与原来“坏账准备”账户贷方余额 10 000 元共计 35 000 元，这个数字应是为 2017 年度所提取的坏账准备总额，即 700 000×5%＝35 000(元)。在本年度提取坏账准备时减去“坏账准备”账户上一年度贷方余额的做法称为坏账准备的冲销。

② 如果“坏账准备”账户为借方余额，反映的是企业少提取的坏账准备，表明上一年度提取的坏账准备有“欠账”，则应按本年度应提取数与“坏账准备”账户借方余额之和提取本年度的坏账准备。这样，一方面使上一年度未提足部分得以弥补，另一方面又提取了用于应付下一年度可能发生的坏账损失部分，使坏账准备始终处于能够满足需要的状态。

［**业务实例 8－13**］　假定华宇公司 2017 年末应收账款借方余额为 850 000 元，提取比例仍为 5%，“坏账准备”账户借方余额 8 000 元。计提 2017 年的坏账准备。

2017 年年末应提取的坏账准备为：850 000×5%＋8 000＝50 500(元)

应填制转账凭证，编制的会计分录为：

借：资产减值损失　　50 500

　　贷：坏账准备　　50 500

这样，2017 年末新提取的 50 500 元除了应为 2018 年度准备的坏账准备 42 500 元以外，也使 2017 年度坏账准备的“欠账”8 000 元得到了弥补。在本年度提取坏账准备的过程中，将“坏账准备”账户上一年度借方结余数加在本年度应提取数上一并进行坏账准备提取的做法称为坏账准备的补提。

三、其他应收款的清查

（一）其他应收款的内容

其他应收款是指企业发生的非购销活动的应收暂付债权，主要包括：

(1) 应收的各种赔款、罚款；

(2) 应收出租包装物的租金；

(3) 应向职工收取的各种垫付款项；

(4) 备用金(向企业各职能科室、车间拨出的备用金)；

(5) 存出的保证金(如包装物支付的押金)；

(6) 预付账款转入；

(7) 其他各种应收、暂付款项。

为了反映和监督其他应收款的发生和结算情况，企业应设置"其他应收款"账户，并按其他应收款的项目分类，按不同的债务人设置明细账。

(二) 其他应收款清查方法

同应收账款一样，企业至少在年末应根据财会部门提供的债务往来单位明细账制定并填列"其他应收款对账单"，填列催缴情况表或督促企业各科室、部门及时报账。最后，企业应根据其他应收款清查结果填制"其他应收款清查表"。

能力拓展训练

一、单项选择题

1. 清查范围小、时间短、涉及的人也少但专业性较强的清查方式是(　　)。

A. 全面清查　　B. 局部清查　　C. 定期清查　　D. 不定期清查

2. 采用永续盘存制，平时对财产物资账簿的登记方法应该是(　　)。

A. 只登记增加数，不登记减少数

B. 只登记增加数，随时倒挤算出减少数

C. 只登记增加数，月末倒挤算出减少数

D. 既登记增加数，又登记减少数

3. 以下项目中不是财产清查基本程序的有(　　)。

A. 清查前的准备工作　　B. 实地盘点和账项核对

C. 清查结果处理　　D. 复查报告

4. 出纳人员在每日业务终了时清点库存现金是(　　)。

A. 全面清查和定期清查　　B. 全面清查和不定期清查

C. 局部清查和不定期清查　　D. 局部清查和定期清查

5. 库存现金清查中，无法查明原因的短缺，应记入(　　)账户核算。

A. 其他应付款　　B. 其他应收款　　C. 管理费用　　D. 营业外收入

6. 技术推算盘点法通常用于(　　)的盘点。

A. 固定资产　　B. 流动资产

C. 库存现金　　D. 大量成堆，难以逐一清点的材料

7. "账存实存对比表"是调整账簿记录的(　　)。

A. 一次性原始凭证　B. 累计原始凭证　C. 收款凭证　D. 记账凭证

8. 企业在存货清查时，发现库存商品盘盈，在报批前正确的账务处理方法为(　　)。

A. 借：库存商品　　B. 借：待处理财产损溢

　　贷:待处理财产损溢　　　　　　　　贷:管理费用

C. 借:管理费用　　　　　　　　　　D. 借:待处理财产损溢

　　贷:待处理财产损溢　　　　　　　　贷:库存商品

9. 对财产清查的结果进行账务处理的主要目的是保证(　　)。

A. 账表相符　　B. 账实相符　　C. 账账相符　　D. 账证相符

10. 财产清查的结果,经查明是因管理不善造成的盘亏毁损,应在(　　)账户列支。

A. 制造费用　　B. 管理费用　　C. 营业外支出　　D. 生产成本

二、多项选择题

1. 造成账实不符的原因有(　　)。

A. 财产收发过程中计量不准确　　B. 财产管理不善

C. 账薄记录差错　　D. 财产保管过程中的自然损耗

2. 下列需要进行全面财产清查的情况是(　　)。

A. 年终决算

B. 单位合并、撤销以及改变隶属关系

C. 单位内部进行人员调动

D. 企业清产核资

3. 不定期清查适用于(　　)。

A. 自然灾害或意外损失时　　B. 变更财产或库存现金保管员时

C. 临时的清产核资　　D. 企业改变隶属关系时

4. 财产物资的盘存制度有(　　)。

A. 权责发生制　　B. 现金收付制　　C. 实地盘存制　　D. 永续盘存制

5. 采用实地盘存制,企业财产物资账簿的登记方法是(　　)。

A. 平时登记增加数　　B. 平时不登记增加数

C. 平时登记减少数　　D. 平时不登记减少数

6. 实地盘点法一般适用于(　　)的清查。

A. 固定资产　　B. 原材料　　C. 银行存款　　D. 库存现金

7. 下列经济业务中,应记入"待处理财产损溢"账户的有(　　)

A. 盘盈固定资产　　B. 盘盈的库存现金

C. 盘亏固定资产　　D. 盘亏的存货

8. 银行存款日记账与银行对账单不一致,可能是(　　)。

A. 银行记账有错误　　B. 企业记账有错误

C. 双方记账均有错误　　D. 存在未达账项

9. 下列各种财产损溢情况,经批准后在账务上可作增减"管理费用"处理的是(　　)。

A. 固定资产丢失　B. 材料盘盈　　C. 出纳丢失现金　　D. 材料定额内损耗

10. 在财产清查中,往来款项清查的内容有(　　)。

A. 企业与其他企业因债权债务关系形成的结算款项

B. 企业与其他个人因债权债务关系形成的结算款项

C. 企业与本企业职工因债权债务关系形成的结算款项

D. 其他企业与本企业职工因债权债务关系形成的结算款项

三、判断题

1. 通过财产清查，可以挖掘企业财产物资的潜力，有效利用财产物资，加速资金周转。（　）
2. 企业撤销或兼并时，要对企业的部分财产进行重点清查。（　）
3. 更换财产保管人员时进行的清查属于不定期清查。（　）
4. 无论采用何种盘存制度，期末都需要对财产物资进行清查。（　）
5. 财产清查中的盘盈、盘亏，在没有查清原因前先不入账。（　）
6. 现金清查中发现长款，如果无法查明原因，经批准应当计入营业外收入。（　）
7. 对库存现金和存货清查时，出纳人员和实物保管人员不得在场。（　）
8. “银行存款余额调节表”编制完成后，可以作为调整企业银行存款余额的原始凭证。（　）
9. 根据财产物资盘点结果填制的“实存账存对比表”，可作为调整账面记录的原始凭证。（　）
10. 各种往来款项的清查，采用与对方核对账目的方法。（　）

四、会计业务处理题

1. 资料：宏兴公司 2017 年 7 月份 B 材料期初结存及收发情况如下。

(1) 7 月初 B 材料结存数量为 2 000 千克，单价为 12 元。

(2) 7 月份 B 材料收发情况如下。

① 5 日，购进入库 200 千克，实际采购成本为 2 400 元。

② 10 日，生产领用 800 千克，实际成本为 9 600 元。

③ 16 日，生产领用 580 千克，实际成本为 6 960 元。

④ 19 日，购进入库 360 千克，实际采购成本为 4 320 元。

⑤ 22 日，生产领用 600 千克，实际成本为 7 200 元。

(3) 31 日，对 B 材料进行实地盘点，盘点数量为 560 千克。

要求：(1) 根据上述资料，按永续盘存制登记 B 材料明细账。

(2) 根据上述资料，按实地盘存制登记 B 材料明细账。

(3) 计算两种方法下 7 月生产领用 B 材料的成本分别是多少？如有差异，请说明理由。

2. 资料：宏宇公司 2017 年 10 月 31 日企业银行存款日记账余额为 400 600 元，开户银行对账单的存款余额为 424 400 元，经核对发现有如下未达账项：

(1) 10 月 29 日，企业办理的委托收款 31 000 元，银行已经收款入账，而企业尚未接到收款通知。

(2) 10 月 30 日，企业收到转账支票 4 000 元，银行尚未入账。

(3) 10 月 30 日，银行代企业支付电费 11 200 元，企业尚未收到付款通知。

(4) 10 月 30 日，企业签发转账支票 8 000 元支付前欠货款，但收款方尚未到银行办理转账。

要求：为宏宇公司编制 2017 年 10 月份的银行存款余额调节表。

3. 资料：宏达公司 2017 年 12 月 31 日在财产清查中发现以下问题：

(1) 在财产清查中，发现盘亏设备一台，其原价为 200 000 元，累计提取折旧为 80 000 元。

(2) 在财产清查中，发现短缺库存现金 100 元。

(3) 在财产清查中,发现盘盈原材料一批,价值1 000元。

以上盘盈盘亏,经查原因属实,报经领导审核批准,处理意见如下:

盘亏设备转入"营业外支出";库存现金短缺由出纳人员负责,款项尚未交回;盘盈原材料系计量仪器不准所致,经批准冲减管理费用。

要求:编制批准处理前和批准处理后的会计分录。

项目九　会计报表

学习目标

【知识目标】

1. 明确会计报表的含义、分类和编报要求；
2. 掌握资产负债表、利润表的结构及内在勾稽关系；
3. 熟悉资产负债表、利润表的基本编制过程；
4. 理解现金流量表、所有者权益变动表的结构。

【能力目标】

1. 能够编制简单的资产负债表；
2. 能够编制利润表；
3. 能够说出现金流量表的编制原理。

【引　言】 企业在日常核算中按照会计核算一般原则的要求，对发生的经济业务事项进行确认和计量，并将确认和计量的结果进行记录。这些记录通过会计凭证和账簿反映出来，但这些分散的会计资料无法概括地反映企业经济活动的全貌，不便于企业会计信息使用者了解企业的财务状况、经营成果和现金流量情况等会计信息。因此，企业应在做好日常会计核算工作的基础上，根据会计信息使用者的共同需要，定期对日常会计核算资料加工、汇总和整理，编制会计报表。

任务一　了解会计报表的种类及编报要求

任务要求

编制会计报表是会计核算的一种专门方法，也是会计核算的最后环节和最终结果。所以，要理解会计报表的种类和编报要求。

一、会计报表的概念

1. 会计报表的含义

会计报表是根据账簿上记录的资料，经过整理、归类、汇总而编制的，能反映企业某一特定日期的财务状况以及一定会计期间的经营成果和现金流量情况等会计信息的书面文件。会计报表是企业对外提供会计信息的最主要形式。

2. 会计报表的作用

会计报表作为提供会计信息的重要手段，可以为会计信息使用者提供与企业财务状况、经营成果和现金流量等有关的会计信息，反映企业管理层受托责任的履行情况，有助于会计信息使用者作出经济决策。其主要作用表现在以下几方面。

(1) 有助于企业内部管理水平的提高。企业管理当局利用定期编制的会计报表可以系统全面地了解企业的生产经营情况，掌握本企业经济活动、财务收支和财务成果的全面情况，客观评价企业的财务状况和经营成果，检查、分析财务成本计划和有关方针政策的执行情况，能够分析发现企业存在的一些问题；从会计报表的指标体系分析中寻找本企业在生产经营活动中存在的差距和原因，从而能及时地采取相应措施来解决问题，改善经营管理，以便正确地规划未来，进行经营管理决策，进一步发掘提高经济效益的潜力。

(2) 有助于企业外部会计信息使用者进行相应的决策。作为企业外部人员获取企业信息的主要来源渠道，会计报表所反映出的会计信息能够帮助他们作出正确的决策。如对于企业的投资者和潜在投资者来说，通过会计报表可以评价企业的获利能力、预测企业的发展前景，从而做出是否对该企业追加投资或是否撤回投资，以及是否继续聘用现任企业管理者等决策。对于银行等金融机构来说，通过会计报表可以评价企业偿债能力，从而做出是否贷款给该企业、贷款多少或是否收回贷款等方面的决策，其结果将促进社会资源流向高收益的企业，达到社会资源的最佳配置。

(3) 有助于政府管理部门加强宏观调控。企业会计报表能够为政府管理部门提供资源分配和税费征缴基数等方面的重要信息。比如，财政部门可以根据会计报表监督检查企业单位执行财政法规、财经纪律的情况，监督检查企业单位财务管理情况；税务部门可以根据会计报表了解税收法律法规的执行情况，促使企业单位及时足额上缴税款。另外，各企业会计报表经过逐级汇总上报，可以使政府管理部门了解到各行业、各地区和全国的经济发展情况，能够检验和评价各项政策的制定是否科学合理，从而为有关政府部门制定和修订政策提供依据，加强对企业的财务监督，严格财经纪律，确保国民经济持续、健康、稳定地发展。

(4) 有助于社会公众作出相应的决策。社会公众包括供应商、客户等，这些会计信息使用者的经济利益与企业也有密切关系。供应商为企业提供设备和材料，通过企业提供的会计报表，可以分析评价企业的信誉以及支付货款的经济实力等，进而作出是否向企业供货、采取怎样的货款结算方式等方面的决策。客户是企业产品的主要消费者，他们在购买企业的产品时，一方面特别注重产品的生产质量和售后服务体系是否健全等，另一方面也通过企业提供的会计报表来分析企业的发展前景，进而作出是否购买企业产品的决策。

二、会计报表的种类

为了加强对会计报表意义及结构内容的理解，掌握其规律性，有必要对会计报表的分类做一介绍。会计报表可以根据不同的标准进行分类，以区别其性质和内容。

(一) 资产负债表、利润表、现金流量表、所有者权益变动表和附注

会计报表按其反映的内容不同可分为资产负债表、利润表、现金流量表、所有者权益变动表和附注。

资产负债表是反映企业在某一特定日期财务状况的会计报表，反映企业在该特定日期所拥有的资产、需偿还的债务以及股东(投资者)拥有的净资产情况。

利润表是反映企业在一定会计期间经营成果的会计报表，反映企业在该会计期间实现的收入、发生的费用以及应当计入当期利润的利得和损失的情况。

现金流量表是反映企业在一定会计期间现金和现金等价物流入和流出的会计报表，反映企业在该会计期间各项活动引起的现金流入、流出情况。

所有者权益变动表是反映构成所有者权益的各组成部分当期增减变动情况的会计报表，反映企业在该会计期间所有者权益变动的情况，不仅包括所有者权益总量的增减变动，还包括所有者权益增减变动的重要结构性信息。

附注是会计报表不可或缺的组成部分，是为了便于会计信息使用者理解会计报表的内容而对在资产负债表、利润表、现金流量表和所有者权益变动表等报表中列示项目的文字描述或明细资料以及对未能在这些报表中列示项目的说明等。附注主要包括企业的基本情况、会计报表的编制基础、遵循企业会计准则的声明、重要会计政策和会计估计、会计政策和会计估计变更以及差错更正的说明、报表重要项目的说明、分部报告和关联方披露等。

(二) 年度会计报表和中期会计报表

会计报表按其编报期间不同可分为年度会计报表和中期会计报表。

年度会计报表是在年度终了后按会计年度编制和报送的会计报表，是全面反映企业整个会计年度经济活动、财务收支和财务成果的报表。年度会计报表是企业最重要、最详细、最全面的会计报表。

中期会计报表是以短于一个完整会计年度的报告期间为基础编制的会计报表，又可分为月度、季度和半年度会计报表。与年度会计报表相比，中期会计报表的附注披露可适当简略。

(三) 个别会计报表和合并会计报表

会计报表按其编报主体不同可分为个别会计报表和合并会计报表。

个别会计报表是企业在自身会计核算的基础上对会计账簿资料加工编制而成的会计报表，主要反映企业自身的财务状况、经营成果和现金流量情况。

合并会计报表是以母公司和子公司组成的企业集团为会计主体，以母公司和子公司单独编制的个别会计报表为基础，由母公司编制的综合反映企业集团财务状况、经营成果和现金流量的会计报表。

(四) 对内会计报表和对外会计报表

会计报表按会计报表的报送对象不同可分为对内会计报表和对外会计报表。

对内会计报表是指企业内部使用的会计报表，如“制造费用明细表”“主要产品单位成本表”等成本费用报表。对内会计报表是企业根据自身特点需要编制的，用以满足企业加强经济责任制的核算和内部管理的需要，一般不对外提供。

对外会计报表则是指企业对外报送的会计报表，前面介绍的资产负债表、利润表、现金流量表、所有者权益变动表及附注均属对外会计报表。对外会计报表主要报送上级主管部门和

其他政府管理部门以及企业的债权人和使用本企业相关资料的其他外部需求者，其格式、编制方法一般均有统一的规定。

三、会计报表的编报要求

企业要在对账、结账和财产清查的基础上，以登记完整、核对无误的会计账簿记录为主要依据，编制会计报表。为了保证会计报表真正为投资者、债权人、政府及其有关部门和社会公众提供有用的会计信息，会计报表的编报必须符合以下基本要求：

1. 数字真实

企业应当根据真实、正确、完整的会计资料，按照国家统一的会计制度规定编制会计报表，不得弄虚作假、篡改数字、隐瞒谎报，以保证会计报表上的数字及其分析真实、可靠、公正。

2. 内容完整

企业必须按照国家统一的会计制度规定的报表种类、格式和内容编制会计报表。会计报表要提供全面的会计信息，必须编报齐全，不得漏报。对于应当填列的报表项目，无论是表内项目，还是补充资料，必须全部填列，不得任意取舍。对于会计报表中需要加以说明的项目，应在报表附注中用文字简要说明，以便于报表使用者理解和应用。

3. 计算准确

企业应当依照国家统一的会计制度规定，以会计账簿中准确无误的数字资料为依据，对会计报表中各项会计要素进行合理确认和计量，并确保各会计报表之间、会计报表各项目之间、本期报表与上期报表之间在有对应关系的数字上的衔接，不得随意改变会计要素确认和计量标准，要做到数字准确，不得用估计数代替实际数，确保账表相符、表表相符。

4. 编报及时

企业应当依照法律、行政法规和国家统一的会计制度规定的期限和程序及时对外提供会计报表，以保证会计信息使用者进行决策的时效性。其中月报应于月度终了后 6 日内对外提供；季报应于季度终了后 15 日内对外提供；半年报应于年度中期结束后 60 天内对外提供；年报应于年度终了后 4 个月内提供。要保证会计报表编报及时，企业必须加强日常核算，做好记账、算账和结账工作，但企业不能为赶编会计报表而提前结账，更不能为了提前报送而影响会计报表的质量。

另外，企业对外报送的会计报表应当依次编定页数，加具封面，装订成册并加盖公章。会计报表需经注册会计师审计的，企业应当将注册会计师及其会计事务所出具的审计报告随同会计报表一并对外报送。

任务二　掌握资产负债表的编制

任务要求

资产负债表是会计报表分析的主要依据，是进行各项经济活动分析的基础。所以，要理解资产负债表的基本结构和编制基础，掌握资产负债表主要项目内容和具体的编制方法，能从某一特定日期认知企业的财务状况。

一、资产负债表的概念

(一) 资产负债表的编制基础

资产负债表是指反映企业在某一特定日期(月末、季末或年末,也称资产负债表日)财务状况的会计报表,是企业对外提供的第一张报表。资产负债表是一张静态报表,反映的只是企业在某一会计期末所拥有或控制的经济资源、所承担的现时义务和所有者对净资产的要求权。

企业资金运动处于静态状况时,表现为一定时点上的资产总值和权益总值(包括负债和所有者权益),体现了资金的使用和资金的来源两个方面。其中,资产各项目反映了资金的使用情况,负债和所有者权益各项目则反映了资金的来源情况。企业资金的使用和资金的来源之间存在着恒等关系,表现为"资产=负债+所有者权益"。这一基本会计等式是编制资产负债表的基础。

(二) 资产负债表的作用

资产负债表主要提供有关企业财务状况方面的信息,反映某一特定日期企业资产、负债和所有者权益的具体内容及其关系。资产负债表是会计报表分析的主要信息来源,是进行各项经济活动分析的基础,对于一切会计信息使用者都具有十分重要的意义。

(1) 资产负债表可以反映企业在某一特定日期拥有或控制的资产总额及其构成情况,经营者据此可以分析判断企业资源配置是否合理。

(2) 资产负债表可以反映企业在某一特定日期的资金来源渠道及资本结构,投资者和债权人据此可以评价企业资本结构是否合理和企业财务风险的大小。

(3) 通过资产负债表可以分析评价企业的财务实力、支付能力和偿债能力,投资者和债权人据此可以作出相应的投资决策。

(4) 通过连续数期资产负债表的对比分析,经营者、投资者和债权人据此可以分析企业财务状况的变动情况及未来发展趋势。

二、资产负债表的基本结构

资产负债表的结构由表首和正表两部分组成,表首说明报表的名称、编制单位、编制日期和货币计量单位等;正表包括资产、负债和所有者权益各项目及其金额,是资产负债表的主体,其格式一般有报告式和账户式两种。

(一) 报告式资产负债表

报告式资产负债表是将资产、负债和所有者权益项目采用垂直排列的形式,即在报表的最上方列示资产项目,接着列示负债项目,最下方列示所有者权益项目。其优点是便于编制比较资产负债表,即在一张报表上,除列示本期数字外,还可以增设多个栏目,分别反映过去若干期的数字,并便于采用旁注形式来注明某些项目的计价方法等。其缺点是资产和权益之间的平衡关系不够清晰。

(二) 账户式资产负债表

账户式资产负债表将资产要素与负债和所有者权益要素分为左右两方对应列示,体现"资产=负债+所有者权益"会计等式的基本关系,使资产负债表的左方资产项目合计等于右方负债和所有者权益项目合计,因其类似于T形账户结构的左借右贷,故而得名。在我国,企业资产负债表一般采用账户式结构。其格式如表9-1所示。

表9-1　资产负债表

会企01表

编制单位：　　　　　　　　　　　年　　月　　日　　　　　　　　　　　单位：元

资　产	期末余额	年初余额	负债和所有者权益(或股东权益)	期末余额	年初余额
流动资产：			流动负债：		
货币资金			短期借款		
以公允价值计量且其变动计入当期损益的金融资产			以公允价值计量且其变动计入当期损益的金融负债		
衍生金融资产			衍生金融负债		
应收票据及应收账款			应付票据及应付账款		
预付款项			预收款项		
其他应收款			应付职工薪酬		
存　货			应交税费		
持有待售资产			其他应付款		
一年内到期的非流动资产			持有待售负债		
其他流动资产			一年内到期的非流动负债		
流动资产合计			其他流动负债		
非流动资产：			**流动负债合计**		
可供出售金融资产			非流动负债：		
持有至到期投资			长期借款		
长期应收款			应付债券		
长期股权投资			其中：优先股		
投资性房地产			永续债		
固定资产			长期应付款		
在建工程			预计负债		
生产性生物资产			递延收益		
油气资产			递延所得税负债		
无形资产			其他非流动负债		
开发支出			**非流动负债合计**		
商　誉			**负债合计**		
长期待摊费用			所有者权益(或股东权益)：		
递延所得税资产			实收资本(或股本)		
其他非流动资产			其他权益工具		

（续表）

资　产	期末余额	年初余额	负债和所有者权益(或股东权益)	期末余额	年初余额
非流动资产合计			其中:优先股		
			永续债		
			资本公积		
			减:库存股		
			其他综合收益		
			盈余公积		
			未分配利润		
			所有者权益(或股东权益)合计		
资产总计			**负债和所有者权益(或股东权益)总计**		

在表 9-1 中,各项目按如下规律排列:

(1) 资产项目按资产的流动性、变现能力的大小顺序来排列。流动性或变现能力大的项目排列在前面,如货币资金、应收票据及应收账款等;流动性或变现能力小的项目排列在后面,如长期股权投资、固定资产、无形资产等。具体项目再进一步按其性质分项列示。

(2) 负债项目按负债偿还的期限长短顺序排列。需要在一年内偿还的项目排在前面,如短期借款、应付票据及应付账款等;需要在一年以上偿还的项目排在后面,如长期借款、应付债券等。具体项目再进一步按其性质分项列示。

(3) 所有者权益项目按所有者权益的永久性递减的顺序排列。永久性程度高的项目排在前面。所有者权益项目按照净资产的不同来源和特定用途进行分类,按照实收资本(或股本)、资本公积、盈余公积和未分配利润等项目分别列示。

(4) 资产负债表左边资产各项目的总计数应等于右边负债和所有者权益各项目的总计数。因此,账户式资产负债表能够直接体现资产、负债和所有者权益之间的内在联系,即“资产=负债+所有者权益”。

三、资产负债表的编制说明

资产负债表主体部分各项目都有“年初余额”和“期末余额”两栏,是一张比较资产负债表。通过“年初余额”和“期末余额”进行比较,能使不同的报表使用者正确分析评价企业的财务状况,预测企业未来财务状况的变动趋势,从而做出相应的经济决策。

(一) 年初余额的填列

资产负债表“年初余额”栏内各项数字,应根据上年末资产负债表“期末余额”栏内所列数字填列。如果本年度各个项目的名称和内容同上年度不相一致,应对上年度各项目的名称和数字按照本年度的规定进行调整,按调整后的数字填入本表“年初余额”栏内。

(二) 期末余额的填列

资产负债表“期末余额”栏内各项数字,按填列报表时间分为月末、季末和年末余额,根据总分类账户和明细分类账户期末余额直接或经分析、计算后填列。具体有以下几种方法：

（1）根据总分类账户的期末余额直接填列。当资产负债表中的项目名称与会计账簿中的某一账户名称完全相同时，该项目一般可根据该总分类账户的期末余额直接填列。如短期借款、应付职工薪酬、应交税费、预计负债、实收资本、资本公积和盈余公积和未分配利润等项目。需要注意的是，“未分配利润”项目应根据“利润分配”账户的期末余额填列，余额在贷方的，直接填列；余额在借方的，以“—”号填列。

（2）根据若干总分类账户的期末余额合计计算填列。资产负债表中有些项目是根据若干个总分类账户的期末余额汇总填列的。如“货币资金”项目应根据“库存现金”“银行存款”“其他货币资金”三个账户的期末余额相加合计填列，再如“其他应付款”项目应根据“应付股利”“应付利息”“其他应付款”三个账户的期末余额相加合计填列。

（3）根据有关总分类账户期末余额减去其备抵账户期末余额后的净额填列。如“其他应收款”项目应根据“应收股利”“应收利息”“其他应收款”三个账户的期末余额相加合计数，减去“坏账准备”账户中相关坏账准备期末余额后的净额填列。再如资产负债表中的“存货”项目应根据“材料采购”“原材料”“在途物资”“生产成本”“库存商品”“周转材料”“委托加工物资”“材料成本差异”等总账账户期末余额合计数，减去“存货跌价准备”账户期末余额后的净额填列。如“长期股权投资”项目应根据“长期股权投资”账户的期末余额减去“长期股权投资减值准备”账户期末余额后的净额填列；“无形资产”项目应根据“无形资产”账户的期末余额减去“累计摊销”“无形资产减值准备”账户期末余额后的净额填列。

（4）根据有关明细分类账户期末余额分析、计算后填列。如“应收票据及应收账款”项目应根据“应收票据”账户的期末余额，以及“应收账款”所属明细账户的期末借方余额加上“预收账款”所属明细账户的期末借方余额，再减去“坏账准备”账户中相关坏账准备期末余额后的净额填列；“预付款项”项目应根据“预付账款”所属明细账户的期末借方余额加上“应付账款”所属明细账户的期末借方余额后的合计数填列（如有“坏账准备”还应扣除“坏账准备”期末余额）；“应付票据及应付账款”项目应根据“应付票据”账户的期末余额，以及“应付账款”所属明细账户的期末贷方余额加上“预付账款”所属明细账户的期末贷方余额后的合计数填列；“预收款项”项目应根据“预收账款”所属明细账户的期末贷方余额加上“应收账款”所属明细账户的期末贷方余额后的合计数填列。

［业务实例 9－1］　2017 年 12 月 31 日华宇公司应收票据总账账户期末余额为借方 250 000元；应收账款总账账户期末余额为借方200 000元，明细账户华宏公司为借方期末余额 300 000 元，华丰公司为贷方期末余额 100 000 元；预收账款总账账户期末余额为贷方 100 000 元，明细账户华为公司为贷方期末余额160 000 元，华天公司为借方期末余额 60 000 元。分别计算资产负债表中应收票据及应收账款项目和预收款项项目金额。

“应收票据及应收账款”项目金额＝250 000＋300 000＋60 000＝610 000（元）

“预收款项”项目金额＝160 000＋100 000＝260 000（元）

［业务实例 9－2］　2017 年 12 月 31 日华宇公司应付票据总账账户期末余额为贷方 170 000元；应付账款总账账户期末余额为贷方300 000元，明细账户华强公司为贷方期末余额 400 000 元，华飞公司为借方期末余额 100 000 元；预付账款总账账户期末余额为借方 100 000 元，明细账户华信公司为借方期末余额150 000 元，华夏公司为贷方期末余额 50 000 元。分别计算资产负债表中应付票据及应付账款项目和预付款项项目金额。

“应付票据及应付账款”项目金额＝170 000＋400 000＋50 000＝620 000(元)

“预付款项”项目金额＝150 000＋100 000＝250 000(元)

(5) 根据总分类账户及其所属明细分类账户期末余额分析、计算填列。如“长期借款”项目应根据“长期借款”总账账户期末余额扣除“长期借款”账户所属的明细账户中将在资产负债表日起一年内到期的、企业不能自主地将清偿义务展期的长期借款期末余额后的净额计算填列；将于一年内到期、且企业不能自主地清偿义务展期的长期借款，应填列在流动负债下“一年内到期的非流动负债”项目中。“长期待摊费用”项目应根据“长期待摊费用”总账账户余额扣除将于一年内摊销的金额后的数字填列；将于一年内摊销完毕的长期待摊费用，应填列在流动资产下“一年内到期的非流动资产”项目中。这类项目还有“可供出售金融资产”“持有至到期投资”“应付债券”和“长期应付款”等项目。

(6) 综合运用上述填列方法分析、计算填列。如“固定资产”项目应根据“固定资产”账户的期末余额减去“累计折旧”“固定资产减值准备”期末余额后的净额，以及“固定资产清理”账户的期末余额填列；“在建工程”项目应根据“在建工程”账户的期末余额减去“在建工程减值准备”账户期末余额后净额，以及“工程物资”账户的期末余额减去“工程物资减值准备”账户期末余额后净额填列。

四、资产负债表编制举例

[业务实例 9－3] 华宏公司 2017 年年末有关资料如表 9－2 所示。

表 9－2 2017 年 12 月 31 日有关账户余额表 单位：元

账户名称	借方余额	贷方余额
库存现金	70 000	
银行存款	250 000	
其他货币资金	18 000	
应收票据	35 000	
应收账款	300 000	
其他应收款	20 000	
坏账准备		3 000
预付账款		10 000
原材料	400 000	
库存商品	170 000	
固定资产	2 000 000	
累计折旧		650 000
无形资产	90 000	
累计摊销		10 000
短期借款		230 000

（续表）

账户名称	借方余额	贷方余额
应付账款		500 000
应付职工薪酬		130 000
应交税费		40 000
预收账款	10 000	
实收资本		1 500 000
资本公积		90 000
盈余公积		260 000
利润分配		120 000
生产成本	180 000	
合　计	3 543 000	3 543 000

根据上述资料及资产负债表项目填列说明，可知：

(1)“货币资金”项目的金额等于“库存现金”“银行存款”“其他货币资金”账户的期末余额合计数。

(2)“其他应收款”“短期借款”“应付职工薪酬”“应交税费”“实收资本”“资本公积”“盈余公积”“利润分配”等项目的金额等于相关账户期末余额数。

(3)“存货”项目的金额等于“原材料”“库存商品”“生产成本”等账户的期末余额合计数。

(4)“应收票据及应收账款”项目的金额等于“应收票据”账户期末借方余额数，以及“应收账款”账户期末借方余额数减去“坏账准备”账户期末贷方余额数加上“预收账款”账户期末借方余额数的合计数。“应付账款”项目的金额等于“应付账款”账户期末贷方余额数加上“预付账款”账户期末贷方余额数。

(5)“固定资产”项目金额按“固定资产”账户期末借方余额数扣除“累计折旧”账户期末贷方余额数后的余额填列。“无形资产”项目金额按“无形资产”账户期末借方余额数扣除“累计摊销”账户期末贷方余额数后的余额填列。

根据上述分析结果，填列资产负债表各项目(年初数略)，如表 9-3 所示。

表 9-3　资产负债表

会企 01 表

编制单位：华宏公司　　　　2017 年 12 月 31 日　　　　单位：元

资　产	期末余额	年初余额	负债所有者权益	期末余额	年初余额
流动资产：			流动负债：		
货币资金	338 000		短期借款	230 000	
以公允价值计量且其变动计入当期损益的金融资产		（略）	以公允价值计量且其变动计入当期损益的金融负债		（略）
衍生金融资产			衍生金融负债		

（续表）

资　产	期末余额	年初余额	负债所有者权益	期末余额	年初余额
应收票据及应收账款	342 000	（略）	应付票据及应付账款	510 000	（略）
预付款项			预收款项		
其他应收款	20 000		应付职工薪酬	130 000	
存货	750 000		应交税费	40 000	
持有待售资产			其他应付款		
一年内到期的非流动资产			持有待售负债		
其他流动资产			一年内到期的非流动负债		
流动资产合计	1 450 000		其他流动负债		
非流动资产：			流动负债合计	910 000	
可供出售金融资产			非流动负债：		
持有至到期投资			长期借款		
长期应收款			应付债券		
长期股权投资			其中：优先股		
投资性房地产			永续债		
固定资产	1 350 000		长期应付款		
在建工程			预计负债		
生产性生物资产			递延收益		
油气资产			递延所得税负债		
无形资产	80 000		其他非流动负债		
开发支出			非流动负债合计		
商誉			负债合计	910 000	
长期待摊费用			所有者权益：		
递延所得税资产			实收资本（或股本）	1 500 000	
其他非流动资产			其他权益工具		
非流动资产合计	1 430 000		其中：优先股		
			永续债		
			资本公积	90 000	
			减：库存股		
			其他综合收益		
			盈余公积	260 000	
			未分配利润	120 000	
			所有者权益（或股东权益）合计	1 970 000	
资产总计	2 880 000		负债和所有者权益总计	2 880 000	

任务三　掌握利润表的编制

任务要求

利润表是通过资金运动过程中的所得与所费及其数量对比关系，确定企业的净利润，从而有助于会计信息使用者全面了解企业的经营成果，分析企业的获利能力及盈利增长趋势，为其做出经济决策提供依据。所以，要认知利润表的基本结构，理解利润表的编制基础，掌握利润表主要项目内容和具体的编制方法。

一、利润表的概念

(一) 利润表的编制基础

利润表又称损益表，是反映企业在一定会计期间经营成果的会计报表。利润表是一张动态报表，它把企业一定会计期间的收入与同一会计期间相关的费用进行配比，计算出企业在该会计期间的净利润(或净亏损)。

利润表是以会计基本等式“利润＝收入－费用”为理论依据，依照费用在企业生产经营过程中所发挥的功能进行适当分类、汇总、排列后与收入相匹配编制而成的。与资产负债表相比，利润表具有两个显著特征：一是利润表反映的是报告期间而不是报告时点的动态财务数据；二是利润表中所列数据是报告期间相关项目的累计数而不是结余数。

(二) 利润表的作用

利润表主要为会计信息使用者提供企业经营成果方面的信息。其主要作用表现在以下几个方面：

(1) 利润表可以反映企业一定会计期间的收入实现情况，即实现的营业收入、投资收益有多少，产生的营业外收入有多少等。

(2) 利润表可以反映企业一定会计期间的费用耗费情况，即发生的营业成本、营业税金及附加、销售费用、管理费用、财务费用等各有多少以及发生的营业外支出有多少等。

(3) 利润表可以反映企业生产经营活动的成果，即企业的日常活动实现的经营成果有多少、非日常活动的营业外收入和营业外支出计入当期利润的情况怎样、净利润的实现情况如何，据此判断企业资本的保值、增值情况。

(4) 利润表可以反映企业不同会计期间的比较数字(本期数、上期数)，即通过比较企业不同会计期间实现利润的情况，便于会计信息使用者分析判断企业未来利润的发展趋势和获利能力，进而作出正确的决策。

二、利润表的基本结构

利润表的结构由表首和正表两部分组成，表首说明报表的名称、编制单位、编制日期、货币计量单位等；正表反映形成经营成果的各个项目和计算过程，是利润表的主体，其格式主要有单步式和多步式两种。

(一) 单步式利润表

单步式利润表是将收入与费用项目自上而下集中顺序排列:先列示企业在本期所有收入项目的发生额,并计算出所有收入的合计数。再列示所有费用项目的发生额,并计算出所有费用的合计数,然后从收入合计数中减去费用合计数,从而一次性计算出企业本期的经营成果(净利润或亏损)。由于只有一个相减的步骤,而不必列示净利润构成的计算步骤,所以这种利润表称为单步式利润表。其优点是比较直观、简单,避免了项目分类上的困难,易于理解和编制,但不能揭示出利润各构成要素之间的内在联系,不便于会计信息使用者对企业进行盈利分析与预测。

(二) 多步式利润表

多步式利润表是将净利润的计算分为若干步骤来进行,最后确定其最终财务成果。即把收入和为了取得收入所发生的费用,按性质加以归类,按利润形成的主要环节列示一些中间性利润指标(如营业利润、利润总额),分步计算出当期净利润。由于分若干步骤反映净利润的形成,所以这种利润表称为多步式利润表。多步式利润表基本上克服了单步式利润表的局限性,提供了收入与对应费用损失的配比关系,能清晰地反映企业利润的形成过程,准确揭示利润各构成要素之间的内在联系,便于评价企业管理的绩效,预测企业未来的盈利能力,有利于企业前后各期相应项目的比较。我国企业使用的是多步式利润表的格式。其格式如表 9-4 所示。

表 9-4　利润表

会企 02 表

编制单位:　　　　　　　　　　　　年　　月　　　　　　　　　　　　单位:元

项　目	本期金额	上期金额
一、营业收入		
减:营业成本		
税金及附加		
销售费用		
管理费用		
研发费用		
财务费用		
其中:利息费用		
利息收入		
资产减值损失		
加:其他收益		
投资收益(损失以“—”填列)		
其中:对联营企业和合营企业的投资收益		
公允价值变动收益(损失以“—”填列)		
资产处置收益(损失以“—”填列)		
二、营业利润(亏损以“—”填列)		

(续表)

项　目	本期金额	上期金额
加:营业外收入		
减:营业外支出		
三、利润总额(亏损总额以"—"填列)		
减:所得税费用		
四、净利润(净亏损以"—"填列)		
(一)持续经营净利润(净亏损以"—"填列)		
(二)终止经营净利润(净亏损以"—"填列)		
五、其他综合收益的税后净额		
(一)不能重分类进损益的其他综合收益		
1. 重新计量设定受益计划变动额		
2. 权益法下不能转损益的其他综合收益		
……		
(二)将重分类进损益的其他综合收益		
1. 权益法下可转损益的其他综合收益		
2. 可供出售金融资产公允价值变动损益		
3. 持有至到期投资重分类为可供出售金融资产损益		
4. 现金流量套期损益的有效部分		
5. 外币财务报表折算差额		
……		
六、综合收益总额		
七、每股收益		
(一)基本每股收益		
(二)稀释每股收益		

三、利润表的编制说明

利润表主体部分各项目都有"本期金额"和"上期金额"两栏,是一张比较利润表。其中"上期金额"栏内各项数字,应根据上年同期利润表的"本期金额"栏内所列数字填列。上年度利润表与本年度利润表的各项目名称和内容不一致的,应对上年度利润表项目的名称和数字按本年度的规定进行调整后填列"上期金额"。"本期金额"栏内的各项数字(除"每股收益"项目外)应当根据相关损益类账户的本期发生额分析填列。具体编制方法如下:

(1)"营业收入"项目反映企业经营主营业务和其他业务所取得的收入总额,根据"主营业务收入"和"其他业务收入"账户的发生额分析填列。

(2)“营业成本”项目反映企业经营主营业务和其他业务所发生的成本总额，根据“主营业务成本”和“其他业务成本”账户的发生额分析填列。

(3)“税金及附加”项目反映企业经营的主营业务和其他业务应负担的消费税、城市建设维护税、资源税、土地增值税、印花税、房产税、车船使用税、土地使用税和教育费附加等税费，根据“税金及附加”账户的发生额分析填列。

(4)“销售费用”项目反映企业在销售商品过程中所发生的费用，根据“销售费用”账户发生额分析填列。

(5)“管理费用”项目反映企业行政管理部门为组织和管理生产经营所发生的费用，根据“管理费用”账户发生额分析填列。

(6)“财务费用”项目反映企业为筹集生产经营资金所发生的财务费用，根据“财务费用”账户发生额分析填列。

(7)“资产减值损失”项目反映企业计提各项资产减值准备所形成的损失，根据“资产减值损失”账户发生额分析填列。

(8)“公允价值变动收益”项目反映企业交易性金融资产、交易性金融负债，以及采用公允价值模式计量的投资性房地产、衍生工具、套期保值业务等公允价值变动所形成的应计入当期损益的利得或损失，根据“公允价值变动损益”账户发生额分析填列。如为净损失，以“—”表示。

(9)“投资收益”项目反映企业以各种方式对外投资所取得的收益，根据“投资收益”账户发生额分析填列。如为投资损失以“—”表示。

(10)“营业利润”项目反映企业在生产经营中所实现的利润，是企业利润的主要构成部分，根据“营业收入”减去“营业成本”“税金及附加”“销售费用”“管理费用”“研发费用”“财务费用”“资产减值损失”后，再加上“其他收益”“投资收益”“公允价值变动收益”“资产处置收益”后的金额填列。如为“亏损”，以“—”填列。

(11)“营业外收入”和“营业外支出”项目反映企业发生的与其生产经营无直接关系的各项利得和损失，分别根据“营业外收入”和“营业外支出”账户发生额分析填列。

(12)“利润总额”项目反映企业实现的利润总额，也称税前利润，根据“营业利润”加上“营业外收入”，减去“营业外支出”后的余额填列。如为“亏损”，以“—”表示。

(13)“所得税费用”项目反映企业按规定应从本期利润总额中减去的所得税费用，根据“所得税费用”账户发生额分析填列。

(14)“净利润”项目反映企业实现的净利润，也称税后利润，根据“利润总额”减去“所得税费用”后的余额填列。如为“亏损”，以“—”填列。

(15)“基本每股收益”项目应当按照归属于普通股股东的当期净利润，除以发行在外普通股的加权平均数计算求得。

(16)“稀释每股收益”项目是指企业存在稀释性潜在普通股的，应当分别调整归属于普通股股东的当期净利润和发行在外普通股的加权平均数，并据以计算求得。

四、利润表编制举例

[业务实例 9-4] 华宏公司在 2017 年 12 月份的损益类账户发生额如表 9-5 所示。

表 9-5　各损益类账户的发生额　　单位:元

会计科目	12月份		1～11月份累计	
	借方发生额	贷方发生额	借方发生额	贷方发生额
主营业务收入		600 000 000		2 200 000 000
主营业务成本	250 000 000		850 000 000	
税金及附加	11 500 000		45 000 000	
其他业务收入		30 000 000		15 000 000
其他业务成本	12 000 000		45 000 000	
销售费用	30 000 000		95 000 000	
管理费用	15 000 000		40 000 000	
财务费用	8 000 000		2 000 000	
投资收益		12 000 000		
营业外收入		18 000 000		54 000 000
营业外支出	1 000 000		3 500 000	
所得税费用	83 125 000		393 855 000	

根据上述资料可以编制该公司 2017 年的利润表,如表 9-6 所示。

表 9-6　利润表

会企 02 表

编制单位:华宏公司　　2017 年　　单位:元

项　目	本期金额	上期金额
一、营业收入	2 845 000 000	略
减:营业成本	1 157 000 000	
税金及附加	56 500 000	
销售费用	125 000 000	
管理费用	55 000 000	
研发费用		
财务费用	10 000 000	
其中:利息费用		
利息收入		
资产减值损失		
加:其他收益		
投资收益(损失以"—"填列)	12 000 000	
其中:对联营企业和合营企业的投资收益)		
公允价值变动收益(损失以"—"填列)		

(续表)

项　目	本期金额	上期金额
资产处置收益(损失以"—"填列)		略
二、营业利润(亏损以"—"填列)	1 453 500 000	
加:营业外收入	72 000 000	
减:营业外支出	4 500 000	
三、利润总额(亏损总额以"—"填列)	1 521 000 000	
减:所得税费用	476 980 000	
四、净利润(净亏损以"—"填列)	1 044 020 000	
(一) 持续经营净利润(净亏损以"—"填列)	1 044 020 000	
(二) 终止经营净利润(净亏损以"—"填列)		
五、其他综合收益的税后净额		
(一) 不能重分类进损益的其他综合收益		
1. 重新计量设定受益计划变动额		
2. 权益法下不能转损益的其他综合收益		
……		
(二) 将重分类进损益的其他综合收益		
1. 权益法下可转损益的其他综合收益		
2. 可供出售金融资产公允价值变动损益		
3. 持有至到期投资重分类为可供出售金融资产损益		
4. 现金流量套期损益的有效部分		
5. 外币财务报表折算差额		
……		
六、综合收益总额		
七、每股收益		
(一) 基本每股收益		
(二) 稀释每股收益		

需要注意的是,企业利润的结算方法有表结法和账结法两种。表结法是指每月按各损益类账户本年累计余额填制"利润表",通过利润表计算本月的本年累计利润,减去上月的本年累计利润,就是本月份的利润。账结法是指将损益类账户余额转入"本年利润"账户,再结出本月利润及本年累计利润。采用表结法,在1—11月间,各损益类账户的余额在账务处理上暂不结转至"本年利润"账户,到12月份年终结算时,再将各损益类账户的余额结转至"本年利润"账户,结转后各损益类账户的余额为零。通常情况下,企业利润的结算,平时采用表结法,年终则采用账结法。

另外，月度利润表与年度利润表的编制方法有所不同。月度利润表的“本期金额”栏，反映各项目的本月实际发生额；“上期金额”栏的数字，可根据上年度同期利润表的“本期金额”栏的数字，填入相应的项目内。而在编制年度利润表时，“本期金额”栏，反映各项目自本年初起至本年末止的累计发生额，“上期金额”填列上年度全年累计实际发生额，从而与“本期金额”各项目进行比较。

任务四　理解现金流量表

任务要求

现金流量表弥补了资产负债表和利润表提供会计信息的不足，是连接资产负债表和利润表的桥梁。所以，要理解现金流量表的编制原理、内容和基本结构。

一、现金流量表的概念

1. 现金流量表的编制原理

现金流量表是反映企业在一定会计期间现金和现金等价物流入和流出情况的报表。现金流量表是一张动态报表，它以现金的流入和流出反映企业在特定期间内的经营活动、投资活动和筹资活动的动态情况。

现金流量表是根据“现金流入量－现金流出量＝现金净流量”的关系式编制的。

现金流量表的编制遵循收付实现制，需要将权责发生制下的收入和费用转换成现金基础：即把权责发生制记账下的一定会计期间内的会计资料数据通过一定的方法转换成收付实现制下的现金流量，使企业的经营活动现金流量、投资活动现金流量和筹资活动现金流量分别归类，汇总计算出企业一定会计期间内的现金净流量。

2. 现金流量表的作用

现金流量表为会计信息使用者提供企业在一定会计期间内现金和现金等价物流入和流出的信息。随着市场经济的发展，现金流转已成为影响企业生存和发展的重要因素，编制现金流量表具有非常重要的作用。

1. 现金流量表提供企业现金流量的实际数据，揭示一定时期内现金从哪里来、用到哪里去，便于会计信息使用者了解企业现金流入和流出的原因。

2. 现金流量表有助于会计信息使用者评价企业资金的流动性，揭示企业经营活动、投资活动、筹资活动的现金流量，详细分析企业现金周转及偿付债务的能力。

3. 现金流量表有助于评价企业的财务弹性，了解企业未来生成现金的能力，为分析和判断企业的财务前景提供依据。

4. 现金流量表用于预测企业未来的现金流量，有助于会计信息使用者分析企业收益质量及影响现金流量的因素。

二、现金与现金流量

(一) 现金和现金等价物

现金流量表的编制基础是现金和现金等价物。现金流量表中的现金是广义的现金,即现金和现金等价物。它不仅包括企业的库存现金,还包括可以随时用于支付的银行存款和现金等价物等。

(1) 库存现金。库存现金是狭义的现金,是指企业持有的、可随时用于支付零星开支的现金。

(2) 银行存款。银行存款是指企业存入银行或其他金融机构,可以随时用于支付的存款。由于某种原因不能随时提取的存款(如定期存款),不能作为现金流量表中的现金。

(3) 其他货币资金。其他货币资金是指企业存入银行有特定用途的资金,如外埠存款、银行汇票存款、银行本票存款和信用卡存款等。

(4) 现金等价物。现金等价物是指企业持有的期限短(一般指从购买起 3 个月内到期)、流动性强、易于转换为已知金额现金、价值变动很小的投资。现金等价物虽然不是现金,但其支付能力与现金差别不大,可视同现金。现金等价物通常包括 3 个月内到期的债券投资等,但权益性投资变现金额通常不确定,因而不属于现金等价物。企业应当根据具体情况,确定现金等价物的范围,一经确定不得随意变更。

(二) 现金流量

现金流量是指一定会计期间内企业的现金流入量、现金流出量以及现金净流量。在现金流量表中,现金流量分为:

(1) 经营活动现金流量。经营活动是指企业投资活动和筹资活动以外的所有交易和事项。经营活动产生的现金流量包括销售商品或提供劳务、购买商品或接受劳务、支付工资和缴纳税费等流入和流出的现金和现金等价物。

(2) 投资活动现金流量。投资活动是指企业长期资产的购建和不包括在现金等价物范围内的投资及其处置活动。投资活动产生的现金流量主要包括购建固定资产、处置子公司及其他营业单位等流入和流出的现金和现金等价物。

(3) 筹资活动现金流量。筹资活动是指导致企业资本及债务规模和构成发生变化的活动。筹资活动产生的现金流量主要包括吸收投资、发行股票、分配利润、发行债券、偿还债务等流入和流出的现金和现金等价物。偿付应付账款、应付票据等商业应付款属于经营活动,不属于筹资活动。

三、现金流量表的基本结构

现金流量表的结构由表首、正表和补充资料三部分组成,表首说明报表的名称、编制单位、编制日期、货币计量单位等。正表是现金流量表的主体,主要由三部分内容构成,分别是:经营活动产生的现金流量、投资活动产生的现金流量、筹资活动产生的现金流量(详见表 9-7)。补充资料有三项内容:一是将净利润调节为经营活动现金净流量,二是不涉及现金收支的重大投资和筹资活动,三是现金及现金等价物净变动等情况的信息。

表 9－7　现金流量表

会企 03 表

编制单位：　　　　　　　　　　年　　月　　　　　　　　　　单位:元

项　目	本期金额	上期金额
一、经营活动产生的现金流量		
销售商品、提供劳务收到的现金		
收到的税费返还		
收到其他与经营活动有关的现金		
经营活动现金流入小计		
购买商品、接受劳务支付的现金		
支付给职工以及为职工支付的现金		
支付的各项税费		
支付其他与经营活动有关的现金		
经营活动现金流出小计		
经营活动产生的现金流量净额		
二、投资活动产生的现金流量		
收回投资收到的现金		
取得投资收益收到的现金		
处置固定资产、无形资产和其他长期资产收回的现金净额		
处置子公司及其他营业单位收到的现金净额		
收到其他与投资活动有关的现金		
投资活动现金流入小计		
购建固定资产、无形资产和其他长期资产支付的现金		
投资支付的现金		
取得子公司及其他营业单位支付的现金净额		
支付其他与投资活动有关的现金		
投资活动现金流出小计		
投资活动产生的现金流量净额		
三、筹资活动产生的现金流量		
吸收投资收到的现金		
取得借款收到的现金		
收到其他与筹资活动有关的现金		
筹资活动现金流入小计		
偿还债务支付的现金		

（续表）

项　目	本期金额	上期金额
分配股利、利润或偿付利息支付的现金		
支付其他与筹资活动有关的现金		
筹资活动现金流出小计		
筹资活动产生的现金流量净额		
四、汇率变动对现金及现金等价物的影响		
五、现金及现金等价物净增加额		
加：期初现金及现金等价物余额		
六、期末现金及现金等价物余额		

任务五　了解所有者权益变动表

任务要求

所有者权益变动表揭示了所有者权益变动的原因，反映了企业抵御财务风险的能力，反映了企业利润分配政策及现金支付能力。所以，要了解所有者权益变动表的概念和基本结构。

一、所有者权益变动表的概念

1. 所有者权益变动表的含义

所有者权益变动表是反映企业本期内截至期末所有者权益变动情况的报表。所有者权益变动表是与资产负债表、利润表和现金流量表并列披露的第 4 张会计报表。

2. 所有者权益变动表的作用

(1) 所有者权益变动表反映了企业自有资本的质量，揭示了所有者权益变动的原因。所有者权益变动有多种原因，该表全面地记录了影响所有者权益变动的各个因素的情况。

(2) 所有者权益变动表反映了企业抵御财务风险的能力。所有者权益是企业的自有资本，也是企业生产经营、承担债务责任、抵御财务风险的物质基础。所有者权益的增减变动直接决定着企业经济实力的变化。

(3) 所有者权益变动表反映了企业利润分配政策及现金支付能力。该表既有资产负债表中的项目(所有者权益)，又有利润表中的内容(净利润)，还包括了利润分配的内容。

二、所有者权益变动表的基本结构

所有者权益变动表的结构由表首和正表两部分组成，表首说明报表的名称、编制单位、编制日期、货币计量单位等；正表是所有者权益变动表的主体，企业至少应当单独列示反映下列信息的项目：

(1) 综合收益；

(2) 会计政策变更和差错更正的累计影响金额；

(3) 所有者投入资本和向所有者分配利润等；

(4) 提取的盈余公积；

(5) 实收资本或股本、资本公积、盈余公积、未分配利润的期初和期末余额及其调节情况。

所有者权益变动表的基本格式见表 9－8 所示。

表 9－8　所有者权益变动表

会企 04

编制单位：　　　　　　　　　　　　年度　　　　　　　　　　　　单位：元

项　目	本年金额										上年金额									
	实收资本（或股本）	其他权益工具			资本公积	减：库存股	其他综合收益	盈余公积	未分配利润	所有者权益合计	实收资本（或股本）	其他权益工具			资本公积	减：库存股	其他综合收益	盈余公积	未分配利润	所有者权益合计
		优先股	永续债	其他								优先股	永续债	其他						
一、上年末余额																				
加：会计政策变更																				
前期差错更正																				
其他																				
二、本年年初余额																				
三、本年增减变动金额（减少以“—”号填列）																				
（一）综合收益总额																				
（二）所有者投入和减少资本																				
1. 所有者投入的普通股																				
2. 其他权益工具持有者投入资本																				
3. 股份支付计入所有者权益的金额																				
4. 其他																				
（三）利润分配																				
1. 提取盈余公积																				
2. 对所有者或股东分配																				
3. 其他																				
（四）所有者权益内部结转																				
1. 资本公积转增资本（或股本）																				
2. 盈余公积转增资本（或股本）																				
3. 盈余公积弥补亏损																				
4. 其他																				
四、本年年末余额																				

能力拓展训练

一、单项选择题

1. 会计报表按其(　　)不同分类,可分为资产负债表、利润表、现金流量表和所有者权益变动表。

A. 反映内容　　B. 编报时间　　C. 编制单位　　D. 服务对象

2. 会计报表编制的依据是(　　)。

A. 原始凭证　　B. 记账凭证　　C. 账簿记录　　D. 汇总记账凭证

3. 下列项目中,(　　)是会计核算的最后环节。

A. 登记会计账簿　　B. 编制会计报表　　C. 分析会计报表　　D. 考核经营业绩

4. 我国企业资产负债表的格式是(　　)。

A. 账户式　　B. 单步式　　C. 报告式　　D. 多步式

5. 资产负债表的编制原理是(　　)。

A. 资产+负债=所有者权益　　B. 资产=负债+所有者权益

C. 资产=负债-所有者权益　　D. 资产+所有者权益=负债

6. 下列资产负债表项目中,可以根据总账账户期末余额直接填列的是(　　)。

A. 应付职工薪酬　　B. 货币资金　　C. 存货　　D. 预收款项

7. "预付账款"明细账中若有贷方余额,应将其计入资产负债表中的(　　)项目。

A. 应收账款　　B. 预收款项　　C. 应付账款　　D. 其他应付款

8. 编制利润表的主要依据是(　　)。

A. 资产、负债及所有者权益各账户的本期发生额

B. 资产、负债及所有者权益各账户的期末余额

C. 损益类账户的本期发生额

D. 损益类账户的本期余额

9. 下列项目中会影响营业利润的是(　　)。

A. 营业外支出　　B. 营业外收入　　C. 所得税费用　　D. 投资收益

10. 现金流量表的编制基础是(　　)。

A. 收付实现制　　B. 权责发生制　　C. 持续经营　　D. 会计分期

二、多项选择题

1. 按现行会计制度规定,企业对外报送的会计报表有(　　)。

A. 资产负债表　　B. 利润表

C. 所有者权益变动表　　D. 现金流量表

2. 下列属于会计报表编制要求的有(　　)。

A. 数字真实　　B. 编报及时　　C. 内容完整　　D. 计算准确

3. 资产负债表的"期末数"栏各项目数据(　　)。

A. 根据总账账户余额直接填列

B. 根据有关总分类账户所属明细分类账户期末余额分析、计算填列

C. 根据有关总分类账户期末余额减去其备抵账户期末余额后的净额填列

D. 根据若干总分类账户的期末余额合计计算填列

4. 通过资产负债表可以了解(　　)。

A. 企业的经济资源及分布情况　　B. 企业资金的来源渠道和构成

C. 企业对其承担负债的清偿能力　　D. 企业财务成果及其形成过程

5. 下列属于资产负债表中"货币资金"项目内容的有(　　)。

A. 备用金　　B. 库存现金　　C. 银行存款　　D. 其他货币资金

6. 资产负债表中的"存货"项目,包括以下(　　)项目。

A. 原材料　　B. 生产成本　　C. 库存商品　　D. 周转材料

7. 下列项目中,属于流动负债的有(　　)。

A. 应付职工薪酬　　B. 预收款项　　C. 预付款项　　D. 短期借款

8. 为计算营业利润,需要从营业收入中减去(　　)。

A. 营业成本　　B. 税金及附加　　C. 期间费用　　D. 资产减值损失

9. 利润表中的利润项目包括(　　)。

A. 主营业务利润　　B. 营业利润　　C. 利润总额　　D. 净利润

10. 下列可能会以负数形式出现在"利润表"中的项目有(　　)。

A. 税金及附加　　B. 投资收益　　C. 营业利润　　D. 净利润

11. 会计报表的表首部分包括(　　)。

A. 报表名称　　B. 编制单位　　C. 编表日期　　D. 货币计量单位

三、判断题

1. 资产负债表可以帮助会计信息使用者全面了解企业的经营成果,分析企业的资产构成、资金来源构成和承担的债务及偿债能力。(　　)

2. 资产负债表和现金流量表均属于动态会计报表。(　　)

3. 通常将半年度、季度和月度会计报表统称为中期会计报表。(　　)

4. 资产负债表和利润表编制的理论基础不同,它们二者之间没有联系。(　　)

5. 资产负债表中"应付票据及应付账款"项目应根据"应付票据"账户期末余额,以及"应付账款"和"预收账款"所属明细账贷方余额分析填列。(　　)

6. 资产负债表中"长期借款"项目的数额是根据"长期借款"总账余额直接填列的。(　　)

7. 资产负债表中的"未分配利润"项目应与利润表中"净利润"项目相同。(　　)

8. 企业利润的结算方法有表结法和账结法两种。损益类账户表结法月末有余额,不产生记账凭证;账结法月末无余额,但产生记账凭证。(　　)

9. 利润表中的净利润是在营业利润的基础上减去所得税费用。(　　)

10. 现金流量表中现金流量包括经营活动、投资活动和筹资活动三个方面的现金流量。(　　)

四、会计业务处理题

1. 华飞公司2017年12月31日结账后有关科目余额如表9-9所示:

表 9-9 部分科目余额表

单位:万元

科目名称	借方余额	贷方余额
应收票据	217	0
应收账款	300	20
预收账款	50	200
应付票据	0	174
应付账款	10	200
预付账款	180	30

要求:根据上述资料,计算资产负债表中下列项目的金额:

(1) 应收票据及应收账款项目金额=

(2) 应付票据及应付账款项目金额=

(3) 预付款项项目金额=

(4) 预收款项项目金额=

2. 华为公司 2017 年 12 月 31 日资产、负债和所有者权益各账户期末余额如表 9-10 所示。

表 9-10 总分类账户期末余额表

单位:元

账户名称	借方余额	账户名称	贷方余额
库存现金	2 000	短期借款	235 000
银行存款	318 000	应付票据	220 000
其他货币资金	205 000	应付账款	500 000
交易性金融资产	25 000	预收账款	20 000
应收票据	35 000	其他应付款	10 000
应收股利	35 000	应付职工薪酬	135 000
应收利息	10 000	应付股利	120 000
应收账款	356 000	坏账准备	6 000
预付账款	60 000	应交税费	70 000
其他应收款	10 000	长期借款	500 000
原材料	350 000	累计折旧	650 000
生产成本	185 000	累计摊销	10 000
库存商品	165 000	实收资本	1 500 000
长期股权投资	350 000	资本公积	89 000
持有至到期投资	120 000	盈余公积	256 000
固定资产	2 000 000	未分配利润	125 000
在建工程	120 000		
无形资产	100 000		
合计	4 446 000	合计	4 446 000

另外，以上各总账账户期末余额中，有三个总账账户经查明应在列表时按规定予以调整：

(1) 在“应收账款”总账账户中有明细账户贷方余额 20 000 元；

(2) 在“应付账款”总账账户中有明细账户借方余额 30 000 元；

(3) 在“预付账款”总账账户中有明细账户贷方余额 10 000 元；

要求：根据上述资料，编制该企业 2017 年末的资产负债表。

3. 宏宇公司截止 2017 年 12 月 31 日损益类账户发生额如表 9－11 所示：

表 9－11　损益类科目发生额表

单位：万元

科目名称	借方发生额	贷方发生额
主营业务收入		3 000
主营业务成本	1 600	
其他业务收入		200
其他业务成本	150	
税金及附加	100	
销售费用	50	
管理费用	180	
财务费用	20	
投资收益		100
营业外收入		90
营业外支出	40	
所得税费用	260	

要求：根据上述资料，编制宏宇公司 2017 年度利润表。

项目十　账务处理程序

学习目标

【知识目标】

1. 理解账务处理程序的概念和选择的基本要求；
2. 掌握各种账务处理程序的步骤、特点及适用条件。

【能力目标】

1. 能够在不同的账务处理程序下合理设置有关的凭证和账簿；
2. 能够熟练地编制记账凭证，并登记总分类账；
3. 能够熟练地根据记账凭证编制汇总收款凭证、汇总付款凭证、汇总转账凭证，并登记总分类账；
4. 能够熟练地编制科目汇总表，并登记总分类账。

【引　言】账务处理程序规定了填制会计凭证、登记账簿、编制会计报表的步骤和方法。不同的账务处理程序又有不同的步骤、特点和适用范围。在实际工作中，由于每个企业的业务性质和规模大小不同，业务有繁有简，需要设置的凭证、账簿、会计报表的种类和数量不可能完全一致。为了把会计核算工作科学地组织起来，各企业都应根据国家统一的会计制度的要求，结合自身的具体条件及业务特点，设计出适合于本企业的账务处理程序。

任务一　理解账务处理程序概念、种类与基本要求

任务要求

为使会计工作充分发挥作用，必须科学规定各种凭证、账簿和报表之间的衔接关系，使其能够有机结合，从而准确提供管理上所需要的会计信息。所以，要理解账务处理程序概念、种类与基本要求。

一、账务处理程序的概念

(一) 账务处理程序的含义

企业的会计核算要经过填制和审核会计凭证、登记账簿和编制会计报表三个阶段。填制和审核会计凭证是会计核算的第一个阶段。根据企业生产经营特点不同和经济业务事项内容不同,可以选用的会计凭证格式多种多样,也有不同的填制和整理方法可供选择。登记账簿是会计核算的第二阶段,是系统整理会计核算资料的过程,可供企业选择的账簿种类、格式和登记方法多种多样。编制会计报表是会计核算的第三阶段,也是最后一个阶段,是根据账簿资料综合概括、加工、生成会计信息的过程。需要编制的会计报表有很多,不同的报表有不同的内容和编制方法,编制依据也不同。以上三个阶段必须有机配合、科学组织。不同企业由于经营规模不同、经济业务事项性质不同和管理要求不同,它们需要设置的会计凭证种类格式、账簿种类格式以及登记方法就会不同。于是,就形成了不同的账务处理程序。

账务处理程序又称会计核算组织程序或会计核算形式,是指企业在对一定会计期间发生的经济业务事项进行会计确认、计量、记录和报告的过程中,账簿组织、记账程序和会计报表有机结合的方式。即从原始凭证的整理、汇总,到记账凭证的填制、汇总,再到日记账、明细分类账、总分类账的登记,直到最后会计报表编制的步骤和方法。其中,账簿组织是指会计凭证和账簿的种类、格式及凭证之间、凭证与账簿之间、账簿之间的相互关系。记账程序是指从填制审核会计凭证,到登记各种账簿以及最后编制会计报表的工作程序和方法等。

(二) 账务处理程序的作用

账务处理程序是会计制度设计的一项重要内容。科学合理的账务处理程序在会计核算中主要起到以下作用:

(1) 有利于规范会计核算组织工作。企业对发生的经济业务事项的会计核算需要企业内部各个部门之间、会计机构各个岗位有关会计人员之间的密切配合。只有建立起规范的账务处理程序,才能使经济业务事项的经办人员、会计机构和会计人员在进行经济业务事项核算的过程中有序可循,规范操作,按照各自的职责分工和规范要求,有条不紊地及时处理好经济业务事项各个环节的核算工作。

(2) 有利于保证企业会计信息质量。在对经济业务事项进行核算的过程中,保证会计信息质量是最基本的要求。会计凭证的填制审核、账簿的登记和会计报表的编制等每一个环节都与会计信息的形成及其真实性的保证息息相关。建立科学合理的账务处理程序,能够使会计信息的处理置于严密的系统控制之中,是会计信息质量达到规定要求的制度保障。

(3) 有利于提高会计核算工作的效率。按照既定的账务处理程序对经济业务事项进行会计核算,各个核算环节分工明确、责任清楚、约束力强,将会减少不必要的环节和手续,大大提高会计核算各个环节的工作效率,相应地也为会计信息的及时报告提供有力保证。

(4) 有利于节约会计核算工作成本。对经济业务事项进行会计核算的过程既是形成会计工作成果的过程,也是消耗人力、财力和物力的过程。这就要求会计核算本身必须讲求经济效益,合理选择适用的会计凭证格式、会计账簿和会计报表种类,从而在一定程度上降低会计核算工作成本,节约会计核算方面的费用开支。

(5) 有利于发挥会计工作作用。就整个会计信息处理系统而言,经济业务事项的会计核算主要体现在初始确认与计量和再次确认与计量环节上。对经济业务事项的初始确认与计量主要解决会计记录的问题，是为会计报告文件的形成做资料积累的过程。再次确认与计量主要解决会计信息报告的问题，这个过程既是会计记录过程的延续，也直接关系到会计目标的实现。建立规范的账务处理程序，有利于保证会计能够在对外提供相关信息和对内加强企业自身经营管理等方面发挥其应有的作用。

二、账务处理程序的类型

账簿组织、记账程序和会计报表结合方式的不同，会形成不同的账务处理程序。目前企业采用的账务处理程序主要有记账凭证账务处理程序、科目汇总表账务处理程序、汇总记账凭证账务处理程序、多栏式日记账账务处理程序和日记总账账务处理程序。

任何一种账务处理程序都是围绕以下三个方面进行会计核算的，对企业发生的经济业务事项，首先应取得或填制相应的会计凭证，然后根据审核无误的会计凭证登记有关账簿，最后在会计期末根据账簿记录提供的资料编制会计报表，综合反映企业在一定会计期间发生的经济业务事项的过程及其结果。这是所有账务处理程序的共同点。但上述各种账务处理程序也存在差异。其区别主要体现在记账凭证种类的选择、登记总分类账依据和方法的选择等方面。其中登记总分类账的不同方法体现了各种账务处理程序的显著特点，也是区分各种账务处理程序的主要标志。本书将介绍前面三种账务处理程序的内容。

三、选择账务处理程序的基本要求

企业会计准则并不强行规定每个企业应采用哪种账务处理程序，各企业可以自主选用或设计账务处理程序。但账务处理程序的设计，是对会计凭证、账簿组织和记账程序等各个因素的协调和组织，是一项内容庞杂、涉及面广，综合性强、灵活性大的设计工作。由于各个企业的规模大小、业务性质和管理要求均有所不同，企业在选择账务处理程序时，应遵循以下要求：

(1) 要与本企业经济活动的性质、经营管理的特点、生产规模的大小以及经济业务的繁简相适应；

(2) 要能够使会计核算工作涉及的各项内容达到有机的结合、协调，保证正确、及时、全面、系统地提供满足使用者需要的各种会计信息；

(3) 要在保证会计核算质量的前提下，力求简化核算手续，节约核算时间和核算费用，从而提高核算工作效率；

(4) 要有利于加强内部会计控制，有利于会计人员的分工协作和明确责任，建立会计工作的岗位责任制。

总之，任何企业都必须从各自的实际情况出发，科学地设计本单位的账务处理程序。

任务二　掌握记账凭证账务处理程序

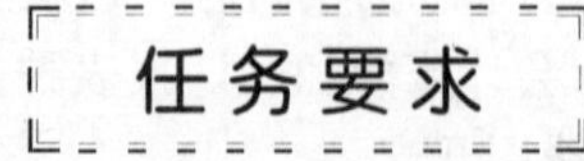

记账凭证账务处理程序是会计核算中最基本的账务处理程序，其他账务处理程序都是在此基础上发展演变而成的。所以，要会熟练地运用记账凭证账务处理程序进行会计核算。

一、记账凭证账务处理程序的概念

1. 记账凭证账务处理程序的含义

记账凭证账务处理程序是指对发生的经济业务事项，首先根据原始凭证(或原始凭证汇总表)填制记账凭证，然后根据记账凭证直接登记总分类账的一种账务处理程序，是会计核算中最基本的账务处理程序，其他账务处理程序都是在此基础上发展演变而成的。

记账凭证账务处理程序的特点是直接根据记账凭证逐笔登记总分类账，在记账凭证和总账之间没有其他汇总形式。

2. 记账凭证、账簿和会计报表的设置

(1) 记账凭证的设置。记账凭证可采用通用记账凭证，所有经济业务事项发生后都编制此种记账凭证。也可分设收款凭证、付款凭证和转账凭证，根据经济业务事项的性质编制不同的记账凭证。

(2) 账簿的设置。日记账主要是现金日记账和银行存款日记账，一般采用三栏式的订本式账簿。明细分类账应根据管理的需要，按其所从属的总分类账设置，根据登记的经济业务事项的性质可分别选用三栏式、数量金额式、多栏式等格式账簿。总分类账应根据总账科目设置，采用三栏式的订本式账簿。

(3) 会计报表主要有资产负债表、利润表和现金流量表等。由于在国家颁布的会计准则或会计制度中对会计报表的种类和格式已有统一规定，故不论在哪种账务处理程序下，会计报表的种类和格式都不会有大的变动。所以，在后面学习账务处理程序内容的过程中，对会计报表的种类和格式问题不再做更多探讨。

二、记账凭证账务处理程序的核算步骤

记账凭证账务处理程序的核算步骤如图 10 - 1 所示。

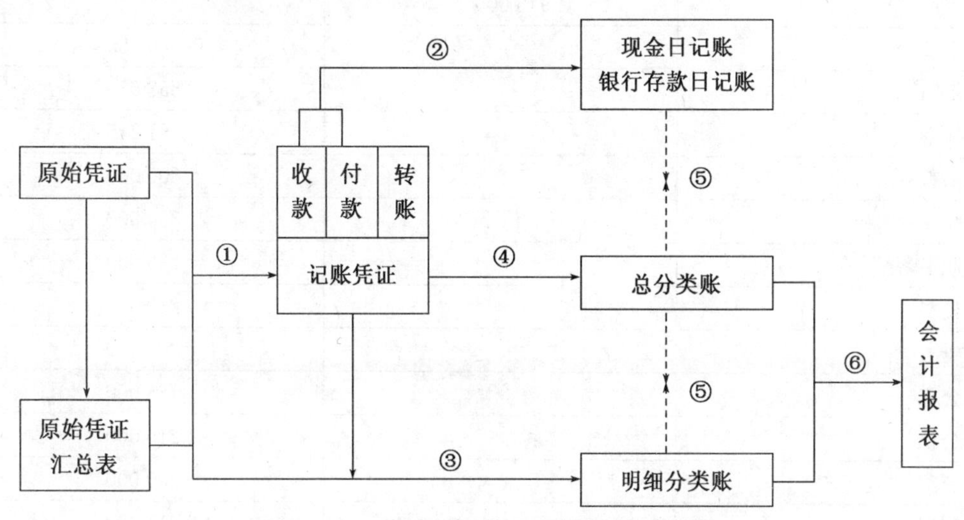

图 10 - 1　记账凭证账务处理程序的核算步骤

基本步骤如下：

(1) 经济业务事项发生后，根据有关原始凭证或原始凭证汇总表填制记账凭证；

(2) 根据收款凭证、付款凭证(或通用记账凭证)顺时逐笔登记现金日记账、银行存款日记账;

(3) 根据各种记账凭证及其所附原始凭证(或原始凭证汇总表)逐笔登记各种明细分类账;

(4) 根据各种记账凭证逐笔登记总分类账;

(5) 期末,现金日记账、银行存款日记账的余额及各种明细分类账余额的合计数,分别与总分类账中有关账户的余额核对,保证账账相符;

(6) 期末,根据核对无误的总分类账和明细分类账的有关资料编制会计报表。

三、记账凭证账务处理程序的应用

(一) 资料

1. 华林公司 2018 年 12 月份总分类账户的期初余额如表 10 - 1 所示。

表 10 - 1　总分类账户期初余额表

单位:元

账户名称	借方余额	贷方余额
库存现金	5 000	
银行存款	1 345 000	
应收票据	1 785 000	
应收账款	1 357 000	
其他应收款	20 000	
原材料	1 870 000	
库存商品	2 580 000	
固定资产	9 600 000	
无形资产	916 000	
坏账准备		6 785
累计折旧		2 853 000
累计摊销		51 215
短期借款		800 000
应付账款		334 000
应付职工薪酬		789 000
应交税费		230 000
实收资本		7 200 000
资本公积		784 000
盈余公积		1 219 000
利润分配		200 000
本年利润		5 011 000
合　计	19 478 000	19 478 000

2. 有关明细分类账户的月初余额见各明细分类账户(本例以原材料、生产成本、应付账款和管理费用明细账为例,其他略),如表 10 - 9、表 10 - 10、表 10 - 11、表 10 - 12、表 10 - 13、表 10 - 14 和表 10 - 15 所示。

3. 该公司 12 月份发生如下经济业务事项:

(1) 2 日,收到华宏公司投入资本 5 000 000 元,存入银行。

(2) 3 日,生产甲产品领用 A 材料 6 000 千克,单价 100 元;B 材料 4 000 千克,单价 20 元;制造车间一般耗用 B 材料 100 千克,单价 20 元;管理部门领用 C 材料 300 千克,单价 10 元。

(3) 4 日,采购员李林出差回来,报销差旅费 1 900 元,退回余款 100 元(原借款 2 000 元)。

(4) 5 日,从华鑫公司购入 B 材料 2 050 千克,买价 40 550 元,增值税 6 488 元,运杂费 450 元(由华鑫公司垫付),材料未到达企业,款项暂欠。

(5) 6 日,开出现金支票一张从银行提取现金 8 000 元备用。

(6) 6 日,以银行存款发放职工工资 600 000 元。

(7) 7 日,从华为公司购入 A 材料 2 000 千克,买价 196 000 元,增值税 31 360 元,运杂费 4 000 元,款项用银行存款支付,材料已验收入库。

(8) 8 日,以银行存款归还短期借款 500 000 元。

(9) 9 日,用银行存款缴纳城市建设维护税 22 000 元,教育费附加 8 000 元。

(10) 10 日,用银行存款支付前欠华丰公司购料款 334 000 元。

(11) 12 日,销售给华飞公司甲产品 800 件,单位售价 2 000 元,增值税销项税额 256 000 元,款项已收存银行。

(12) 13 日,5 日购入的 B 材料已运达企业,验收入库。

(13) 14 日,以银行存款支付产品广告费 18 000 元。

(14) 15 日,用库存现金支付办公用品费 2 165 元,其中生产车间 1 000 元,管理部门 1 165 元。

(15) 17 日,根据销货合同预收华亭公司购货款 2 000 000 元,已存入银行。

(16) 25 日,用银行存款支付本月水电费 22 400 元,其中生产车间 20 000 元,管理部门 2 400 元。

(17) 28 日,向华亭公司销售甲产品 1 200 件,单位售价 2 000 元,增值税 384 000 元。当日,产品已全部发出,余款 784 000 元收讫存入银行。

(18) 29 日,3 个月前由华欣公司开出的商业承兑汇票 58 500 元到期,存入银行。

(19) 30 日,结转本月应付职工工资 600 000 元,其中生产甲产品工人工资 300 000 元,车间管理人员工资 100 000 元,企业管理人员工资 200 000 元。

(20) 30 日,按工资总额的 14%提取职工福利费 84 000 元,其中生产甲产品工人 42 000 元,车间管理人员 14 000 元,企业管理人员 28 000 元。

(21) 30 日,计提本月固定资产折旧 20 000 元,其中生产车间 14 000 元,管理部门6 000 元;计提本月无形资产摊销 8 435 元,全部计入管理费用。

(22) 31 日,用银行存款支付本月应负担的短期借款利息 3 000 元。

(23) 31 日,结转本月制造费用 151 000 元。

(24) 31 日,本月生产的甲产品 1 000 件全部完工,结转生产成本 1 173 000 元。

(25) 31 日,结转本月销售 2 000 件甲产品的成本 2 706 000 元。

(26) 31 日，结算本月销售甲产品计算应交的城市建设维护税 41 827 元，教育费附加 17 925 元。

(27) 30 日，将本月主营业务收入 4 000 000 元结转至“本年利润”账户。

(28) 30 日，将本月主营业务成本 2 706 000 元、税金及附加 59 752 元、销售费用 18 000 元、管理费用 250 900 元、财务费用 3 000 元结转至“本年利润”账户。

(29) 31 日，按 25%的税率计算并结转本月所得税(假定本月利润总额即为应纳税所得额)。

(30) 31 日，将全年实现的净利润转入“利润分配——未分配利润”明细账户。

(31) 31 日，按全年净利润的 10%计提法定盈余公积金。

(32) 31 日，按规定计算出应向投资者分配现金股利 1 560 000 元。

(33) 31 日，将“利润分配”账户其他明细账户转入“利润分配——未分配利润”明细账。

(二) 账务处理

第一步，根据以上经济业务事项的原始凭证或原始凭证汇总表，经审核无误后编制记账凭证，如表 10－2～表 10－6 所示。(注：为了简化，将相同的记账凭证结合在一起)

表 10－2　收款凭证

借方科目：库存现金

2017 年		凭证编号	摘要	贷方科目		金额
月	日			总账科目	明细科目	
12	4	现收 01	差旅费余款	其他应收款	李林	100

表 10－3　收款凭证

借方科目：银行存款

2017 年		凭证		摘要	贷方科目		金额
月	日	字	号		总账科目	明细科目	
12	2	银收	01	收到投资	实收资本	华宏公司	5 000 000
12	12	银收	02	甲产品销货款	主营业务收入 应交税费	甲产品 应交增值税(销)	1 600 000 256 000
12	17	银收	03	预收销货款	预收账款	华亭公司	2 000 000
12	28	银收	04	收取销货余款	预收账款	华亭公司	784 000
12	29	银收	05	商业汇票到期	应收票据	华欣公司	58 500

表 10－4　付款凭证

贷方科目：库存现金

2017 年		凭证		摘要	贷方科目		金额
月	日	字	号		总账科目	明细科目	
12	15	现付	01	支付办公用品费	制造费用 管理费用	办公用品费 办公用品费	1 000 1 165

表 10－5　付款凭证

贷方科目:银行存款

2017年		凭证		摘要	贷方科目		金额
月	日	字	号		总账科目	明细科目	
12	6	银付	01	提现备用	库存现金		8 000
12	6	银付	02	发放职工工资	应付职工薪酬	工资	600 000
12	7	银付	03	购买A材料	在途物资 应交税费	A材料应 交增值税(进)	200 000 31 360
12	8	银付	04	归还短期借款	短期借款		500 000
12	9	银付	05	缴纳税金及附加	应交税费	应交城建税 应交教育费附加	22 000 8 000
12	10	银付	06	支付前欠购料款	应付账款	华丰公司	334 000
12	14	银付	07	支付广告费	销售费用	广告费	18 000
12	25	银付	08	支付水电费	制造费用 管理费用	水电费 水电费	20 000 2 400
12	31	银付	09	支付短期借款利息	财务费用	利息	3 000

表 10－6　转账凭证

2017年		凭证		摘　要	总账科目	明细科目	借方金额	贷方金额
月	日	字	号					
12	3	转	01	领用材料	生产成本 制造费用 管理费用 原材料 	甲产品 物料消耗 材料费 A材料 B材料 C材料	680 000 2 000 3 000	 600 000 82 000 3 000
12	4	转	02	报销差旅费	管理费用 其他应收款	差旅费 李林	1 900	 1 900
12	5	转	03	购买B材料	在途物资 应交税费 应付账款	B材料 应交增值税(进) 华鑫公司	41 000 6 488	 47 488
12	7	转	04	验收材料入库	原材料 在途物资	A材料 A材料	200 000	 200 000
12	13	转	05	验收材料入库	原材料 在途物资	B材料 B材料	41 000	 41 000
12	28	转	06	销售甲产品	预收账款 主营业务收入 应交税费	华亭公司 甲产品 应交增值税(销)	2 784 000	 2 400 000 384 000

（续表）

2017年		凭证		摘　要	总账科目	明细科目	借方金额	贷方金额
月	日	字	号					
12	30	转	07	分配工资	生产成本 制造费用 管理费用 应付职工薪酬	甲产品 工资 工资 工资	300 000 100 000 200 000	 600 000
12	30	转	08	计提福利费	生产成本 制造费用 管理费用 应付职工薪酬	甲产品 福利费 福利费 福利费	42 000 14 000 28 000	 84 000
12	30	转	09	计提折旧摊销费	制造费用 管理费用 累计折旧 累计摊销	折旧费 折旧摊销费	14 000 14 435	 20 000 8 435
12	31	转	10	结转制造费用	生产成本 制造费用	甲产品	151 000	 151 000
12	31	转	11	结转完工产品成本	库存商品 生产成本	甲产品 甲产品	1 173 000	 1 173 000
12	31	转	12	结转销售成本	主营业务成本 库存商品	甲产品 甲产品	2 706 000	 2 706 000
12	31	转	13	结算城建税及附加	税金及附加 应交税费	 应交城建税 应交教育费附加	59 752	 41 827 17 925
12	31	转	14	收入结转	主营业务收入 本年利润	甲产品	4 000 000	 4 000 000
12	31	转	15	成本费用结转	本年利润 主营业务成本 税金及附加 销售费用 财务费用 管理费用	 甲产品	3 037 652	 2 706 000 59 752 18 000 3 000 250 900
12	31	转	16	计算所得税费用	所得税费用 应交税费	 应交所得税	240 587	 240 587
12	31	转	17	结转所得税费用	本年利润 所得税费用		240 587	 240 587
12	31	转	18	结转本年净利润	本年利润 利润分配	 未分配利润	5 732 761	 5 732 761
12	31	转	19	计提法定盈余公积金	利润分配 盈余公积金	计提法定 盈余公积金 法定盈余公积金	573 276.1	 573 276.1

（续表）

2017年		凭证		摘　要	总账科目	明细科目	借方金额	贷方金额
月	日	字	号					
12	31	转	20	宣告分配现金股利	利润分配 应付股利	应付现金股利	1 560 000	 1 560 000
12	31	转	21	结转利润分配各明细账户	利润分配 利润分配	未分配利润 计提法定盈余公积金 应付现金股利	2 133 276.1	 573 276.1 1 560 000

第二步，出纳员根据审核无误后的收款凭证和付款凭证，登记现金日记账和银行存款日记账，如表 10－7、表 10－8 所示。

表 10－7　现金日记账

2017年		凭证		摘要	对方科目	√	收入金额（借方）	付出金额（贷方）	结存金额
月	日	种类	号数						
12	1			期初余额					5 000
12	4	现收	01	差旅费余款	其他应收款	√	100		5 100
12	6	银付	01	提现备用	银行存款	√	8 000		13 100
12	15	现付	01	支付办公用品费	制造、管理费用	√		2 165	10 935
12	31			本月发生额合计及余额			8 100	2 165	10 935

表 10－8　银行存款日记账

2017年		凭证		摘要	对方科目	√	收入金额（借方）	付出金额（贷方）	结存金额
月	日	种类	号数						
12	1			期初余额					1 345 000
12	2	银收	01	收到华宏公司投资	实收资本	√	5 000 000		6 345 000
12	6	银付	01	提现备用	库存现金	√		8 000	6 337 000
12	6	银付	02	发放职工工资	应付职工薪酬	√		600 000	5 737 000
12	7	银付	03	购买 A 材料	在途物资等	√		231 360	5 505 640
12	8	银付	04	归还短期借款	短期借款	√		500 000	5 005 640
12	9	银付	05	交城建税及教育附加	应交税费	√		30 000	4 975 640
12	10	银付	06	支付前欠购料款	应付账款	√		334 000	4 641 640
12	12	银收	02	甲产品销货款	主营业务收入等	√	1 856 000		6 497 640
12	14	银付	07	支付广告费	销售费用	√		18 000	6 479 640

（续表）

2017年		凭证		摘要	对方科目	√	收入金额（借方）	付出金额（贷方）	结存金额
月	日	种类	号数						
12	17	银收	03	预收销货款	预收账款	√	2 000 000		8 479 640
12	25	银付	08	支付水电费	制造、管理费用	√		22 400	8 457 240
12	28	银收	04	收取销货余款	预收账款	√	784 000		9 241 240
12	29	银收	05	商业汇票到期	应收票据	√	58 500		9 299 740
12	31	银付	09	支付短期借款利息	财务费用	√		3 000	9 296 740
12	31			本月发生额合计及余额			9 698 500	1 746 760	9 296 740

第三步，会计人员根据记账凭证和原始凭证（或原始凭证汇总表）登记明细分类账，如表10－9～表10－15所示。

表10－9　原材料明细账

货名：A材料　　　　计量单位：千克

2017年		凭证		摘要	收入（借方）			发出（贷方）			结存		
月	日	种类	号数		数量	单价	金额	数量	单价	金额	数量	单价	金额
12	1			期初余额							14 900	100	1 490 000
12	3	转	01	领用材料				6 000	100	600 000	8 900	100	890 000
12	7	转	04	验收材料入库	2 000	100	200 000				10 900	100	1 090 000
12	31			本月合计	2 000	100	200 000	6 000	100	600 000	10 900	100	1 090 000

表10－10　原材料明细账

货名：B材料　　　　计量单位：千克

2017年		凭证		摘要	收入（借方）			发出（贷方）			结存		
月	日	种类	号数		数量	单价	金额	数量	单价	金额	数量	单价	金额
12	1			期初余额							18 050	20	361 000
12	3	转	01	领用材料				4 100	20	82 000	13 950	20	279 000
12	13	转	05	验收材料入库	2 050	20	41 000				16 000	20	320 000
12	31			本月合计	2 050	20	41 000	4 100	20	82 000	16 000	20	320 000

表 10－11　原材料明细账

货名:C 材料　　　　计量单位:千克

2017 年		凭证		摘要	收入(借方)			发出(贷方)			结存		
月	日	种类	号数		数量	单价	金额	数量	单价	金额	数量	单价	金额
12	1			期初余额							1 900	10	19 000
12	3	转	01	领用材料				300	10	3 000	1 600	10	16 000
12	31			本月合计				300	10	3 000	1 600	10	16 000

表 10－12　生产成本明细账

产品名称:甲

2017 年		凭证		摘要	借方发生额	成本项目		
月	日	种类	号数			直接材料	直接人工	制造费用
12	3	转	01	生产用料	680 000	680 000		
12	31	转	07	分配工资	300 000		300 000	
12	31	转	08	计提福利费	42 000		42 000	
12	31	转	10	结转制造费用	151 000			151 000
12	31			本月生产费用合计	1 173 000	680 000	342 000	151 000
12	31	转	11	结转完工产品成本	1 173 000	680 000	342 000	151 000
12	31			月末余额	0	0	0	0

表 10－13　应付账款明细账

二级科目:华丰公司

2017 年		凭证		摘要	✓	借方	贷方	借或贷	余额
月	日	种类	号数						
12	1			期初余额				贷	334 000
12	10	银付	06	支付前欠购料款	✓	334 000		平	0
12	31			本月发生额合计及余额		334 000		平	0

表 10－14　应付账款明细账

二级科目:华鑫公司

2017 年		凭证		摘要	✓	借方	贷方	借或贷	余额
月	日	种类	号数						
12	5	转	03	购买 B 材料	✓		47 893. 5	贷	47 893. 5
12	31			本月发生额合计及余额			47 893. 5	贷	47 893. 5

表 10－15　管理费用明细账

2017年		凭证		摘要	发生额	差旅费	材料费	办公费	水电费	折旧摊销费	职工薪酬
月	日	字	号								
12	3	转	01	领用材料	3 000		3 000				
12	4	转	02	报销差旅费	1 900	1 900					
12	15	现付	01	支付办公用品费	1 165			1 165			
12	25	银付	08	支付水电费	2 400				2 400		
12	30	转	07	分配工资	200 000						200 000
12	30	转	08	计提福利费	28 000						28 000
12	30	转	09	计提折旧摊销费	14 435					14 435	
12	31			本月合计	250 900	1 900	3 000	1 165	2 400	14 435	228 000
12	31	转	15	结转	250 900	1 900	3 000	1 165	2 400	14 435	228 000

第四步，主办会计人员根据审核无误的记账凭证逐笔登记总分类账，如表 10－16～表 10－48 所示。

表 10－16　库存现金(总账)

2017年		凭证		摘要	√	借方	贷方	借或贷	余额
月	日	种类	号数						
12	1			期初余额				借	5 000
12	4	现收	01	收到李林差旅费余款	√	100		借	5 100
12	6	银付	01	提现备用	√	8 000		借	13 100
12	15	现付	01	支付办公用品费	√		2 165	借	10 935
12	31			本月发生额合计及余额		8 100	2 165	借	10 935

表 10－17　银行存款(总账)

2017年		凭证		摘要	√	借方	贷方	借或贷	余额
月	日	种类	号数						
12	1			期初余额				借	1 345 000
12	2	银收	01	收到华宏公司投资	√	5 000 000		借	6 345 000
12	6	银付	01	提现备用	√		8 000	借	6 337 000
12	6	银付	02	发放职工工资	√		600 000	借	5 737 000
12	7	银付	03	购买 A 材料	√		231 360	借	5 505 640
12	8	银付	04	归还短期借款	√		500 000	借	5 005 640
12	9	银付	05	交城建税及教育附加	√		30 000	借	4 975 640
12	10	银付	06	支付前欠购料款	√		334 000	借	4 641 640

（续表）

2017年		凭证		摘要	√	借方	贷方	借或贷	余额
月	日	种类	号数						
12	12	银收	02	甲产品销货款	√	1 856 000		借	6 497 640
12	14	银付	07	支付广告费	√		18 000	借	6 479 640
12	17	银收	03	预收销货款	√	2 000 000			8 479 640
12	25	银付	08	支付水电费	√		22 400	借	8 457 240
12	28	银收	04	收取销货余款	√	784 000		借	9 241 240
12	29	银收	05	商业汇票到期	√	58 500		借	9 299 740
12	31	银付	09	支付短期借款利息	√		3 000	借	9 296 740
12	31			本月发生额合计及余额		9 698 500	1 746 760	借	9 296 740

表 10－18　应收票据（总账）

2017年		凭证		摘要	√	借方	贷方	借或贷	余额
月	日	字	号						
12	1			期初余额				借	1 785 000
12	29	银收	05	商业汇票到期			58 500		1 726 500
12	31			本月发生额合计及余额			58 500	借	1 726 500

表 10－19　应收账款（总账）

2017年		凭证		摘要	√	借方	贷方	借或贷	余额
月	日	字	号						
12	1			期初余额				借	1 357 000
12	31			本月发生额合计及余额				借	1 357 000

表 10－20　坏账准备（总账）

2017年		凭证		摘要	√	借方	贷方	借或贷	余额
月	日	字	号						
12	1			期初余额				借	6 785
12	31			本月发生额合计及余额				借	6 785

表 10－21　其他应收款（总账）

2017年		凭证		摘要	√	借方	贷方	借或贷	余额
月	日	种类	号数						
12	1			期初余额				借	20 000
12	4	现收	01	差旅费余款	√		100	借	19 900
12	4	转	02	报销差旅费	√		1 900	借	18 000
12	31			本月发生额合计及余额			2 000	借	18 000

表 10－22　在途物资(总账)

2017年		凭证		摘要	√	借方	贷方	借或贷	余额
月	日	种类	号数						
12	5	转	03	购买B材料	√	41 000		借	41 000
12	7	银付	03	购买A材料	√	200 000		借	241 000
12	7	转	04	验收材料入库	√		200 000	借	41 000
12	13	转	05	验收材料入库	√		41 000	平	0
12	31			本月发生额合计及余额		241 000	241 000	平	0

表 10－23　原材料(总账)

2017年		凭证		摘要	√	借方	贷方	借或贷	余额
月	日	种类	号数						
12	1			期初余额				借	1 870 000
12	3	转	01	领用材料	√		685 000	借	1 185 000
12	7	转	04	验收材料入库	√	200 000		借	1 385 000
12	13	转	05	验收材料入库	√	41 000		借	1 426 000
12	31			本月发生额合计及余额		241 000	685 000	借	1 426 000

表 10－24　制造费用(总账)

2017年		凭证		摘要	√	借方	贷方	借或贷	余额
月	日	种类	号数						
12	3	转	01	材料分配	√	2 000		借	2 000
12	15	现付	01	支付办公用品费	√	1 000		借	3 000
12	25	银付	08	支付水电费	√	20 000		借	23 000
12	30	转	07	分配工资	√	100 000		借	123 000
12	30	转	08	计提福利费	√	14 000		借	137 000
12	30	转	09	计提折旧费	√	14 000		借	151 000
12	31	转	10	制造费用结转	√		151 000	平	0
12	31			本月发生额合计及余额		151 000	151 000	平	0

表 10－25　生产成本(总账)

2017年		凭证		摘要	√	借方	贷方	借或贷	余额
月	日	种类	号数						
12	3	转	01	材料分配	√	680 000		借	680 000
12	30	转	07	分配工资	√	300 000		借	980 000

（续表）

2017年		凭证		摘要	✓	借方	贷方	借或贷	余额
月	日	种类	号数						
12	30	转	08	计提福利费	✓	42 000		借	1 022 000
12	30	转	10	制造费用结转	✓	151 000		借	1 173 000
12	31	转	11	结转完工产品成本	✓		1 173 000	平	0
12	31			本月发生额合计及余额		1 173 000	1 173 000	平	0

表 10－26　库存商品(总账)

2017年		凭证		摘要	✓	借方	贷方	借或贷	余额
月	日	字	号						
12	1			期初余额				借	2 580 000
12	31	转	11	结转完工产品成本	✓	1 173 000		借	3 753 000
12	31	转	12	结转销售成本	✓		2 706 000	借	1 047 000
12	31			本月发生额合计及余额		1 173 000	2 706 000	借	1 047 000

表 10－27　固定资产(总账)

2017年		凭证		摘要	✓	借方	贷方	借或贷	余额
月	日	种类	号数						
12	1			期初余额				借	9 600 000
12	31			本月发生额合计及余额				借	9 600 000

表 10－28　累计折旧(总账)

2017年		凭证		摘要	✓	借方	贷方	借或贷	余额
月	日	种类	号数						
12	1			期初余额				贷	2 853 000
12	30	转	09	计提折旧费	✓		20 000	贷	2 873 000
12	31			本月发生额合计及余额			20 000	贷	2 873 000

表 10－29　无形资产(总账)

2017年		凭证		摘要	✓	借方	贷方	借或贷	余额
月	日	字	号						
12	1			期初余额				借	916 000
12	31			本月发生额合计及余额				借	916 000

表 10－30　累计摊销(总账)

2017 年		凭证		摘要	✓	借方	贷方	借或贷	余额
月	日	字	号						
12	1			期初余额				贷	51 215
12	30	转	09	计提摊销费	✓		8 435	贷	59 650
12	31			本月发生额合计及余额			8 435	贷	59 650

表 10－31　短期借款(总账)

2017 年		凭证		摘要	✓	借方	贷方	借或贷	余额
月	日	种类	号数						
12	1			期初余额				贷	800 000
12	8	银付	04	归还短期借款	✓	500 000		贷	300 000
12	31			本月发生额合计及余额		500 000		贷	300 000

表 10－32　应付账款(总账)

2017 年		凭证		摘要	✓	借方	贷方	借或贷	余额
月	日	字	号						
12	1			期初余额				贷	334 000
12	5	转	03	购买 B 材料	✓		47 488	贷	381 488
12	10	银付	06	支付前欠购料款	✓	334 000		贷	47 488
12	31			本月发生额合计及余额		334 000	47 488	贷	47 488

表 10－33　预收账款(总账)

2017 年		凭证		摘要	✓	借方	贷方	借或贷	余额
月	日	字	号						
12	17	银收	03	预收销货款	✓		2 000 000	贷	2 000 000
12	28	转	06	销售甲产品	✓	2 784 000		借	784 000
12	28	银收	04	收取销货余款	✓		784 000	平	0
12	31			本月发生额合计及余额		2 784 000	2 784 000	平	0

表 10－34　应付职工薪酬(总账)

2017 年		凭证		摘要	✓	借方	贷方	借或贷	余额
月	日	字	号						
12	1			期初余额				贷	789 000
12	6	银付	02	发放工资	✓	600 000		贷	189 000
12	30	转	07	分配工资	✓		600 000	贷	789 000

(续表)

2017年		凭证		摘要	✓	借方	贷方	借或贷	余额
月	日	字	号						
12	30	转	08	计提福利费	✓		84 000	贷	873 000
12	31			本月发生额合计及余额		600 000	684 000	贷	873 000

表 10-35 应交税费(总账)

2017年		凭证		摘要	✓	借方	贷方	借或贷	余额
月	日	字	号						
12	1			期初余额				贷	230 000
12	5	转	03	购买B材料进项税额	✓	6 488		贷	223 512
12	7	银付	03	支付购买A材料进项税额	✓	31 360		贷	192 152
12	9	银付	05	缴纳城建税及教育附加	✓	30 000		贷	162 152
12	12	银收	02	收到甲产品销货销项税额	✓		256 000	贷	418 152
12	28	转	06	计算销售甲产品销项税额			384 000	贷	802 152
12	31	转	13	结算城建税及教育费附加	✓		59 752	贷	861 904
12	31	转	16	计算所得税费用			240 587	贷	1 102 491
12	31			本月发生额合计及余额		67 848	940 339	贷	1 102 491

表 10-36 应付股利(总账)

2017年		凭证		摘要	✓	借方	贷方	借或贷	余额
月	日	字	号						
12	31	转	20	宣告分配现金股利	✓		1 560 000	贷	1 560 000
12	31			本月发生额合计及余额			1 560 000	贷	1 560 000

表 10-37 实收资本(总账)

2017年		凭证		摘要	✓	借方	贷方	借或贷	余额
月	日	种类	号数						
12	1			期初余额				贷	7 200 000
12	2	银收	01	收到华宏公司投资	✓		5 000 000	贷	12 200 000
12	31			本月发生额合计及余额			5 000 000	贷	12 200 000

表 10-38 资本公积(总账)

2017年		凭证		摘要	✓	借方	贷方	借或贷	余额
月	日	种类	号数						
12	1			期初结存				贷	784 000
12	31			本月发生额合计及余额				贷	784 000

表 10-39 盈余公积(总账)

2017年		凭证		摘要	√	借方	贷方	借或贷	余额
月	日	字	号						
12	1			期初余额				贷	1 219 000
12	31	转	19	计提法定盈余公积金	√		573 276.1	贷	1 792 276.1
12	31			本月发生额合计及余额			573 276.1	贷	1 792 276.1

表 10-40 利润分配(总账)

2017年		凭证		摘要	√	借方	贷方	借或贷	余额
月	日	字	号						
12	1			期初余额				贷	200 000
12	31	转	18	结转本年净利润	√		5 732 761	贷	5 932 761
12	31	转	19	计提法定盈余公积金	√	573 276.1		贷	5 359 484.9
12	31	转	20	宣告分配现金股利	√	1 560 000		贷	3 799 484.9
12	31	转	21	结转利润分配各明细账户	√	2 133 276.1	2 133 276.1	贷	3 799 484.9
12	31			本月发生额合计及余额		4 266 552.2	7 866 037.1	贷	3 799 484.9

表 10-41 本年利润(总账)

2017年		凭证		摘要	√	借方	贷方	借或贷	余额
月	日	字	号						
12	1			期初余额					5 011 000
12	31	转	14	收入结转	√		4 000 000	贷	9 011 000
12	31	转	15	成本费用结转	√	3 037 650		贷	5 973 348
12	31	转	17	结转所得税费用		240 587		贷	5 732 761
12	31	转	18	结转本年净利润		5 732 761		平	0
12	31			本月发生额合计及余额		9 011 000	4 000 000	平	0

表 10-42 主营业务收入(总账)

2017年		凭证		摘要	√	借方	贷方	借或贷	余额
月	日	字	号						
12	12	银收	02	销售甲产品	√		1 600 000	贷	1 600 000
12	28	转	06	销售甲产品	√		2 400 000	贷	4 000 000
12	31	转	14	收入结转	√	4 000 000		平	0
12	31			本月发生额合计及余额		4 000 000	4 000 000	平	0

表 10－43　主营业务成本(总账)

2017 年		凭证		摘要	√	借方	贷方	借或贷	余额
月	日	种类	号数						
12	31	转	12	结转已售产品成本	√	2 706 000		借	2 706 000
12	31	转	15	成本费用结转	√		2 706 000	平	0
12	31			本月发生额合计及余额		2 706 000	2 706 000	平	0

表 10－44　税金及附加(总账)

2017 年		凭证		摘要	√	借方	贷方	借或贷	余额
月	日	种类	号数						
12	31	转	13	结算城建税及教育费附加	√	59 752		借	59 752
12	31	转	15	成本费用结转	√		59 752	平	0
12	31			本月发生额合计及余额		59 752	59 752	平	0

表 10－45　销售费用(总账)

2017 年		凭证		摘要	√	借方	贷方	借或贷	余额
月	日	种类	号数						
12	14	银付	07	支付广告费	√	18 000		借	18 000
12	31	转	15	成本费用结转	√		18 000	平	0
12	31			本月发生额合计及余额		18 000	18 000	平	0

表 10－46　管理费用(总账)

2017 年		凭证		摘要	√	借方	贷方	借或贷	余额
月	日	种类	号数						
12	3	转	01	物料消耗	√	3 000		借	3 000
12	4	转	02	报销差旅费	√	1 900		借	4 900
12	15	现付	01	支付办公用品费	√	1 165		借	6 065
12	25	银付	08	支付水电费	√	2 400		借	8 465
12	30	转	07	分配工资	√	200 000		借	208 465
12	30	转	08	计提福利费	√	28 000		借	236 465
12	30	转	09	计提折旧摊销费	√	14 435		借	250 900
12	31	转	15	成本费用结转	√		250 900	平	0
12	31			本月发生额合计及余额		250 900	250 900	平	0

表 10－47 财务费用(总账)

2017年		凭证		摘要	√	借方	贷方	借或贷	余额
月	日	种类	号数						
12	31	银付	09	支付短期借款利息	√	3 000		借	3 000
12	31	转	15	成本费用结转	√		3 000	平	0
12	31			本月发生额合计及余额		3 000	3 000	平	0

表 10－48 所得税费用(总账)

2017年		凭证		摘要	√	借方	贷方	借或贷	余额
月	日	字	号						
12	31	转	16	计算所得税费用	√	240 587		借	240 587
12	31	转	17	结转所得税费用	√		240 587	平	0
12	31			本月发生额合计及余额		240 587	240 587	平	0

第五步，会计人员根据明细分类账结出明细分类账户本期发生额及余额，出纳人员根据现金和银行存款日记账结出库存现金和银行存款的本期发生额及余额，分别与主办会计根据总分类账编制的“总分类账户期末余额表”进行期末对账；并编制总分类账户本期发生额及余额试算平衡表，如表 10－49 所示。

表 10－49 总分类账户本期发生额及余额试算平衡表

账户名称	期初余额		本期发生额		期末余额	
	借方	贷方	借方	贷方	借方	贷方
库存现金	5 000		8 100	2 165	10 935	
银行存款	1 345 000		9 698 500	1 746 760	9 296 740	
应收票据	1 785 000			58 500	1 726 500	
应收账款	1 357 000				1 357 000	
其他应收款	20 000			2 000	18 000	
在途物资			241 000	241 000		
原材料	1 870 000		241 000	685 000	1 426 000	
制造费用			151 000	151 000		
生产成本			1 173 000	1 173 000		
库存商品	2 580 000		1 173 000	2 706 000	1 047 000	
固定资产	9 600 000				9 600 000	
无形资产	916 000				916 000	
坏账准备		6 785				6 785
累计折旧		2 853 000		20 000		2 873 000

（续表）

账户名称	期初余额		本期发生额		期末余额	
	借方	贷方	借方	贷方	借方	贷方
累计摊销		51 215		8 435		59 650
短期借款		800 000	500 000			300 000
应付账款		334 000	334 000	47 488		47 488
预收账款			2 784 000	2 784 000		
应付职工薪酬		789 000	600 000	684 000		873 000
应交税费		230 000	67 848	940 339		1 102 491
应付股利				1 560 000		1 560 000
实收资本		7 200 000		5 000 000		12 200 000
资本公积		784 000				784 000
盈余公积		1 219 000		573 276.1		1 792 276.1
利润分配		200 000	4 266 552.2	7 866 037.1		3 799 484.9
本年利润		5 011 000	9 011 000	4 000 000		
主营业务收入			4 000 000	4 000 000		
主营业务成本			2 706 000	2 706 000		
税金及附加			59 752	59 752		
管理费用			250 900	250 900		
销售费用			18 000	18 000		
财务费用			3 000	3 000		
所得税费用			240 587	240 587		
合计	19 478 000	19 478 000	37 527 239.2	37 527 239.2	25 398 175	25 398 175

第六步，根据分工，由相关会计人员根据对账相符后的总分类账和明细分类账的数据资料编制会计报表。其中，资产负债表和利润表分别如表 10－50 和 10－51 所示。

表 10－50　资产负债表（简表）

编制单位：华林公司　　　　2017 年 12 月 31 日　　　　单位：元

资产	期末余额	年初金额	负债及所有者权益	期末余额	年初金额
流动资产：		略	流动负债：		略
货币资金	9 307 675		短期借款	300 000	
应收票据及应收账款	3 076 715		应付票据及应付账款	47 488	
其他应收款	18 000		应付职工薪酬	873 000	
存货	2 473 000		应交税费	1 102 491	

（续表）

资产	期末余额	年初金额	负债及所有者权益	期末余额	年初金额
流动资产合计	14 875 390	略	其他应付款	1 560 000	略
非流动资产：			流动负债合计	3 882 979	
固定资产	6 727 000		非流动负债：		
无形资产	856 350		长期借款		
			非流动负债合计		
			负债合计	3 921 019	
			所有者权益：		
			实收资本	12 200 000	
			资本公积	784 000	
			盈余公积	1 792 276.1	
			未分配利润	3 799 484.9	
非流动资产合计	7 583 350		所有者权益合计	18 575 761	
资产总计	22 458 740		负债和所有者权益总计	22 458 740	

表 10－51　利润表

编制单位：华林公司　　2017 年 12 月　　单位：元

项　目	本期金额	上期金额
一、营业收入	4 000 000	
减：营业成本	2 706 000	
税金及附加	59 752	
销售费用	18 000	
管理费用	250 900	
财务费用	3 000	
资产减值损失		
加：投资收益（损失以“—”填列）		
其中：对联营企业和合营企业的投资收益		
公允价值变动收益（损失以“—”填列）		
二、营业利润（亏损以“—”填列）	962 348	
加：营业外收入		
减：营业外支出		

（续表）

项　目	本期金额	上期金额
三、利润总额（亏损总额以"—"填列）	962 348	略
减：所得税费用	240 587	
四、净利润（净亏损以"—"填列）	721 761	
五、其他综合收益的税后净额		
（一）不能重分类进损益的其他综合收益		
1. 重新计量设定受益计划变动额		
2. 权益法下不能转损益的其他综合收益		
……		
（二）将重分类进损益的其他综合收益		
1. 权益法下可转损益的其他综合收益		
2. 可供出售金融资产公允价值变动损益		
3. 持有至到期投资重分类为可供出售金融资产损益		
4. 现金流量套期损益的有效部分		
5. 外币财务报表折算差额		
……		
六、综合收益总额		
七、每股收益		
（一）基本每股收益		
（二）稀释每股收益		

四、记账凭证账务处理程序的优缺点

1. 记账凭证账务处理程序的优点

记账凭证账务处理程序的优点：一是会计凭证和账簿格式及账务处理程序简单明了，便于理解和运用；二是总分类账是直接根据记账凭证逐笔登记的，较为详细地反映经济业务事项的发生情况、账户对应关系和经济业务事项的来龙去脉，便于账目之间的核对、审查和分析。

2. 记账凭证账务处理程序的缺点

记账凭证账务处理程序的缺点是总分类账直接根据记账凭证逐笔登记，与登记日记账和明细账的做法一样，实际上是各种账户在登记过程中的重复记录，势必增加登记总账的工作量，如果企业规模较大、经济业务事项较多，则登记总分类账的工作量会更大，也不便于会计分工。

因此，记账凭证账务处理程序一般只适用于规模小、业务量少及记账凭证数量不多的企业。该账务处理程序特别适用于计算机处理，因为利用计算机可以弥补手工操作工作量大的缺点。

任务三　掌握科目汇总表账务处理程序

任务要求

对于规模较大、经济业务量较多的企业，为简化总账的登记工作，减轻登记总账的工作量，可采用科目汇总表账务处理程序。科目汇总表账务处理程序在实际工作中应用非常广泛。所以，应理解并会运用科目汇总表账务处理程序进行账务处理。

一、科目汇总表账务处理程序的概念

（一）科目汇总表账务处理程序的含义

科目汇总表账务处理程序又称记账凭证汇总表账务处理程序，是指对发生的经济业务事项，先根据原始凭证（或原始凭证汇总表）填制记账凭证，再根据记账凭证定期编制科目汇总表，然后根据科目汇总表登记总分类账的一种账务处理程序。

科目汇总表账务处理程序是在记账凭证账务处理程序的基础上发展起来的。其主要特点是：根据记账凭证定期编制科目汇总表，再根据科目汇总表定期登记总分类账。

（二）科目汇总表的编制方法

在科目汇总表账务处理程序下，凭证及账簿的设置与记账凭证账务处理程序基本相同，只是需要另外设置科目汇总表。科目汇总表是指将一定时期内的全部记账凭证按相同总账科目进行归类汇总，据以计算出每一总账科目的本期借方发生额和贷方发生额，作为总分类账登记依据的特种记账凭证。因其是以记账凭证上的会计科目为对象进行的汇总，故称为科目汇总表，由于其汇总依据是经济业务事项发生后所填制的记账凭证，因而也称为记账凭证汇总表。科目汇总表以“科汇字第×号”连续编号。科目汇总表一般不反映账户之间的对应关系。其格式如表 10－52 和表 10－53 所示。

科目汇总表的编制方法如下：

首先，将要登记的记账凭证所涉及的会计科目填在科目汇总表的“会计科目”栏内；

然后，通过“科目汇总表工作底稿”（类似于“T”字形账户），按各会计科目分别汇总计算出其借方发生额和贷方发生额，填入表内与各科目相应的“借方”“贷方”栏内；

最后，汇总计算出所有会计科目的借方发生额合计和贷方发生额合计，进行试算平衡，平衡无误后，即可作为登记总分类账的依据。

科目汇总表的编制时间，应根据企业经济业务量的大小而定。经济业务量较多的，可以每天、每周汇总一次；经济业务量较少的，可以半个月或一个月汇总一次。每次汇总都应注明所汇总记账凭证的起讫字号，以便检查。

根据科目汇总表登记总分类账时，只需将每张科目汇总表各会计科目的借方发生额、贷方发生额按编号顺序分次连续记入总分类账相应会计科目即可。为了便于登记总分类账，科目汇总表上的会计科目排列顺序和总分类账的会计科目排列顺序应大体一致。需要注意的是，编制科目汇总表时，只对各会计科目的发生额进行汇总，不包括余额。

二、科目汇总表账务处理程序的核算步骤

科目汇总表账务处理程序的核算步骤如图 10－2 所示。

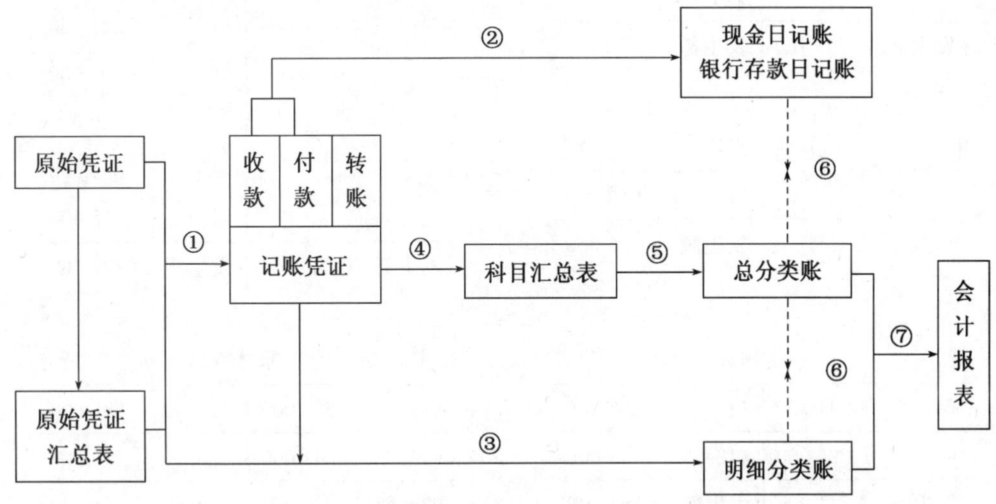

图 10－2　科目汇总表账务处理程序的核算步骤

基本步骤如下：

(1) 经济业务事项发生后，根据原始凭证或原始凭证汇总表填制记账凭证；

(2) 根据收款凭证、付款凭证(或通用记账凭证)顺时逐笔登记现金日记账、银行存款日记账；

(3) 根据记账凭证及其所附原始凭证(或原始凭证汇总表)逐笔登记各种明细分类账；

(4) 根据各种记账凭证定期编制科目汇总表；

(5) 根据科目汇总表，定期登记总分类账；

(6) 期末，现金日记账、银行存款日记账的余额及各种明细分类账余额的合计数，分别与总分类账中有关账户的余额核对相符；

(7) 期末，根据总分类账和明细分类账的有关资料编制会计报表。

三、科目汇总表账务处理程序的应用

下面仍以任务二发生的经济业务事项为例来说明科目汇总表账务处理程序的应用。

第一、二、三步骤同任务二例中相关内容，从略。

第四步，会计根据审核无误的记账凭证，按照总分类账科目排列顺序编制科目汇总表，(注：采用科目汇总表工作底稿汇总各会计科目的发生额，由于本例中经济业务量少，科目汇总表编制间隔时间为 15 天)

1. 2017 年 12 月 1 日至 15 日科目汇总表工作底稿。

借方	库存现金		贷方
(3)	100	(14)	2 165
(5)	8 000		
发生额	8 100	发生额	2 165

借方	银行存款		贷方
(1)	5 000 000	(5)	8 000
(11)	1 856 000	(6)	600 000
		(7)	231 360
		(8)	500 000
		(9)	30 000
		(10)	334 000
		(13)	18 000
发生额	6 856 000	发生额	1 721 360

借方	其他应收款		贷方
		(3)	2 000
		发生额	2 000

借方	在途物资		贷方
(4)	41 000	(7)	200 000
(7)	200 000	(12)	41 000
发生额	241 000	发生额	241 000

借方	原材料		贷方
(7)	200 000	(2)	685 000
(12)	41 000		
发生额	241 000	发生额	685 000

借方	制造费用		贷方
(2)	2 000		
(14)	1 000		
发生额	3 000		

借方	生产成本		贷方
(2)	680 000		
发生额	680 000		

借方	短期借款		贷方
(8)	500 000		
发生额	500 000		

借方	应付账款		贷方
(10)	334 000	(4)	47 488
发生额	334 000	发生额	47 488

借方	应付职工薪酬		贷方
(6)	600 000		
发生额	600 000		

借方	实收资本		贷方
		(1)	5 000 000
		发生额	5 000 000

借方	应交税费		贷方
(4)	6 488	(11)	256 000
(7)	31 360		
(9)	30 000		
发生额	67 848	发生额	256 000

借方	管理费用		贷方
(2)	3 000		
(3)	1 900		
(14)	1 165		
发生额	6 065		

借方	主营业务收入	贷方
	(11)	1 600 000
	发生额	1 600 000

借方	销售费用	贷方
(13)	18 000	
发生额	18 000	

根据上述科目汇总表工作底稿编制科目汇总表，如表 10－52 所示。

表 10－52　科目汇总表

2017 年 12 月 1 日至 15 日　　　　科汇字第 01 号

会计科目	√	借方发生额	贷方发生额	记账凭证起讫号码
库存现金	√	8 100	2 165	现收 01 银收 01～02 现付 01 银付 01～07 转 01～05
银行存款	√	6 856 000	1 721 360	
其他应收款	√		2 000	
在途物资	√	241 000	241 000	
原材料	√	241 000	685 000	
制造费用	√	3 000		
生产成本	√	680 000		
短期借款	√	500 000		
应付账款	√	334 000	47 488	
应付职工薪酬	√	600 000		
应交税费	√	67 848	256 000	
实收资本	√		5 000 000	
主营业务收入	√		1 600 000	
管理费用	√	6 065		
销售费用	√	18 000		
合计		9 555 013	9 555 013	

会计主管　　　　记账　　　　审核　　　　制单

2. 2017 年 12 月 16 日至 31 日科目汇总表工作底稿。

借方	银行存款		贷方
(15)	2 000 000	(16)	22 400
(17)	784 000	(22)	3 000
(18)	58 500		
发生额	2 842 500	发生额	25 400

借方	累计折旧	贷方
	(21)	20 000
	发生额	20 000

借方	制造费用		贷方
(16)	20 000	(23)	151 000
(19)	100 000		
(20)	14 000		
(21)	14 000		
发生额	148 000	发生额	151 000

借方	生产成本		贷方
(19)	300 000	(24)	1 173 000
(20)	42 000		
(23)	151 000		
发生额	493 000	发生额	1 173 000

借方	库存商品		贷方
(24)	1 173 000	(25)	2 706 000
发生额	1 173 000	发生额	2 706 000

借方	应交税费		贷方
		(17)	384 000
		(26)	59 752
		(29)	240 587
		发生额	684 339

借方	应付职工薪酬		贷方
		(19)	6000 000
		(20)	84 000
		发生额	684 000

借方	本年利润		贷方
(28)	3 037 652	(27)	4 000 000
(29)	240 587		
(30)	5 732 761		
发生额	9 011 000	发生额	4 000 000

借方	主营业务收入		贷方
(27)	4 000 000	(17)	2 400 000
发生额	4 000 000	发生额	2 400 000

借方	主营业务成本		贷方
(25)	2 706 000	(28)	2 706 000
发生额	2 706 000	发生额	2 706 000

借方	税金及附加		贷方
(26)	59 752	(28)	59 752
发生额	59 752	发生额	59 752

借方	财务费用		贷方
(22)	3 000	(28)	3 000
发生额	3 000	发生额	3 000

借方	管理费用		贷方
(16)	2 400	(28)	250 900
(19)	200 000		
(20)	28 000		
(21)	14 435		
发生额	244 835	发生额	250 900

借方	销售费用		贷方
		(28)	18 000
		发生额	18 000

借方	累计摊销		贷方
		(21)	8 435
		发生额	8 435

借方	预收账款		贷方
(17)	2 808 000	(15)	2 000 000
		(17)	808 000
发生额	2 808 000	发生额	2 808 000

借方	应收票据		贷方
		(18)	58 500
		发生额	58 500

借方	所得税费用		贷方
(29)	240 587	(29)	240 587
发生额	240 587	发生额	240 587

借方	利润分配		贷方
(31)	573 276.1	(30)	5 732 761
(32)	1 560 000	(33)	2 133 276.1
(33)	2 133 276.1		
发生额	4 266 552.2	发生额	7 866 037.1

借方	盈余公积		贷方
		(31)	573 276.1
		发生额	573 276.1

借方	应付股利		贷方
		(32)	1 560 000
		发生额	1 560 000

根据上述科目汇总表工作底稿编制科目汇总表，如表 10－53 所示。

表 10－53　科目汇总表

2017 年 12 月 16 日至 31 日　　　　科汇字第 02 号

会计科目	√	借方发生额	贷方发生额	记账凭证起讫号码
银行存款	√	2 842 500	25 400	银收 03～05 银付 08～09 转 06～21
应收票据	√		58 500	
累计折旧	√		20 000	
累计摊销	√		8 435	
制造费用	√	148 000	151 000	
生产成本	√	493 000	1 173 000	
库存商品	√	1 173 000	2 706 000	
预收账款	√	2 808 000	2 808 000	
应付职工薪酬	√		684 000	
应交税费	√		684 339	
应付股利	√		1 560 000	

（续表）

会计科目	√	借方发生额	贷方发生额	记账凭证起讫号码
盈余公积	√		573 276.1	
利润分配	√	4 266 552.2	7 866 037.1	
本年利润	√	9 011 000	4 000 000	
主营业务收入	√	4 000 000	2 400 000	
主营业务成本	√	2 706 000	2 706 000	
税金及附加	√	59 752	59 752	
管理费用	√	244 835	250 900	
财务费用	√	3 000	3 000	
销售费用	√		18 000	
所得税费用	√	240 587	240 587	
合计		27 996 226.2	27 996 226.2	

会计主管　　　　　　记账　　　　　　审核　　　　　　制单

第五步，主办会计人员分别于12月15日、31日根据审核无误的科目汇总表登记总分类账，如表10－54～表10－57所示（以“银行存款”“制造费用”“生产成本”“管理费用”账户为例，其余从略）。

表10－54　银行存款（总账）

2017年		凭证		摘要	√	借方	贷方	借或贷	余额
月	日	种类	号数						
12	1			期初余额				借	1 345 000
12	15	科汇	01	1～15日发生额合计	√	6 856 000	1 721 360	借	6 479 640
12	31	科汇	02	16～31日发生额合计	√	2 842 500	25 400	借	9 296 740
12	31			本月发生额合计及余额		9 698 500	1 746 760	借	9 296 740

表10－55　制造费用（总账）

2017年		凭证		摘要	√	借方	贷方	借或贷	余额
月	日	种类	号数						
12	15	科汇	01	1～15日发生额合计	√	3 000		借	3 000
12	31	科汇	02	16～31日发生额合计	√	148 000	151 000	平	0
12	31			本月发生额合计及余额		151 000	151 000	平	0

表 10－56　生产成本(总账)

2017年		凭证		摘要	√	借方	贷方	借或贷	余额
月	日	种类	号数						
12	15	科汇	01	1～15日发生额合计	√	680 000		借	680 000
12	31	科汇	02	16～31日发生额合计	√	493 000	1 173 000	平	0
12	31			本月发生额合计及余额		1 173 000	1 173 000	平	0

表 10－57　管理费用(总账)

2017年		凭证		摘要	√	借方	贷方	借或贷	余额
月	日	种类	号数						
12	15	科汇	01	1～15日发生额合计	√	6 065		借	6 065
12	31	科汇	02	16～31日发生额合计	√	244 835	250 900	平	0
12	31			本月发生额合计及余额		250 900	250 900	平	0

第六、七步与任务二例中第五、六步相同，从略。

四、科目汇总表账务处理程序的优缺点

1. 科目汇总表账务处理程序的优点

科目汇总表账务处理程序的优点：一是根据科目汇总表登记总分类账，使登记总分类账的工作量大大减少；二是根据科目汇总表中各科目的借方发生额合计与贷方发生额合计之间的相等关系，能起到在登记总账前发生额试算平衡的作用，可以保证总分类账记录的正确性。

2. 科目汇总表账务处理程序的缺点

科目汇总表账务处理程序的缺点：一是需要定期对记账凭证进行汇总编制科目汇总表，增加了记账凭证汇总的工作量；二是经科目汇总表汇总后，会计科目之间的对应关系不能体现出来，不利于检查经济业务事项的来龙去脉，不便于查对账目。

因此，科目汇总表账务处理程序适用于规模较大、经济业务量较多的企业。

任务四　掌握汇总记账凭证账务处理程序

任务要求

对于规模较大、经济业务量较多的企业，为简化总账的登记工作，减轻登记总账的工作量，还可采用汇总记账凭证账务处理程序。所以，应理解并会运用汇总记账凭证账务处理程序进行账务处理。

一、汇总记账凭证账务处理程序的概念

(一) 汇总记账凭证账务处理程序的含义

汇总记账凭证账务处理程序是指对发生的经济业务事项,先根据原始凭证(或原始凭证汇总表)编制记账凭证,再定期根据记账凭证分类编制汇总记账凭证,最后根据汇总记账凭证登记总分类账的一种账务处理程序。

汇总记账凭证账务处理程序也是在记账凭证账务处理程序的基础上发展起来的。其主要特点是按照会计账户的对应关系,定期根据记账凭证编制汇总记账凭证,再根据汇总记账凭证登记总分类账。

(二) 汇总记账凭证的编制方法

在汇总记账凭证账务处理程序下,账簿的设置与记账凭证账务处理程序基本相同。不同的是,总分类账的登记次数减少,所以可根据登记次数事先估计所需账页,一次预留足够的账页以供登记;但不能设置通用格式的记账凭证,必须设置专用的收款凭证、付款凭证和转账凭证。此外,还需设置汇总记账凭证。汇总记账凭证是指根据一定会计期间专用记账凭证定期汇总编制的包含若干经济业务事项内容的记账凭证,包括汇总收款凭证、汇总付款凭证和汇总转账凭证。

(1) 汇总收款凭证是指反映库存现金和银行存款收入业务的汇总记账凭证,如表 10-58、表 10-59 所示。汇总收款凭证根据收款凭证汇总编制,按"库存现金""银行存款"科目(也称主体科目)的借方设置,定期按其对应的贷方科目归类汇总,月末结出合计数,据以登记总账。根据汇总收款凭证登记总账时,可根据每一贷方科目发生额合计数记入相应账户的贷方,根据所有贷方科目发生额合计数的总计分别记入库存现金或银行存款账户的借方。

(2) 汇总付款凭证是指反映库存现金和银行存款支付业务的汇总记账凭证,如表 10-60、表 10-61 所示。汇总付款凭证根据付款凭证汇总编制,按"库存现金""银行存款"科目(也称主体科目)的贷方设置,定期按其对应的借方科目归类汇总,月末结出合计数,据以登记总账。根据汇总付款凭证登记总账时,可根据每一借方科目发生额合计数记入相应账户的借方,根据所有借方科目发生额合计数的总计分别记入库存现金或银行存款账户的贷方。

需要注意的是,由于库存现金和银行存款之间相互划转的业务只编制付款凭证。所以,其收入方科目的金额汇总在汇总付款凭证中,汇总收款凭证中汇总的库存现金和银行存款收入数不一定是实际的收入数。

(3) 汇总转账凭证是指反映不涉及库存现金和银行存款收付的转账业务的汇总记账凭证,如表 10-62~表 10-83 所示。汇总转账凭证根据转账凭证汇总编制,按转账凭证的每一贷方科目分别设置,定期按其对应的借方科目归类汇总,月末结出合计数,据以登记总账。根据汇总转账凭证登记总账时,可根据每一借方科目发生额合计数记入相应账户的借方,根据所有借方科目发生额合计数的总计记入设置账户的贷方。

需要注意的是,汇总转账凭证中,贷方发生额的合计数不一定是该科目的本期全部贷方发生额。因为涉及库存现金、银行存款收款的业务,其贷方发生额已填列在汇总收款凭证中,而该笔业务发生额不能在汇总转账凭证中重复汇总。

对于转账业务不多的企业,也可以只设置汇总收款凭证和汇总付款凭证,而转账凭证则不需要汇总。汇总收款凭证、汇总付款凭证和汇总转账凭证间隔多长时间编制一次,可根据企业

的经济业务量的多少来确定，如5天、10天、15天或1个月汇总一次均可，每月分别填制一张。

二、汇总记账凭证账务处理程序的核算步骤

汇总记账凭证账务处理程序的核算步骤如图10-3所示。

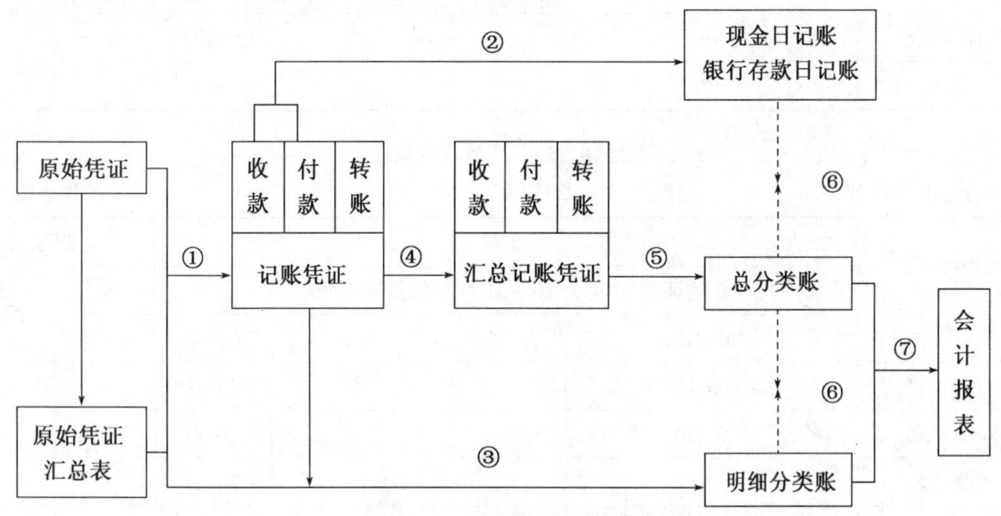

图10-3　汇总记账凭证账务处理程序的核算步骤

基本步骤如下：

(1) 经济业务事项发生后，根据原始凭证或原始凭证汇总表填制记账凭证；

(2) 根据收款凭证、付款凭证顺时逐笔登记现金日记账、银行存款日记账；

(3) 根据记账凭证及其所附原始凭证(或原始凭证汇总表)逐笔登记各种明细分类账；

(4) 根据收款凭证、付款凭证和转账凭证定期编制汇总收款凭证、汇总付款凭证和汇总转账凭证；

(5) 期末，根据汇总收款凭证、汇总付款凭证和汇总转账凭证登记总分类账；

(6) 期末，现金日记账、银行存款日记账的余额及各种明细分类账余额的合计数，分别与总分类账中有关账户的余额核对相符。

(7) 期末，根据总分类账和明细分类账的有关资料编制会计报表。

三、汇总记账凭证账务处理程序的应用

下面仍以任务二发生的经济业务事项为例来说明汇总记账凭证账务处理程序的应用。

第一、二、三步从略，同任务二例中相关内容。

第四步，以经济业务事项发生时填制的收款凭证、付款凭证和转账凭证为依据，编制汇总收款凭证、汇总付款凭证和汇总转账凭证，如表10-58～表10-83所示。(注：由于本例中经济业务量少，汇总记账凭证编制间隔时间为15天)

表 10－58　汇总收款凭证

借方科目:库存现金　　2017 年 12 月　　汇收字第 01 号

贷方科目	金额			总账账页	
	1～15 日收款凭证至 01 号	16～31 日收款凭证至　号	合计	借	贷
其他应收款	100		100		
合计	100		100		

表 10－59　汇总收款凭证

借方科目:银行存款　　2017 年 12 月　　汇收字第 02 号

贷方科目	金额			总账账页	
	1～15 日收款凭证至 02 号	16～31 日收款凭证至 05 号	合计	借	贷
实收资本	5 000 000		5 000 000		
主营业务收入	1 600 000		1 600 000		
应交税费	256 000		256 000		
预收账款		2 784 000	2 784 000		
应收票据		58 500	58 500		
合计	6 856 000	2 842 500	9 698 500		

表 10－60　汇总付款凭证

贷方科目:库存现金　　2017 年 12 月　　汇付字第 01 号

借方科目	金额			总账账页	
	1～15 日收款凭证至 01 号	16～31 日收款凭证至　号	合计	借	贷
管理费用	1 165		1 165		
制造费用	1 000		1 000		
合计	2 165		2 165		

表 10－61　汇总付款凭证

贷方科目:银行存款　　2017 年 12 月　　汇付字第 02 号

借方科目	金额			总账账页	
	1～15 日付款凭证至 07 号	16～31 日付款凭证至 09 号	合计	借	贷
库存现金	8 000		8 000		
在途物资	200 000		200 000		
应交税费	61 360		61 360		
短期借款	500 000		500 000		
应付账款	334 000		334 000		
应付职工薪酬	600 000		600 000		

（续表）

借方科目	金额			总账账页	
	1～15日付款凭证至07号	16～31日付款凭证至09号	合计	借	贷
销售费用	18 000		18 000		
管理费用		2 400	2 400		
制造费用		20 000	20 000		
财务费用		3 000	3 000		
合计	1 721 360	25 400	1 746 760		

表10-62 汇总转账凭证

贷方科目:其他应收款　　2017年12月　　汇转字第01号

借方科目	金额			总账账页	
	1～15日收款凭证至05号	16～31日收款凭证至21号	合计	借	贷
管理费用	1 900		1 900		
合计	1 900		1 900		

表10-63 汇总转账凭证

贷方科目:应付账款　　2017年12月　　汇转字第02号

借方科目	金额			总账账页	
	1～15日转账凭证至05号	16～31日转账凭证至21号	合计	借	贷
在途物资	41 000		41 000		
应交税费	6 488		6 488		
合计	47 488		47 488		

表10-64 汇总转账凭证

贷方科目:在途物资　　2017年12月　　汇转字第03号

借方科目	金额			总账账页	
	1～15日转账凭证至05号	16～31日转账凭证至21号	合计	借	贷
原材料	241 000		241 000		
合计	241 000		241 000		

表 10-65 汇总转账凭证

贷方科目:原材料　　　　2017 年 12 月　　　　汇转字第 04 号

借方科目	金额			总账账页	
	1~15 日转账凭证至 05 号	16~31 日转账凭证至 21 号	合计	借	贷
生产成本	680 000		680 000		
制造费用	2 000		2 000		
管理费用	3 000		3 000		
合计	685 000		685 000		

表 10-66 汇总转账凭证

贷方科目:累计折旧　　　　2017 年 12 月　　　　汇转字第 05 号

借方科目	金额			总账账页	
	1~15 日转账凭证至 05 号	16~31 日转账凭证至 21 号	合计	借	贷
制造费用		14 000	14 000		
管理费用		6 000	6 000		
合计		20 000	20 000		

表 10-67 汇总转账凭证

贷方科目:应付职工薪酬　　　　2017 年 12 月　　　　汇转字第 06 号

借方科目	金额			总账账页	
	1~15 日转账凭证至 05 号	16~31 日转账凭证至 21 号	合计	借	贷
生产成本		342 000	342 000		
制造费用		114 000	114 000		
管理费用		228 000	228 000		
合计		684 000	684 000		

表 10-68 汇总转账凭证

贷方科目:制造费用　　　　2017 年 12 月　　　　汇转字第 07 号

借方科目	金额			总账账页	
	1~15 日转账凭证至 05 号	16~31 日转账凭证至 21 号	合计	借	贷
生产成本		151 000	151 000		
合计		151 000	151 000		

表 10－69　汇总转账凭证

贷方科目:生产成本　　2017 年 12 月　　汇转字第 08 号

借方科目	金额			总账账页	
	1～15 日转账凭证至 05 号	16～31 日转账凭证至 21 号	合计	借	贷
库存商品		1 173 000	1 173 000		
合计		1 173 000	1 173 000		

表 10－70　汇总转账凭证

贷方科目:累计摊销　　2017 年 12 月　　汇转字第 09 号

借方科目	金额			总账账页	
	1～15 日转账凭证至 05 号	16～31 日转账凭证至 21 号	合计	借	贷
管理费用		8 435	8 435		
合计		8 435	8 435		

表 10－71　汇总转账凭证

贷方科目:库存商品　　2017 年 12 月　　汇转字第 10 号

借方科目	金额			总账账页	
	1～15 日转账凭证至 05 号	16～31 日转账凭证至 21 号	合计	借	贷
主营业务成本		2 706 000	2 706 000		
合计		2 706 000	2 706 000		

表 10－72　汇总转账凭证

贷方科目:应交税费　　2017 年 12 月　　汇转字第 11 号

借方科目	金额			总账账页	
	1～15 日转账凭证至 05 号	16～31 日转账凭证至 21 号	合计	借	贷
预收账款		384 000	384 000		
税金及附加		59 752	59 752		
所得税费用		240 587	240 587		
合计		684 339	684 339		

表 10－73　汇总转账凭证

贷方科目:主营业务收入　　2017 年 12 月　　汇转字第 12 号

借方科目	金额			总账账页	
	1～15 日转账凭证至 05 号	16～31 日转账凭证至 21 号	合计	借	贷
预收账款		2 400 000	2 400 000		
合计		2 400 000	2 400 000		

表 10－74　汇总转账凭证

贷方科目:本年利润　　2017 年 12 月　　汇转字第 13 号

借方科目	金额			总账账页	
	1～15 日转账凭证至 05 号	16～31 日转账凭证至 21 号	合计	借	贷
主营业务收入		4 000 000	4 000 000		
合计		4 000 000	4 000 000		

表 10－75　汇总转账凭证

贷方科目:利润分配　　2017 年 12 月　　汇转字第 14 号

借方科目	金额			总账账页	
	1～15 日转账凭证至 05 号	16～31 日转账凭证至 21 号	合计	借	贷
本年利润		5 732 761	5 732 761		
利润分配		2 133 276.1	2 133 276.1		
合计		7 866 037.1	7 866 037.1		

表 10－76　汇总转账凭证

贷方科目:应付股利　　2017 年 12 月　　汇转字第 15 号

借方科目	金额			总账账页	
	1～15 日转账凭证至 05 号	16～31 日转账凭证至 21 号	合计	借	贷
利润分配		1 560 000	1 560 000		
合计		1 560 000	1 560 000		

表 10－77　汇总转账凭证

贷方科目:盈余公积　　2017 年 12 月　　汇转字第 16 号

借方科目	金额			总账账页	
	1～15 日转账凭证至 05 号	16～31 日转账凭证至 21 号	合计	借	贷
利润分配		573 276.1	573 276.1		
合计		573 276.1	573 276.1		

表 10－78　汇总转账凭证

贷方科目:主营业务成本　　2017 年 12 月　　汇转字第 17 号

借方科目	金额			总账账页	
	1～15 日转账凭证至 05 号	16～31 日转账凭证至 21 号	合计	借	贷
本年利润		2 706 000	2 706 000		
合计		2 706 000	2 706 000		

表 10－79　汇总转账凭证

贷方科目：税金及附加　　　　2017 年 12 月　　　　汇转字第 18 号

借方科目	金额			总账账页	
	1～15 日转账凭证至 05 号	16～31 日转账凭证至 21 号	合计	借	贷
本年利润		59 752	59 752		
合计		59 752	59 752		

表 10－80　汇总转账凭证

贷方科目：管理费用　　　　2017 年 12 月　　　　汇转字第 19 号

借方科目	金额			总账账页	
	1～15 日转账凭证至 05 号	16～31 日转账凭证至 21 号	合计	借	贷
本年利润		250 900	250 900		
合计		250 900	250 900		

表 10－81　汇总转账凭证

贷方科目：销售费用　　　　2017 年 12 月　　　　汇转字第 20 号

借方科目	金额			总账账页	
	1～15 日转账凭证至 05 号	16～31 日转账凭证至 21 号	合计	借	贷
本年利润		18 000	18 000		
合计		18 000	18 000		

表 10－82　汇总转账凭证

贷方科目：财务费用　　　　2017 年 12 月　　　　汇转字第 21 号

借方科目	金额			总账账页	
	1～15 日转账凭证至 05 号	16～31 日转账凭证至 21 号	合计	借	贷
本年利润		3 000	3 000		
合计		3 000	3 000		

表 10－83　汇总转账凭证

贷方科目：所得税费用　　　　2017 年 12 月　　　　汇转字第 22 号

借方科目	金额			总账账页	
	1～15 日转账凭证至 05 号	16～31 日转账凭证至 21 号	合计	借	贷
本年利润		240 587	240 587		
合计		240 587	240 587		

第五步，根据汇总记账凭证登记总分类账，如表 10－84～表 10－116 所示。

表 10-84　库存现金(总账)

2017 年		凭证		摘要	✓	借方	贷方	借或贷	余额
月	日	种类	号数						
12	1			期初余额				借	5 000
12	31	汇收	01	1～31 日汇总过入	✓	100		借	5 100
12	31	汇付	01	1～31 日汇总过入	✓		2 165	借	2 935
12	31	汇付	02	1～31 日汇总过入	✓	8 000		借	10 935
12	31			本月发生额合计及余额		8 100	2 165	借	10 935

表 10-85　银行存款(总账)

2017 年		凭证		摘要	✓	借方	贷方	借或贷	余额
月	日	种类	号数						
12	1			期初余额				借	1 345 000
12	31	汇收	02	1～31 日汇总过入	✓	9 698 500		借	11 043 500
12	31	汇付	02	1～31 日汇总过入	✓		1 746 760	借	9 296 740
12	31			本月发生额合计及余额		9 698 500	1 746 760	借	9 296 740

表 10-86　应收票据(总账)

2017 年		凭证		摘要	✓	借方	贷方	借或贷	余额
月	日	种类	号数						
12	1			期初余额				借	1 785 000
12	31	汇收	02	1～31 日汇总过入	✓		58 500	借	1 726 500
12	31			本月发生额合计及余额			58 500	借	1 726 500

表 10-87　应收账款(总账)

2017 年		凭证		摘要	✓	借方	贷方	借或贷	余额
月	日	种类	号数						
12	1			期初余额				借	1 357 000
12	31			本月发生额合计及余额				借	1 357 000

表 10-88　坏账准备(总账)

2017 年		凭证		摘要	✓	借方	贷方	借或贷	余额
月	日	种类	号数						
12	1			期初余额				贷	6 785
12	31			本月发生额合计及余额				贷	6 785

表 10-89 其他应收款(总账)

2017 年		凭证		摘要	√	借方	贷方	借或贷	余额
月	日	种类	号数						
12	1			期初余额				借	20 000
12	31	汇收	01	1～31 日汇总过入	√		100	借	19 900
12	31	汇转	01	1～31 日汇总过入	√		1 900	借	18 000
12	31			本月发生额合计及余额			2 000	借	18 000

表 10-90 在途物资(总账)

2017 年		凭证		摘要	√	借方	贷方	借或贷	余额
月	日	种类	号数						
12	31	汇付	02	1～31 日汇总过入	√	200 000		借	200 000
12	31	汇转	02	1～31 日汇总过入	√	41 000		借	241 000
12	31	汇转	03	1～31 日汇总过入	√		241 000	平	0
12	31			本月发生额合计及余额		241 000	241 000	平	0

表 10-91 原材料(总账)

2017 年		凭证		摘要	√	借方	贷方	借或贷	余额
月	日	种类	号数						
12	1			期初余额				借	1 870 000
12	31	汇转	03	1～31 日汇总过入	√	241 000		借	2 111 000
12	31	汇转	04	1～31 日汇总过入	√		685 000	借	1 426 000
12	31			本月发生额合计及余额		241 000	685 000	借	1 426 000

表 10-92 制造费用(总账)

2017 年		凭证		摘要	√	借方	贷方	借或贷	余额
月	日	种类	号数						
12	31	汇付	01	1～31 日汇总过入	√	1 000		借	1 000
12	31	汇付	02	1～31 日汇总过入	√	20 000		借	21 000
12	31	汇转	04	1～31 日汇总过入	√	2 000		借	23 000
12	31	汇转	05	1～31 日汇总过入	√	14 000		借	37 000
12	31	汇转	06	1～31 日汇总过入	√	114 000		借	151 000
12	31	汇转	07	1～31 日汇总过入	√		151 000	平	0
12	31			本月发生额合计及余额		151 000	151 000	平	0

表 10-93 生产成本(总账)

2017年		凭证		摘要	√	借方	贷方	借或贷	余额
月	日	种类	号数						
12	31	汇转	04	1～31日汇总过入	√	680 000		借	680 000
12	31	汇转	06	1～31日汇总过入	√	342 000		借	1 022 000
12	31	汇转	07	1～31日汇总过入	√	151 000		借	1 173 000
12	31	汇转	08	1～31日汇总过入	√		1 173 000	平	0
12	31			本月发生额合计及余额		1 173 000	1 173 000	平	0

表 10-94 库存商品(总账)

2017年		凭证		摘要	√	借方	贷方	借或贷	余额
月	日	种类	号数						
12	1			期初余额				借	2 580 000
12	31	汇转	08	1～31日汇总过入	√	1 173 000		借	3 753 000
12	31	汇转	10	1～31日汇总过入	√		2 706 000	借	1 047 000
12	31			本月发生额合计及余额		1 173 000	2 706 000	借	1 047 000

表 10-95 固定资产(总账)

2017年		凭证		摘要	√	借方	贷方	借或贷	余额
月	日	种类	号数						
12	1			期初余额				借	9 600 000
12	31			本月发生额合计及余额				借	9 600 000

表 10-96 累计折旧(总账)

2017年		凭证		摘要	√	借方	贷方	借或贷	余额
月	日	种类	号数						
12	1			期初余额				贷	2 853 000
12	31	汇转	05	1～31日汇总过入	√		20 000	贷	2 873 000
12	31			本月发生额合计及余额			20 000	贷	2 873 000

表 10-97 无形资产(总账)

2017年		凭证		摘要	√	借方	贷方	借或贷	余额
月	日	种类	号数						
12	1			期初余额				借	916 000
12	31			本月发生额合计及余额				借	916 000

表 10－98 累计摊销(总账)

2017 年		凭证		摘要	√	借方	贷方	借或贷	余额
月	日	种类	号数						
12	1			期初余额				贷	51 215
12	31	汇转	09	1～31 日汇总过入	√		8 435	贷	59 650
12	31			本月发生额合计及余额			8 435	贷	59 650

表 10－99 短期借款(总账)

2017 年		凭证		摘要	√	借方	贷方	借或贷	余额
月	日	种类	号数						
12	1			期初余额				贷	800 000
12	31	汇付	02	1～31 日汇总过入	√	500 000		贷	300 000
12	31			本月发生额合计及余额		500 000		贷	300 000

表 10－100 应付账款(总账)

2017 年		凭证		摘要	√	借方	贷方	借或贷	余额
月	日	种类	号数						
12	1			期初余额				贷	334 000
12	31	汇付	02	1～31 日汇总过入	√	334 000		平	0
12	31	汇转	02	1～31 日汇总过入	√		47 488	贷	47 488
12	31			本月发生额合计及余额		334 000	47 488	贷	47 488

表 10－101 预收账款(总账)

2017 年		凭证		摘要	√	借方	贷方	借或贷	余额
月	日	种类	号数						
12	31	汇收	02	1～31 日汇总过入	√		2 784 000	贷	2 784 000
12	31	汇转	11	1～31 日汇总过入	√	384 000		贷	2 400 000
12	31	汇转	12	1～31 日汇总过入	√	2 400 000		平	0
12	31			本月发生额合计及余额		2 784 000	2 784 000	平	0

表 10－102 应付职工薪酬(总账)

2017 年		凭证		摘要	√	借方	贷方	借或贷	余额
月	日	种类	号数						
12	1			期初余额				贷	789 000
12	31	汇付	02	1～31 日汇总过入	√	600 000		贷	189 000
12	31	汇转	06	1～31 日汇总过入	√		684 000	贷	873 000
12	31			本月发生额合计及余额		600 000	684 000	贷	873 000

表 10-103 应交税费(总账)

2017年		凭证		摘要	✓	借方	贷方	借或贷	余额
月	日	种类	号数						
12	1			期初余额				贷	230 000
12	31	汇收	02	1~31日汇总过入	✓		256 000	贷	486 000
12	31	汇付	02	1~31日汇总过入	✓	61 360		贷	424 640
12	31	汇转	02	1~31日汇总过入	✓	6 488		贷	418 152
12	31	汇转	11	1~31日汇总过入	✓		684 339	贷	1 102 491
12	31			本月发生额合计及余额		67 848	940 339	贷	1 102 491

表 10-104 应付股利(总账)

2017年		凭证		摘要	✓	借方	贷方	借或贷	余额
月	日	种类	号数						
12	31	汇转	15	1~31日汇总过入	✓		1 560 000	贷	1 560 000
12	31			本月发生额合计及余额			1 560 000	贷	1 560 000

表 10-105 实收资本(总账)

2017年		凭证		摘要	✓	借方	贷方	借或贷	余额
月	日	种类	号数						
12	1			期初余额				贷	7 200 000
12	31	汇收	02	1~31日汇总过入	✓		5 000 000	贷	12 200 000
12	31			本月发生额合计及余额			5 000 000	贷	12 200 000

表 10-106 资本公积(总账)

2017年		凭证		摘要	✓	借方	贷方	借或贷	余额
月	日	种类	号数						
12	1			期初余额				贷	784 000
12	31			本月发生额合计及余额				贷	784 000

表 10-107 盈余公积(总账)

2017年		凭证		摘要	✓	借方	贷方	借或贷	余额
月	日	种类	号数						
12	1			期初余额				贷	1 219 000
12	31	汇转	16	1~31日汇总过入	✓		573 276.1	贷	1 792 276.1
12	31			本月发生额合计及余额			573 276.1	贷	1 792 276.1

表 10－108　利润分配(总账)

2017 年		凭证		摘要	√	借方	贷方	借或贷	余额
月	日	种类	号数						
12	1			期初余额				贷	200 000
12	31	汇转	14	1～31 日汇总过入	√	2 133 276.1	7 866 037.1	贷	5 932 761
12	31	汇转	15	1～31 日汇总过入	√	1 560 000		贷	4 372 761
12	31	汇转	16	1～31 日汇总过入	√	573 276.1		贷	3 799 484.9
12	31			本月发生额合计及余额		4 266 552.2	7 866 037.1	贷	3 799 484.9

表 10－109　本年利润(总账)

2017 年		凭证		摘要	√	借方	贷方	借或贷	余额
月	日	种类	号数						
12	1			期初余额				贷	5 011 000
12	31	汇转	13	1～31 日汇总过入	√		4 000 000	贷	9 011 000
12	31	汇转	14	1～31 日汇总过入	√	5 732 761		贷	3 278 239
12	31	汇转	17	1～31 日汇总过入	√	2 706 000		贷	572 239
12	31	汇转	18	1～31 日汇总过入	√	59 752		贷	512 487
12	31	汇转	19	1～31 日汇总过入	√	250 900		贷	261 587
12	31	汇转	20	1～31 日汇总过入	√	18 000		贷	243 587
12	31	汇转	21	1～31 日汇总过入	√	3 000		贷	240 587
12	31	汇转	22	1～31 日汇总过入	√	240 587		平	0
12	31			本月发生额合计及余额		9 011 000	4 000 000	平	0

表 10－110　主营业务收入(总账)

2017 年		凭证		摘要	√	借方	贷方	借或贷	余额
月	日	种类	号数						
12	31	汇收	02	1～31 日汇总过入	√		1 600 000	贷	1 600 000
12	31	汇转	12	1～31 日汇总过入	√		2 400 000	贷	4 000 000
12	31	汇转	13	1～31 日汇总过入	√	4 000 000		平	0
12	31			本月发生额合计及余额		4 000 000	4 000 000	平	0

表 10-111　主营业务成本(总账)

2017 年		凭证		摘要	√	借方	贷方	借或贷	余额
月	日	种类	号数						
12	31	汇转	10	1～31 日汇总过入	√	2 706 000		贷	4 000 000
12	31	汇转	17	1～31 日汇总过入	√		2 706 000	平	0
12	31			本月发生额合计及余额		2 706 000	2 706 000	平	0

表 10-112　税金及附加(总账)

2017 年		凭证		摘要	√	借方	贷方	借或贷	余额
月	日	种类	号数						
12	31	汇转	11	1～31 日汇总过入	√	59 752		贷	59 752
12	31	汇转	18	1～31 日汇总过入	√		59 752	平	0
12	31			本月发生额合计及余额		59 752	59 752	平	0

表 10-113　管理费用(总账)

2017 年		凭证		摘要	√	借方	贷方	借或贷	余额
月	日	种类	号数						
12	31	汇付	01	1～31 日汇总过入	√	1 165		借	1 165
12	31	汇付	02	1～31 日汇总过入	√	2 400		借	3 565
12	31	汇转	01	1～31 日汇总过入	√	1 900		借	5 465
12	31	汇转	04	1～31 日汇总过入	√	3 000		借	8 465
12	31	汇转	05	1～31 日汇总过入	√	6 000		借	14 465
12	31	汇转	06	1～31 日汇总过入	√	228 000		借	242 465
12	31	汇转	09	1～31 日汇总过入	√	8 435		借	250 900
12	31	汇转	19	1～31 日汇总过入	√		250 900	平	0
12	31			本月发生额合计及余额		250 900	250 900	平	0

表 10-114　销售费用(总账)

2017 年		凭证		摘要	√	借方	贷方	借或贷	余额
月	日	种类	号数						
12	31	汇付	02	1～31 日汇总过入	√	18 000		借	18 000
12	31	汇转	20	1～31 日汇总过入	√		18 000	平	0
12	31			本月发生额合计及余额		18 000	18 000	平	0

表 10-115　财务费用(总账)

2017 年		凭证		摘要	√	借方	贷方	借或贷	余额
月	日	种类	号数						
12	31	汇付	02	1～31 日汇总过入	√	3 000		借	3 000
12	31	汇转	21	1～31 日汇总过入	√		3 000	平	0
12	31			本月发生额合计及余额		3 000	3 000	平	0

表 10-116　所得税费用(总账)

2017 年		凭证		摘要	√	借方	贷方	借或贷	余额
月	日	种类	号数						
12	31	汇转	11	1～31 日汇总过入	√	240 587		借	240 587
12	31	汇转	22	1～31 日汇总过入	√		240 587	平	0
12	31			本月发生额合计及余额		240 587	240 587	平	0

第六、七步与任务二例中第五、六步相同,从略。

四、汇总记账凭证账务处理程序的优缺点

1. 汇总记账凭证账务处理程序的优点

汇总记账凭证账务处理程序的优点:一是月末根据汇总记账凭证登记总账,可以大大减轻登记总账的工作量;二是汇总记账凭证是按照会计科目的对应关系归类编制的,可以清晰地反映账户之间的对应关系,便于进行经济业务事项的分析和检查。

2. 汇总记账凭证账务处理程序的缺点

汇总记账凭证账务处理程序的缺点:一是定期编制汇总记账凭证的工作比较复杂,工作量较大;二是汇总转账凭证是按每一贷方科目归类汇总的,不是按经济业务事项的性质进行归类,不利于会计工作的合理分工。

因此,汇总记账凭证账务处理程序一般适用于规模较大、经济业务量较多的单位。

能力拓展训练

一、单项选择题

1. 设计账务处理程序是(　　)的一项内容。

A. 会计凭证设计　B. 会计制度设计　C. 会计账簿设计　D. 会计报表设计

2. 各种账务处理程序之间的主要区别在于(　　)。

A. 总账的格式不同　B. 明细账的用途不同

C. 会计凭证的种类不同　D. 登记总账的依据和方法不同

3. 各种账务处理程序登记明细账的依据是(　　)。

A. 科目汇总表　B. 汇总记账凭证

C. 记账凭证及其所附原始凭证　D. 日记账

4. 关于记账凭证账务处理程序，下列说法中不正确的是（　　）。
A. 最基本的账务处理程序
B. 账务处理程序简单明了
C. 总账记录不便于了解经济业务的具体内容
D. 登记总账的工作量较大

5. 规模小、业务简单、使用会计科目少的单位一般采用（　　）。
A. 记账凭证账务处理程序　　B. 科目汇总表账务处理程序
C. 日记总账账务处理程序　　D. 汇总记账凭证账务处理程序

6. 科目汇总表账务处理程序（　　）。
A. 能清楚反映账户对应关系　　B. 不能反映账户对应关系，不便于查账
C. 不适用规模较大的企业　　D. 可以看清经济业务事项的来龙去脉

7. 汇总付款凭证是根据（　　）汇总编制而成的。
A. 原始凭证　　B. 汇总原始凭证　　C. 付款凭证　　D. 收款凭证

8. 在汇总记账凭证账务处理程序下，记账凭证一般采用（　　）。
A. 专用记账凭证　　B. 通用记账凭证　　C. A、B均可　　D. 以上都不对

9. 会计报表是根据（　　）资料编制的。
A. 日记账、总账和明细账　　B. 日记账和明细账
C. 日记账和总账　　D. 明细账和总账

10. 以下（　　）不是通常采用的账务处理程序。
A. 原始凭证账务处理程序　　B. 记账凭证账务处理程序
C. 汇总记账凭证账务处理程序　　D. 科目汇总表账务处理程序

二、多项选择题

1. 账务处理程序就是以账簿体系为核心，把（　　）有机结合起来的方式。
A. 账簿组织　　B. 记账程序　　C. 会计报表　　D. 复式记账

2. 会计核算的全过程包括（　　）。
A. 填制和取得原始凭证　　B. 填制记账凭证
C. 登记账簿　　D. 编制会计报表

3. 采用记账凭证账务处理程序一般设置（　　）账簿。
A. 现金日记账　　B. 银行存款日记账　C. 明细账　　D. 总账

4. 科目汇总表的编制依据是（　　）。
A. 收款凭证　　B. 付款凭证　　C. 转账凭证　　D. 原始凭证

5. 在科目汇总表账务处理程序下，记账凭证是用来（　　）的依据。
A. 登记现金、银行存款日记账　　B. 登记明细分类账
C. 编制科目汇总表　　D. 登记总分类账

6. 科目汇总表账务处理程序的优点主要是（　　）
A. 能进行发生额的试算平衡
B. 能减少登记明细账的工作量
C. 能反映各科目的借方、贷方发生额合计
D. 能减少登记总账的工作量

7. 在汇总记账凭证核算形式下,登记总分类账的依据是(　　)。

A. 汇总收款凭证　B. 汇总付款凭证　C. 汇总转账凭证　D. 科目汇总表

8. 在下列凭证中,(　　)等凭证,是以记账凭证为依据,按有关科目的贷方设置,按借方科目汇总。

A. 汇总收款凭证　B. 汇总付款凭证　C. 汇总转账凭证　D. 汇总原始凭证

9. 为了便于编制汇总转账凭证,所有转账凭证中的账户的对应关系应该是(　　)的形式。

A. 一借一贷　B. 一借多贷　C. 多借一贷　D. 多借多贷

10. 各种常用账务处理程序应共同遵循的程序有(　　)。

A. 根据原始凭证、汇总原始凭证和记账凭证,登记各种明细分类账

B. 根据记账凭证逐笔登记总分类账

C. 期末,现金日记账、银行存款日记账和明细分类账余额与有关总分类账余额核对相符

D. 根据总分类账和明细分类账的记录,编制会计报表

三、判断题

1. 各种账务处理程序都是根据登记总账的依据来命名的。(　　)

2. 企业应根据各自的规模大小、业务繁简程度、工作基础强弱、经营业务特点等项内容决定采用何种账务处理程序。(　　)

3. 所有账务处理程序,第一步都是必须将全部原始凭证汇总编制为原始凭证汇总表。(　　)

4. 采用科目汇总表账务处理程序,总分类账、明细分类账以及日记账都应该根据科目汇总表登记。(　　)

5. 科目汇总表账务处理程序和汇总记账凭证账务处理程序的总分类账必须逐日逐笔登记。(　　)

6. 汇总收款凭证是按贷方科目设置,按借方科目归类,定期汇总,按月编制的。(　　)

7. 汇总记账凭证账务处理程序的主要特点是根据各种汇总记账凭证编制会计报表。(　　)

8. 汇总记账凭证账务处理程序能减轻登记总分类账的工作量,且便于了解账户之间的对应关系。(　　)

9. 在汇总记账凭证账务处理程序下,总账的“银行存款”账户的贷方栏,应根据汇总付款凭证登记。(　　)

10. 在汇总记账凭证账务处理程序下,汇总转账凭证中贷方发生额的合计数就是该科目的本期全部贷方发生额。(　　)

四、会计业务处理题

资料:1. 华远公司 2018 年 12 月 1 日总分类账户期初余额资料见表 10－117 所示。

表 10-117　总分类账户期初余额表

账　户	借方金额	账　户	贷方金额
库存现金	3 900	坏账准备	28 454
银行存款	1 974 000	累计折旧	2 500 000
应收账款	948 354	累计摊销	260 000
应收票据	130 000	短期借款	1 000 000
预付账款	50 400	应付票据	80 000
其他应收款	3 000	预收账款	900 000
原材料	2 230 000	应付账款	1 737 400
生产成本	817 000	应付职工薪酬	609 700
周转材料	30 000	应付利息	170 000
库存商品	2 952 000	应交税费	374 000
固定资产	10 360 000	其他应付款	70 000
无形资产	1 693 500	长期借款	2 000 000
		实收资本	6 200 000
		资本公积	836 200
		盈余公积	761 600
		利润分配	2 743 200
		本年利润	921 600
合　计	21 192 154	合　计	21 192 154

有关明细账户的月初余额如下。

(1) 应收账款——华鼎公司　448 354

　　　　　　——华唐公司　500 000

(2) 预付账款——华云公司　50 000

　　　　　　——17 年报刊杂志费　400

(3) 其他应收款——采购员齐豫　3 000

(4) 原材料、周转材料和库存商品月初余额如表 10-118 所示。

表 10-118　原材料、周转材料和库存商品明细账户月初余额表

账　户	数　量	单　价	金　额
原材料——甲材料	250 吨	2 400 元	600 000 元
——乙材料	2 000 千克	550 元	1 100 000 元
——丙材料	2 500 件	212 元	530 000 元
周转材料——丁材料	2 000 千克	15 元	30 000 元
库存商品——A 产品	600 台	4 920 元	2 952 000 元

(5) 生产成本——A产品(直接材料)　　817 000

(6) 应付账款——华腾公司　　936 000

——华美公司　　801 400

(7) 预收账款——华瑞公司　　900 000

2. 该企业12月发生如下经济业务。

(1) 2日,以银行存款缴纳税费254 000元。

(2) 3日,采购员齐豫出差回来,报销差旅费3 280元,用库存现金补付280元。

(3) 3日,收到预付华云公司货款采购的甲材料200吨,单价2 400元,货款480 000元,增值税额76 800元,甲材料已验收入库,同日开出转账支票506 800元补足余款。

(4) 4日,开出转账支票归还前欠华美公司货款801 400元。

(5) 4日,为生产A产品耗用甲材料30吨,价款72 000元;乙材料200千克,价款110 000元;车间一般耗用丙材料120件,价款25 440元。

(6) 5日,向华美公司购入丙材料1 000千克,价款212 000元,增值税额33 920元,材料尚未运达,款项暂欠。

(7) 6日,销售A产品80台,单价9 000元,增值税额115 200元,货款已经收到存入银行。

(8) 7日,购买丁材料500千克,单价15元,增值税额1 200元,款项以银行存款付讫,材料验收入库。

(9) 8日,5日购入的丙材料运达企业,验收入库。

(10) 8日,收回华唐公司前欠货款500 000元,存入银行。

(11) 8日,制造车间填制领料单,一般耗用丁材料800千克,价款12 000元;行政管理部门领用丁材料100千克,价款1 500元。

(12) 9日,用银行存款120 000元支付本月广告费。

(13) 9日,从银行提取5 000元备用。

(14) 10日,以银行存款发放本月职工工资480 000元。

(15) 10日,行政管理部门用库存现金1 500元购买办公用品。

(16) 11日,支付第四季度短期借款利息9 300元,已预提6 200元。

(17) 11日,采用预收货款的方式销售A产品150件给华瑞公司,价款1 350 000元,增值税额216 000元。当日,产品已全部发出,余款666 000元收讫存入银行。

(18) 12日,销售A产品50台给华唐公司,价款450 000元,增值税额72 000元,产品当日运出并向银行办妥了托收承付手续。

(19) 13日,收到华鼎公司偿付前欠货款448 354元,存入银行。

(20) 14日,3个月前开出的商业承兑汇票80 000元到期,以银行存款支付。

(21) 16日,接受华帆公司捐赠机床一台,评估价款200 000元,投入使用。

(22) 19日,出售一批不需用的丙材料100件,价款30 000元,增值税额4 800元,款项存入银行。

(23) 19日,结转已售丙材料的成本21 200元。

(24) 27日,用银行存款30 000元支付水电费,其中生产车间耗用24 600元,行政部门耗用5 400元。

(25) 30 日，计提本月固定资产折旧费 12 000 元，其中生产车间负担 9 000 元，行政部门负担 3 000 元。

(26) 30 日，摊销 17 年报刊杂志费 400 元。

(27) 31 日，结算本月应付职工工资：生产 A 产品工人工资 210 000 元，车间管理人员工资 150 000 元，行政管理人员工资 100 000 元，专设销售机构人员工资 20 000 元。

(28) 31 日，按工资总额的 25%提取各项社会保险费。

(29) 31 日，摊销本月行政管理用的无形资产费用 8 500 元。

(30) 31 日，结转本月发生的制造费用 274 140 元。

(31) 31 日，本月 A 产品 200 件完工验收入库，月末在产品成本为 38 990 元，均为直接材料成本。结转本月完工产品的生产成本。

(32) 31 日，结转本月已销 A 产品的销售成本，按加权平均法计算单位产品成本。

(33) 31 日，按本月应交增值税额的 7%计算城市维护建设税，按 3%提取教育费附加。

(34) 31 日，将本月收入类账户结转到“本年利润”账户。

(35) 31 日，将本月费用支出类账户结转到“本年利润”账户。

(36) 31 日，按 25%的税率计算并结转本月所得税(假定本月利润总额即为应纳税所得额)。

(37) 31 日，将全年实现的净利润转入“利润分配——未分配利润”明细账户。

(38) 31 日，按全年净利润的 10%计提法定盈余公积金。

(39) 31 日，按规定计算出应向投资者分配现金股利 200 000 元。

(40) 31 日，将“利润分配”账户其他明细账账户转入“利润分配——未分配利润”明细账户。

要求：

1. 根据资料开设日记账、总分类账和明细分类账，并记入期初余额。

2. 根据资料编制记账凭证，记账凭证采用现收、银收、现付、银付和转五种，按五类顺序编号。

3. 登记“现金”和“银行存款”日记账。

4. 登记“应收账款”“预付账款”“其他应收款”“原材料”“生产成本”“库存商品”“管理费用”和“应付账款”明细账。

5. 根据资料运用记账凭证账务处理程序登记有关总分类账。

6. 根据资料运用科目汇总表账务处理程序登记有关总分类账。

7. 根据资料运用汇总记账凭证账务处理程序登记有关总分类账。

8. 编制 12 月份总分类账户发生额及余额试算平衡表。

9. 编制 12 月份“资产负债表”和“利润表”。

参考文献

[1] 杨雄胜,陈丽华.会计学概论[M].南京:南京大学出版社,2003.
[2] 陈琼.会计学基础[M].北京:清华大学出版社,2004.
[3] 中华人民共和国财政部.企业会计准则——应用指南[M].北京:中国财政经济出版社,2006.
[4] 中华人民共和国财政部.企业会计准则[M].北京:中国财政经济出版社,2006.
[5] 江苏省会计从业资格考试辅导教材编写组.会计基础[M].北京:中国财政经济出版社,2006.
[6] 刘晓菲.基础会计[M].北京:北京理工大学出版社,2006.
[7] 李海波.新编会计学原理[M].上海:立信会计出版社,2007.
[8] 康述尧.基础会计配套习题集[M].北京:中国财政经济出版社,2007.
[9] 财政部会计资格评价中心.初级会计实务[M].北京:中国财政经济出版社,2008.
[10] 曲洪山.新编基础会计[M].大连:大连理工大学出版社,2008.
[11] 禹阿平.新编基础会计实训[M].大连:大连理工大学出版社,2008.
[12] 程淮中.基础会计[M].北京:高等教育出版社,2008.
[13] 吴水澎.会计学原理[M].沈阳:辽宁人民出版社,2008.
[14] 张捷.基础会计[M].北京:中国人民大学出版社,2012.
[15] 秦志林.基础会计项目化教程[M].杭州:浙江大学出版社,2013.
[16] 潘爱玲.基础会计学[M].北京:机械工业出版社,2014.
[17] 徐泓.基础会计学[M].北京:机械工业出版社,2014.
[18] 秦志林,王亚丽.基础会计项目化教程[M].南京:南京大学出版社,2016.
[19] 缪启军.会计基础与实务[M].上海:立信会计出版社,2017.
[20] 程淮中,笪建军.会计基础实训[M].北京:人民邮电出版社,2017.

内 容 提 要

本教材依据《中华人民共和国会计法》《会计基础工作规范》、2017年财政部修订颁布实施的《企业会计准则》和《企业会计准则——应用指南》等法规制度，以会计确认、计量、记录和报告为主线，系统地阐述了基础会计的基本理论、基本方法和基本操作技能。本教材共分十个项目，包括总论、会计要素和会计等式、会计科目和账户、复式记账、会计凭证、会计账簿、主要经济业务的核算、财产清查、会计报表和账务处理程序。每个项目篇末附有各种题型的能力拓展训练，旨在训练学生灵活运用所学知识和技能分析问题和解决问题，提高学生动手能力。为方便教学，本教材配备电子课件、电子教案等教学资源。

本书可作为普通高等院校、高职高专院校会计类专业及其它相关专业的教材，也可作为五年制高职教材，还可作为社会从业人士的参考用书。

图书在版编目(CIP)数据

基础会计项目化教程 / 秦志林，陈军周主编. -- 2版. -- 南京 ：南京大学出版社，2019.1(2020.6 重印)
ISBN 978-7-305-21535-3

Ⅰ. ①基… Ⅱ. ①秦… ②陈… Ⅲ. ①会计学－教材 Ⅳ. ①F230

中国版本图书馆 CIP 数据核字(2019)第 012195 号

出版发行 南京大学出版社
社　　址 南京市汉口路22号　　邮　编 210093
出 版 人 金鑫荣

书　　名 基础会计项目化教程(第二版)
主　　编 秦志林 陈军周
责任编辑 张桂敏 尤 佳　　编辑热线 025-83592315

照　　排 南京南琳图文制作有限公司
印　　刷 丹阳兴华印务有限公司
开　　本 787×1092 1/16 印张 19.25 字数 480 千
版　　次 2019年1月第2版 2020年6月第2次印刷
ISBN 978-7-305-21535-3
定　　价 48.00元

网址：http://www.njupco.com
官方微博：http://weibo.com/njupco
微信服务号：njuyuexue
销售咨询热线：(025) 83594756